Cruz e Sousa

I0304636

CRUZ E SOUSA
Obra completa

25 DE JULHO DE 2017
BRASÍLIA
Evan do Carmo

Cruz e Sousa

© Copyright by Cruz e Sousa 2017
Programação Visual Evan do Carmo
Editor Evan do Carmo
M475m Sousa, e Cruz

--

Obra completa / Cruz e Sousa. – Brasília:

Editora do Carmo, 2017.

700 p. 14x21 cm. ISBN 978-85-923110-2-5

1. Literatura brasileira - poesia. 1. Poesia brasileira. I. Título.

CDU: 821.134.4(81)-2

--

Sumário

À distinta e laureada atrizinha Julieta dos Santos 16
À Julieta dos Santos 21
À Julieta dos Santos 22
À Julieta dos Santos 22
À Julieta dos Santos 23
À Julieta dos Santos 24
   JULIETA DOS SANTOS 25
(MUSAS DE TODOS OS TEMPOS) 29
   (O desembarque de Julieta dos Santos) 29
   NA MAZURKA 29
   APÓS O NOIVADO 30
   CRENÇA 31
   ETERNO SONHO 31
   LIRIAL 32
   VANDA 33
   ÊXTASE 33
   CELESTE 34
   ROSA 35
   FRÊMITOS 39
   II 39
   III 39
   IV 39

VI	40
VII	40
VIII	40
IX	40
XI	41
XII	41
XIII	41
XIV	41
XV	41
ADALZIZA	42
O BOTÃO DE ROSA	42
[Ó ADALZIZA DOS SONHOS]	48
[ZULMIRA DOS MEUS AMORES]	48
[DEIXAI QUE A MINH'ALMA ESCASSA]	49
[Ó CINTILANTE QUIQUIA]	49
[OLHOS PRETOS, SONHADORES]	49
[Ó FLORA, Ó NINFA DAS ROSAS]	49
[MORENA DOS OLHOS PRETOS]	50
Morena dos olhos pretos	50
[ALZIRA, ALZIRA, ALZIRA]	50
[COMO UM CISNE, EST'ALMA FRISA]	50
FLORIPES	51
CAMPESINAS	51

II	52
III	52
IV	53
VI	54
VIII	55
IX	56
NO CAMPO SANTO	56
VIII	56
XII	57
XIII	58
XVI	58
XV	59
XVI	59
XVIII	60
(Outros versos)	61
AO AR LIVRE	61
NATUREZA	63
NOS CAMPOS	63
A BORBOLETA AZUL	65
RENASCIMENTO	66
ABELHAS	67
PAPOULA	69
NA VILA	71

PLANGÊNCIA DA TARDE 72
FRUTAS E FLORES[1] 72
NO CAMPO 73
LUAR 74
[ESTAS RISADAS LÍMPIDAS E FRESCAS] 74
OS RISONHOS 75
IDEAL COMUM.. 79
PÁSSARO MARINHO 80
(SONETOS REUNIDOS) 80
[DA MUNDANA LIDA, EIS QUE CANSADO] 81
[DE MAYSEDER GENTIL O VULTO INGENTE]........................ 81
[MINH'ALMA ESTÁ AGORA PENETRANDO] 82
Joaquim Gomes d'Oliveira Paiva 83
[DEIXAI QUE DESTE ÁLBUM NA FOLHA DELICADA].......... 83
[ALÇANDO O LIVRO COLOSSAL, ARDENTE] 84
O FINAL DO GUARANI... 85
IDÉIA-MÃE 85
O SEU BONÉ.. 86
[É UM PENSAR FLAMEJADOR, DARDÂNICO] 87
OISEAUX DE PASSAGE.. 87
D. Jesuína Leal e Francisco de Castro 88
SATANISMO 88
METAMORFOSE 89

AURÉOLA EQUATORIAL 89

[ANDA-ME A ALMA INTEIRA DE TAL SORTE] 90

NOIVA E TRISTE 90

MÃE E FILHO 91

SURDINAS 92

IRRADIAÇÕES 92

AMBOS 93

OS DOIS 93

TRISTE 94

AOS MORTOS 94

LUAR 95

MOCIDADE 95

SONETO 96

CEGA 97

(A) ERMIDA 97

ÁGUA-FORTE 98

ALMA QUE CHORA 98

CHUVA DE OURO 99

PRIMAVERA A FORA 99

25 DE MARÇO 100

NINHO ABANDONADO 100

CRENÇA 101

ÊXTASE DE MÁRMORE 102

INVERNO 103
FALANDO AO CÉU 103
GLORIOSA 104
O CHALÉ 104
DELÍRIO DO SOM 105
ILUSÕES MORTAS 105
O SONHO DO ASTRÓLOGO 106
CRISTO 106
FRUTAS DE MAIO 107
ETERNO SONHO 107
IMPASSÍVEL 108
SONETOS 108
VISÃO MEDIEVA 109
RECORDAÇÃO 110
ROMA PAGÃ 110
ESPIRITUALISMO 111
ALMA ANTIGA 111
A PARTIDA 112
CANÇÃO DE ABRIL 112
O MAR 113
[BRANCAS APARIÇÕES, VISÕES RENANAS] 113
GUERRA JUNQUEIRO 114
(DIVERSAS MÉTRICAS) 114

POESIA	116
SAUDAÇÃO	117
A IMPRENSA	120
VERSOS	123
AO DECÊNIO DE CASTRO ALVES	126
ENTRE LUZ E SOMBRA	128
SETE DE SETEMBRO	130
TRÊS PENSAMENTOS	132
SEMPRE	133
BEIJOS	133
SER PÁSSARO	134
SAUDAÇÃO	135
GUSLA DA SAUDADE	137
SMORZANDO	138
VERSOS À INFÂNCIA	139
II	140
TRISTE	141
FONTE DE AMOR	141
CASTELÃ	142
O SOL E O CORAÇÃO	143
(CAMBIANTES — SONETOS E OUTROS VERSOS)	144
RISADAS	144
ASPIRAÇÃO	146

SENSIBILIDADE 147

GLÓRIAS ANTIGAS 147

MAGNÓLIA DOS TRÓPICOS 148

SUPREMO ANSEIO 148

NERAH 149

AMOR 149

FILETES 150

FILETES 151

II 151

    ARTE 152

    ARTE 154

    O DUQUE 157

    A ESPADA 158

II 161

    DESMORONAMENTO 163

    CLARÕES APAGADOS 165

    ASAS PERDIDAS 167

    ANJO GABRIEL 167

    O CEGO DO HARMONIUM 169

    OCASOS 170

    NAUFRÁGIOS 170

II 171

III 171

IV 172
VI 174
    VIOLINOS 176
    NA FONTE 176
    PLENILÚNIO 178
    MANHÃ 178
    HÓSTIAS 179
    BOCA IMORTAL 179
    PSICOLOGIA HUMANA 180
    OS MORTOS 180
    VERÔNICA 181
    SÍMILES 181
    EXILADA 182
    A FREIRA MORTA 182
    CLARO E ESCURO 183
    HORAS DE SOMBRA 183
    ROSA NEGRA 184
    VOZINHA 185
    NO EGITO 186
    REPOUSO 186
    DOCE ABISMO 187
    HARPAS ETERNAS 188
    DUPLA VIA-LÁCTEA 188

TITÃS NEGROS 189
O ANJO DA REDENÇÃO 190
MENDIGOS 191
[ESFUMINHAMENTO] 193
   Sempre se amando, sempre se querendo.   Oliveira Paiva 194
O ÓRGÃO 194
ORAÇÃO AO SOL 354
DOLÊNCIAS 355
OCASO NO MAR 357
SOB AS NAVES 357
PAISAGEM 358
ASTRO FRIO 360
BÊBADO 361
SABOR 363
LENDA DOS CAMPOS 364
NOTAMBULISMO 365
NAVIOS 365
EMOÇÃO 366
OS CÂNTICOS 368
FULGORES DA NOITE 369
PSICOLOGIA DO FEIO 370
VITALIZAÇÃO 372
GLORIA IN EXCELSIS 372

PÁGINA FLAGRANTE 373

TINTAS MARINHAS 376

ESMERALDA 377

FIDALGO 378

ANGELUS 379

NÚBIA 380

SOM 382

A GATA 384

DIAS TRISTES 385

PAISAGEM DE LUAR 387

ARTISTA SACRO 388

VISÕES 391

A JANELA 392

UMBRA 394

MODOS DE SER 395

NO FAÉTON 397

RITOS 398

MULHERES 398

PERSPECTIVAS 402

CAMPAGNARDE 403

RITMOS DA NOITE 405

SOFIA 409

MANHÃ D'ESTIO 409

APARIÇÃO DA NOITE	412
ESTESIA ESLAVA	413
TÍSICA	414
ORAÇÃO AO MAR	416
PARANAGUADAS	629
QUESTÃO BROCARDO	630
SEMPRE	630
BEIJOS	630
QUESTÃO BROCARDO	631
[PINTO, PINTA — PONTA À PONTA]	631
PIRUETAS	632
AS DEVOTAS	632
II	632
III	633
[DE CLAQUE, CASACA E LUVA]	633
[MEUS ESPLÊNDIDOS DESEJOS] Meus esplêndidos desejos	633
[NUNCA SE CALA O CALLADO]	633
[ESTOURE COMO O *CHAMPAGNE*]	634
[PARECE UM CÉU ESTRELADO]	634
[LEVANTEM ESTA BANDEIRA]	634
OLHARES	634
[NAS EXPLOSÕES DE BONS RISOS]	635
GRITO DE GUERRA	635

[TEUS OLHOS BELOS POR DENTRO]..................
[TEUS OLHOS — ESSES CARINHOS] ....
[MERECE O BOM DO VIDAL]..........................
[QUANDO ELA ESTÁ DE COLETE] ....
[SE ESTALA A ESTROFE DE FOGO]....................
[EMBORA EU NÃO TENHA LOUROS]................
[AOS RELÂMPAGOS SULFÚREOS] ....
[À SOMBRA ESPESSA DE UM ÁLAMO]..............
    [QUANDO ESTÁS DE LAÇAROTES] ....
    "DIATRIBE"..
[DA BRUMA PELOS PAÍSES] ....
    ESCRAVOCRATAS..
    DILEMA ....
À REVOLTA ....
    ESCÁRNIO PERFUMADO ....
    DECADENTES ....
    DOENTE ....
    CRIANÇAS NEGRAS ....
    VELHO VENTO..
    SAPO HUMANO ....
    MARCHE AUX FLAMBEAUX..........................
    II ....

Cruz e Sousa

III 655

Cruz e Sousa

A POESIA INTERMINÁVEL DE CRUZ E SOUSA
João da Cruz e Sousa

Cruz e Sousa
Obra completa
Editor
Evan do Carmo

Cruz e Sousa

JULIETA DOS SANTOS

A IDÉIA AO INFINITO

À distinta e laureada atrizinha Julieta dos Santos

"*...A fama de teu nome, a inveja não consome, o tempo não destrói!...*
Dr. Symphronio

Era uma coluna de artistas!...
Ao lado Tasso
Medindo as múltiplas conquistas
Co'as amplidões do espaço!...
Seguia-se João Caetano
Embuçado da glória no divinal arcano!...
Depois Joaquim Augusto
Altivo, sobranceiro, erguido o nobre busto.
Depois Rachel, Favart,
      Fargueil, a espadanar
            Nas crispações homéricas da arte,
Constelações azuis por toda a parte!
E em suave ondulação os astros
Iam de rastros
Roubar mais luz às rúbidas auroras!...
Quais precursoras
Do mais ingente e mago dos assombros,
Do orbe imenso nos calcáreos ombros,
Rola um dilúvio, um grande mar de estrelas
Que lançam chispas cambiantes, belas!...
Há um estranho amalgamar de cousas
Como os segredos funerais das lousas
Ou o rebentar de artérias
  — Ou o esgarçar de brumas, Negras, cinéreas
  — Ou o referver de espumas,
Nas longas praias
Alvinitentes, mádidas, sem raias.
Do brônzeo espaço,

Cruz e Sousa

Das fibras d'aço
 Como que desloca-se um pedaço
 Que vai ruir com trépido sarcasmo
Nas obumbradas regiões do pasmo...
— O Invisível
Geme uma música, lânguida, saudosa,
Que vai sumir-se na entranha silenciosa
Do impassível!
— O Imutável
— O Insondável
La vão cair no seio do incriado.
E o bosque irado
A soletrar uns cânticos titânios
Lança nos crânios
Aluvião de auras epopéias Tétricas idéias!...
E o pensamento embrenha-se nos mares
E vê colares
De níveas pérolas, límpidas, nitentes
E vê luzentes
Conchas e búzios e corais, — ondinas
Que peregrinas
Aspásias são de lúcida beleza,
De moles formas, desnudadas, brancas
Sendo a primesa
Dessas paragens hiemais e francas!...
— Ou quais Frinés A quem aos pés
O mundo em ânsias, reverente adora
E chore e chora!!...
....
Mas a idéia o pensamento insano
As asas bate em busca de outro arcano,
E o manto rasga do horizonte eterno
Vai ao superno Ao Criador, ao Menestrel dos mundos!
E n'uns arroubos, rábidos, profundos
Em luta infinda
— Oh! quer ainda Quer escalar o templo do impossível,
Bem como um raio abrasador, terrível!...
Quer se fartar de maravilhas loucas,
Quer ver as bocas

Dos colossais Anteus da eternidade!...
Quer se fartar de luz e divindade
E de saber,
Depois jazer
Nas invisíveis dobras do insondável,
Bem como um verme, mísero, imprestável!...
— Ou quer ousado
Descortinar os crimes do passado
E apalpar as gerações dos Gracos
Dos Espartanos
E dos Troianos
E dos Romanos, Dos Sarracenos
E dos Helenos,
E esbarrar nesse montão de ossos
Por esses fossos
Tredos, medonhos, sepulcrais e frios
Onde sombrios
Andam espíritos de pavor, errantes
E vacilantes Como a luzinha das argênteas lampas,
Lentos e lentos através das campas!...
....
Mas a idéia, o pensamento audaz Quer ainda mais!...
Quer do ribombo do trovão pujante
Já n'um esforço adamastório, tredo
Embora a medo,
— O atroz segredo
Com que ele faz a terra palpitante!...
E quer dos ventos
Dos elementos
Quer do mistério a solução! — Nas trevas
Hórridas, sevas,
A gargalhada
Ríspida, negra irônica, pesada,
Estruge enfim, da morte legendária,
E a idéia vária
Ainda n'isso ousando penetrar, Tenta sondar!...
E em vão, em vão
A mergulhar-se em tanta confusão
Não mais compreende

— O que saber pretende!... Assim, oh! gênio,
Na ofuscadora auréola do proscênio
Não sei se és astro, se és Esfinge ou mito,
Se do infinito
Possuis o encanto, os esplendores grandes,
Ou se dos Andes
Águia tu és, ou és condor divino,
— Ou és cometa de cuja cauda enorme
É multiforme
Só lágrimas de prata
Ou mesmo se desata
Um vagalhão de palmas, diamantino!!...
Minh'alma oscila e até na fronte sinto
Medonho labirinto,
Estúpida babel,
E vou cair, revel
No pélago sem fim dos nadas materiais!...
E como os racionais
Eu fico a ruminar ainda umas idéias
De erguer-te, o novo Talma
Um trono singular, mas feito de — Odisséias
De brancas alvoradas,
Olímpicas, nevadas,
Dos êxtases magnéticos, nervosos de minh'alma!

SONETO

— Os Trópicos pulando as palmas batem...
Em pé nas ondas — O Equador dá vivas!...

Ao estrídulo solene dos bravos! das platéias,
Prossegues altaneira, oh! ídolo da arte!...
— O sol pára o curso p'ra bem de admirar-te
— O sol, o grande sol, o misto das idéias!...

A velha natureza escreve-te odisséias...
A estrela, a nívea concha, o arbusto... em toda a parte
Retumba a doce orquestra que ousa proclamar-te
Assombro do ideal, em duplas melopéias!

Perpassam vagos sons na harpa do mistério
Lá, quando no proscênio te ergues imperando
— Oh! Íbis magistral do mundo azul — sidéreo!

Então da imensidade, audaz vem reboando
De palmas o tufão, veloz, febril, aéreo
Que cai dentro das almas e as vai arrebatando!...

Cruz e Sousa

À Julieta dos Santos

Dizem que a arte é a clâmide de idéia
A peregrina irradiação celeste,
E d'isso a prova singular já deste
Sorvendo d'ela a divinal sabéia!.

Da "Georgeta" na feliz estréia,
Asseverar-nos ainda mais vieste
Que és um gênio, que te vais de preste
Tornando o assombro de qualquer platéia!...

Sinto uns transportes fervorosos, ledos
Quando nas cenas de sutis enredos
Fulgem-te os olhos co'a expressão dos astros!...

E as turbas mudas, impassíveis, calmas
Sentem mil mundos lhes crescer nas almas...
Vão-te seguindo os luminosos rastros!...

SONETO

À Julieta dos Santos

Um dia Guttemberg c'o a alma aos céus suspensa,
Pegou do escopro ingente e pôs-se a trabalhar!
E fez do velho mundo um rútilo alcançar
Ao mágico clangor de sua idéia imensa!

Rolou por todo o globo a luz da sacra imprensa!
Ruiu o despotismo no pó, a esbravejar...
Uniram-se n'um lago, o céu, a terra, o mar...
Rasgou-se o manto atroz da horrível treva densa!...

Ergueram-se mil povos ao som das melopéias,
Das grandes cavatinas olímpicas da arte!
Raiou o novo sol das fúlgidas idéias!...

Porém, quem lança luz maior por toda a parte
És tu, sublime atriz, ó misto de epopéias
Que sabes no tablado subir, endeusar-te!...

À Julieta dos Santos

    É delicada, suave, vaporosa,
      A grande atriz, a singular feitura...
É linda e alva como a neve pura,
Débil, franzina, divinal, nervosa!...

E d'entre os lábios cetinais, de rosa
Libram-se pérolas de nitente alvura...
E doce aroma de sutil frescura
Sai-lhe da leve compleição mimosa!...

Quando aparece no febril proscênio
Bem como os mitos do passado, ingentes,
Bem como um astro majestoso, helênio...

Sente-se n'alma as atrações potentes
Que só se operam ao fulgor do gênio,
Às rubras chispas ideais, ferventes!..

SONETO

À Julieta dos Santos

Imaginai um misto de alvoradas
Assim com uns vagos longes de falena,
Ou mesmo uns *quês* suaves de açucena
C'os magos prantos bons das madrugadas!...

Imaginai mil cousas encantadas...
O tímido dulçor da tarde amena,
As esquisitas graças de uma Helena,

As vaporosas noites estreladas...

Que encontrareis então em JULIETA
O tipo são, fiel da Georgeta
Nos dois brilhantes, primorosos atos!...

E sentireis um fluido magnético
Trêmulo, nervoso, mórbido, patético,
Bem como a voz dos langues *psicattos*!...

À *Julieta dos Santos*

Parece que nasceste, oh! pálida divina,
Para seres o farol, a luz das puras almas!...
Parece que ao estridor, ao frêmito das palmas
Exalças-te feliz à plaga cristalina!...

Parece que se partem, angélica *Bambina*,
Às campas glaciais dos Tassos e dos Talmas,
Lá quando no tablado as turbas sempre calmas
Transmutas em vulcão, em raio que fulmina!...

E quando majestosa, em lance sublimado
Dardejas do olhar, olímpico, sagrado
Mil chispas ideais, titânicas, ardentes!...

Então sente-se n'alma o trêmulo nervoso
Que deve ter o mar, fantástico, espumoso
Nos grossos vagalhões, indômitos, frementes!!...

Cruz e Sousa

SONETO

À Julieta dos Santos

Quando apareces, fica-se impassível
E mudo e quedo, trêmulo, gelado!...
Quer-se ficar com atenção, calado,
Quer-se falar sem mesmo ser possível!.

Anda-se c'o a alma n'um estado horrível
O coração completamente ervado!...
Quer-se dar palmas, mas sem ser notado,
Quer-se gritar, n'uma explosão temível!...

Sobe-se e desce-se ao país das fadas,
Vaga-se co'as nuvens das mansões doiradas
Sob um esforço colossal, titânio!...

E as idéias galopando voam...
Então lá dentro sem parar, ressoam
As indomáveis convulsões do crânio!!...

À Julieta dos Santos

Lágrimas da aurora, poemas cristalinos
Que rebentais das cobras do mistério!
Aves azuis do manto auri-sidéreo...
Raios de luz, fantásticos, divinos!...

Astros diáfanos, brandos, opalinos,
Brancas cecéns do Paraíso etéreo,
Canto da tarde, límpido, aéreo,
Harpa ideal, dos encantados hinos!...

Brisas suaves, virações amenas,
Lírios do vale, roseirais do lago,
Bandos errantes de sutis falenas!...

Vinde do arcano n'um potente afago
Louvar o Gênio das mansões serenas,
Esse Prodígio singular e mago!!..

JULIETA DOS SANTOS

Tu passas rutilante em toda a parte Oh!
sol de nossa pátria, oh! sol da arte!...
Virgílio Várzea

Quando eu te vi pela primeira vez no palco
Avassalando as almas, N'um referver de palmas,
Cheia de vida e cândido lirismo!
Senti na mente uns divinais tremores...
E louco e louco,
A pouco e pouco
Vi rebentar o inferno cataclismo!...

Mil pensamentos galoparam, céleres
Por minha fronte
E do horizonte
Quis arrancar os astros diamantinos,
Para arrojá-los a teus pés mimosos
E arrebatado,
Fanatizado
Por entre um mar de cintilantes hinos!...

SONETO

Esse teu busto, a genial cabeça
Tão bem talhada
E burilada
Com o escopro límpido da arte,
Tem umas puras fulgurações suaves
E a tu'alma
Ardente ou calma
Os corações arrasta por toda a parte!...

A encarnação tu és das maravilhas,
A doce aurora,
Branda e sonora
Das teatrais e lúcidas idéias!...
Tens no olhar o filtro que arrebata
E és profética
E magnética,
Possuis na voz o som das melopéias!...

És a escolhida para as grandes lutas
Esplendorosas
E majestosas!...
E sobre os débeis, delicados ombros,
Bem como Homero a sua lira d'ouro,
Resplandecente,
Trazes pendente
O Infinito enorme dos assombros!...

Quando apareces tudo ri e chora,
Se endeusa, agita,
Como que palpita
N'uma explosão de férvidos louvores!.
E o potentado mais febril da terra
Gagueja um bravo,
E faz-se escravo
O mais severo e nobre dos senhores!...

A Dejaset, uma Favart, Rachel,
O João Caetano

Cruz e Sousa

Como um arcano
Imperscrutável, hórrido, terrível!...
Quebram as louças sepulcrais e frias
 E te louvando Vão recuando...
Dizem que é sonho, é mito, é impossível!

Oh! tu nasceste para suplantar, JULIETA
Os grandes mundos,
Os mais profundos
D'ess'arte bela, magistral, divina!...
E esse olhar tão expressivo e terno
Já eletriza
E cauteriza...
É como um raio que a corações fulmina!...

Que sol é este, vão bradando os pólos,
Tão sobranceiro,
Que o brasileiro
O vasto império confundindo está?!...
Venham teólogos, venham sábios... todos
Venham troianos,
Venham germanos,
Venham os vultos da Caldéia, lá!...

Oh! resolvei o mais atroz problema,
Fundo mistério,
Alto, sidéreo
Do gênio altivo na criança, ali!...
Vamos, natura, rasga o véu dos medos,
Dizei ó mares,
Falai luares,
Sombras dos bosques, respondei-me aqui!...

Astros da noite, tempestades, ventos
Erguei as vozes,
Falai velozes
N'um som estranho, n'um clangor audaz!...
E respondei-me e explicai ao orbe
Se essa menina,

Cruz e Sousa

Que nos fascina
É um fenômeno ou outro tanto mais!...

Tudo emudece na natura imensa
 E desde os Andes, Dos cedros grandes
Ao verme, à pedra, às amplidões do mar!...
Tudo se oculta na invisível raia
No espaço a bruma,
No mar a espuma
Vão-se esgarçando também, a se ocultar!...

Tudo emudece na natura imensa
Quando na cena
Surges serena
Como a visão das noites infantis!
Dos olhos vivos dos que são-te adeptos
Bem como prata
Eis se desata
A aluvião de lágrimas febris!...

É que tu tens esse poder superno
 Real, sublime Que até ao crime
Faz arrastar o mísero mortal!
É que tu és a embrionária horrível,
Mística, ingente
Que de repente
Fazes de um ser estúpido animal!...

Tudo emudece na natura imensa
Desde nos campos
 Os pirilampos Até as grimpas colossais do céu!...
Tudo emudece e até eu JULIETA,
Já delirante
Vou vacilante
Cair-te aos pés como um servil, um réu!!...

Cruz e Sousa

(MUSAS DE TODOS OS TEMPOS)

SONETO
(O desembarque de Julieta dos Santos)

Chegou enfim, e o desembarque dela
Causou-me logo uma impressão divina!
É meiga, pura como sã bonina,
Nos olhos vivos doce luz revela!

É graciosa, sacudida e bela,
Não tem os gestos de qualquer menina:
Parece um gênio que seduz, fascina,
Tão atraente, singular é ela!

Chegou, enfim! eu murmurei contente!
Fez-se em minh'alma purpurina aurora,
O entusiasmo me brotou fervente!

Vimos-lhe apenas a construção sonora,
Vimos a larva, nada mais, somente
Falta-nos ver a borboleta agora!

NA MAZURKA

Morava num palácio — estranha Babilônia
De arcadas colossais, de impávidos zimbórios,
Alcovas de damasco e torreões marmóreos,
Volutas primorais de arquitetura jônia.

Assim, quando surgia em meio aos peristilos
Descendo, qual mulher de Séfora, vaidosa,
Envolta em ouropéis, em sedas, luxuosa,
Cercavam-na do belo os místicos sigilos!

E quando nos saraus, assim como um rainúnculo,
O lábio lhe tremia e o olhar, vivo carbúnculo,
Vibrava nos salões, como uma adaga turca,

Ou como o sol em cheio e rubro sobre o Bósforo,
— Nos crânios os Homens sentiam ter mais fósforo...
Ao vê-la escultural no passo da Mazurka...

APÓS O NOIVADO

Em flácido divã ela resvala
Na alcova — bem feliz, alegremente,
E o fresco penteador alvinitente,
De nardo e benjoim o aroma exala.

E o noivo todo amor, assim lhe fala,
Por entre vibrações do olhar ardente:
Pertences-me afinal, pomba dormente,
Parece que a razão de gozo, estala.

Mas eis — corre-se então nívea cortina;
E a plácida, a ideal, a branca lua
Derrama nos vergéis a luz divina...

Depois... Oh! Musa audaz, ousada, e nua,
Não rompas esse véu de gaze fina
Que encerra um madrigal — Vamos... recua!...

DORMINDO...

Pálida, bela, escultural, clorótica
Sobre o divã suavíssimo deitada,
Ela lembrava — a pálpebra cerrada
— Uma ilusão esplêndida de ótica.

A peregrina carnação das formas,
— O sensual e límpido contorno,

Tinham esse *quê* de avérnico e de morno,
Davam a Zola as mais corretas normas!...

Ela dormia como a Vênus casta
E a negra coma aveludada e basta
Lhe resvalava sobre o doce flanco...

Enquanto o luar — pela janela aberta —
— Como uma vaga exclamação — incerta
Entrava a flux — cascateado — branco!!...

CRENÇA

Filha do céu, a pura crença é isto
Que eu vejo em ti, na vastidão das cousas,
Nessa mudez castíssima das lousas,
No belo rosto sonhador do Cristo.

A crença é tudo quanto tenho visto
Nos olhos teus, quando a cabeça pousas
Sobre o meu colo e que dizer não ousas
Todo esse amor que eu venço e que conquisto.

A crença é ter os peregrinos olhos
Abertos sempre aos ríspidos escolhos;
Tê-los à frente de qualquer farol

E conservá-los, simplesmente acesos
Como dois fachos — engastados, presos
Nas radiações prismáticas do sol!

ETERNO SONHO

Quelle est donc cette femme?
Je ne comprendra pas.
Félix Arvers

Talvez alguém estes meus versos lendo
Não entenda que amor neles palpita,
Nem que saudade trágica, infinita
Por dentro deles sempre está vivendo.

Talvez que ela não fique percebendo
A paixão que me enleva e que me agita,
Como de uma alma dolorosa, aflita
Que um sentimento vai desfalecendo.

E talvez que ela ao ler-me, com piedade,
Diga, a sorrir, num pouco de amizade,
Boa, gentil e carinhosa e franca:

— Ah! bem conheço o teu afeto triste...
E se em minha alma o mesmo não existe,
É que tens essa cor e é que eu sou branca!

LIRIAL

Vens com uns tons de searas,
De prados enflorescidos
E trazes os coloridos
Das frescas auroras claras.

E tens as nuances raras
Dos bons prazeres servidos
Nos rostos enlourecidos
Das parisienses preclaras.

Chapéu das finas elites,
De rosas e clematites,
Chapéu Pierrette — entre o sol

Passando, esbelta e rosada,
Pareces uma encantada Canção azul do Tirol.

Cruz e Sousa

VANDA

Vanda! Vanda do amor, formosa Vanda,
Macuama gentil, de aspecto triste,
Deixa que o coração que tu poluíste
Um dia, se abra e revivesça e expanda.

Nesse teu lábio sem calor onde anda
A sombra vã de amores que sentiste
Outrora, acende risos que não viste
Nunca e as tristezas para longe manda.

Esquece a dor, a lúbrica serpente
Que, embora esmaguem-lhe a cabeça ardente,
Agita sempre a cauda venenosa.

Deixa pousar na seara dos teus dias
A caravana irial das alegrias
Como as abelhas pousam numa rosa.

ÊXTASE

Quando vens para mim, abrindo os braços
Numa carícia lânguida e quebrada,
Sinto o esplendor de cantos de alvorada
Na amorosa fremência dos teus passos.

Partindo os duros e terrestres laços,
A alma tonta, em delírio, alvoroçada,
Sobe dos astros a radiosa escada
Atravessando a curva dos espaços.

Vens, enquanto que eu, perplexo d'espanto,
Mal te posso abraçar, gozar-te o encanto
Dos seios, dentre esses rendados folhos.

Nem um beijo te dou! abstrato e mudo
Diante de ti, sinto-te, absorto em tudo,
Uns rumores de pássaros nos olhos.

CELESTE

Vi-te crescer! tu eras a criança
Mais linda, mais gentil, mais delicada:
Tinhas no rosto as cores da alvorada
E o sol disperso pela loira trança.

Asas tinhas também, as da esperança...
E de tal sorte eras sutil e alada
Que parecias ave arrebatada
Na luz do Espaço onde a razão descansa!

Depois, então, fizeste-te menina,
Visão de amor, puríssima, divina,
Perante a qual ainda hoje me ajoelho.

Cresceste mais! És bela e moça agora...
Mas eu, que acompanhei toda essa aurora,
Sinto bem quanto estou ficando velho.

AMOR!!...

Oferecido à Ilma. Sra. D. Pêdra como prova de imensa amizade e profundo amor que lhe consagra

Amor, meu anjo, é sagrada chama
Que o peito inflama na voraz paixão,
Amo-te muito eu t'o juro ainda
Deidade linda que não tem senão!

Virgem formosa, d'encantos bela,
Gentil donzela, meu amor é teu.
Vou consagrar-te mil afetos tantos

Cruz e Sousa

Puros e santos qual também Romeu!

Flor entre as flores, a mais linda, altiva
Qual sensitiva, só tu és, ó sim.
Esses teus olhos sedutores, belos
De mil anelos, me pedirão a mim.

Anjo, meu anjo, eu te adoro e amo.
Por ti eu chamo nas horas de dor.
Sem ti eu sofro; um sequer instante
De ti perante só me dás valor.

Meu peito em ânsias só por ti suspira
Como da lira a vibrante voz!
Te vendo eu rio e senão gemendo
Vou padecendo saudade atroz!

Amor ardente de meu coração
Santa paixão em todo peito forte
Eu hei de amar-te até mesmo a vida
Deixar, querida, e abraçar a morte!

ROSA
A Moreira de Vasconcelos

Et, rose, elle a vécu ce que vivent les roses,
l'espace d'un matin.

Malherbe

Rosa — chamava-se a estrela
Daquelas flóreas paragens;
Era escutá-la e era vê-la
Metida em brancas roupagens

Todas de pregas e tufos,
De laçarotes e rendas,
Ou mesmo ouvir-lhe os arrufos

Cruz e Sousa

Ou surpreender-lhe as contendas

Nas lindas tardes radiadas
Por cores de silforamas
E sentir logo, inspiradas
Do amor, as férvidas chamas.

Ela era um beijo fundido
Ao cintilar de uma aurora,
Um sonho eterno espargido
Nos belos sonhos de Flora.

E tinha uns longes sublimes
De grande força lasciva,
A transudar, como uns crimes
Do sangue, da carne altiva.

Contava tudo... mas tanto,
Em turbilhões, em cascata,
Que recordava esse canto
Uma garganta de prata.

E quando os poetas, rapazes,
A viam passar, vibrante,
Mostrando as curvas audazes,
Do corpo todo radiante,

Diziam de entre os primores
De estrofes mais dulçurosas:
— Tu és a gêmea das flores,
Das rosas, perfeitas rosas.

Convulsionado e sem regra
O coração nos palpita;
Andas alegre e se alegra
A gente quando te fita.

Tens umas coisas estranhas
Nas refrações da pureza...

Cruz e Sousa

Umas finuras tamanhas...
Uma sutil gentileza...

Ficas rosada se um tico
Alguém te diz, de mais franco...
Mas como fica tão rico,
Tão belo o rubro no branco,

Nesse grácil e tão claro,
Sereno e cândido rosto
Que é mesmo um céu puro e raro
Das alvoradas de agosto.

Depressa cobre-te o pejo
A face nova e adorada,
De sorte que sem desejo
És — Rosa e ficas rosada.

Dos risos colhes a messe
E és doce como o conforto,
És casta como uma prece
Gemida ao lado de um morto.

Para que a dor não te obumbre
A glória de flores junca
Tua vida e, por isso, nunca
Nas mágoas terás vislumbre.

Permita o bom sol que inunda
De luz os bosques — permita
Que sejas sempre fecunda
De gozo e sempre bonita.

....

Agora, quando alguém passa
Por onde a estrela morava,
Olhando pela vidraça
Bem junto da qual bordava,

Cruz e Sousa

Repara um silêncio triste
Na sala — em crepes envolta,
Onde parece que existe
Profunda lágrima solta.

E sente por dentro d'alma
Aquela angústia que esmaga
Bem como em noites sem calma
A vaga esmaga outra vaga.

Apenas as flores lindas
Que vendo Rosa morriam
Com brejeirices infindas
De invejas que renasciam,

Sem mais inúteis ciúmes,
Abrem os frescos pistilos,
Jogando aos céus, em perfumes,
Os seus melhores sigilos.

....

No entanto à luz soberana
Do amor desfilam as rimas
Dos poetas — como um hosana
A quem já goza outros climas.

Rosa — chama-se a estrela
Daquelas flóreas paragens;
Era escutá-la e era vê-la
Metida em brancas roupagens,

Para exclamar: — Dentro dela
Existe a fibra gloriosa...
Ninguém viu coisa mais bela
Nem Rosa... tão bela rosa!...

Cruz e Sousa

FRÊMITOS

I
Ó pombas luminosas
Que passais neste mundo eternamente
Só a cantar os madrigais de rosas,
 Atravessados de um luar veemente,
 Inundados de estrelas e esplendores,
De carinhos, de bênçãos e de amores.

II
Ó virgens peregrinas,
De meigo olhar banhado de esperanças,
Que perfumais com lírios e boninas
A aurora de cristal das louras tranças,
Que atravessais constantemente a vida
Do sol eterno, da visão florida.

III
Amadas e felizes
Gêmeas da luz das frescas alvoradas,
Vós que trazeis nas almas as raízes
Do que é são, do que é puro — ó vós amadas
Prendas gentis do paternal tesouro,
Iriados corações de fluidos de ouro.

IV
É para vós que eu quero
Engrinaldar de tropos e de rimas,
Num doce verso artístico e sincero,
Esgrimir com belíssimas esgrimas
A estrofe e dar-lhe os golpes mais seguros
Para que brilhe como uns astros puros.

V
É só a vós, apenas,
Que eu me dirijo, límpidas auroras,
Que pelas tardes plácidas, serenas,
Passais, galantes como ingênuas Floras,

Coroadas de flor de laranjeira,
Noivas, sorrindo à mocidade inteira.

VI
Porque é de vós que deve,
De vós que o sonho eterno dulcifica,
Partir o lume quando cai a neve,
Surgir a crença poderosa e rica.
Porque afinal, o que se chama crença,
Senão o amor e a caridade imensa?

VII
Os tristes e os pequenos
Em quem descansam brandamente os olhos,
Esses humildes, rotos Nazarenos
Que vivem, morrem suportando abrolhos,
Senão nos grandes entes piedosos
Que dão-lhes força aos transes dolorosos?

VIII
Oh, sim que a força eterna
Parte dos corpos rijos da saúde,
Perante a lei da vida que governa,
O nobre, o rei, o proletário rude;
Parte dos seres fartos de carinhos
Como de paz e de alegria os ninhos.

IX
Eu peço para todos
E peço a vós que sois as fortalezas
Da esperança, da fé — a vós que os lodos
Da miséria, do vício, das baixezas,
Não denegriram essas consciências
Castas e brancas como as inocências.

X
Nem se esperar devia
Que eu tentasse bater a outras portas,
Quando vós sois o exemplo de Maria;

Não andais mudas, regeladas, mortas
Pela noite voraz da sepultura
E escutareis os dramas da amargura.

XI
Não julgueis que eu vos peça,
Uma alvorada feita de um sorriso;
A minh'alma garante e vos confessa
Que se crê nas mansões do Paraíso,
É porque vós reinais por sobre a terra
E o Paraíso dentro em vós se encerra.

XII
A vós, a vós compete
A glória do dever — porque assim como
A luz do sol na lua se reflete,
Também das aflições no duro assomo,
Da pobreza refletem-se nas almas,
Vossas imagens, como auroras calmas.

XIII
Portanto, a mocidade
Vossa, terá de ser de hoje em diante,
Enquanto a esmagadora atrocidade
Da peste — nos vorar d'instante a instante,
Quem se há de encarregar desta manobra
Do galeão da vida que sossobra.

XIV
E para isso, ó rainhas
Da juventude — tendes as quermesses
Que dão bons frutos assim como as vinhas;
As *matinées* de cânticos e preces,
Os cintilantes, pródigos bazares
Onde a luz salta extravasando em mares.

XV
Enquanto a mim, na arena
Da heroicidade humana que consola,

Oh, faz-me bem a vibração da pena,
Pelo amor, pelo afago, pela esmola,
Como um radiante e fúlgido estilhaço
De sol febril no mármore do Espaço!

ADALZIZA

Tens um olhar cintilante,
Tens uma voz dulçurosa,
Tens um pisar fascinante,
Tens um olhar cintilante
Cheio de raios, faiscante
 Ó criatura formosa,
 Tens um olhar cintilante,
Tens uma voz dulçurosa!...

O BOTÃO DE ROSA
A uma atriz

O campo abrira o seio às expansões frementes
Das árvores senis, dos galhos viridentes.
 Caía a tarde fresca
 Loira, gentil, vivaz como a canção tudesca.
 A iluminada esfera
Calma, profunda, azul como um sonhar de virgem,
Dava um brilho-cetim às verdes folhas d'hera.
 No ar uma harmonia avigorada e casta,
 No crânio uma vertigem
 Duma idéia viril, duma eloqüência vasta.

 Tardes formosíssimas,
 Ó grande livro aberto aos geniais artistas,
 Como tanto alargais as crenças panteístas,
 Como tanto esplendeis e como sois riquíssimas.

 Quanta vitalidade indefinida, quanta,

Cruz e Sousa

Na pequenina planta,
No doce verde-mar dos trêmulos arbustos,
Que misticismo, justos,
Bebia a alma inteira ao devassar o arcano
Das árvores titãs, das árvores fecundas
Que tinham, como o oceano,
Febris palpitações intérminas, profundas.

Esplêndidas paisagens,
Opunhas o largo campo às vistas deslumbradas.
As múrmuras ramagens,
À luz serena e terna, à luz do sol — que espadas
De fogo arremessava, em frêmitos nervosos,
Pelo côncavo azul dos céus esplendorosos,
Tinham falas de amor, segredos vacilantes
Finos como os brilhantes.

A música das aves
Cortava o éter calmo, em notas multiformes,
Límpidas e graves
Que estouravam no ar em convulsões enormes.
Aqui e além um rio
java na sombra, em meio de um rochedo
o e sombrio.
O olhar perscrutador, o grande olhar, sem medo
E o espírito mudo,
Como um herói gigante avassalavam tudo...

Nuns madrigais risonhos
Abria-se o país fantástico dos sonhos.
Alavam-se os aromas
Leais, inexauríveis
Das largas e invisíveis Selváticas redomas.

A seiva rebentava
Em ondas — irrompia
Na doce e maviosa e plácida alegria
De uma ave que cantava,
Dos belos roseirais

Que ostentavam a flux as rosas virginais.

E as jubilosas franças Dos arvoredos altos,
Rígidos, atléticos,
Derramavam no campo uns fluidos magnéticos Dumas vontades mansas.

A doce alacridade ia explosindo aos saltos.
E toda a natureza
Robusta de saúde e estrênua de grandeza
Libérrima e vital,
 Erguia-se pujante, audaz e redentora, No gérmen material da força criadora,
Dentre a vida selvagem mística, animal...

Dos roseirais preciosos
Nos renques primorosos,
Numa linda roseira abria castamente,
Como um sonho de luz numa cabeça ardente,
O mais belo, o mais puro entre os botões de rosa.
Tinha essa cor formosa,
Tinha essa cor da aurora,
Quando ensangüenta em rubro a vastidão sonora

Era um botão feliz
Sorrindo para o Azul, zombando da matéria. Tinha o leve quebranto e a maciez etérea Que uma estrofe não diz.
Das pétalas macias,
Das pétalas sangüíneas,
Doces como harmonias
         Brandas e velutíneas Uns perfumes sutis se espiralavam, raros,
Pela mansão do Bem, pelos espaços claros.
   Perfumes excelentes, Perfumes dos melhores,
Perfumes bons de incógnitos Orientes.

Matéria, não deplores
O viver natural dos vegetais alegres;
Eles são mais ditosos
Que os nababos e reis nos seus coxins pomposos;
E por mais que tu regres

Cruz e Sousa

Ó matéria fatal, a tua vida inteira,
No rigor da higiene;
E por mais que a maneira
Do teu grande existir, desse existir — perene
De ironias e pasmos,
Explosões de sarcasmos
Tu completes, matéria — ó humanidade ousada —
Com a ciência altanada;
E por mais que no século,
Tu mergulhes a idéia, o prodigioso espéculo,
Será sempre maior e exuberante e forte,
Ó matéria fatal,
Essa vida tão rica
Que se corporifica
Na valente coorte Do poder vegetal.

Era um botão feliz,
Cuja roseira, impávida,
Ébria de aromas bons, ébria de orgulhos — ávida
De completa fragrância,
Palpitava com ânsia
Desde a própria raiz.

E entanto o sol tombara e triunfantemente
Como um supremo Rubens,
Jorrando à curvidade etérea do poente,
O ouro e o escarlate, aprimorando as nuvens,
Numa distribuição simpática de cores,
De tintas e de luzes
        De galas e fulgores Rubros como o estourar dos férvidos
obuses.

O cérebro em nevrose,
No pasmo que precede a augusta apoteose
De uma excelsa visão perfeitamente bela,
  De uma excelsa visão em límpidos dosséis, Exaltava o acabado artístico da Tela
    E o gosto dos pincéis.

Caíam da amplidão em névoas singulares Os pálidos crepúsculos.

Cruz e Sousa

Os fúlgidos altares
Do homem primitivo — a relva, o prado, o campo
Onde ele ia buscar a força de uma crença
Que então lhe iluminasse a alma escura e densa Morriam de clarões — os poderosos músculos
Da fértil mãe de tudo — a natureza ingente — Deixavam de bater. — O olhar do pirilampo Oscilava, tremia — azul, fosforescente.

As sombras vinham, vinham
Lembrando um batalhão d'espectros que caminham
E a casta nitidez sintética das cousas
Tomava a proporção das funerárias lousas.
Completara-se então o mais extraordinário,
O mais extravagante
Dos fenômenos todos: A noite.
— Enfim descera a treva do Calvário, A treva que envolveu o Cristo agonizante.

Coaxavam negras rãs nos charcos e nos lodos.
A abóbada espaçosa, a física amplitude,
Mostrava a profundez da angústia de ataúde
De um operário pobre,
Quando se escuta o dobre
Amplíssimo e funéreo,
Sinistro e compassado, Rolar pela mansão gloriosa do mistério,
Assim com um soluço aflito, estrangulado.

Devia ser, devia
Por uma noite assim,
Como esta noite igual,
Que derramou Maria A lágrima da dor,
— que o célebre Caim Sentiu do crânio as convulsões do Mal.

Mas o botão de rosa,
Traído pelo estranho zéfiro da sorte,
Rolou como uma cisma
Intensa e luminosa
Ardente e jovial em que a razão se abisma
E foi cair, cair no pélago da morte,

Cruz e Sousa

Em um dos mais raivosos,
Em um dos mais atrozes
Rios impetuosos,
Cheios de surdas vozes,
Sozinho, em desamparo, assim como um proscrito,
Em meio à placidez
Dos astros no infinito
E à mesma irracional e fúnebre mudez.

Depois e além de tudo,
Além do grave aspecto inteiramente mudo,
Ao tempo que morria
O cândido botão — em um dos tantos galhos
Virentes da roseira — alegre no ar se abria
Um outro que ostentava as pétalas sedosas,
As pétalas gracis de cores deliciosas, De cores ideais.

As auras musicais
Passavam-lhe de leve,
Nos tímidos rumores,
De um ósculo mais breve

E dentre a exposição das delicadas flores,
Das rosas — o botão
Aberto ultimamente às cúpulas austeras,
Às plagas da esperança, a irmã das primaveras,
Pendido um quase nada, esbelto na roseira,
Mostrava aquela unção,
A ínclita maneira
De quem se glorifica
Subindo ao céu azul da majestade pura,
Da eterna exuberância, Da fonte sempre rica,
Da esplêndida fartura
Da luz imaculada — a egrégia substância
Que faz das almas claras
Pela fecundidade olímpica do amor,
Magníficas searas,
De onde se difunde à vida sempiterna,
À vida essencial, à lei que nos governa,

À idéia varonil do poeta sonhador.

A arte especialmente, esse prodígio, atriz,
Como o botão de rosa
Tão meigo e tão feliz,
Pode ser arrojada e brutalmente, ao pego,
Na treva silenciosa,
Onde o espírito vai, atordoado e cego,
Cair, entre soluços,
Como um colosso ideal tombado ao chão de bruços,
Ou pode equilibrar-se em admirável base
Estética e profunda, Assim, bem como o outro, a mais radiosa altura.

Deves sondá-la bem nesta segunda fase.
Precisas para isso uma alma mais fecunda.
Precisas de sentir a artística loucura...

[Ó ADALZIZA DOS SONHOS]

Ó Adalziza dos sonhos;
Estrela dos firmamentos
Dos meus cantares risonhos,
Ó Adalziza dos sonhos,
Rasga esses véus enfadonhos
Dos teus louros pensamentos,
Ó Adalziza dos sonhos,
Estrela dos firmamentos.

[ZULMIRA DOS MEUS AMORES]

Zulmira dos meus amores,
Zulmira das minhas cismas,
Resplandece como as flores,
Zulmira dos meus amores
Abre os olhos sedutores
Nos quais a minh'alma abismas,
Zulmira dos meus amores,

Zulmira das minhas cismas.
[DEIXAI QUE A MINH'ALMA ESCASSA]

Deixai que a minh'alma escassa
De luz — aos astros emigre
Como gaivota que passa
Deixai que a minh'alma escassa
De amor — na plúmbea desgraça
De atrozes garras de tigre,
Deixai que a minh'alma escassa
De luz — aos astros emigre.

[Ó CINTILANTE QUIQUIA]

Ó cintilante Quiquia,
Menina dos meus olhares, Flor azul da simpatia,
Ó cintilante Quiquia,
Rasga este céu da alegria
Dos meus risonhos cantares,
Ó cintilante Quiquia,
Menina dos meus olhares.

[OLHOS PRETOS, SONHADORES]

Olhos pretos, sonhadores
Ó celeste Carolina,
Como são esmagadores
Olhos pretos sonhadores,
Como vibram dos amores
A noss'alma cristalina,
Olhos pretos, sonhadores,
Ó celeste Carolina.

[Ó FLORA, Ó NINFA DAS ROSAS]

Ó Flora, ó ninfa das rosas,
Ó frescura dos morangos,

Abre as pupilas radiosas,
Ó Flora, ó ninfa das rosas,
Dá-me as estrelas formosas
Do olhar repleto de tangos,
Ó Flora, ó ninfa das rosas,
Ó frescura dos morangos.

[MORENA DOS OLHOS PRETOS]

Morena dos olhos pretos
Dos olhos pretos, morena,
Escuta os vagos duetos
Morena dos olhos pretos,
Faremos ambos, tercetos,
Com esta esfera serena,
Morena dos olhos pretos,
Dos olhos pretos, morena.

[ALZIRA, ALZIRA, ALZIRA]

Ó Alzira, Alzira, Alzira,
Estrela resplandecente,
Resplandecente safira,
Ó Alzira, Alzira, Alzira,
Às vibrações desta lira,
Acorda do sono ardente,
Ó Alzira, Alzira, Alzira,
Estrela resplandecente.

[COMO UM CISNE, EST'ALMA FRISA]

Como um cisne, est'alma frisa
O mar de luz de teus olhos,
Ó simpática Adalziza
Como um cisne, est'alma frisa,
Vagueia, paira, desliza

Sem naufragar nos escolhos
Como um cisne, est'alma frisa
O mar de luz de teus olhos.

FLORIPES

Fazes lembrar as mouras dos castelos,
As errantes visões abandonadas
Que pelo alto das torres encantadas
Suspiravam de trêmulos anelos.

Traços ligeiros, tímidos, singelos
Acordam-te nas formas delicadas
Saudades mortas de regiões sagradas,
Carinhos, beijos, lágrimas, desvelos.

Um requinte de graça e fantasia
Dá-te segredos de melancolia,
Da Lua todo o lânguido abandono...

Desejos vagos, olvidadas queixas
Vão morrer no calor dessas madeixas,
Nas virgens florescências do teu sono.

(CAMPESINAS E OUTROS VERSOS)

CAMPESINAS

I
Camponesa, camponesa,
Ah! quem contigo vivesse
Dia e noite e amanhecesse
Ao sol da tua beleza.

Quem livre, na natureza,
Pelos campos se perdesse
E apenas em ti só cresse
E em nada mais, camponesa.

Cruz e Sousa

Quem contigo andasse à toa
Nas margens duma lagoa,
Por vergéis e por desertos,

Beijando-te o corpo airoso,
Tão fresco e tão perfumoso,
Cheirando a figos abertos.

II
De cabelos desmanchados,
Tu, teus olhos luminosos
Recordam-me uns saborosos
E raros frutos de prados.
Assim negros e quebrados,
Profundos, grandes, formosos,
Contêm fluidos vaporosos
São como campos mondados.

Quando soltas os cabelos
Repletos de pesadelos
E de perfumes de ervagens;

Teus olhos, flor das violetas,
Lembram certas uvas pretas
Metidas entre folhagens.

III
As papoulas da saúde
Trouxeram-te um ar mais novo,
Ó bela filha do povo,
Rosa aberta de virtude.

Do campo viçoso e rude
Regressas, como um renovo,
E eu ao ver-te, os olhos movo
De um modo que nunca pude.

Bravo ao campo e bravo à seara
Que deram-te a pele clara
Sãos rubores de alvorada.

Que esses teus beijos agora
Tenham sabores de amora
E de romã estalada.

IV
Através das romãzeiras
E dos pomares floridos
Ouvem-se às vezes ruídos
E bater d'asas ligeiras.

São as aves forasteiras
Que dos seus ninhos queridos
Vêm dar ali os gemidos
Das ilusões passageiras.

Vêm sonhar leves quimeras,
Idílios de primaveras,
Contar os risos e os males.

Vêm chorar um seio de ave
Perdida pela suave
Carícia verde dos vales.

V
De manhã tu vais ao gado
A cantar entre as giestas,
Com tuas graças modestas,
Correndo e saltando o prado.

E a veiga e o rio e o valado
Que todos dormem às sestas
Acordam-se ante as honestas
Canções desse peito amado.

As aves nos ares gozam,
Entre abraços se desposam,
No mais amoroso enlace.

E as abelhas matutinas
Que regressam das boninas
Voam-te em torno da face.

VI
As uvas pretas em cachos
Dão agora nas latadas...
Que lindo tom de alvoradas[1]
Na vinha, junto aos riachos.

Este ano arados e sachos
Deixaram terras lavradas,
À espera das inflamadas
Ondas do sol, como fachos.

Veio o sol e fecundou-as,
Deu-lhes vigor, enseivou-as,
Tornou-as férteis de amor.

Eis que as vinhas rebentaram
E as uvas amaduraram,
Sanguíneas, com sol na cor.

VII

Engrinaldada de rosas,
Surge a manhã pitoresca...
Que linda aquarela fresca

---

[1] Na coleção de manuscritos existente na Fundação Biblioteca Nacional, encontramos uma variação deste verso: "Que linda cor de alvoradas".

Nas veigas deliciosas!
Que bom gosto e perfumosas
Frutas traz, madrigalesca
A rapariga tudesca
Que vem das searas cheirosas!

Como os rios vão cantando,
Em sons de prata, ondulando,
Abaixo pelos marnéis!

Que carícia nas verduras,
Que vigor pelas culturas,
Que de ouro pelos vergéis!

VIII

Orgulho das raparigas,
Encanto ideal dos rapazes,
Acendes crenças vivazes
Com tuas belas cantigas.

No louro ondear das espigas,
Boca cheirosa a lilases,
Carne em polpa de ananases
Lembras baladas antigas.

Tens uns tons enevoados
De castelos apagados
Nas eras medievais.

Falta-te o pajem na ameia
Dedilhando, à lua cheia,
O bandolim dos seus ais!

IX
NO CAMPO SANTO

Morreste no campo um dia,
Como uma flor desprezada.
Clareava a madrugada
Azul, vaporosa e fria.

Sobre a agreste serrania,
Numa ermida branqueada
Por uma manhã doirada
Um sino repercutia.

Teu caixão, de camponesas
E camponeses seguido,
Desceu abaixo às devesas.

Ganhou o atalho comprido
De casas em correntezas
E entrou num campo florido.

VIII

Pelos vales e colinas
Os bandos das pombas voam...
E as latadas das boninas
As rentes cercas coroam.

Entre o rumor das campinas
Os carros de bois ressoam...
E nas névoas matutinas
Já os raios de sol coam.

Que aurora flor das auroras!
Nas frescas águas sonoras
Bóiam ilhas de verdura.

Cruz e Sousa

E na fita dos caminhos
Onde trinam os passarinhos
Vens vindo a rir, formosura.

Foste à fonte buscar água
E tinha secado a fonte...
Pobre flor azul do monte
Tiveste a primeira mágoa.

Porém se uma alma na frágua
Das dores, sem horizonte,
Queres ver, sentir defronte
Dos olhos, manda, que eu trago-a.

Vou t'a levar à presença
Para que vejas a imensa
Mágoa atroz que a devorou.

E saibas, ó sol das flores,
Que a fonte dos seus amores
Eternamente secou.

XII
A pomba o vôo descerra
Para além dos infinitos,
Deixando todos os ritos
Das religiões cá da terra.

Ganha o mar e ganha a serra
Em busca de novos mitos
Desses bíblicos Egitos
Da Fé, que vagueia e que erra...

Quem tem sede de carinhos
Faz como pomba, procura
Corações que sejam ninhos.

Vai em busca ventura,

Da paz dispersa em caminhos
Que vão dar à sepultura.

   XIII

      Fui aos morangos do prado
      E nunca os vi tão formosos...
      Que perfume delicado,
      Que cores, que tons preciosos.

      Cor de sangue atravessado
      De acesos sóis radiosos
      Num rubro ocaso doirado,
      Por horizontes calmosos;

      Através da luz da aurora
      Vivaz e fresca e sonora,
      Num resplendor nunca visto;

      Pareceram-me umas gotas
      De sangue das carnes rotas
      Das mãos e dos pés de Cristo.

   XVI

      Acordo de manhã cedo,
      Da luz aos doces carinhos...
      Que rosas pelos caminhos,
      Que rumor pelo arvoredo.

      Para o azul radioso e ledo
      Sobe, de dentro dos ninhos,
      O canto dos passarinhos,
      Cheio de amor e segredo...

      Dentre as moitas de verdura
      Voam as pombas nevadas,

Cruz e Sousa

Imaculadas de alvura.

Pela margem das estradas
Que penetrante frescura,
Que femininas risadas!

XV
Os olhos das adoradas
São como os campos festivos
Cheios dos brilhos mais vivos
Das alegres madrugadas.

Como as frescas alvoradas
Há pelos campos estivos
Lindos cantos expressivos
De camponesas medradas;

Nos olhos das que adoramos
Há aves cantando e ramos
Noivados do nosso amor.

Perspectivas radiantes
Só vistas pelos amantes
De almas abertas em flor!

XVI
De manhã cedo os rebanhos
Saltam, galgam montanhosos
Alcantis esplendorosos,
Cheios de brilhos estranhos.

E quando após os amanhos
Dos terrenos vigorosos
Os lavradores sequiosos
Regressam de afãs tamanhos;

Quando o sol no ocaso em chamas
Veste as árvores de lhamas
E luminosos veludos;

Entre as trêmulas guitarras
Das nostálgicas cigarras
Quedam-se os gados lanzudos.

XVII

São tantas as sementeiras
Como as estrelas são tantas...
Ah! que virgens bebedeiras
Vêm dos aromas das plantas.

Nas terras alvissareiras
De novas colheitas santas,
Que brotos de trepadeiras,
Que vinhas quantas e quantas.

Como a seiva e o viço estoura
Pelos campos da lavoura,
Num frenesi de novilho...

Só tu, infecunda e triste,
De gelo, nunca sentiste
Os vivos germens de um filho!

XVIII

Por estas manhãs sonoras
Em tudo a luz vibra e salta
E arroios, várzeas esmalta
De deslumbrantes auroras.

Cruz e Sousa

São mais alegres as horas,
Nem o humor às almas falta
E de uma força mais alta
Fecundam-se as virgens floras.

Os aspectos de verdura
Recebem formas serenas
D'encantos e de frescura.

Ah! que ruflados de penas
Na luz que canta na altura,
Nas folhagens de açucenas!

(1889)

(Outros versos)

AO AR LIVRE
A Virgílio Várzea

Tu trazes agora o peito
Como essas urnas sagradas,
Repleto de gargalhadas,
Sonoro, bom, satisfeito.

Por dentro cantam assombros
E causas esplendorosas
Como latadas de rosas
Dos muros entre os escombros.

Quando o ideal nos alaga,
Embora as lutas do mundo,
Levanta-se um sol fecundo
Do peito em cada uma chaga.

Voltou-se a seiva de outrora,
De outro, mais forte e destro,
Iluminado maestro,

Cruz e Sousa

Das harmonias da aurora.

Fulgurem por isso as musas,
As belas musas, por isso...
Voltou-te o passado viço,
Foram-se as mágoas, confusas.

Agora, quando eu dirijo
Meus passos, à tua porta,
Sinto-te um bem que conforta,
Vejo-te alegre e mais rijo.

Porque afinal pela vida
Nem tudo se desmorona
Quando se vaga na zona
Da mocidade florida.

Gostas de ver pelos ramos
Das verdes árvores novas,
A chocalhar umas trovas,
Coleiros e gaturamos.

Já podes bem comer frutas,
Os teus simpáticos jambos,
E ouvir alguns ditirambos
Da natureza nas grutas.

Podes olhar as esferas,
Com ar direito e seguro,
De frente para o futuro,
De lado para as quimeras.

Não tenhas cofres avaros
De santos — na luz te afoga,
E a alma arremessa e joga
Por esses páramos claros.

Reúne os sonhos dispersos
Como andorinhas vivaces

Cruz e Sousa

E o colorido das faces
Ao coberto dos versos.

Como uns lábaros vermelhos,
Contente como os lilases,
As crenças dos bons rapazes
Tem prismas como os espelhos.

NATUREZA
Aos poetas

Tudo por ti resplende e se constela,
Tudo por ti, suavíssimo, flameja;
És o pulmão da racional peleja,
Sempre viril, consoladora e bela.

Teu coração de pérolas se estrela,
E o bom falerno dás a quem deseja
Vigor, saúde à crença que floreja,
Que as expansões do cérebro revela.

Toda essa luz que bebe-se de um hausto
Nos livros sãos, todo esse enorme fausto
Vem das verduras brandas que reluzem!

Esse da idéia esplêndido eletrismo,
O forte, o grande, audaz psicologismo,
Os organismos naturais produzem...

NOS CAMPOS

Por entre campos de seara loura
De alegre sol puríssimo batidos,
Passam carros chiantes de lavoura
E raparigas sãs, de coloridos
Que a luz solar que as ilumina e doura
Lembram pomares e jardins floridos,

Cruz e Sousa

Por entre campos de seara loura.

A Natureza inteira reverdece
Pelos montes e vales e colinas;
E o luar que freme, anseia e resplandece,
Movido por aragens vespertinas,
Parece a alma dos tempos que floresce...
 Enquanto que por prados e campinas
A Natureza inteira reverdece.

A paz das coisas desce sobre tudo!
E no verde sereno d'espessuras,
No doce e meigo e cândido veludo,
Tremem cintilações como armaduras
Ou como o aço brunido dum escudo;
Enquanto que das límpidas alturas
A paz das coisas desce sobre tudo!

A casa, a rude tenda construída,
Onde habitam as mães e as crianças
Promiscuamente, nessa mesma vida
 De perfume lirial das esperanças,
Como é feliz, dos astros aquecida!
Aquecida do Amor nas asas mansas
A casa, a rude tenda construída.

As bocas impolutas e cheirosas
Das raparigas, pródigas belezas
De finos lábios púrpuros de rosas,
Abrem, cheias de angélicas purezas,
As cristalinas fontes murmurosas
De risos, refrescando em correntezas
As bocas impolutas e cheirosas.

Da vida aurora rica do seu sangue
Flameja a carne em báquicas vertigens!
E quem tiver uma epiderme exangue
Para ficar com essas faces virgens,
Para não ser mais pálida nem langue,

Tem de beber das cálidas origens
Da viva aurora rica do seu sangue.

Lindas ceifeiras percorrendo. searas
Nos campos, ó bizarras raparigas,
Pelas manhãs e pelas tardes claras
Vós desfolhais sorrisos e cantigas
Que deixam ver as pérolas mais raras
Dos dentes brancos, frescos como estrigas...
Lindas ceifeiras percorrendo searas!

A BORBOLETA AZUL

No alegre sol de então
De uma manhã de amor,
A borboleta solta no fulgor
Da luz, lembrava um leve coração.

Ia e vinha e a voar
Gentil e trêfega, azul,
Sonoramente a percorrer pelo ar,
Como um silfo tenuíssimo e taful.

Sobre os frescos rosais
Pousava débil, sutil,
Doirando tudo de um risonho abril
Feito de beijos e de madrigais.

Que doce embriaguez
O vôo assim seguir
Da borboleta azul, correndo, a vir
Do espaço pela Etérea candidez!

Fazendo, tal e qual,
O mesmo giro assim,
O mesmo vôo límpido, sem fim,
Nos mundos virgens de qualquer ideal.

Ir como ela também
Em busca das loucas
E tropicais e fúlgidas manhãs
Cheias de colibris e sol, além...

Ir com ela na luz
De mundos através,
Sem abrolhos nas mãos, cardos nos pés,
Ó alma minha, que alegria a flux!...

No alegre sol de então
  De uma manhã de amor
  A borboleta solta no fulgor
Da luz, lembrava um leve coração.

RENASCIMENTO

Canta ao sol como as cigarras
A tua nova alegria.
No Azul ressoam fanfarras
Da grande vida sadia.

Alerta, um clarim de alerta
Àquela antiga saúde:
  — À clara janela aberta
  Para o mar salgado e rude.

  Que volte, ruidosa, agora,
  Como um pássaro marinho,
  A tua saúde, a aurora
  Do teu sangue, estranho vinho.

E como espiga madura
Floresce outra vez à vida,
Resplandece à formosura,
Ó torre de ouro florida!

Cruz e Sousa

Quero-te em rosas festivas
A polpa das carnes brancas.
E rindo-te às forças vivas
Com rubras risadas francas.

Formosa, soberba e nua,
Nesse olhar que tudo abrange,
Na fronte um diadema, em lua
Num talhe curvo de alfanje;

Vem! o sol é teu amante!
Ah! vem mergulhar nos braços
Do flavo sultão radiante
Do harém azul dos espaços.

ABELHAS

Gotas de luz e perfume,
Leves, tênues, delicadas,
Acesas no doce lume
De purpúreas alvoradas.

Pingos de ouro cristalinos
Alados na esfera, ondeando,
Dispersos por entre os hinos Da natureza vibrando.

Sorrisos aéreos, soltos,
Flavas asas radiantes,
Que levam consigo envoltos
Da aurora os sóis fecundantes.

Da aurora que a primavera
Faz cantar, brota no peito
E floresce em folhas de hera O coração satisfeito.

Essa aurora produtiva
Do amor soberano e eterno, Que é nas almas força viva E nas abelhas falerno.

Cruz e Sousa

Nas doudejantes abelhas
Que dentre flores volitam
E do sol entre as centelhas
Resplendem, fulgem, palpitam.

Zumbem, fervem nas colméias
E rumorejam no enxame
Pelas flóridas aléias
Onde um prado se derrame.

Assim mesmo pequeninas
E quase invisíveis, quase,
Com as suas asitas finas,
De etérea de fluida gaze.

Ah! quanto são adoráveis
Os favos que elas fabricam!
Com que graças inefáveis
Se geram, se multiplicam.

Nos afãs industriosos
Que enlevo, que encanto vê-las
Com seus corpos luminosos
D'iriante brilho d'estrelas.

E nas ondas murmurosas
Dos peregrinos adejos
Vão dar ao lábio das rosas
O mel doirado dos beijos.

BESOUROS...

Marche, marche, marche a verve!
Bandeiras, clarins, tambores, Marchar!
A poncheira ideal, que ferve,
Sons, aromas, chamas, cores! Cantar!

Que este diabo vem, saudoso,
Das profundezas do arcano, Viver!
O vinho maravilhoso
Da forma raro e renano, Beber!

Vem beber o vinho iriado,
O Falerno, claro e quente, Haurir!
Num paladar requintado,
Todo inflamado e fremente Sentir!

Que o sangue da verve vibre
Raja, raja, raja, raja, Taful!
E a alma do sol se equilibre
Para que mais sonhos haja No azul!...

Mas este diabo tão fino,
Que de tudo dá o acorde Genial!
Este capróide genuíno,
Verde, verde, morde, morde, Fatal.

PAPOULA
A Oscar Rosas

Assim loura és mais formosa
Do que se fosses trigueira:
Corpo de eflúvios de rosa
Com esbeltez de palmeira.

Vestida de cor da aurora
Leve dos fluidos da graça,
És uma estrela sonora
Que, em sonhos, pelo éter passa.

Resplandece em teu cabelo
Um fulgor de sol dourado,
Que só de senti-lo e vê-lo
Fica tudo iluminado.

Cruz e Sousa

Do teu branco leque aberto
Que lembra uma asa de garça,[1]
Aspiro um perfume incerto,
Talvez a tua alma esparsa.

Num resplendor de madona
E altivez de corça arisca[2]
Surges da luz entre a zona
Com quebrantos de odalisca.

Que venha o duque normando
De castelos escoceses
Com seu ar bizarro e brando
Amar-te os olhos ingleses.

E entre aromas e frescores
E revoadas de abelhas,
Como num campo de flores
Que esse olhar vibre centelhas.

Que cantem na tua boca
As alegrias radiadas,
Numa ideal rajada louca
De vôos de passaradas.

Que como os astros no espaço,
Teu encanto resplandeça...
Com pelúcias no regaço
E asas de ave na cabeça.

E que os teus dois seios puros
Que o amor fecundando beija
Fiquem cheios e maduros
Com dois bicos de cereja.

---

[1] Nos manuscritos da Fundação Biblioteca Nacional este verso termina em "graça" ao invés de "garça".
[2] Idem "a risca" ao invés de "arisca".

Cruz e Sousa

NA VILA

Nos ervaçais vibrou o sol agora,
Nas fitas verdes dos canaviais...
Como rompesse loura e fresca a aurora
Agora o sol vibrou nos ervaçais.

Murmurejam de alegres os caminhos
Que até parecem, límpidos, cantar
Na música melódica dos ninhos
Que vai nos ares se cristalizar.

Floresce tudo, em toda parte flores
Neste maio feliz, e tão feliz
Que as plantas exuberam de vigores
Desde a profunda, pródiga raiz.

Noivam as aves junto dos riachos
No seu alado alvorecer de amor;
E o coqueiral, com os amarelos cachos,
Pompéia de riquíssimo verdor.

Fluem na sombra meigas fontes claras[1]
Sob o frondente e vasto laranjal
E para além magníficas searas
Se estendem como um leito virginal.

Na serena paz vegetativa
Faz docemente tudo adormecer
Mas num sono de luz doirada e viva,
Quase a dormência de quem vai morrer...

Ah! que o silêncio, a solidão dos ermos,
Das agrestes paragens do sertão
Se dão saúdes a espíritos enfermos
Também supremas nostalgias dão!

A volúpia letal do meio-dia,
Nas horas encalmadas, sob a luz,

Dá duma campa a atroz melancolia
Assinalada numa simples cruz.
Depois o campo na mudez da vila,
Aquela eterna e soberana paz
Da imensa vastidão sempre tranqüila
Como que punge e que entristece mais!

[1] Nos manuscritos da Fundação Biblioteca Nacional este verso está grafado: "Fluem na sombra as meigas fontes claras".

PLANGÊNCIA DA TARDE

Quando do campo as prófugas ovelhas
Voltam a tarde, lépidas, balando,
Com elas o pastor volta cantando
E fulge o ocaso em convulsões vermelhas.

Nos beirados das casas, sobre as telhas,
Das andorinhas esvoaça o bando...
E o mar, tranqüilo, fica cintilando
Do sol que morre às últimas centelhas.

O azul dos montes vago na distância...
No bosque, no ar, a cândida fragrância
Dos aromas vitais que a tarde exala.

Às vezes, longe, solta, na esplanada,
A ovelha errante, tonta e desgarrada,
Perdida e triste pelos ermos bala ...

FRUTAS E FLORES[1]

Laranjas e morangos — quanto às frutas,
Quanto às flores, porém, ah! quanto às flores,
Trago-te dálias rubras, d'essas cores
Das brilhantes auroras impolutas.

Cruz e Sousa

Venho de ouvir as misteriosas lutas
Do mar chorando lágrimas de amores;
Isto é, venho de estar entre os verdores
De um sítio cheio de asperezas brutas,

Mas onde as almas — pássaros que voam —
Vivem sorrindo às músicas que ecoam
Dos campos livres na rural pobreza.

Trago-te frutas, flores, só apenas,
Porque não pude, irmã das açucenas,
Trazer-te o mar e toda a natureza!

NO CAMPO

Acordo de manhã cedo
Da luz aos doces carinhos:
Que rosas pelos caminhos!
Que rumor pelo arvoredo!

Para o azul radioso e ledo
Sobe, de dentro dos ninhos,
O canto dos passarinhos
Cheio de amor e segredo.

Dentre moitas de verdura
Voam as pombas nevadas,
Imaculadas de alvura.

Pelas margens das estradas
Que penetrante frescura
Que femininas risadas!

Cruz e Sousa

LUAR

Ao longo das louríssimas searas Caiu a noite taciturna e fria... Cessou no espaço a límpida harmonia Das infinitas perspectivas claras.

As estrelas no céu, puras e raras,
Como um cristal que nítido radia,
Abrem da noite na mudez sombria O cofre ideal de pedrarias caras.

Mas uma luz aos poucos vai subindo
Como do largo mar ao firmamento — abrindo Largo clarão em flocos d'escumilha.

Vai subindo, subindo o firmamento! E branca e doce e nívea, lento e lento,
A lua cheia pelos campos brilha...

[ESTAS RISADAS LÍMPIDAS E FRESCAS]

Estas risadas límpidas e frescas
Que Pan trauteia em cálamos maviosos
Nesta amplidão dos campos verdurosos,
Nestas paisagens flóreas, pitorescas;

Toda esta pompa e gala principescas
Destas searas, destes altanosos
Montes e várzeas, prados vigorosos,
Louros — talvez como as visões tudescas;

Este luxuoso e rico paramento, Feito de luz e de deslumbramento
— Do grande altar da natureza imensa.

Aguarda o poeta sacerdote augusto,
Para cantar no seu missal robusto,
A nova Missa da razão que pensa...

Cruz e Sousa

OS RISONHOS

Pastores e camponesas
De rudes almas esquivas
Passam entre as candidezas Das estrelas fugitivas.

Parece que nada os punge, Nada os punge e sobressalta. A lua que os campos unge No firmamento vai alta.

E eles passam sob a lua,
De queixas desafogados,
A cabeça livre e nua,
Na florescência dos prados.

Seres meigos e singelos,
Mulheres de lindo rosto,
Lábios cálidos e belos,
Do quente sabor do mosto.

Pastores de tez morena, Queimados ao sol adusto:
Claridade bem serena
No fundo do olhar bem justo.

Neles tudo é riso e festa,
Neles tudo é festa e riso,
Frescuras brandas de giesta E graças de Paraíso.

Simples, toscas e felizes,
Sem ter um laivo de mágoa:
Almas das verdes raízes, Limpidez de gota d'água.

Neles tudo é paz de aldeia
E ri com os risos mais frescos...
O céu inteiro gorjeia
Idílios madrigalescos.

Seduzido por miragens

Cruz e Sousa

Caminha o bando risonho
Dessas virentes paragens,
Levado na asa de um sonho.

Nele tudo ri sem ânsia
E com doçura secreta;
E como uma nova infância Cantantemente irrequieta.

Encantos de mocidade,
Saúde, fulgor, vigores,
Dão-lhe a doce suavidade Maravilhosa das flores.

Os corações, florescentes,
Vão nesses peitos cantando
E rindo em festins ardentes E dentre os risos sonhando.

Ri na boca, ri nos olhos,
Nas faces o bando, rindo O bom riso sem abrolhos,
Que lembra um campo florindo.

Rindo em sonoras risadas,
Rindo em frêmitos vivazes,
Rindo em risos de alvoradas, Rindo em risos de lilases.

Os campos entontecidos
Nos vinhos da lua clara
Ficam bizarros, garridos, De vitalidade rara.

As águas claras das fontes
Vibram lânguidas sonatas
E as nuvens vestem os montes Das visões mais timoratas.

Na copa dos arvoredos,
Nas orvalhadas verduras
Há sonâmbulos segredos E murmuradas ternuras.

E o bando festivo passa
Rindo, alegre, casto e suave,
Iluminado de graça,

Cruz e Sousa

Mais leve que um vôo de ave.

Podeis rir, almas ditosas,
Almas novas como frutos
De vinhas miraculosas
De pomares impolutos.

Podeis rir, almas eleitas
Que os anjos percebem tanto
Lá das esferas perfeitas
Nas harmonias do Encanto.

Almas brancas, Páscoas leves,
Alvos pães de áureos altares,
De mais candidez que as neves E a madrugada nos mares.

Almas sem sombras ferozes Nem espasmos delirantes.
Eco das bíblicas vozes,
Caminhos reverdejantes.

O vosso riso é bendito,
Os vossos sonhos são castos,
O estrelamento infinito
De mundos claros e vastos.

Podeis rir, peitos ufanos,
Belas almas feiticeiras,
Vós tendes nos risos lhanos O trigo das vossas eiras.

A vossa vida é planície, Não tem declives funestos:
Sois torres que a superfície
Assenta nos dons modestos.

A vossa vida é bem rasa,
Preso à terra o vosso esforço; Nem mesmo um frêmito de asa Vos faz agitar o dorso...

Sois como plantas vencidas,
Conquistadas pela terra,

Cruz e Sousa

Dando à terra muitas vidas E tudo que a Vida encerra.

É do vosso sangue moço
  Que na terra se derrama, Que sobe o rubro alvoroço
De ocasos de sóis em chama.

Manchas, ao certo, não tendes
E nem trágico flagício,
Almas isentas de duendes, Lavadas no Sacrifício.

Das pedras, nos vossos ombros, A rigidez não carrega. Em jardins tornam-se escombros E em luz a crença que é cega.

Desses perfis adoráveis,
Na curva casta dos flancos
Brotam viços inefáveis
Dos florescimentos brancos.

Podeis rir! ó benfazeja Bondade de nobre essência. Deus vos chama e vos deseja Na estrelada florescência.

Um anjo vos acompanha
Nessa estrada matutina
E convosco a ideal montanha Sobe da graça divina.

O flagelo deste mundo,
  Nesses corações não pesa. Enquanto o Horror vai profundo Vossa alma tranqüila reza.

Contritos e de mãos postas, Humildemente de joelhos,
O Demônio, pelas costas,
Não vem vos dar maus conselhos.

Vós sois as sagradas reses Votadas ao azul Sacrário.
Deus vos olha muitas vezes Com o seu olhar visionário.

Mas quando, como as estrelas,
Adormecerdes um dia,
Voando mais perto a vê-las Na Paragem fugidia.

Quando na excelsa Bonança
Afinal adormecerdes, Nos olhos toda a esperança
Levando dos prados verdes.

Quando lá fordes, subindo
Para as límpidas Alturas, Profundamente dormindo,
Em busca das almas puras.

Praza aos céus que nos caminhos
Da eterna Glória, das palmas,
Mais brancas que os claros linhos Possais encontrar as almas!

IDEAL COMUM
Soneto escrito a quatro mãos
Escrito em colaboração com Oscar Rosas

Dos cheirosos, silvestres ananases
De casca rubra e polpa acidulosa,
Tens na carne fremente, volutuosa, Os aromas recônditos, vivazes.

Lembras lírios, papoulas e lilases;
A tua boca exala a trevo e a rosa,
Resplande essa cabeça primorosa
E o dia e a noite nos teus olhos trazes.

Astros, jardins, relâmpagos e luares
Inundam-te os fantásticos cismares,
Cheios de amor e estranhos calafrios;

E teus seios, olímpicos, morenos, Propinando-me trágicos venenos, São como em brumas, solitários rios.

PÁSSARO MARINHO

Manhã de maio, rosas pelo prado,
   Gorjeios, pelas matas verdurosas E a luz cantando o idílio de um noivado Por entre as matas e por entre as rosas.

Uma toilette matinal que o alado
Corpo te enflora em graças vaporosas, Mergulhas, como um pássaro rosado, Nas cristalinas águas murmurosas.

Dás o bom dia ao Mar nesse mergulho
E das águas salgadas ao marulho
Sais, no esplendor dos límpidos espaços.

 Trazes na carne um reflorir de vinhas, Auroras, virgens músicas marinhas,
Acres aromas de algas e sargaços!

(SONETOS REUNIDOS)

[SENHOR DE NOBRE ALMA, TÃO] *Oferecido e dedicado ao Ilmo. Sr. M. Bernardino A. Varela pelo autor*

Vir bonus dicendi peritus laudandum est.

Senhor de nobre alma, tão
D'entre os sábios conhecido, De pais excelsos nascido, Aceitai a minha canção.

Probo pai, bom cidadão,
Sois dos seres melhor ser
Por saber tão profundo ter, Sois ilustre qual Catão.

Recebei esta prova mesquinha
De penhor e de oração,
Produto da pena minha.

Perdoai, mui digno varão,

Cruz e Sousa

Se na mente eu pobre tinha Cometer-vos indiscrição.

[DA MUNDANA LIDA, EIS QUE CANSADO]

Minha vida é um montão de ruínas em árido deserto um abismo de ais e de suspiros.

Da mundana lida, eis que cansado,
  Co'a lira toda espedaçada, A alma de suspiros retalhada,
Cumpre o infeliz seu triste fado.

Ai! que viver mais desgraçado!...
Que sorte tão crua e desazada!...
Quem assim tem a vida amargurada Antes já morrer, ser sepultado.

Só eu triste padeço feras dores,
Imensas e de fel, sem terem fim, Envolto no véu dos dissabores.

Oh! Cristo eu não sei se só a mim
Deste essa vida d'amargores,
Pois que é demais sofrer-se assim!

[DE MAYSEDER GENTIL O VULTO INGENTE]

Dieu a fait la mer, les oiseaux, les cieux, toute la nature enfin; mais les hommes ont découvert les sciences, les arts et les lettres qui les élèvent jusqu'à même Dieu.

De Mayseder gentil o vulto ingente De Corelli, de Spohr e de Nardini, De Ole Bull supernal, de Veracini Inspirados por Deus c'o plectro ardente;

Dessa lira febril, áurea, potente
  Do artista sem par, de Paganini; De Viotti dinal, do herói Tardini,

Cruz e Sousa

De Lafont, de Baillot, Eck e Laurenti:

Sois rival feliz! e nesse crânio
Há em jorros, oh céus! extravasando O ardor musical, o ardor titâneo...

Já bem cedo, veloz, ides galgando Lá da glória os degraus, o supedâneo
Sobre um trono de luz rindo e cantando.

(24 dez. 1880)

[MINH'ALMA ESTÁ AGORA PENETRANDO]
Por ocasião dos festejos em homenagem ao sexagésimo primeiro aniversário natalício do eloqüentíssimo tribuno sagrado, Joaquim Gomes d'Oliveira Paiva

*Há vultos tamanhos que não
   Cabendo no globo, vão quedos Mas solenes, refugiar-se na campa.
D'aí embuçam-se n'um manto infinito De glórias?...*

Minh'alma está agora penetrando Lá na etérea plaga, cristalina! Que música meu Deus febril, divina Nos páramos azuis vai retumbando!

Além, d'áureo dossel se está rasgando
Custosa, de primor, esmeraldina Diáfana, sutil, longa cortina
   Enquanto céus se vão duplando!

Em grande pedestal marmorizado
De Paiva se divisa o busto enorme
Soberbo como o sol, de luz c'roado

De um lado o porvir — Antheu disforme
Dos lábios faz soltar pujante brado
Hosanas! não morreu! apenas dorme.

[ROMPEU-SE O DENSO VÉU DO ATROZ MARASMO]

Por ocasião da comemoração do sexagésimo primeiro aniversario
natalício do ilustre pregador catarinense
Joaquim Gomes d'Oliveira Paiva

Rompeu-se o denso véu do atroz marasmo
E como por fatal, negro hebetismo
De antro sepulcral, de fundo abismo O povo ressurgiu com entusiasmo!

O Zoilo mazorral se queda pasmo
Supõe quimera ser, ser cataclismo Roga, já por dobrez, por ceticismo
De néscio, vil truão solta o sarcasmo.

Perdão, Filho da Luz, minh'alma exora,
Porém, a pátria diz, somente agora
Os grilhões biparti de atroz moleza!

E ele, o nosso herói já redivivo De pé, sem se curvar, sereno, altivo
Co'as raias do porvir mede a grandeza!

[DEIXAI QUE DESTE ÁLBUM NA FOLHA DELICADA]

Embeberam-me a pena em fel!
Antônio (Mendes Leal)

Deixai que deste álbum na folha delicada
Eu venha difundir meus rudes pensamentos
Deixai que as pobres rimas, uns nadas poeirentos Eu possa transudar da mente entrenublada!...

Deixai que de minh'alma na fibra espedaçada
Eu busque inda vibrar uns cantos tardos, lentos!... Bem cedo os vendavais, aspérrimos, cruentos Ai! Tudo arrojarão à campa amargurada!

Porém qu'importa isso! dos mares desta vida Nos pávidos, estranhos,
enormes escarcéus Se alguma coisa val, és tu, ó luz querida!...

Rasguemos do porvir os áditos, os véus!...
Riamos sem cessar, embora em dor sentida!...
Também as nuvens negras conglobam-se nos céus!

(5 dez. 1882)

[ALÇANDO O LIVRO COLOSSAL, ARDENTE]

A mocidade é a alavanca do
templo da ciência, no futuro; só ela tem o direito de ser a força motriz dos
fenômenos intelectuais das grandes revoluções do pensamento.
Do Autor

Alçando o livro colossal, ardente
Traças no crânio um sulco luminoso,
E vais seguindo o remontar garboso
Do sol fagueiro lá no espaço ingente!

Ergues a fronte juvenil potente
Já como herói ou lutador famoso
E c'uma forma de pensar honroso
Fazes-te esperança da brasílea gente!

Seis vezes astro de maior grandeza
Enfim lá surges nos exames belos,
Enfim triunfas na brilhante empresa!

Seis vezes quebras da ignorância os elos,
Seis vezes vives com mais sã firmeza,
Gemem seis vezes a louvar-te os prelos!...

(28 nov. 1882)

Cruz e Sousa

O FINAL DO GUARANI

Ceci — é a virgem loira das brancas harmonias,
A doce-flor-azul dos sonhos cor-de-rosa,
Peri — o índio ousado das bruscas fantasias, O tigre dos sertões — de alma luminosa.

Amam-se com o amor indômito e latente
Que nunca foi traçado nem pode ser descrito.
Com esse amor selvagem que anda no infinito.
E brinca nos juncais, — ao lado da serpente.

Porém... no lance extremo, o lance pavoroso,
Assim por entre a morte e os tons de um puro gozo, Dos leques da palmeira à nota musical...

Vão ambos a sorrir, às águas arrojados,
Mansos como a luz, tranqüilos, enlaçados E perdem-se na noite serena do ideal!...

(Santos, 15 jul. 1883)

IDÉIA-MÃE

Laborare dignus est operarius mercede sua.
Aforismo latino

Ergueis ousadamente o templo das idéias
Assim como uns heróis, por sobre os vossos ombros E ides através de um negro mar d'escombros, Traçando pelo ar as loiras epopéias.

A luz tem para vós os filtros magnéticos Que andam pela flor e brincam pela estrela.

E vós amais a luz, gostais sempre de vê-la Em amplo cintilar — nuns êxtases patéticos.

É esse o aspirar do séc'lo que deslumbra, Que rasga da ciência a tétrica penumbra E gera Vítor Hugo, Haeckel e Littré.

É esse o grande — Fiat — que rola no infinito!...
É esse o palpitar, homérico e bendito,
De todo o ser que vive, estuda, pensa e lê!!...

O SEU BONÉ
À atriz Adelina Castro

É um boné ideal, de feltros e de plumas,
Que ela usa agora, assim como um turbante
Turco, aveludado, doce como algumas
Nuvens matinais que rolam no levante.

Lembro quando ao vê-lo a rubra Marselhesa,
Lembro sensações e cousas de prodígio
E penso que ele tem a máscula grandeza Desse sedutor, vital barrete frígio!...

Às vezes meu olhar medindo-lhe o contorno E a flácida plumagem que serve-lhe d'adorno, — Satânico, voraz, esplêndido de fé!

Exclama num idílio cândido e singelo,
Por entre as convulsões artísticas do Belo; — Oh! tem coração e alma, esse boné!...

(Corte, out. 1883)

Cruz e Sousa

[É UM PENSAR FLAMEJADOR, DARDÂNICO]
A Moreira de Vasconcelos

Na luta dos impossíveis, do espírito e da matéria, tu és a águia sidérea dos pensamentos terríveis!
Do Autor

É um pensar flamejador, dardânico
 Uma explosão de rápidas idéias, Que como um mar de estranhas odisséias
Saem-lhe do crânio escultural, titânico!...

Parece haver um cataclismo enorme
Lá dentro, em ânsia, a rebentar, fremente!...
Parece haver a convulsão potente,
Dos rubros astros num fragor disforme!...

Hão de ruir na transfusão dos mundos
Os monumentos colossais, profundos, As cousas vãs da brasileira história!

Mas o seu vulto, sobre a luz alçado, Oh! há de erguer-se de arrebóis c'roado, Como Atalaia nos umbrais da glória!!... (Desterro, 13 jan. 1883)

OISEAUX DE PASSAGE

Les rêves, les grands rêves que moi toujours adore,
Les rêves couleur rose, les rêves éclatants;
Ainsi que les colombes un autre ciel cherchants
J'ai vu les ailes ouvertes, si belles que l'aurore.

Autour de la nature, autour de la profonde
Et merveilleuse mère des fleurs, des harmonies,
Les rêves éblouissants, remplis d'amour et vie,
Trouvaient de l'espoir le plus doré des mondes.

Hélas!... — mais maintenant, par des chagrins, secrets,
L'amour, les étoiles et tout ce qu'il nous est

Chéri — le beau soleil, la lune et les nuages;

Tout fut plongé d'abord' plongé dans le mystère,
Avec de mon coeur la douce lumière,
Les rêves de mon âme — uns oiseaux de passage!...

COLAR DE PÉROLAS
Ao feliz consórcio dos estimáveis colegas,
D. Jesuína Leal e Francisco de Castro

A F'licidade é um colar de pérolas,
Pérolas caras, de valor pujante,
Belas estrofes de Petrarca e Dante,
Mais cintilantes que as manhãs mais cérulas.

Para que enfim esse colar bendito,
Perdure sempre, inteiramente egrégio,
Como uma tela do pintor Correggio,
Sem resvalar no lodaçal maldito;

Faz-se preciso umas paixões bem retas,
Cheias de uns tons de muito sol — completas...
Faz-se preciso que do amor na febre,

Nos grandes lances de vigor preclaro,
Desse colar esplendoroso e raro,
Nem uma pérola, uma só se quebre!...

SATANISMO

Não me olhes assim, branca Arethusa,
Peregrina inspiração dos meus cantares;
Não me deixes a razão vagar confusa
Ao relâmpago ideal de teus olhares.

Não me olhes, oh! não, porquanto eu penso
Envolvido no luar das minhas cismas,

Que o olhar que me dardejas — doido, imenso
Tem a rápida explosão dos aneurismas.

Não me olhes. Oh! não, que o próprio inferno
Problemático, fatal, cálido, eterno,
Nos teus olhos, mulher, se foi cravar!...

Não me olhes, oh! não, que m'entolece
Tanta luz, tanto sol — e até parece
Que tens músicas cruéis dentro do olhar!...

METAMORFOSE
A Carlos Ferreira

O sol em fogo pelo ocaso explode
Nesse estertor, que os crânios assoberba.
Vivo, o clarão, nuns frocos exacerba
Dos ideais a original nevrose.

Da natureza os anafis mouriscos
Ante o cariz da atmosfera muda,
Soam queixosos, numa nota aguda,
Da luz que esvai-se aos derradeiros discos.

O pensamento que flameja e luta
Nos ares rasga aprofundado sulco...
A sombra desce nos lisins da gruta;

E a lua nova — a peregrina Onfale,
Como em um plaustro luminoso, hiulco,
Surge através dos pinheirais do vale.

AURÉOLA EQUATORIAL
A Teodoreto Souto

Fundi em bronze a estrofe augusta dos prodígios,
Poetas do Equador, artísticos Barnaves;

Que o facho — Abolição — rasgando as nuvens graves
De raios e bulcões — triunfa nos litígios!

— O rei Mamoud, o Sol, vibrou p'raquelas bandas
Do Norte — a grande luz — elétrico, explodindo,
Assim como quem vai, intrépido, subindo
À luz da idade nova — em claras propagandas.

— Os pássaros titãs nos seus conciliábulos,
— Chilreiam, vão cantando em místicos vocábulos,
Alargam-se os pulmões nevrálgicos das zonas;

Abri alas, abri! — Que em túnica de assombros,
Irá passar por vós, com a Liberdade aos ombros,
Como um colosso enorme o impávido Amazonas!

[ANDA-ME A ALMA INTEIRA DE TAL SORTE]

Anda-me a alma inteira de tal sorte,
Meus gozos, meu pesar, nos dela unidos
Que os dela são também os meus sentidos,
Que o meu é também dela o mesmo norte.

Unidos corpo a corpo — um elo forte
Nos prende eternamente — e nos ouvidos
Sentimos sons iguais. Vemos floridos
Os sons do porvir, em azul coorte...

O mesmo diapasão musicaliza
Os seres de nós dois — um sol irisa
Os nossos corações — dá luz, constela...

Anda esta vida, espiritualizada
Por este amor — anda-me assim — ligada
A minha sombra com a sombra dela.

NOIVA E TRISTE

Cruz e Sousa

Rola da luz do céu, solta e desfralda
Sobre ti mesma o pavilhão das crenças,
Constele o teu olhar essas imensas
Vagas do amor que no teu peito escalda.

A primorosa e límpida grinalda
Há de enflorar-te as amplidões extensas
Do teu pesar — há de rasgar-te as densas
Sombras — o véu sobre a luzente espalda...

Inda não ri esse teu lábio rubro
Hoje — inda n'alma, nesse azul delubro
Não fulge o brilho que as paixões enastra;

Mas, amanhã, no sorridor noivado,
A vida triste por que tens passado,
De madressilvas e jasmins se alastra.

MÃE E FILHO
Às mães desamparadas

Jesus, meu filho, o encanto das crianças,
Quando na cruz, de angústia espedaçado,
Em sangue casto e límpido banhado,
Manso, tão manso como as pombas mansas;

Embora as duras e afiadas lanças
Com que os judeus, tinham, de lado a lado,
Seu coração puríssimo varado,
Inda no olhar raiavam-lhe esperanças.

Por isso, ó filho, ó meu amor — se a esmola
De algum conforto essencial não rola Por nós
— é forca conduzir a cruz!...

Mas, volta ó filho, pesaroso e triste.
Se a nossa vida só na dor consiste,
Ah! minha mãe, por que morreu Jesus?...

Cruz e Sousa

SURDINAS
Às raparigas tristes

Vais partir, vais partir que eu bem te vejo
Na branca face os gélidos suores,
Vais procurar as musicas melhores
Do sol, da glória e do celeste beijo.

Dentro de ti as harpas do desejo
Não vibram mais — embora que tu chores —
Nem pelas tuas aflições maiores
Se escuta um vago e enfraquecido arpejo...

Bem! vais partir, vais demandar esferas
Amplas de luz, feitas de primaveras,
Paisagens novas e amplidão florida...

Mas ao chegar-te a lágrima infinita,
Lembra-te ainda, ó pálida bonita
De que houve alguém que te adorou na vida.

IRRADIAÇÕES
Às crianças

Qual da amplidão fantástica e serena
À luz vermelha e rútila da aurora
Cai, gota a gota, o orvalho que avigora
A imaculada e cândida açucena.

Como na cruz, da triste Madalena
Aos pés de Cristo, a lágrima sonora
Caia, rolou, qual bálsamo que irrora
A negra mágoa, a indefinida pena...

Caia por vós, esplêndidas crianças
Bando feliz de castas esperanças,
Sonhos da estrela no infinito imersos;

Caia por vós, as músicas formosas,
Como um dilúvio matinal de rosas,
Todo o luar benéfico dos versos!

AMBOS

Vão pela estrada, à margem dos caminhos
Arenosos, compridos, salutares,
Por onde, à noite, os límpidos luares
Dão às verduras leves tons de arminhos.

Nuvens alegres como os alvos linhos
Cortam a doce compridão dos ares,
Dentre as canções e os tropos singulares
Dos inefáveis, meigos passarinhos.

Do céu feliz na branda curvidade,
A luz expande a inteira alacridade,
O mais supremo e encantador afago.

E com o olhar vibrante de desejos
Vão decifrando os trêmulos arpejos,
E as reticências que produz o vago.

OS DOIS
Aos pobres

— Minha mãe, minha mãe, quanta grandeza
Nesses palácios, quanta majestade;
Como essa gente há de viver, como há de
Ser grande sempre na feliz riqueza.

Nem uma lágrima sequer — e à mesa
Dentre as baixelas, dentre a imensidade
Da prata e do ouro — a azul felicidade
Dos bons manjares de ótima surpresa.

Nem um instante os olhos rasos d'água,

Nem a ligeira oscilação da mágoa
Na vida farta de prazer, sonora.

— Como o teu louco pensamento expandes Filho
— a ventura não é só dos grandes
Porque, olha, o mar também é grande e... chora!

TRISTE

Vai-se extinguindo a viva labareda
Que te abrasava o coração ridente...
Passas magoada pela rua e a gente
Umas conversas funerais segreda.

Não tens no olhar o sangue qu'embebeda,
Foram-se as rosas do viver contente...
Segues, agora, pobre flor — somente
Da sepultura a essencial vereda.

E vem chegando o tenebroso inverno...
Mas nesse mal devorador e eterno,
Teu organismo já não mais resiste

Às punhaladas da estação de gelo...
E acabará como eu nem sei dizê-lo,
Triste, bem triste, pesarosa, triste!

AOS MORTOS

Oh! não é bom rir-se de um morto — brusca
Pois deve ser a sensação que aumenta
Desoladora, vagarosa, lenta
Da negra morte tétrica velhusca...

Tudo que em vida, como um sol, corusca,
Que nos aquece, que nos acalenta,
Tudo que a dor e a lágrima afugenta,

Cruz e Sousa

O olhar da morte nos apaga e ofusca...

Nunca se deve desprezar os mortos...
Nos regelados e sombrios portos,
Onde a matéria se transforma e urge

Exuberar na planturosa leiva,
Vivem os mortos no vigor da seiva,
Porque dão vida ao que da vida surge!...

LUAR

Pelas esferas, nuvens peregrinas,
Brandas de toques, encaracoladas,
Passam de longe, tímidas, nevadas,
Cruzando o azul sereno das colinas.

Sombras da tarde, sombras vespertinas
Como escumilhas leves, delicadas,
Caem da serra oblonga nas quebradas,
Vão penumbrando as coisas cristalinas.

Rasga o silêncio a nota chã, plangente,
Da Ave-Maria, — e então, nervosamente,
Nuns inefáveis, espontâneos jorros

Esbate o luar, de forma admirável,
Claro, bondoso, elétrico, saudável,
Na curvilínea compridão dos mortos.

MOCIDADE

Ah! esta mocidade! — Quem é moço
Sente vibrar a febre enlouquecida
Das ilusões, da crença mais florida
Na muscular artéria de Colosso...

Das incertezas nunca mede o poço...
Asas abertas — na amplidão da vida,
Páramo a dentro — de cabeça erguida,
Vê do futuro o mais alegre esboço...

Chega a velhice, a neve das idades
E quem foi moço, volve, com saudades,
Do azul passado, o fúlgido compêndio...

Ai! esta mocidade palpitante,
Lembra um inseto de ouro, rutilante,
Em derredor das chamas de um incêndio!

SONETO

Vão-se de todo os pardacentos nimbos...
Chovem da luz as nítidas faíscas
E no esplendor de irradiações mouriscas,
Abrem-se as flores em gentis corimbos.

Muito mais lestas do que amigos fimbos,
Do Azul cortando as bordaduras priscas,
Pombas do mato esvoaçando, ariscas,
Do céu se perdem nos profundos limbos.

A natureza pulsa como a forja...
Pássaros vibram no clarim da gorja,
As retumbantes, fortes clarinadas.

A grande artéria dos assombros pula...
E do oxigênio, a força que regula
Enche os pulmões a largas baforadas.

CEGA

Parece-me que a luz imaculada
Que vem do teu olhar, todo doçuras,
Não verte no meu ser aquelas puras
Delícias de outra era já passada.

Eu creio que essa pálpebra adorada
Não mais um flóreo empíreo de venturas
Descobre-me — na noite de amarguras,
De dúvidas intérminas cortada.

Não olhas como olhavas, rindo, outrora,
Não abres a pupila, como a aurora
Nascendo, abre, feliz, radiosa e calma.

A sombra, nos teus olhos, funda, existe!...
Tu'alma deve ser bem negra e triste
Se os olhos são, decerto, o espelho d'alma.

(A) ERMIDA

Lá onde a calma e a placidez existe,
Sobre as colinas que o vergel encobre,
Aquela ermida como está tão pobre,
Aquela ermida como está tão triste.

A minha musa, sem falar, assiste,
Do meio-dia ante o aspecto nobre,
O vago, estranho e murmurante dobre
Daquela ermida que aos trovões resiste

E às gargalhadas funéreas, sombrias
Dos crus invernos e das ventanias,
Do temporal desolador e forte.

Daquela triste esbranquiçada ermida,
Que me recorda, me parece a vida
Jogada às magoas e ilusões da sorte.

ÁGUA-FORTE

Do firmamento azul e curvilíneo
Cai, fecundando as trêmulas raízes
Dos laranjais, dos pâmpanos, das lises,
A luz do sol procriador, sanguíneo.

Pelo caminho agreste e retilíneo,
Da tarde aos brandos, triunfais matizes,
A criançada, a chusma dos felizes,
Esse de auroras perfumado escrínio,

Volta da escola, rindo muito, aos saltos,
Trepando, em bulha, aos árvoredos altos
Enquanto o sol desce os outeiros longos...

Vai dentre alados madrigais risonhos,
Do abecedário juvenil dos sonhos,
A soletrar os principais ditongos.

ALMA QUE CHORA

Em vão do Cristo os olhos dulçurosos
Onde há o sol do bem e da verdade,
Cheios da luz eterna de saudade,
Como dois mansos corações piedosos,

Em vão do Cristo os olhos lacrimosos
E aquela doce e pura suavidade
Do seu semblante, casto, de bondade,
Cor do luar dos sonhos venturosos,

Servem de exemplo à dor escruciante
Que te apunhala e fere a cada instante,
A punhaladas ríspidas, austeras!

Viste partir a tua irmã, ai, viste,
Como num céu enevoado e triste
O bando azul das fúlgidas quimeras.

Cruz e Sousa

CHUVA DE OURO

A Rainha desceu do Capitólio Agora mesmo
— vede-lhe o regaço...
Como tem flores, como traz o braço
Farto de jóias, como pisa o sólio

Triunfantemente, numa unção, num óleo
Mais santo e doce que essa luz do espaço...
E como desce com bravura de aço...
Pois se a Rainha, como um rico espólio,

O seu brioso coração foi dando
Aos pobrezinhos, que inda estão gozando
Bênçãos mais puras qu'os clarões diurnos,

Por certo que há de vir descendo a escada
Do Capitólio da virtude
— olhada Pelos albergues infantis, noturnos!

PRIMAVERA A FORA

Escute, excelentíssima: — Que aragens
Traz do arvoredo a fresca romaria;
Como este sol é rubro de alegria,
Que tons de luz nas límpidas paisagens.

Pois beba este ar e goze estas viagens
Das brancas aves, sinta esta harmonia
Da natureza e deste alegre dia
Que resplandece e ri-se nas ervagens.

Deixe lá fora estrangular-se o mundo...
Encare o céu e veja este fecundo
Chão que produz e que germina as flores.

Vamos, senhora, o braço à primavera,
E numa doce música sincera,
Cante a balada eterna dos amores...

Cruz e Sousa

25 DE MARÇO
Em Pernambuco para o Ceará

A província do Ceará, sendo berço de Alencar e
Francisco Nascimento — o dragão do mar
— é consequentemente a mãe da literatura e a mãe da humanidade.

Bem como uma cabeça inteiramente nua
De sonhos e pensar, de arroubos e de luzes,
O sol de surpreso esconde-se, recua,
Na órbita traçada — de fogo dos obuses.

Da enérgica batalha estóica do Direito
Desaba a escravatura — a lei cujos fossos
Se ergue a consciência
— e a onda em mil destroços
Resvala e tomba e cai o branco preconceito.

E o Novo Continente, ao largo e grande esforço
De gerações de heróis — presentes pelo dorso
À rubra luz da glória — enquanto voa e zumbe

O inseto do terror, a treva que amortalha,
As lágrimas do Rei e os bravos da canalha,
O velho escravagismo estéril que sucumbe.

(Recife, 1885)

NINHO ABANDONADO
À distinta família Simas, pela morte de seu chefe, o Ilmo. Sr. João da Silva Simas

O vosso lar harmônico e tranqüilo
Era um ninho de luz e de esperanças
Que como abelhas iriadas, mansas,
Nos vossos corações tinham asilo.

Havia lá por dentro tanta crença
E tanto amor puríssimo, cantando,
Que parecia um largo sol faiscando

Por majestosa catedral imensa.

Agora o ninho está desamparado!
Sumiu-se dele o pássaro adorado,
O mais ideal dos pássaros do ninho.

Não se ouve mais a música sonora
Da sua voz — dentro do ninho, agora,
Paira a saudade como um bom carinho.

CRENÇA

Filha do céu, a pura crença é isto
Que eu vejo em ti, na vastidão das cousas,
Nessa mudez castíssima das lousas,
No belo rosto sonhador do Cristo.

A crença é tudo quanto tenho visto
Nos olhos teus, quando a cabeça pousas
Sobre o meu colo e que dizer não ousas
Todo esse amor que eu venço e que conquisto.

A crença é ter os peregrinos olhos
Abertos sempre aos ríspidos escolhos;
Tê-los à frente de qualquer farol

E conservá-los, simplesmente acesos
Como dois fachos — engastados, presos
Nas radiações prismáticas do sol!

CRISTO E A ADÚLTERA *Grupo de Bernardelli*

Sente-se a extrema comoção do artista
No grupo ideal de plácida candura,
Nesse esplendor tão fino da escultura
Para onde a luz de todo o olhar enrista.

Que campo, ali, de rútila conquista
Deve rasgar, do mármore na alvura,
O estatuário
— que amplidão segura
Tem — de alma e braço, de razão e vista!

Vê-se a mulher que implora, ajoelhada,
A mais serena compaixão sagrada
De um Cristo feito a largos tons gloriosos.

De um Nazareno compassivo e terno,
D'olhos que lembram, cheios de falerno,
Dois inefáveis corações piedosos!

ÊXTASE DE MÁRMORE
À grande atriz Apolônia

O mármore profundo e cinzelado
De uma estátua viril, deliciosa;
Essa pedra que geme, anseia e goza
Num misticismo altíssimo e calado;

Essa pedra imortal — campo rasgado
A comoção mais íntima e nervosa
Da alma do artista, de um frescor de rosa,
Feita do azul de um céu muito azulado;

Se te visse o clarão que pelos ombros
Teus, rola, cai, nos múltiplos assombros
Da Arte sonora, plena de harmonia;

O mármore feliz que é muito artista
Também — como tu és — à tua vista
De humildade e ciúme, coraria!

Cruz e Sousa

INVERNO

Amanheceu — no topo da colina
Um céu de madrepérola se arqueia
Limpo, lavado, reluzindo — ondeia
O perfume da selva esmeraldina.

Uma luz virginal e cristalina,
Como de um rio a transbordante cheia,
Alaga as terras culturais e arreia
De pingos d'ouro os verdes da campina.

Um sol pagão, de um louro gema d'ovo,
Já tão antigo e quase sempre novo,
Surge na frígida estação do inverno.

— Chilreiam muito em árvores frondosas
Pássaros — fulge o orvalho pelas rosas
Como o vigor no espírito moderno.

FALANDO AO CÉU

Falas ao Céu, Amor! Em vão tu falas!
Mas o Céu, esse é velho, esse é velhinho,
Todo ele é branco, faz lembrar o linho
Dos leitos alvos onde tu te embalas.

A alma do Céu é como velhas salas
Sem ar, sem luz, como lares sem vinho,
Sem água e pão, sem fogo e sem carinho,
Sem as mais toscas, as mais simples galas.

Sempre surdo, hoje o céu é mudo, é cego...
Jamais o coração ao céu entrego,
Eu que tão cego vou por entre abrolhos.

Mas se o queres tornar jovem e louro
Dá-lhe o bordão do teu amor um pouco,
Fala e vista, com a vida dos teus olhos...

Cruz e Sousa

GLORIOSA

Pomba! dos céus me dizes que vieste,
Toda c'roada de astros e de rosas,
Mas há regiões mais que essas luminosas.
Não, tu não vens da região celeste

Há um outro esplendor em tua veste,
Uma outra luz nas tranças primorosas,
Outra harmonia em teu olhar — maviosas
Cousas em ti que tu nunca tiveste.

Não, tu não vens das célicas planuras,
Do Éden que ri e canta nas alturas
Como essa voz que dos teus lábios tomba.

Vens de mais longe, vens doutras paragens,
Vens doutros céus de místicas celagens,
Sim, vens de sóis e das auroras, pomba.

O CHALÉ

É um chalé luzido e aristocrático,
De fulgurantes, ricos arabescos,
Janelas livres para os ares frescos,
Galante, raro, encantador, simpático.

O sol que vibra em rubro tom prismático,
No resplendor dos luxos principescos,
Dá-lhe uns alegres tiques romanescos,
Um colorido ideal silforimático.

Há um jardim de rosas singulares,
Lírios joviais e rosas não vulgares,
Brancas e azuis e roxas purpúreas.

E a luz do luar caindo em brilhos vagos,
Na placidez de adormecidos lagos
Abre esquisitas radiações sulfúreas.

Cruz e Sousa

DELÍRIO DO SOM

O Boabdil mais doce que um carinho,
O teu piano ebúrneo soluçava,
E cada nota, amor, que ele vibrava,
Era-me n'alma um sol desfeito em vinho.

Me parecia a música do arminho,
O perfume do lírio que cantava,
A estrela-d'alva que nos céus entoava
Uma canção dulcíssima baixinho.

Incomparável, teu piano — e eu cria
Ver-te no espaço, em fluidos de harmonia,
Bela, serena, vaporosa e nua;

Como as visões olímpicas do Reno,
Cantando ao ar um delicioso treno
Vago e dolente, com uns tons de lua.

ILUSÕES MORTAS

Os meus amores vão-se mar em fora,
E vão-se mar em fora os meus amores,
A murchar, a murchar, como essas flores
Sem mais orvalho e a doce luz da aurora.

E os meus amores não virão agora,
Não baterão as asas multicores,
Como aves mansas — dentre os esplendores
Do meu prazer, do meu prazer de outrora.

Tudo emigrou, rasgando a esfera branca
Das ilusões, — tudo em revoada franca
Partiu — deixando um bem-estar saudoso

No fundo ideal de toda a minha vida,
Qual numa taça a gota indefinida
De um bom licor antigo e saboroso.

Cruz e Sousa

O SONHO DO ASTRÓLOGO

As fulgurosas, rútilas estrelas
Como mundos de mundos seculares,
Formando uns arquipélagos, uns mares
De luz — como eu deslumbro o olhar ao vê-las.

Ah! se como eu sei compreendê-las,
Sentir-lhes os seus filtros salutares,
Pudesse, da amplidão fria dos ares
Arrancá-las, na mão sempre trazê-las;

Que vagalhões de assombros palpitantes
Não me viriam perpassar, faiscantes,
Dentro do ser, nuns doutros murmúrios.

Eu saberia muito mais a causa
Da evolução que nunca teve pausa,
Que é uma audácia transbordando em rios.

CRISTO

Cristo morreu, ó tristes criaturas,
Era matéria como vós, morreu;
E quando à noite sepulcral desceu
Gelou com ele o oceano das ternuras.

Nunca outro sol de irradiações mais puras
Subiu tão alto e tanto resplendeu,
Nunca ninguém tão firme combateu
Da humanidade todas as torturas.

Morreu, que se ele, o Deus, ressuscitasse,
Limpa de sangue e lágrimas a face,
Os seus olhos tranqüilos, virginais,

Dons inefáveis, corações piedosos,
Tinham de abrir-se muito dolorosos,
Também chorando quando vós chorais

FRUTAS DE MAIO

Maio chegou — alegre e transparente,
Cheio de brilho e música nos ares,
De cristalinos risos salutares,
Frio, porém, ó gota alvinitente.

Corre um fluido suave e odorescente
Das laranjeiras, como dos altares
O incenso — e, como a gaze azul dos mares,
Leve — há por tudo um beijo, docemente.

Isto bem cedo, de manhã — adiante
Pela tarde um sol calmo, agonizante,
Põe no horizonte resplendentes franjas.

Há carinhos, da luz em cada raio,
Filha — e eu que adoro este frescor de maio
Muito, mas muito — trago-te laranjas.

ETERNO SONHO
Talvez alguém estes meus versos lendo
Não entenda que amor neles palpita,
Nem que saudade trágica, infinita
Por dentro deles sempre está vivendo.

Talvez que ela não fique percebendo
A paixão que me enleva e que me agita,
Como de uma alma dolorosa, aflita
Que um sentimento vai desfalecendo.

E talvez que ela ao ler-me, com piedade,
Diga, a sorrir, num pouco de amizade,
Boa, gentil e carinhosa e franca:

— Ah! bem conheço o teu afeto triste...
E se em minha alma o mesmo não existe,
É que tens essa cor e é que eu sou branca!

Cruz e Sousa

IMPASSÍVEL

Teu coração de mármore não ama
Nem um dia sequer, nem um só dia.
Essa inclemente natureza fria
Jamais na luz dos astros se derrama.

Mares e céus, a imensidade clama
Por esse olhar d'estrelas e harmonia,
Sem uma névoa de melancolia,
Do amor nas pompas e na viva chama.

A Imensidade nunca mais quer vê-lo,
Indiferente às comoções, de gelo
Ao mar, ao sol, aos roseirais de aromas.

Ama com o teu olhar, que a tudo encantas,
Ou sê antes de pedra, como as santas,
Mudas e tristes dentro das redomas.

SONETOS

Do som, da luz entre os joviais duetos,
Como uma chusma alada de gaivotas,
Vindos das largas amplidões remotas,
Batem as asas todos os sonetos.

Vão — por estradas, por difíceis rotas,
Quatorze versos — entre dois quartetos
E duas belas e luzidas frotas
Rijas, seguras, de mais dois tercetos.

Com a brunida lâmina da rima,
Vão céus radiosos, horizontes acima,
Pelas paragens límpidas, gentis,

Atravessando o campo das quimeras,
Aberto ao sol das flóreas primaveras,
Todo estrelado de áureos colibris.

TO SLEEP, TO DREAM

Dormir, sonhar — o poeta inglês o disse...
Ah! Mas se a gente nunca mais sonhasse
Ah! Mas se a gente nunca mais dormisse
E as ilusões não mais acalentasse?

E o que importava que o futuro risse
De um visionário que tal cousa ideasse;
Se não seria o único que abrisse
Uma exceção da vida humana à face?...

Se os imortais filósofos modernos
Que derrubaram todos os infernos,
Que destruíram toda a teogonia.

Orientando a triste humanidade,
Deixaram, mais e mais, a piedade
Inteiramente desolada e fria?

VISÃO MEDIEVA

Quando em outras remotas primaveras,
Na Idade Média, sob fuscos tetos,
Dois amantes passavam, mil aspectos
Tinham aquelas medievais quimeras.

Nas armaduras rígidas e austeras,
Na aérea perspectiva dos objetos
Andavam sonhos e visões, diletos
Segredos mortos nas extintas eras.

O fantasma do amor pelos castelos
Mudo vagava entre os luares belos,
Dos corredores nas paredes frias.

Não raro se escutava um som de passos,
Rumor de beijos, frêmito de abraços
Pelas caladas, fundas galerias.

Cruz e Sousa

RECORDAÇÃO

Foi por aqui, sob estes arvoredos,
Sob este doce e plácido horizonte,
Perto da clara e pequenina fonte
Que murmura lá baixo os seus segredos...

Recordo bem todos os cantos ledos
Da passarada — e lembro-me da ponte
Por sobre a qual via-se além, defronte,
O mar azul batendo nos penedos.

Sinto a impressão ainda da paisagem,
Do trêmulo [...] da folhagem,
Das culturas rurais, do sítio agreste.

A luz do dia vinha então morrendo...
Foi por aqui que eu pude ficar crendo
O quanto pode o teu olhar celeste.

ROMA PAGÃ

Na antiga Roma, quando a saturnal fremente
Exerceu sobre tudo o báquico domínio,
Não era raro ver nos gozos do triclínio
A nudez feminina imperiosa e quente.

O corpo de alabastro, olímpico e fulgente,
Lascivamente nu, correto e retilíneo,
Num doce tom de cor, esplêndido e sangüíneo,
Tinha o assombro da carne e a forma da serpente.

A luz atravessava em frocos d'oiro e rosa
Pela fresca epiderme, ebúrnea e cetinosa,
Macia, da maciez dulcíssima de arminhos.

Menos raro, porém, do que a nudez romana
Era ver borbulhar, em férvida espadana
A púrpura do sangue e a púrpura dos vinhos.

Cruz e Sousa

ESPIRITUALISMO

Ontem, à tarde, alguns trabalhadores,
Habitantes de além, de sobre a serra,
Cavavam, revolviam toda a terra,
Do sol entre os metálicos fulgores.

Cada um deles ali tinha os ardores
De febre de lutar, a luz que encerra
Toda a nobreza do trabalho e — que erra
Só na cabeça dos conspiradores,

Desses obscuros revolucionários
Do bem fecundo e cultural das leivas
Que são da Vida os maternais sacrários.

E pareceu-me que do chão estuante
Vi porejar um bálsamo de seivas
Geradoras de um mundo mais pensante.

ALMA ANTIGA

Põe a tua alma francamente aberta
Ao sol que pelos páramos faísca,
Que o sol para a tua alma velha e prisca
Deve de ser como um clarim de alerta.

Desperta, pois, por entre o sol, desperta
Como de um ninho a pomba quente e arisca
À luz da aurora que dos altos risca
De listrões d'ouro a vastidão deserta.

Vai por abril em flores gorjeando
Como pássaro êxul as canções leves
Que os ventos vão nas árvores deixando.

E tira da tua alma, ó doce amiga,
Almas serenas, puras como a neve,
Almas mais novas que a tua alma antiga!

Cruz e Sousa

A PARTIDA

Partimos muito cedo — A madrugada
Clara, serena, vaporosa e fresca,
Tinha as nuances de mulher tudesca
De fina carne esplêndida e rosada.

Seguimos sempre afora pela estrada
Franca, poeirenta, alegre e pitoresca,
Dentre o frescor e a luz madrigalesca
Da natureza aos poucos acordada.

Depois, no fim, lá de algum tempo — quando
Chegamos nós ao termo da viagem,
Ambos joviais, a rir, cantarolando,

Da mesma parte do levante, de onde
Saímos, pois, faiscava na paisagem
O sol, radioso e altivo como um conde.

CANÇÃO DE ABRIL

Vejo-te, enfim, alegre e satisfeita.
Ora bem, ora bem! — Vamos embora
Por estes campos e rosais afora
De onde a tribo das aves nos espreita.

Deixa que eu faça a matinal colheita
Dos teus sonhos azuis em cada aurora,
Agora que este abril nos canta, agora,
A florida canção que nos deleita.

Solta essa fulva cabeleira de ouro
E vem, subjuga com teu busto louro
O sol que os mundos vai radiando e abrindo.

E verás, ao raiar dessa beleza,
Nesse esplendor da virgem natureza,
Astros e flores palpitando e rindo.

O MAR

Que nostalgia vem das tuas vagas,
Ó velho mar, ó lutador Oceano!
Tu de saudades íntimas alagas
O mais profundo coração humano.

Sim! Do teu choro enorme e soberano,
Do teu gemer nas desoladas plagas
Sai o [...] que é, rude sultão ufano,
Que abre nos peitos verdadeiras chagas.

Ó mar! ó mar! embora esse eletrismo,
Tu tens em ti o gérmen do lirismo,
És um poeta lírico demais.

E eu para rir com humor das tuas
Nevroses colossais, bastam-me as luas
Quando fazem luzir os seus metais...

[BRANCAS APARIÇÕES, VISÕES RENANAS]

Brancas Aparições, Visões renanas,
Imagens dos Ascetas peregrinos,
Hinos nevoentos, neblinosos hinos
Das brumosas igrejas luteranas.

Vago mistério das regiões indianas,
Sonhos do Azul dos astros cristalinos,
Coros de Arcanjos, claros sons divinos
Dos Arcanjos, nas tiorbas soberanas.

Tudo ressurge na minh'alma e vaga
Num fluido ideal que me arrebata e alaga,
No abandono mais lânguido mais lasso...

Quando lá nos sacrários do Cruzeiro
A lua rasga o trêmulo nevoeiro,
Magoada de vigílias e cansaço...

GUERRA JUNQUEIRO

Quando ele do Universo o largo supedâneo
Galgou como os clarões — quebrando o que não serve,
Fazendo que explodissem os astros de seu crânio,
As gemas da razão e os músculos da verve;

Quando ele esfuziou nos páramos as trompas,
As trompas marciais — as liras do estupendo,
Pejadas de prodígios, assombros e de pompas,
Crescendo em projeções, crescendo e recrescendo;

Quando ele retesou os nervos e as artérias
Do verso orbicular — rasgando das misérias
O ventre do Ideal na forte hematêmese.

Clamando — é minha a luz, que o século propague-a,
Quando ele avassalou os pincaros da águia
E o sol do Equador vibrou-lhe aquelas teses!

(DIVERSAS MÉTRICAS)

AWAY!
A meu distinto amigo e talentoso jovem
José Arthur Boiteux

O livro, esse audaz guerreiro,
Que conquista o mundo inteiro, Sem nunca ter Waterloo!...
Castro Alves

Avante, sempre, nessa luz serena,
Empunha a pena, sem temor, com fé!...
Eleva às turbas as idéias d'ouro,
Que um tesouro tua fronte é!...

Eia, caminha nessa senda nobre,
Na pátria pobre, no teu berço aqui!...
Prossegue altivo, sem parar, constante,
Faz-te gigante, diz depois — Venci!...

Cruz e Sousa

Ala-te à glória num voar titânio, Burila o crânio de fulgor sem fim!... E
entre o livro d'imortais perfumes Calca os ciúmes d'imbecil Caim!

Imita os grandes, incansáveis vultos Que lá sepultos no pó negro estão!...
Anda, romeiro dos vergéis divinos, Mergulha em hinos a gentil razão!

Estás na quadra radiante e linda,
É cedo ainda para enfim descrer!
És jovem... pensas... és portanto um bravo
Ser ignavo... é sucumbir... morrer!
Vamos, caminha, mesmo embora exangue
Da fronte o sangue vá rolar-te aos pés!
Agita a alma qual febris as vagas,
Que dessas chagas brotarão lauréis!

Além do livro, colossal, enorme,
Que nunca dorme perscrutando os céus!.
Acima dele supernal, potente
Está somente, tão-somente Deus!

Vai! ... vai rasgando, percorrendo os ares,
Novos palmares, meu gentil condor!
Depois de teres pedestal seguro
Lá do futuro te erguerás senhor!...

Qual Ney ousado que, ao vibrar da lança,
Nutre esperança de ganhar, vencer,
Assim co'a idéia vai lutar, trabalha,
Vence a batalha do dinal saber.

Eia que sempre na brasília história
De alta glória colherás o jus!...
O livro augusto do porvir descerra,
Sê desta terra precursor da luz!!!

Cruz e Sousa

POESIA

> *C'est la musique la poesie de l'âme; et la gloire est Dieu, ce sont les deux choses les plus charmantes, les plus belles, les plus grandes de la vie!*
> Do Autor

Da música escutando preclaras harmonias
Vendo em cada lábio brilhar ledo sorriso
Vendo luz e flores e tanto entusiasmo
Julguei-me transportado ao célico Paraíso!

Foi sonho na verdade — mas hoje realizado
Vos dá, distintos sócios, venturas mais de mil,
A vós que à frente tendo Penedo, grande, forte,
Subis, alistridente, qual ave mais gazil!

E quando executais as vossas belas peças
As notas quais gemidos vagam n'amplidão
Parece que o infinito derrama sobre vós
Centelhas sublimadas só d'inspiração!

Da arte de Mozart vós sois grandes romeiros
Lutais como nas vagas o triste palinuro,
Os olhos tendes fitos na glória que dá brilho
No livro tricolor e ovante do futuro!

Hoje que os sorrisos assomam em vossos lábios
Que da "Guarani" alçais áureo pendão,
Eu humilde e fraco — com flores inodoras
Somente aqui vos venho fazer uma ovação!

Quando há só coragem, força, intrepidez
Quando se alimenta no peito divo ardor,
O homem não recua, caminha p'ro progresso
Co'a fronte sempre erguida, sem ter menor temor,

Sem ter algum trabalho jamais s'alcança trono
Sem ter valor e força jamais se tem lauréis
P'ra vossa grande glória, além do grã futuro

Cruz e Sousa

Deus já tem erectos milhares de dosséis!

Mas dentre vós vulto sereno se destaca
Qual Rodes portentoso, imenso, verdadeiro
Que nunca recuou sequer um só momento
Que sempre em trabalhar foi pronto companheiro!

É este vosso sócio, digno diretor
Que forte não pensou jamais em recuar!
É José Gonçalves — águia valorosa
A quem, altivamente, eu ouso aqui louvar!

Vencendo mil tropeços, altiva os derribando
A bela "Guarani" se mostra triunfante,
Foi como esses heróis — na mão sustenta o gládio
— O gládio da vitória serena e radiante!

Portanto erguei ridente a fronte ao infinito!
Erguei ó grandes bravos a fronte toda luz!
Eia, a senda é bela, sublime, é grandiosa
Avante pois ness'arte, avante, avante, sus!

E agora concluindo palavras pobrezinhas
Que eu pronunciar humilde vim aqui,
Saúdo fervoroso — do imo de minh'alma
A essa tão gentil, simpática "Guarani"!

SAUDAÇÃO

Qual o que não exulta ao ler uma epopéia!
Qual o que a ver dor não lhe estremece o crânio,
Em confusões cruéis?!
Qual o que tem fresca, sublime, pronta a idéia,
E do altar da caridade no supedâneo,
Não deixa alguns lauréis?!
Do Autor
Ontem, grande desgraça
Que o povo se abraça
D'Itajaí em geral!

Cruz e Sousa

Ontem, o cetro divino
Que se tornando ferino
Tudo esmaga afinal!

Ontem, prantos e dor...
Grandes gritos d'horror...
A fatal confusão!
Ontem, lampas perdidas
De centenas de vidas,
Que nas águas lá vão!

Ontem, negras as vagas,
Os belos céus, essas plagas,
— Onde existe o Senhor!
Ontem, — fatalidade!
A pobrezinha cidade
Toda envolta em negror!

Hoje, oh! Deus sempiterno!
— O teu gládio superno
De bonança a irradir,
Veio ao povo esmagado
Ao tredo peso do fado
Fazer do caos ressurgir!

Hoje, o íris brilhante
Lá nos céus, radiante,
Já se faz divulgar!
E todo o povo prostrado
Te agradece arroubado
Mas ainda a chorar!
....
E corações caridosos
Farão a dar pressurosos
Os seus globos gentis!
Dai! é doce a esmola!
Ela aos pobres consola,
Torna-os ledos, gazis!

Cruz e Sousa

A miséria chorava Em delírio bradava
Por um pouco de pão!
E eles foram dizendo
— Ide, pois vos mantendo,
Aqui tendes a mão!
....
E vós — lá no tablado,
O mor rasgo, elevado,
De fazer acabais!
É um rasgo de glória
De brilhante memória
Pros vindouros anais!

Vós fazeis do cenário
Um dinal santuário
Trabalhando p'ra pobres!
Mostrais bem que nas almas
Possuís celsas palmas
De ações muito nobres!

P'ra louvar amadores,
Tantas lutas, labores,
Tanta excelsa virtude!
Ah! me falta uma lira
Que um poema desfira...
Ai! me falta alaúde!

Só Deus pode dar louros
De mil glórias, tesouros,
Como vós mereceis!
Pois que feitos tão divos,
Tão imensos, altivos
Só d'heróis ou de reis!

Amadores briosos!
Vós sois tão valorosos
Qual os bravos na guerra!
Sois os nautas valentes
Socorrendo ridentes

Cruz e Sousa

Quem cá gema na terra!
Amor, Deus, Caridade
— É a sublime trindade Radiante de Luz!
Donde vós, amadores,
Lá colheis os fulgores, De mil graças a flux!

(Desterro, 14 nov. 1880)

A IMPRENSA

A Imprensa é brilhante como o meteoro, sublime como os arrebóis do cerúleo infinito!

Do Autor

A lâmpada gigantesca
Das glórias do porvir,
Turíbulo majestoso
No mundo a irradir,
É a imprensa tesouro
E c'roa de verde louro
À fronte do escritor!
É centelha sublimada
Que vem do céu arrojada
À treva dando fulgor!

   — O homem nasceu pequeno
Mas com as letras cresceu
Foi como o vulto de Rodes
Que lá tão alto s'ergueu!
Foi preciso — estudando
Co'a própria idéia lutando
Mergulhar-se na luz!
Foi preciso ter glória,
Brilhante, leda memória,
Colher renomes a flux!

Cruz e Sousa

Foi preciso mil lutas
Mil labores insanos
P'ra descobrir nesses mundos
Da diva luz os arcanos!
Foi preciso que um bravo
Não mostrando-se ignavo
Mas inspirado por Deus!
A pedra bruta talhasse
E a luz então derramasse
Qual seiva santa dos Céus!

Foi preciso os séculos
Ainda um pouco nas trevas
Erguessem as frontes bem alto
E devastassem mil selvas!
Foi preciso que o mundo
Sentisse abalo profundo
Ao desvendar- se o saber!
Foi preciso que os entes
Ou se erguessem potentes
Ou tombassem a morrer!

Mas não! — o homem ergueu-se,
Quase, quase com Deus
Tirou a fronte da treva
E só pregou-a nos Céus!
Viu o futuro de louros
E quis colher os tesouros
Que dão renome sem fim!
Sonhou, sonhou co'a vitória
E o gládio teve da glória
Qual o grão Bernardim!

O homem, gênio sublime,
Caminha, com seu bordão
Até achar o brilhante
A luz, a luz da razão!
Tropeça um pouco, se tomba
Ergue-se, voa qual pomba

E indo a luz descobrir,
Busca ouvir no infinito
Do eco ao longe este grito:
Trabalha para o porvir!

Quando os povos modernos,
Sentirem no coração
Uma ardente centelha
Que caia lá d'amplidão!
Deixarão esses vícios,
Insanos, negros, fictícios
Que dão só noite ao viver!
E irão curvados a ela
Depor-lhe verde capela
Farão então por crescer!
Camões, Milton, Abreu,
Já da vida sem lampas,
Erguei-vos crânios altivos
Espedaçai essas campas!
Dizei — se o homem caminha
Se na treva definha
A quem se deve louvar?!...
S'as letras seguem ovantes
Dizei ó nobres gigantes
A quem se ergue alcaçar?!!...

E Guttemberg esse herói,
Essa vergôntea dinal,
Que co'escopro na destra!
Foi das letras fanal!
Ao descobrir a imprensa
Essa epopéia imensa
Para toda a nação,
Com glória ingente sonhava
Na luz por certo nadava
Já tinha os louros na mão!

(Desterro, 21 nov. 1880)

Cruz e Sousa

VERSOS

Admirai Carrara, Canova, Rafael,
Murillo, Mozart e Verdi e tereis as sublimes,
mais que sublimes, as divinas encarnações da arte!

Do Autor
Bravo, prole bendita Pois à glória infinita
O lutar vos conduz!
É assim — trabalhando
Sempre e sempre estudando
Que se alcança mais luz!

Contemplai estas flores
Estes tantos lavores
Contemplai o painel!
Repetindo orgulhosos
Estes feitos briosos
São dum belo pincel!

Eia, jovens, avante!
Ser artista é brilhante,
Trabalhar é uma lei!
Não são só os c'roados
Que merecem em brados
Ter as honras de rei!

O artista qu'é pobre
É tão rico, é tão nobre
Qual potente césar!
E a glória bem cedo
Lhe murmura o segredo
— És artista — és sem par!

Não temais os pampeiros
Sois gentis brasileiros Deveis pois progredir!
Quem vos traça na história
Vossa augusta memória É um deus — o Porvir!

Cruz e Sousa

Levantai-vos potentes
Altanados, ingentes
E fazei-vos Criseus!
Só quem pode vergar-vos
E pensar obumbrar-vos
Mais ninguém — é só Deus!

Não fiqueis ignavos
Que o futuro dá bravos
Vos dizendo — estudai!
Sois humanos — portanto
Se há de trevas um manto
Apressai-vos, rasgai!

Nossa pátria querida
Necessita mais vida,
Necessita crescer!
É preciso contudo
Que tenhais como escudo
Quem vos mostra o saber!

E de obreiros altivos,
Que sereis redivivos
Que sereis imortais,
Achareis vossos nomes
Vossos grandes renomes
Nas mansões divinais!

Perdoai-me estas flores
Que tão murchas, sem cores
Nada podem valer!
São ofertas sinceras
Arrancadas deveras Para vir vos trazer!

Palinuros — à frente
Esse trilho é ridente
Dás-vos honra, louvor!
Quem o braço vos guia
Nunca, nunca entibia —

Cruz e Sousa

— É artista... e pintor!

É a vós a quem falo
E se hoje eu não calo
Estas vãs expressões!
É que a louca alegria
Em minh'alma irradia
Com fulgentes clarões!

O trabalho enobrece
Glorifica, engrandece
Aos artistas quais vós!
Que zombando da sorte
Têm a tela por norte
Os pincéis por faróis!

Eia! nessa carreira
Qual a nau sobranceira Indo o mar a fender!
Quando há negros abrolhos,
Mil cachopos, escolhos
É mais belo o vencer!

Se o lutar é dos grandes
Que são gêmeos dos Andes
Que não sabem tombar!
Colhereis uma glória
Mais suprema memória,
Trabalhando, a lutar!

Deus, o Deus sublimado
Disse ao homem num brado,
Da sidérea mansão!
— Vai depressa arrimar-te
Aos arcanos da arte,
Que terás um bordão!

Onde há braços d'artista
É seu ponto de vista
Decepar escarcéus!

E seu gládio seguro
Vai cavar o futuro
Vai rasgar negros véus!

E lá quando os vindouros
Vos c'roarem de louros
Vos erguerem dossel! Bradarão altaneiros:
— Exultai brasileiros, Ressurgiu Rafael!

Não temais os insanos, Insensatos humanos Bajulantes e maus!
Trabalhai muito embora! Há de vir uma aurora P'ra arrancá-los do caos!
....
Away, estudantes
Sois vergônteas pujantes A lauréis tendes jus!
Caminhai com coragem,
Qu'esta é a romagem
Dos apóstolos da luz!!!...

AO DECÊNIO DE CASTRO ALVES

Quem sempre vence é o porvir!

No espadanar das espumas Que vão à praia saltar!
Nos ecos das tempestades
Da bela aurora ao raiar,
Um brado enorme, profundo,
Que faz tremer todo o mundo Se deixa logo sentir!
É como o brado solene, Ingente, celso, perene, É como o brado: — Porvir!

Pergunta a onda: — Quem é?... Responde o brado: — Sou eu! Eu sou a
Fama, que venho C'roar o vate, o Criseu!
Dormi, meu Deus, por dez anos
E da natura os arcanos Não posso todos saber!
Mas como ouvisse louvores
De glória, gritos, clamores, Também vim louros trazer.

Fatalidade! — Desgraça!
Fatalidade, meu Deus! Passou-se um gênio tão cedo,

Cruz e Sousa

Sumiu-se um astro nos céus! As catadupas d'idéias,
De pensamento epopéias Rolaram todas no chão!
Saindo a alma pra glória
Bradou pra pátria — vitória!
Já sou de vultos irmão!

Foi Deus que disse: — Poeta, Vem decantar a meus pés.
Na eternidade há mais luz, Dão mais valor ao que és.
Se lá na terra tens louros, Receberás cá tesouros
De muitas glórias até!
Terás a lira adorada C'o divo plectro afinado
De Dante, Tasso e Garret!

Então na terra sentiu-se Um grande acorde final!
O belo vate brasílio Pendeu a fronte imortal!
O negro espaço rasgou-se
E aquele gênio internou-se Na sempiterna mansão.
A sua fronte brilhava
E o áureo livro apertava Sereno e ledo na mão...

E o mundo então sobre os eixos Ouviu-se logo rodar!
É que ele mesmo estremece A ver um vulto tombar.
É que na queda dos entes
Que são na vida potentes,
Que têm nas veias ardor,
Há cataclismos medonhos
Que só sentimos em sonhos
Mas que nos causam terror!...

E o coração s'estortega E s'entibia a razão!
No peito o sangue enregela E logo a história diz: — Não!
Não chore a pátria esse filho,
Se procurou outro trilho Também mais glórias me deu!
E quando os séculos passarem Se hão de tristes curvarem Enquanto alegre só eu?...

Oh! Basta! Basta! Silêncio!
   Repousa, vate, nos Céus! Que muito além dos espaços Os cantos subam dos teus!

Se nesta vida d'enganos
Não são bastante os humanos Pra te render ovações!
Perdoa os fracos, ó gênio,
Que pra cantar teu decênio
Somente Elmano ou Camões!

ENTRE LUZ E SOMBRA
Ao dia 7 de Setembro

Libertas Lux Dei!!...

Surge enfim o grande astro Que se chama Liberdade!... Dos sec'los na imensidade Eterno perdurará!...
Como as dúlias matutinas Que reboam nas colinas,
Nas selvas esmeraldinas
Em honra ao celso Tupá!...

Eram só cinéreas nuvens Os brasílios horizontes!
  Curvadas todas as frontes Caminhavam no descrer! — As brisas nem murmuravam... Os bosques nem soluçavam...
Os peitos nem se arroubavam...
— Estava tudo a morrer!...

De repente, o sol formoso Vai as nuvens esgarçando.
  As almas vão palpitando, Cintilam magos clarões!...
E o Índio fraco, indolente
Fazendo esforço potente
Dos pulsos quebra a corrente, Biparte os acres grilhões!...

Por terra tomba gemendo O vão, atroz servilismo...
Rui a dobrez no abismo...
Eis a verdade de pé!...
Enfim!... exclama o silvedo
Enfim!... lá diz quase a medo Selvagem, nu Aimoré!...

Assim, brasília coorte,

Cruz e Sousa

Falange excelsa de obreiros, Soberbos, almos luzeiros
De nossa gleba gentil,
Quebrai os elos d'escravos
Que vivem tristes, ignavos,
Formando delas uns bravos
— P'ra glória mais do Brasil!...

Lançai a luz nesses crânios
Que vão nas trevas tombando E ide assim preparando
Uns homens mais p'ro porvir!
Fazei dos pobres aflitos
Sem crenças, lares, proscritos,
Uns entes puros, benditos
Que saibam ver e sentir!...

Do carro azul do progresso Fazei girar essa mola! Prendei-os sim, — mas à escola Matai-os sim, — mas na luz!
E então tereis trabalhado
O negro abismo sondado
E em nossos ombros levado Ao seu destino essa cruz!!...

Fazei do gládio alavanca
E tudo ireis derribando;
Dormi, co'a pátria sonhando E tudo a flux se erguerá!
E a funda treva cobarde
Sentindo homérico alarde, Embora mesmo que tarde Curvada assim fugirá!...

Enfim!... os vales soluçam
Enfim!... os mares rebramam
Enfim!... os prados exclamam Já somos livre nação!!...
Quebrou-se a estátua de gesso... Enfim!... — mas não... estremeço,
Vacilo... caio, emudeço...
Enfim de tudo inda não!!...

Cruz e Sousa

SETE DE SETEMBRO

Liberdade! Independência!...
Eis os brados grandiosos
Que quais raios luminosos Fulguraram lá nos céus!...
Eis a mágica — Odisséia
Que duns lábios rebentando,
Foi o povo transformando,
Foi rompendo os negros véus!...

As colinas, prados, montes,
As florestas seculares
— Os sertões, os próprios mares Exultaram com fervor!
E os brados retumbaram
  Pela lúcida devesa, Pela virgem natureza
Com homérico clangor!...

Qual artista consumado,
Qual um velho estatuário
Do Brasil no azul sacrário,
Essa data vos traçou,
  — O triunfo mais pujante,
  A eleita das idéias, A maior das epopéias
  — Q'inda igual não se gerou!...

Mas embora, meus senhores
Se festeje a Liberdade,
  A gentil Fraternidade Não raiou de todo, não!...
E a pátria dos Andradas
Dos — Abreu, Gonçalves Dias Inda vê nuvens sombrias, Vê no céu fatal bulcão!...

Muito embora Rio Branco,
  Esse cérebro profundo
Que passou por entre o mundo, Do Brasil como um Tupá!...
Muito embora em catadupas
Derramasse o verbo augusto,
Da nação no enorme busto
Inda a mancha existe, há!...

Cruz e Sousa

É preciso com esforço,
Colossal, estranho, ingente,
   Ir o cancro, de repente Esmagar que nos corrói!...
É preciso que essa Deusa, A excelsa Liberdade,
Raie enfim na Imensidade Mais altiva como sói!...

Sai da larva a borboleta
Com as asas auriazuis
E um disco vai — de luz A deixar onde passou!
No entanto o grande berço
Das façanhas de Cabrito
Inda espera um novo grito
Como o — Basta — de Waterloo!...

Eu bem sei que Guttemberg Que esse Fulton primoroso Faust, Kepler grandioso Trabalharam té vencer!
Mas embora tropeçassem
Acurando os seus eventos,
Tinham sempre tais portentos A vontade por poder!...

Eia! sim! — p'ra Liberdade
Irrompei qual verbo eterno,
Como o — Fiat — superno
Pelos ares a rolar!
   Eia! sim! — que nossa pátria Só precisa — mas de bravos... E em prol desses escravos Seu dever é trabalhar!!...

Somos filhos dessa gleba
Majestosa aonde o gênio
Como o astro do proscênio Solta as asas, mui febril!
Dos selvagens Tiaraiús
E dos brônzeos Guaicurus...
Somos filhos do Brasil!...

Esperemos, tudo embora!...
Pois que a sã locomotiva,
 Do progresso imagem viva Não se fez a um sopro vão!.
Aguardemos o momento

Das mais altas epopéias,
Quando o gládio das idéias Empunhar toda a nação!...

Esperemos mais um pouco
Q'inda há almas brasileiras
Que se lembrarão, sobranceiras, Que é preciso progredir!...
Inda há peitos valerosos
Que combatem descobertos
Por florestas, por desertos,
Mas c'os olhos no porvir!...

Inda há lúcidas falanges
Lutadores denodados
Que se erguem transportados Burilando a sã razão!...
Inda há quem se recorde
Do Egrégio Tiradentes
Que do sangue as gotas quentes Derramou pela nação!!...

Já nas margens do Ipiranga Patrióticos acentos
    Vão alados como os ventos Pelos páramos azuis!!... Vamos! Vamos! —
eia! exulta, Jovem pátria dos renomes...
— Vibra a lira, Carlos Gomes!
Bocaiúva, espalha luz!!...

TRÊS PENSAMENTOS

Nasceste no Brasil — filha d'América,
Tu sabes conservar nas débeis veias
No lúcido pulmão
O sangue efervescente e purpurino
A força de subir ao céu da história.
Às lutas da razão!...

Nasceste no Brasil — em meio às plagas Da grande natureza mais pujante E cheia de arrebol!...
E sabes obumbrar os astros fulvos

Cruz e Sousa

E lanças raios mil por toda a parte, Soberba como o sol!...

Nasceste no Brasil e o eco ovante
Das glórias sublimadas que tu colhes
Por este céu azul,
Vem férvido, viril e acentuado
Assaz repercutir com mais verdade Aqui... aqui no sul!...

SEMPRE

Se é certo que o amor é um bem profundo Se é certo que o amor é um sol ardente,
Eu hei de amar-te sempre neste mundo
E sempre, sempre, sempre — eternamente.

BEIJOS

Nesta Tebaida infinita
Da vida, na sombra oculto, Eu gosto de olhar o vulto De uma criança bonita.

Porque afinal as crianças,
Como eu deslumbro-me ao vê-las,
Cintilam como as estrelas,
Florescem como esperanças.

Dentro de mim se projeta
A luz cambiante dos prismas
E batem asas as cismas
Qual passarada irrequieta.

E batem asas e ruflam,
Pelas artísticas plagas,
As auras que as grandes vagas Dos fundos mares insuflam.

E digo, ó mães, se uma aurora
Fosse a minh'alma sincera,
Os clarões todos eu dera
A uma criança que chora.

Porque se a luz fortalece
Arbustos e as andorinhas,
Também por certo às criancinhas Conforta, avigora, aquece.

E eu que aplaudo e que rimo
Tudo isso que à luz se regre, Na vibração mais alegre As criancinhas estimo.

Portanto, assim, sem refolhos Beijando a Olga, beijando
Meus sonhos vão, irradiando, Se derramar em seus olhos!

SER PÁSSARO

Ah! Ser pássaro! ter toda a amplidão dos ares Para as asas abrir, ruflantes e nervosas,
Dos parques através e dos moitais de rosas, Nos floridos jardins, nas hortas e pomares.

Ser pássaro, cantar, subir, voar na altura,
Pelos bosques sem fim, perder-se nas florestas,
Das folhagens do campo em meio da espessura, Das auroras de abril nas cristalinas festas.

Tecer no tronco seco ou no tronco viçoso
  O quente lar do amor, o carinhoso ninho, De onde sairá mais tarde o pipilar mavioso
De um outro mais gentil e meigo passarinho.

Não temer o verão e não temer o inverno Para tudo alcançar na leve subsistência,
No contínuo lidar, no labutar eterno,

Que é talvez da alegria a mais feliz essência.

Viver, enfim, de luz e aromas delicados,
Nascido dentre a luz, gerado dentre aromas,
Sonorizando o azul, sonorizando os prados
E dormindo da flor sob as cheirosas comas.

Voar, voar, voar, voar eternamente,
 Extinguir-se a voar, no matinal gorjeio, É ser pássaro, é ter em cada asa fremente
Um sol para aquecer o frio de algum seio.

SAUDAÇÃO
Ao Liceu de Artes e Ofícios

Como esta luz é serena,
Como esta luz é sincera;
 Como eu vejo a primavera Num lápis e numa pena.

Que prismas de luz ardente,
Que prismas de luz suave;
 Como eu sinto um canto de ave Em cada boca inocente.

Sim! Que o estudo é como a aurora
Que nos entra pela casa,
Num vivo fulgor de brasa,
Vibrante, alegre, sonora.

Ele rasga a treva espessa,
 Num só momento — cantando; Vai estrelas semeando Em cada tenra cabeça.

Tira os crânios do letargo
Da ignorância — pois entra
 Como um sol e se concentra Num esplendor muito largo.

Quem, ó Arte imaculada,

Cruz e Sousa

Medisse o ser da criança,
Pela alma de uma esperança Pela alma de uma alvorada.

Quem aos páramos subindo,
Eternamente pudesse,
Dos astros a loura messe
Arrancar — depois abrindo

Os peitos das criancinhas
Jogá-los dentro e beijá-las
Cheias de pompa e das galas
Que a luz concede às rainhas!...

Pois que a treva entre fulgores,
É como, dentre ataúdes, Rebentar como virtudes,
As mais simpáticas flores.

Ah! Ninguém sabe, por certo,
Quanto é bom, quanto é saudável,
Sentir a crença adorável
Como um clarão sempre aberto.

Ver os germens do futuro
No campo eterno da escola,
Brilhando como a corola
De um lírio cândido e puro.

Ver morrer — como uns invernos
Da vida, os velhos colossos
E ver erguerem-se os moços Como verões sempiternos.

Mães, ó mães tão extremosas,
Dos vossos ventres fecundos Saem todos esses mundos Das idéias fulgurosas.

Tudo isso quanto há escrito De pensamento e crenças
Saiu das fontes imensas
De um grande amor infinito.

E desde a escrita à leitura

E desde um livro a uma carta,
A bondade sempre farta
Das mães — esplende e fulgura.

Bom dia ao mestre que é guia Das belas crianças louras! Bom dia às mães porvindouras, À mocidade — Bom dia!

GUSLA DA SAUDADE
A Santos Lostada pela morte do seu velho pai

Nunca mais, nunca mais esses teus olhos
Palpitarão nos olhos seus honestos
Nem hão de vê-lo em ânsias por escolhos.

Ele morreu, morreu — e os mais funestos
Lutos da dor feriram como abrolhos
Teu lar e os teus — serenos e modestos.

Que incalculável explosão de prantos
Não inundou as almas preciosas
Dos teus irmãos, da tua mãe — uns santos

Que peregrinam nestas lacrimosas
Sendas da vida, em mágoas, sem encantos Como sem luz e sem orvalho as rosas.

Ah! formidável lei cruel da vida,
Lei da matéria, da mudez das lousas,
Da eterna noite atroz, indefinida;

Tens o segredo intérmino das cousas,
E nessa dura e tenebrosa lida,
Oh! nem sequer um dia só repousas.

Quem sabe, ó morte, ó lúgubre, quem sabe
O teu poder fatal, desapiedado

Cruz e Sousa

Onde se oculta e se resume e cabe.

Pois nem que o céu puríssimo, azulado Cair aos pedaços, tombe e se desabe
Na profundez do abismo ilimitado

E a crença humana espavorida, em gritos, Palpando o nada, esquálida, gemendo,
Rasgue a amplidão de estranhos infinitos,

Nunca da morte saberão o horrendo
Mistério rijo e surdo dos granitos
Os corações que vivem combatendo?!...

Não! A Ciência penetrou, o estudo
Do pensador, abriu mais horizontes Nesse problema silencioso e mudo.

O pensamento constelou as frontes, Deu à razão o mais brunido escudo
E construiu as luminosas pontes

De onde se vai, com grande olhar, seguro,
Atravessar as regiões sonoras
Dos Ideais que irrompem do Futuro;

E sem contar dos séculos as horas,
E sem temer as mil visões do Escuro, Alegremente ao fresco das auroras.

Mas entretanto, ó meu amigo, escuta,
Toda a saudade, a grande nostalgia Nos deixa frios, mortos para a luta.
Porque, olha, a morte é sempre uma agonia!

SMORZANDO

O véu da tarde cai pelas quebradas
Das serras altaneiras;
        As aves condoreiras Rompem da mata em místicas risadas O largo espaço intérmino cindindo.

Cruz e Sousa

A livre natureza,
Humildemente, pura, vai caindo,
Caindo de joelhos
Como esse denso véu
Cai na viril e rútila grandeza
Do sol que desce em borbotões vermelhos Como uma mancha tropical no céu.

E vibra a Ave-Maria
Como um soluço, estranho, indefinido;
Talvez como um gemido
Dentre a escalvada e agreste serrania.

E desce e desce e desce
De toda a imensidade
A salutar carícia de uma prece,
O eflúvio da saudade
Que alaga o nosso peito heroicamente
Como o luar de um treno
Mavioso e emoliente,
Mais doce que o sorrir do Nazareno.

VERSOS À INFÂNCIA

Nos roseirais, ao vir da madrugada,
Desabrocham no val todas as rosas,
Nos galhos cheios de uma luz doirada, Meigas e frescas, rubras,
perfumosas, Nos roseirais, ao vir da madrugada.

Como em bocas cheirosas e vermelhas Pousam beijos de amor e de ventura,
O mel lhe sugam todas as abelhas
Pousando em cima da corola pura
Como em bocas cheirosas e vermelhas.

Desde os campos, o bosque, até aos montes
Tudo renasce num jardim de flores;

E pelo azul do céu, nos horizontes, Há os mais vivos, raros esplendores,
Desde os campos, o bosque, até aos montes.

Pelos ninhos sonoros, delicados,
Cantam e trinam muitos passarinhos
Nos altos arvoredos enflorados,
À margem verdejante dos caminhos, Pelos ninhos sonoros, delicados.

As borboletas brancas e amarelas,
Azuis, cor de ouro, cor de prata e brasa,
Leves, ligeiras, tênues e singelas,
Abrem a fina talagarça da asa,
As borboletas brancas e amarelas.

Tudo no val acorda de desejos
À musica dos cantos mais risonhos;
E as aves soltas, peregrinos beijos,
Dizem, cantando, que através de sonhos Tudo no val acorda de desejos.

II
Na alma da infância, tal e qual roseiras,
Abrem festões de límpida fragrância
Os sonhos e as quimeras passageiras
Que são mais próprias do vergel da infância, Na alma da infância, tal e qual roseiras.

O pequenino coração ditoso
Canta canções de uma ave pequenina;
E é um encanto ver assim radioso No peito de uma cândida menina O pequenino coração ditoso.

A existência de sol das criancinhas
Lembra um pomar de frutas bem serenas,
Por onde os colibris e as andorinhas
Gozam amores sacudindo as penas, A existência de sol das criancinhas.

Não sei dizer se adore mais crianças
Ou mais também as flores de um arbusto;
Nessas tão puras, castas semelhanças

Cruz e Sousa

Eu, para ser bem carinhoso e justo,
Não sei dizer se adore mais crianças.

(Desterro)

TRISTE

Em junho, que é mês do frio, Perdes todo o colorido,
Tens um tom vago e sombrio De dor, de mágoa e gemido.

Não sei que tristeza é essa De tão doloroso cunho
Que perdes a cor depressa
Assim que vem vindo junho.

Ficas branca e desmaiada, Lembrando a lua serena, Fraca, pálida e gelada,
Como frágil açucena.

Vão-se-te as rosas da face
Emurchecendo e sumindo
Num crepúsculo vivace
De tudo o que estás sentindo.

Ai! no entanto pelos prados Onde os dias resplandecem
Risonhas como noivados
Em junho as rosas florescem...

(Desterro)

FONTE DE AMOR

Trago-a à tua presença Para que vejas a imensa
Mágoa atroz que a devorou.

E saibas, ó flor das flores,
Que a fonte dos seus amores Eternamente secou.

Foste à fonte buscar água E tinha secado a fonte.
Aí, flor azul do monte,
Tiveste a primeira mágoa.

Porém se uma alma na frágua
Das dores sem horizonte
Queres ver, sentir defronte
Dos olhos, manda que eu trago-a.

CASTELÃ

Bela e mais encantadora
Do que todas as belezas,
Graça leve de pastora
Que canta pelas devesas.

Enleios de passarinho
E brilhos de primavera,
Com magnetismos de vinho No olhar azul de quimera.

Feita de um jorro sadio
De auroras purpureadas
Carne mais fresca que um rio De frescas águas prateadas.

Tudo é frio e tudo é raso
Para dizer-te a capricho
Que és magnólia para um vaso, Que és arcanjo para um nicho.

És um mito da Alemanha
Vivendo em montanha alpestre,
No castelo da montanha,
Como ardente flor silvestre.

E tens as pomas à farta Polposas, cheias de aromas. És assim a loura Marta
Com abundância de pomas.

Esse príncipe que te ama,
Cismando, trágico e grave,
Quando o luar se derrama
Cuida ouvir-te os vôos de ave.

Ele vive, airoso e belo,
Como se vive num sonho,
No seu nevoento castelo
Junto de um lago tristonho.

E através do pó flutuante
Do luar saudoso e vago
Julga que és a garça errante Das águas verdes do lago.

O SOL E O CORAÇÃO

Sol, coração do Espaço que flamejas, O coração é qual tu, sol de utopias...
Mas, coração, dize-me: — Que desejas?...

     Foram-se já todas as alegrias, Ó Sol! E tu, coração, que ainda adejas,
Que fazes sobre as mortas fantasias?!...

Podes brilhar, ó Sol, vivo e fulgente!
E tu, coração, que me iludiste,
Também podes bater, inutilmente.

Crença, Ilusão, Amor, já nada existe, Não mais levarás sobre a corrente Da tenebrosa dúvida mais triste.

Longe, mui longe, em regiões caladas,
Emudecidos pelo Esquecimento,
Estão hoje esses sonhos de alvoradas.

Foram-se, há muito, soltos pelo vento
Entre as grandes ruínas derrocadas
Do meu amargo e pobre pensamento,

Entre as profundas, tétricas ruínas
Em que o doce fantasma desses sonhos Atravessou em lágrimas divinas.

Fantasma ideal, de cânticos risonhos
Que da vida encontrei pelas colinas
E hoje vaga entre bulcões medonhos!

Fantasma que eu amei, visão errante Que sempre junto a mim vivia perto,
Por mais longe que eu fosse e mais distante.

Visão que era como a água do deserto Para o meu coração sempre anelante,
Sequioso de amor e sempre aberto...

Ó pobre coração, em vão te agitas,
Em vão tu bates, coração estreito,
Tal qual tu, Sol, nos páramos crepitas.

Nada mais, para mim, de satisfeito
Brilha com o Sol nas plagas infinitas, Como não canta o coração no peito...

Podes, enfim, sumir-te nos Espaços
Sol! E tu, coração, sempre batendo,
Quebrar da terra os "Transitórios Laços" Eternamente desaparecendo!...

(CAMBIANTES — SONETOS E OUTROS VERSOS)

RISADAS
Às criaturas alegres

Fantasia, ó fantasia, tropo ardente
Da aurora alegre undiflavando as bandas
Do adamascado e rúbido oriente,
Ó fantasia, águia das asas pandas.

Tu que os clarins do sonho mais fulgente
Das Julietas, feres, nas varandas,
Ó fantasia dos Romeus, ó crente,
Por que países meridionais tu andas?!

Vem das esferas, entre os sons que vibras.
Vem, que desejo emocionar as fibras,
Quero sentir como este sangue impulsas.

Noiva do sol que os sóis preclaros gozas Para rimar umas canções de rosas,
Como risadas de cristal, avulsas...

AVE! MARIA...

Ave! Maria das Estrelas, Ave!
Cheia de graça do luar, Maria!
Harmonia de cântico suave,
Das harpas celestiais branda harmonia...

Nuvem d'incensos através da nave
Quando o templo de pompas irradia
E em prantos o órgão vai plangendo grave A profunda e gemente litania...

Seja bendito o fruto do teu ventre,
Jesus, mais belo dentre os astros e entre As mulheres judaicas mais amado...

Ó Luz! Eucaristia da beleza,
Chama sagrada no Evangelho acesa, Maravilha do Amor e do Pecado!

Cruz e Sousa

RIR!

Rir! Não parece ao século presente Que o rir traduza, sempre, uma alegria...
Rir! Mas não rir como essa pobre gente Que ri sem arte e sem filosofia.

Rir! Mas com o rir atroz, o rir tremente, Com que André Gil eternamente ria.
Rir! Mas com o rir demolidor e quente Duma profunda e trágica ironia.

Antes chorar! Mais fácil nos parece.
Porque o chorar nos ilumina e nos aquece Nesta noite gelada do existir.

Antes chorar que rir de modo triste...
Pois que o difícil do rir bem consiste Só em saber como Henri Heine rir!...

ASPIRAÇÃO

Quisera ser a serpe astuciosa
Que te dá medo e faz-te pesadelos
Para esconder-me, ó flor luxuriosa,
Na floresta ideal dos teus cabelos.

Quisera ser a serpe venenosa
Para enroscar-me em múltiplos novelos, Para saltar-te aos seios cor-de-rosa.
E bajulá-los e depois mordê-los.

Talvez que o sangue impuro e rutilante
Do teu divino corpo de bacante,
Sangue febril como um licor do Reno

Completamente se purificasse
Pois que um veneno orgânico e vorace Para ser morto é bom outro veneno.

Cruz e Sousa

SENSIBILIDADE

Como os audazes, ruivos argonautas,
Intrépidos, viris e corajosos
Que voltam dos orientes fantasiosos, Dos países de Núbios e Aranautas.

Como esses bravos, que por naus incautas,
Regressam dos oceanos borrascosos, Indo encontrar nos lares harmoniosos
De luz, vinho e alegria as mesas lautas.

Tal o meu coração, quando aparece
A tua imagem, canta e resplandece, Sem lutas, sem paixões, livre de abrolhos.

A meu pesar, louco de ver-te, louco, As lágrimas me correm pouco a pouco,
Como o champanhe virginal dos olhos...

GLÓRIAS ANTIGAS

Rubras como gauleses arruivados,
Voltam da guerra as hostes triunfantes, Trazem nas lanças d'aço
lampejantes, Os louros das batalhas pendurados.

Os escudos e arneses dos soldados
Rutilam como lascas de diamantes
E na armadura os músculos vibrantes, Rijos, palpitam, batem nervurados.

Dentre estandartes, flâmulas de cores, Trazem dos olhos rufos de tambores,
Ruídos de alegria estranha e louca.

Chegam por fim, à pátria vitoriosa...
E então, da ardente glória belicosa,
Há um grito vermelho em cada boca!

Cruz e Sousa

MAGNÓLIA DOS TRÓPICOS
A Araújo Figueredo

Com as rosas e o luar, os sonhos e as neblinas,
Ó magnólia de luz, cotovia dos mares,
Formaram-te talvez os brancos nenúfares Da tua carne ideal, de correções felinas.

O teu colo pagão de virgens curvas finas
É o mais imaculado e flóreo dos altares,
Donde eu vejo elevar-se eternamente aos ares Viáticos de amor e preces diamantinas.

Abre, pois, para mim os teus braços de seda
E do verso através a límpida alameda
Onde há frescura e sombra e sol e murmurejo;

Vem! com a asa de um beijo a boca palpitando,
No alvoroço febril de um pássaro cantando,
Vem dar-me a extrema-unção do teu amor num beijo.

SUPREMO ANSEIO

Esta profunda e intérmina esperança Na qual eu tenho o espírito seguro,
A tão profunda imensidade avança
Como é profunda a idéia do futuro.

Abre-se em mim esse clarão, mais puro
Que o céu preclaro em matinal bonança;
Esse clarão, em que eu melhor fulguro,
Em que esta vida uma outra vida alcança.

Sim! Inda espero que no fim da estrada

Cruz e Sousa

Desta existência de ilusões cravada
Eu veja sempre refulgir bem perto

Esse clarão esplendoroso e louro
Do amor de mãe — que é como um fruto de ouro, Da alma de um filho no eternal deserto.

NERAH
Inspirado no elegante conto de Virgílio Várzea
A Vítor Lobato

Nerah não brinca mais, não dança mais. — E agora
Que vão-se apropinquando os tempos invernosos,
Nerah traz uns receios tímidos, nervosos,
De quem teme mudar-se em noite, sendo aurora.

Seus sonhos de cristal, translúcidos, antigos
 Se vão embora, embora à vinda dos invernos, Seguindo em debandada os úmidos galernos —
— Lembrando um roto bando informe de mendigos.

 Não canta o sabiá que triste na gaiola, Parece, com o olhar, pedir-lhe a casta esmola
De um riso — aquela flor que esvai-se, branca e fria.

Em tudo a fina seta aguda de aflições!
Na própria atmosfera um caos de interjeições!
Em tudo uma mortalha, em tudo uma agonia.

AMOR

Nas largas mutações perpétuas do universo
O amor é sempre o vinho enérgico, irritante...

Um lago de luar nervoso e palpitante...
Um sol dentro de tudo altivamente imerso.

Não há para o amor ridículos preâmbulos,
Nem mesmo as convenções as mais superiores;
E vamos pela vida assim como os noctâmbulos À fresca exalação salúbrica das flores.

E somos uns completos, célebres artistas Na obra racional do amor — na heroicidade,
Com essa intrepidez dos sábios transformistas.

Cumprimos uma lei que a seiva nos dirige
E amamos com vigor e com vitalidade,
A cor, os tons, a luz que a natureza exige!...

FILETES
A J. L.

De cravos, de rosas,
De lírios, perfumes, De beijos, ciúmes,
De coisas formosas;

De cantos suaves
De músicas, vinhos
De aromas, arminhos
Dos trinos das aves;

Das cismas radiadas,
De esperanças aladas
Por vagos escombros,

São feitos, são feitos
Teus olhos perfeitos,
Repletos de assombros.

Cruz e Sousa

FILETES

I
Ó pérola nitente,
Ó pérola do amor,
Ó imã redolente
Das pétalas da flor;

Ó lágrima sutil,
Ó lágrima ideal,
Do côncavo de anil
Caída no cristal

Do lago transparente,
Harmoniosamente,
Aos flocos do luar...

Tu és como as essências, Conheces as ciências Ocultas... de matar!

II
Cintila a estrela-d'alva
Bem como o olhar do crente!
Perpassa no ambiente
O fresco olor da malva.

Um *tic* de lirismo,
Simpático e harmônico,
Derrama no sinfônico
Riacho — um misticismo.

Há músicas supremas,
Um mundo de problemas Nos montes seculares.

E como um lírio roxo,
A alma em canto frouxo Emigra para os ares.

Cruz e Sousa

(Desterro)

ARTE

Como eu vibro este verso, esgrimo e torço,
Tu, Artista sereno, esgrime e torce;
Emprega apenas um pequeno esforço
Mas sem que a Estrofe a pura idéia force.

Para que surja claramente o verso,
Livre organismo que palpita e vibra,
    É mister um sistema altivo e terso De nervos, sangue e músculos, e fibra.

 Que o verso parta e gire — como a flecha Que d'alto do ar, aves, além, derruba;
E como os leões, ruja feroz na brecha
Da Estrofe, alvoroçando a cauda e a juba.

Para que tenhas toda a envergadura
De asa e o teu verso, de ampla cimitarra
Turca, apresente a lâmina segura,
Poeta, é mister, como os leões, ter garra.

    Essa bravura atlética e leonina Só podem ter artistas deslumbrados: Que souberam sorver pela retina A luz eterna dos glorificados.

Busca palavras límpidas e castas,
Novas e raras, de clarões radiosos,
Dentre as ondas mais pródigas, mais vastas Dos sentimentos mais maravilhosos.

Busca também palavras velhas, busca, Limpa-as, dá-lhes o brilho necessário
E então verás que cada qual corusca Com dobrado fulgor extraordinário.

Que as frases velhas são como as espadas
Cheias de nódoa, de ferrugem, velhas

Cruz e Sousa

Mas que assim mesmo estando enferrujadas Tu, grande Artista, as brunes e as espelhas.

Faz dos teus pensamentos argonautas
Rasgando as largas amplidões marinhas,
Soprando, à lua, peregrinas flautas,
Louros pagãos sob o dossel das vinhas.

Assim, pois, saberás tudo o que sabe
Quem anda por alturas mais serenas
E aprenderás então como é que cabe A Natureza numa estrofe apenas.

Assim terás o culto pela Forma,
Culto que prende os belos gregos da Arte
E levará no teu ginete, a norma
Dessa transformação, por toda a parte.

Enche de estranhas vibrações sonoras A tua Estrofe, majestosamente...
Põe nela todo o incêndio das auroras
Para torná-la emocional e ardente.

Derrama luz e cânticos e poemas
No verso e torna-o musical e doce
Como se o coração, nessas supremas Estrofes, puro e diluído fosse.

Que as águias nobres do teu verve esvoacem
Alto, no Azul, por entre os sóis e as galas,
Cantem sonoras e cantando passem
Dos Anjos brancos através das alas...

E canta o amor, o sol, o mar e as rosas,
E da mulher a graça diamantina
E das altas colheitas luminosas A lua, Juno branca e peregrine.

Vibra toda essa luz que do ar transborda
Toda essa luz nos versos vai vibrando
E na harpa do teu Sonho, corda a corda, Deixa que as Ilusões passem cantando.

Cruz e Sousa

Na alma do artista, alma que trina e arrulha
Que adora e anseia, que deseja e que ama
Gera-se muita vez uma fagulha
Que se transforma numa grande chama.

Faz estrofes assim! E após na chama
Do amor, de fecundá-las e acendê-las,
Derrama em cima lágrimas, derrama,
Como as eflorescências das Estrelas...

ARTE
[variação]

Como eu vibro este verso, esgrimo e torço,
Tu, ó poeta moderno, esgrime e torce; Emprega apenas um pequeno esforço
Mas sem que nada a pura idéia force.

Para que saia vigoroso o verso,
Como organismo que palpita e vibra,
   É mister um sistema altivo e terso De nervos, sangue e músculos e fibra.

Que o verso parta e gire como a flecha Que do alto do ar, aves, além, derruba
E como um leão ruja feroz na brecha
Da estrofe, alvoroçando a cauda e a juba.

Para que tenhas toda a envergadura
De asa, o teu verso, como a cimitarra
Turca apresente a lâmina segura,
Poeta, é mister como um leão, ter garra.

Essa bravura atlética e leonina
Só podem ter artistas deslumbrados
Que sorvem com lábios e retina
A luz do amor que os fez iluminados.

Cruz e Sousa

Nem é preciso, poeta, que te esbofes
Para ferir um verso que fuzile;
Põe a alma e muitas almas nas estrofes E deixa, enfim, que o verso tamborile.

Busca palavras límpidas e novas,
Resplandecentes como sóis radiosos E sentirás como te surgem trovas Belas de madrigais deliciosos.

Busca também palavras velhas, busca, Limpa-as, dá-lhes o brilho necessário E então verás que cada qual corusca, Com dobrado fulgor extraordinário.

Que as frases velhas são como as espadas
Cheias de nódoas de ferrugem, velhas,
Mas que assim mesmo estando enferrujadas Tu, grande artista, as brunes e as espelhas.

Que toda a vida e sensação de estilo
Está na frase, quando se coloca,
Antiga ou nova, mas trazendo aquilo Que soa como um tímpano que toca.

Como o escultor que apenas faz de um bloco A estátua — com supremo e nobre afinco Estuda a natureza num só foco:
A prata, o bronze, o cobre, o ferro, o zinco.

Estuda dos rubis, estuda do ouro
E dos corais, da pérola e safira,
Todo esse íris febril radiante e louro
Que é a centelha de sol em toda a lira.

Estuda todos os metais, estuda,
Desce à matéria prodigiosa e vasta, Estuda nela a natureza muda,
Os veios de cristal da origem casta.

Estuda toda a intensa natureza
Feita de aromas, de canções e de asas
E sente a luz da cor e da beleza
Rir, flamejar e arder, iriar em brasas.

Cruz e Sousa

Faz dos teus pensamentos argonautas
Rasgando as largas amplidões marinhas,
Soprando, à lua, peregrinas flautas,
Como os pagãos sob o dossel das vinhas.

Assim, pois, saberás tudo o que sabe
Quem anda por alturas mais serenas
E aprenderás então como é que cabe A natureza numa estrofe apenas.

Assim terás o culto pela forma,
Culto que prende os belos gregos da arte
E levarás no teu ginete, a norma
Dessa transformação por toda a parte.

Enche de alegres vibrações sonoras
A tua idéia pródiga e valente,
Põe nela todo o incêndio das auroras Para torná-la emocional e ardente.

Derrama luz e cânticos e poemas
No verso e fá-lo musical e doce
Como se o coração, nessas supremas Estrofes, puro e diluído fosse.

Que a abelha de ouro do teu verso esvoace,
Fulja como um fuzil numa borrasca;
Que o verso quando é bom por qualquer face Lembra um fruto saudável desde a casca.

Com arte, forma, cor, tudo isso em jogo,
Engrinaldado e rútilo de crenças,
O sonho cresce — o pássaro de fogo Que habita as altas regiões imensas.

E canta o amor, o sol, o mar e o vinho,
As esperanças e o luar e os beijos
E o corpo da mulher — esse carinho — Canta melhor, vibra com mais desejo.

Canta-lhe a sinfonia dos olhares
A cálida magnólia austral das pomas,
E quando então tudo isso enfim cantares Em tudo põe a fluidez de aromas.

Vibra toda essa luz que do ar transborda
Como todo o ar nos seres vai vibrando
E da harpa do teu sonho, corda a corda, Deixa que as ilusões passem cantando.

Na alma do artista, alma que trina e arrulha,
Que adora e anseia, que deseja e ama,
Gera-se muita vez uma fagulha
Que explose e se abre numa grande chama.

Pois essa chama que a fagulha gera,
Que enche e que acende o espírito de força, Sobe pela alma como primavera De rosas sobe por coluna torsa.

Faz estrofes assim, de asas de rima,
Depois de fecundá-las e acendê-las
De amor, de luz — põe lágrimas em cima, Como as eflorescências das estrelas.

O DUQUE

Quando o duque voltava da caçada Alegre, num clarim d'aço vibrante
De alacridade moça e evigorada
Dum ruidoso e trêfego estudante.

Quando ele vinha com seu ar bizarro
De atravessar os vales e as colinas,
Sadio aspecto fresco como um jarro Cheio de leite às horas matutinas.

Em toda a aristocrática varanda
Alta e vistosa, ampla, aberta em janelas,
Ele vibrava, de uma e outra banda,
Canções de amor, nostálgicas e belas.

Do salão nobre entre tapeçarias
De *Gobelins*, riquíssimas e raras,

Iam vibrando aladas harmonias
Da sua voz, esplêndidas e claras.

Todas as fluidas, leves, calmas, frescas
Manhãs azuis, serenas e formosas,
Loura mulher das regiões tudescas
O seu bom dia era mandar-lhe rosas.

Floria, é certo, em grande amor, floria
Gerado pelo eflúvio dessas flores,
Pois quando o duque não as recebia Era o mais infeliz dos caçadores.

Tão doce amor lembrava aquelas lendas
Dos medievais castelos esquecidos,
Quando visões de nuvens e de rendas Apareciam nos balcões floridos.

A caça, a caça, eternamente a caça!
Quanto melhor, mais fácil não lhe fora A conquista das aves do que a graça
De conquistar essa beleza loura!

Para possuí-la como noiva amada,
Aceso há muito nas paixões insanas,
Arrostaria a caça mais ousada
Dos javalis nas selvas africanas.

E sempre as lindas rosas matutinas
Vinham-no perfumar todos os dias,
Quando saltava aos vales e às colinas, Bizarro e são, dentre as tapeçarias.

Tempos passaram sobre tais amores!
Mas depois de casado fez surpresa
Saber que o duque, o rei dos caçadores, Não tinha o mesmo amor pela duquesa.

A ESPADA

Cruz e Sousa

I
Cavalheiros, os tempos já passados,
De pajens, de canzéis, de fidalguia, De castelos, de reinos brasonados.

Ar cortesão de graça e fantasia
Através dos olhares e dos beijos — No silêncio de cada galeria...

Foi nesse bravo tempo dos lampejos
De espadas, de punhais e de couraças Por combater frementes de desejos.

No tempo dos floreios e das caças
Dos assaltos alegres e bizarros
Como as sonoras vibrações das taças.

Em que as almas airosas como jarros,
Cheios de vinho espumejante e ardente Eram de glória vencedores carros!

Foi no tempo fidalgo e refulgente,
Quando o heroísmo fantasioso amava
A linha e a chama de luzida gente,

Que esta cena galharda se passava,
Quando um donzel partia para guerra Como a nobreza do solar mandava.

O pai, um tronco transudando a terra,
Forte e viril, presença de profeta
Que no seu flanco a valentia encerra.

Barbas serenas de bondoso asceta
Em cuja alvura doce e veneranda
Vê-se a vontade e a intrepidez completa.

Fronte banhada de meiguice branda A que o dever e os ríspidos conselhos
Dão sempre a austeridade que age e manda.

Lembra um ocaso de clarões vermelhos,
Musgoso, triste, desolado muro,
Por onde o luar abre fulgor d'espelhos.

Cruz e Sousa

E esse semblante que parece duro,
Áspero e torvo, trouxe-o dos combates, Do torvelinho do nevoeiro escuro.

Dos pelouros sangüíneos escarlates,
De fogo aberto em turbilhões, vorazes, Dos impulsivos, bélicos rebates.

Mas, bem olhadas, as feições audazes Desse velho patriarca destemido Tinha a suavidade dos lilases.

Nos olhos, um passado consumido
Entre aventuras e colóquios belos
Como que faz um verdadeiro ruído...

Sente-se neles noites de castelos
Gozadas em amores dadivosos,
Em madrigais, em íntimos desvelos.

Cavalgadas, torneios donairosos,
Sonho feliz de rica mocidade,
Requintes ideais, cavalheirosos.

Tudo se sente na tranqüilidade Desse deus varonil da força antiga
Feito com o rijo bloco da Verdade.

Tudo se sente nessa paz amiga
Que as crenças do passado às outras crenças Vagas, futuras, para sempre liga.

Tudo se sente vir das névoas densas
E da ridente e cândida meiguice
Das suas barbas límpidas e imensas.

Sim! tudo da quase criancice
Que dão aos homens esses tons nevoentos Da enregelada e trêmula velhice.

Porém, reatando aéreos pensamentos...
Comecemos na cena detalhada
Que já das eras se espalhou nos ventos.

É nada mais que a história duma espada,

Cruz e Sousa

História curta, mas interessante
Duma espelhante lâmina timbrada.

Não é pelo aço ou lâmina espelhante
Que irei contar, pois são comuns os aços, Mas pelo nobre e original rompante.

Pelo ardimento que os primeiros braços
Que a manejaram com pujança e brio
Nela gravaram, com profundos traços.

II
O velho, em pé, atlético e sombrio
Diante do filho armado cavaleiro,
No aspecto dum leão ruivo e bravio.

Fala-lhe claro, d'alto e sobranceiro,
Numa solene e enérgica atitude
De quem nos prélios sempre foi primeiro.

O filho, grave o escuta e atende a rude
Lhaneza estóica de palavra augusta
Que dos lábios lhe sai, com tal saúde.

Calmo, sem se mover, firme a robusta
Figura solarenga do estoicismo,
O velho disse esta nobreza justa:

"Aqui tens esta espada que o heroísmo
Dos teus avós honrou nessas campanhas, Com o mais ousado, intrépido civismo.

Freme ainda hoje em convulsões estranhas,
Palpita e anseia dentro da bainha
Sonhando a luta, as implacáveis sanhas.

Tu, para a teres, como eu sempre a tinha,
Num triunfo imortal, quase divino,
De gládio que o valor maior continha;

Cruz e Sousa

É necessário um grande ardor leonino,
Que sejas bem idólatra do nome
Que fez de mim o extremo paladino.

A ferrugem, tu vês, o aço consome...
Porém, neste aço que ainda aqui fulgura,
Se houver ferrugem, tira-a com o renome.

Aqui tens, pois, a lâmina segura, Alma e brasão da nossa velha casa
Coberta de ovações, famosa e pura".

Calou-se um instante, como a ave que a asa Fechou no voar, já quase que abatida, Caindo exausta junto à moita rasa.

O filho, mudo e respeitoso, erguida
A valente cabeça leal de moço,
Formoso estava, porejando vida.

E enquanto o velho, impávido colosso, Calara-se num momento, emocionado Ficara o filho em íntimo alvoroço.

Mas de repente, como iluminado
Por um clarão de glórias já extintas,
Tornou o velho, aos poucos transformado:

"Podes partir! Porém nunca desmintas Nas pelejas o dom da nossa fama,
Por menos força que no peito sintas.

Como um clarim, por toda a parte aclama
O vigor deste ferro e do teu pulso
No combate que ruja, ulule e brama."

E cada vez mais pálido e convulso,
Mais nervoso e febril e mais altivo
Bradou ainda, num tremendo impulso:

"Se tu, que és da minh'alma o exemplo vivo, Meu filho, tens de ser como um cobarde,
Como um vilão abjeto e repulsivo;

Não faças mais de fidalguia alarde, Pega esta espada, meu Afonso, pega
E quebra-a de uma vez, que não é tarde.

Pois em lugar de fazer dela entrega
Aos sequiosos, feros inimigos
Antes a quebre a cólera mais cega.

Ei-la, aqui tens, a leoa dos perigos,
Que como outrora em minha mão lampeja Da bravura e da fama nos abrigos.

Se não a tens de honrar nessa peleja
Escuta bem, ó meu amado filho,
Quebra-a, e o teu nome nem manchado seja.

Como eu faria noutra idade e brilho,
Com outras energias musculares,
Segue-me tu no denodado trilho."

E assim falando, em gestos singulares, E agigantado corpo retesando
E um tom sinistro esparso nos olhares;

A cabeça nos ares agitando
Numa alucinação, — enorme ereto,
Como heróica visão, deblaterando...

Fitando bem o filho predileto, Como se de repente lhe brotasse
A força hercúlea dum poder secreto.

O velho, qual um templo que abalasse,
A mão crispada, lívida e nervosa,
Com todo o esforço a lhe afluir na face, Partiu no joelho a espada vitoriosa.

DESMORONAMENTO

Dentro do coração, no côncavo do peito

Cruz e Sousa

Choro a grande ilusão do amor, desfalecida,
Dentre o gozo feliz, nostálgico da vida;
Já exangue, afinal, já morto, já desfeito.

Por visões que adorei num vago tempo incerto Não sei por que razão avivo agora as mágoas,
Num pranto doloroso e triste, como as águas
Do mar grosso a bater sobre o costão deserto.

Tu, ó doce visão de perfumosas tranças,
Todo o meu puro e terno sentimento invades
E eu não sei o que fiz das minhas esperanças
Que de longe que vão parecem mais saudades.

Tudo o que houve em meu ser de compaixão e crença
Para sempre secou, secou já como um rio;
Para sempre também subi ao escombro frio Da dúvida mortal, avassalante, imensa.

Para sempre me achei sem bússola e sem rumo No fundo de regiões estranhas e afastadas... As almas que eu amei, vi mudas e apagadas, Vi tudo se sumir numa espiral de fumo.

Bem depressa fiquei como um ermo remoto
Como torvo areal sem plantas e sem fontes, Donde apenas se vê rasgar a terra o broto Do cardo retorcido e áspero dos montes.

Muitas vezes, porém, como entre os arvoredos
 Onde juntas, no val, todas as aves cantam No meio do rumor, de sombras e segredos,
Sinto dentro de mim que uns sonhos se levantam.

Borboleteio, a rir, por entre os sons e as flores,
Como um pássaro azul de uma plumagem linda E canto alegremente a canção dos amores, Que este peito viril sabe cantar ainda.

Lembro então corações que já me abandonaram,
Que eu senti palpitar, por sobre o meu pulsando,
Que vão hoje através das afeições chorando,

Cruz e Sousa

Que sofreram comigo e que comigo amaram.

Entretanto a minh'alma em vôo largo e ufano,
  De repente triunfal, de súbito gloriosa, Tem a pompa de sol, vermelha e luminosa,
Da púrpura esvoaçante e aberta de um romano.

E esse fulgor, que vem dos meus sonhos dispersos
Na névoa do passado, errantes e dolentes;
Dá-me ardidos corcéis fogosos e frementes Para atrelar, jungir ao carro destes versos.

Claramente recordo e penso nas estradas
Que percorri, que andei às ilusões, sozinho,
 Vendo que todo o amor das virginais amadas, Tinha a mesma fatal embriaguez do vinho.

Quantos entes febris, que o amor embriaga e ofusca
  Assim, durante a vida, ansiosamente exaustos,
Não encontram, talvez, dessas visões em busca, As Margaridas vãs dos ilusórios Faustos!

CLARÕES APAGADOS

  Flor de planta aromática, sinistra,
  Nascida nas inóspitas geleiras,
Célebre flor que o meu Ideal registra, Trepadeira das raras trepadeiras.
  Serpe nervosa entre as nervosas serpes,
    Carnívora bromélia da luxúria De gozo tetaniza como as herpes
  Da tua boca a polpa atra e purpúrea.

O teu amor, que lembra vinhos de Hebe
  E essa áspera feição do abeto fusco, Como um réptil que salta numa sebe,
Saltou-me ao peito, impetuoso e brusco.

Eu ia por estranhos descampados,

Cruz e Sousa

Por extensos desertos impassíveis,
Na trágica visão dos naufragados
Perdidos entre os temporais terríveis.

Sem rumo certo, num sombrio inferno,
Sozinho, sobre a desolada areia
Arrastando a existência, de onde, eterno Um sapo coaxa e um rouxinol gorjeia.

Quando tu de repente, então surgiste
Beleza das belezas redentoras,
Tendo essa meiga formosura triste Das formosas e flébeis pecadoras.

Fosse talvez uma tremenda insânia
Tão alta erguer o meu amor, tão alto; Mas este coração frio, da Ucrânia,
Anelava galgar o céu de um salto.

E fui, galguei, subi, voei na altura,
Além dos verdes pincaros do monte,
Donde resplende a tua formosura
No clarão das estrelas do horizonte.

Foi o mesmo que se eu num templo entrasse
E aí num formidável sacrilégio,
As angélicas vestes arrancasse
Das santas de áureo diadema régio.

Como um leão sem juba e garra, preso,
Na indiferença, já morreu comigo
Todo esse amor profundamente aceso
Na ideal constelação de um sonho antigo.

Apenas pelo Saara imorredouro
Do longínquo passado, ergue, altaneira, Majestosa folhagem no sol d'ouro,
Dessas recordações a alta palmeira...

Cruz e Sousa

ASAS PERDIDAS
A Carlos Jansen Júnior

Afora, pelo azul indefinido e largo,
Passam asas sutis, pelo éter, longe, afora,
Como que a demandar outra mais doce aurora Que a desta vida atroz, toda veneno amargo.

Não as asas assim, bem longe, pela curva,
No Vago, na Amplidão, perdidas pelos ares
Até virem caindo os véus crepusculares,
Toda a angústia do Ocaso, emocional e turva.

E diante dessa dor das tardes que esmaecem
As asas, pelo Azul, em vôos desgarrados
Como a oração final dos tristes naufragados,
Longinquamente, além, tênues desaparecem

Cai então de uma vez a sombra dos Segredos...
E na serena paz das noites adormidas,
Entre o fundo chorar dos calmos arvoredos, Ninguém verá jamais essas asas perdidas.

E as asas o que são no firmamento errantes,
 Perdidas pelo Tempo, esparsas pelas Eras, Senão os sonhos vãos, Mundos alucinantes
Cheios do resplendor das flóreas primaveras?!

Por isso, eu quando o Azul repleto de asas vejo, Muito alto, céu acima, os páramos rasgando,
Toda a minh'alma oscila e treme num desejo Em busca das regiões da Dúvida, chorando!

ANJO GABRIEL

Na calma irradiação das noites estreladas

Cruz e Sousa

Alto e claro aparece, alto, aparece, claro,
Alvo, claro, no luar das estrelas prateadas, No triunfal esplendor celestemente raro.
O seu busto de Excelso, a sua graça fina,
A linha de harpa ideal do seu perfil augusto,
Estremecem de luz, de uma luz peregrina, Do secreto fulgor de um sentimento justo.

Serenidade e glória e paz do Paraíso
Flutuam-lhe na face alvorecida e doce
E quando ele sorri é como se o sorriso
Claros astros semear por todo o espaço fosse.

Leve, loura, .radial, a soberba cabeça
   Eleva-se da flor do níveo colo louro E não há outro sol que tanto resplandeça
Como o sol virginal dessa cabeça de ouro.

As mãos esculturais, de ebúrnea transparência,
  De divina feitura e de divino encanto,
Lembram flores sutis de sonhadora essência Da etérea languidez e de etéreo quebranto.

Das madeixas reais largo deslumbramento
  Num flavo jorro cai, com sagrado abandono... E sai do Anjo o quer que é de vago e de nevoento Que lembra o despertar sonâmbulo de um sono...

De alto a baixo, do Azul, desfilando das brumas,
Abre todo ele em flor como nevado lírio,
Belo, branco, eteral, do candor das espumas, Banhado nos clarões e cânticos do Empíreo.

Maravilhoso e nobre ergue no braço ovante Um gládio singular que rútilo cintila... Enquanto o seu olhar de mágico diamante Aflora em plenilúnio através da pupila.

  Que o seu olhar, então, esse, recorda tudo O quanto há de tranqüilo e luminoso e casto.
Maio de ouro a florir meigos céus de veludo

Cruz e Sousa

E a neve a cintilar sobre o monte mais vasto.

Do puro albor astral das asas majestosas,
Desprendem-se no Azul mistérios de harmonia...
Entre as angelicais suavidades radiosas
Parece o Anjo Gabriel o alto Enviado do Dia!

Na chama virginal de tão rara beleza
Brilha a força de um Deus e a mística doçura...
E sai das seduções de tamanha pureza Toda a melancolia errante da ternura.

Do suntuoso agitar das delicadas vestes
Tecidas de jasmins, de rosas, de açucenas, Vem o aroma cristão dos aromas celestes, Todas as imortais emanações serenas...

Transfigurado, excelso, agigantado, imenso,
Na candidez hostial das formas impecáveis, Fica parado no ar, levemente suspenso De raios siderais, de fluidos inefáveis.

Mas quando o seu perfil nas amplidões floresce
E das asas se lhe ouve a música sonora
Quando ele agita o gládio e as madeixas, parece Que vai noctambular pelo Infinito afora.

E alto, branco, de pé, destacado no Espaço,
Eleito das Regiões de estranhas Primaveras,
Traça, com o gládio no ar, alevantando o braço, Uma cruz de Perdão na mudez das Esferas!

O CEGO DO HARMONIUM

Esse cego do *harmonium* me atormenta E atormentando me seduz, fascina.
A minh'alma para ele vai sedenta
Por falar com a sua alma peregrina.

O seu cantar nostálgico adormenta

Cruz e Sousa

Como um luar de mórbida neblina. O *harmonium* geme certa queixa lenta, Certa esquisita e lânguida surdina.

Os seus olhos parecem dois desejos
Mortos em flor, dois luminosos beijos Fanados, apagados, esquecidos...

Ah! eu não sei o sentimento vário Que prende-me a esse cego solitário,
De olhos aflitos como vãos gemidos!

OCASOS

Morrem no Azul saudades infinitas, Mistérios e segredos inefáveis... Ah!
Vagas ilusões imponderáveis, Esperanças acerbas e benditas.

Ânsias das horas místicas e aflitas,
De horas amargas das intermináveis
Cogitações e aguras insondáveis
De febres tredas, trágicas, malditas.

Cogitações de horas de assombro e espanto
Quando das almas num relevo santo
Fulgem de outrora os sonhos apagados.

E os braços brancos e tentaculosos
Da Morte, frios, álgidos, nervosos, Abrem-se pare mim torporizados.

NAUFRÁGIOS

I
O mar! O mar! Quem nunca viajasse... Quem nunca dentre dúvidas sentisse
O coração e ai, nunca embarcasse.
Oh! quem do mar as cóleras punisse!

Ora o mar é sereno, é calmo, é manso,

Cruz e Sousa

As vagas são melódicos arpejos Dando à embarcação leve balanço,
Como um afago maternal de beijos.

Ora o mar franco, livre e transparente,
Tão tranqüilo que está, tão brando, rindo, Que até parece, que até cuida a gente
Que os corações podem boiar, dormindo.

Ora ferve, rebenta, estoura, estala,
Rude, feroz, em convulsões, profundo,
Abrindo a corpos pavorosa vala E mundos de agonia num só mundo!

II
Filho! Filho! Adeus, querido,
Vou viajar para além,
Sejas de Deus protegido...
Que sempre me queiras bem.

Vou deixar-te nesta terra,
Entregue aos destinos teus;
Filho, o que este adeus encerra Só o pode saber Deus.

Levo as crenças em pedaços, Como pedaços de céus. Vou ver mar, vou ver espaços Ver temporais, escarcéus.

Filho amado, vou deixar-te
Cá na terra, pelo mar;
Porem, crê, de qualquer parte, Crê, meu filho, hei de voltar.

III
Adeus, noiva, vou-me embora, Vou-me com Deus, é preciso. Que colhas em cada aurora Muita messe de sorriso.

Sou soldado, o meu destino É viver bem longe, é certo, Longe do canto divino Da tua voz, sol aberto.

Custa bem esta partida A mim que entanto sou forte. Ninguém sabe o que é a vida Para quem vive da morte.

Da morte, sim, pomba amada;

Cruz e Sousa

Que as minhas crenças já mortas
Tu, com essa alma estrelada Sem tu sequer me confortas.

Perdi pai, perdi carinhos De mãe, de irmãos e de todos. Eu sou como a flor de espinhos Nascida por entre lodos.

Tu vieste, ó noiva, apenas, Como um íris de esperanças, Dar-me alvoradas serenas, Encher-me de confianças.

Só em ti confio, espero
Com ardor, com fé veemente, Pomba de luz que eu venero, Doce vésper do oriente.

Adeus, pois chegou a hora, Vou-me com Deus, minha filha; Não chores, que o mar não chora:
— Olha, vê que canta e brilha.

IV
Adeus, esposa extremosa,
Vou-me, não sei para quando
Voltar — minh'alma saudosa
Por meus filhos vai chorando.

Ficam-te eles no entretanto
   Pra tirarem-te os pesares, Para enxugarem-te o pranto
Que há de ser maior que os mares.

Maior que os mares, não minto,
Não exagero tão pouco,
Porque ai, só tu e só eu sinto O nosso amor como é louco.

Vou-me às viagens, aos dias
Passados entre horizontes
E mares e ventanias
Sem arvoredos, sem montes.

Os dias de céus eternos
 E de mar ilimitado,
Com tempo de atroz infernos Com tempo de sol doirado.

Cruz e Sousa

Adeus! Cá dentro do peito
    Há dois corações unidos; Sobre um — o mar tem direito,
Sobre outro — os filhos queridos.

V
Eis as canções e adeuses de saudade
Que as desgraçadas almas palpitantes Soluçam na sombria imensidade
Desta vida de angústias lacerantes.

Ao mar! Ao mar! Frescas aragens puras Aflam nas ondas maviosamente.
    Que balada de plácidas venturas,
    Que sinfonias, que gemer dolente!

Os céus abertos, claros, luminosos
Lembram a candidez branda das virgens.
Vítreos ares, magníficos, radiosos
Onde o sol arde em férvidas vertigens.

Lindíssimos painéis, bela paisagem
Abre na vista do viajante o ouro
Da luz que salta como uma homenagem De oriental, esplêndido tesouro.

Vai bem, vai muito bem, mesmo, o navio.
As vagas desenrolam-se de leve.
Parece um berço por de sobre um rio
Manso, prateado, espúmeo, cor de neve.

Vive-se a bordo como em terra. — As vagas
Nunca foram tão doces e tão meigas,
Como em desertas, viridentes plagas
É doce e meigo o mole chão das veigas.

Viver assim, na realidade, é gozo
    Que até parece não haver na terra! Tão belo é o mar, tão calmo e
bonançoso, Tal confiança nos semblantes erra!

Vogando assim a embarcação, quem pensa Ir acordado afora pela Vida?! Tudo
é um sonho de esperança imensa Um bom sonho de aurora indefinida.

Cruz e Sousa

VI
Súbito os ares enchem-se de noite
E grita e zune, zargunchando o vento
Que esbraveja, morde com rijo açoite
O mar que espuma e empola num momento.

Não estrugem os raios pela treva
Não há trovões bravios rebentando
Como canhões que estouram, — mas se eleva Do oceano um vendaval que vai urrando
Com fúrias e com cóleras enormes
Como potros sanhudos relinchando Em pinotes e berros desconformes.

Caiu talvez no mar o etéreo espaço,
Toda a cúpula azul tombou, quem sabe? Céus! há lutas ali, de braço a braço.
Horror! Crível será que o mundo acabe?

Ninguém calcula o que será tudo isso...
Mas os ventos elétricos, largados
Nas amplidões do mar antes submisso, Rugindo vão como desesperados.

Deus, ó meu Deus, todas as bocas gritam, E se afervora mais e mais a crença.
Mas, onde os astros muita vez palpitam No céu, há noite cada vez mais densa.

Ah! que mudez de túmulo nos ares.
Nada responde, oh! nada então responde; Mas onde está o grande Deus dos mares E da terra, onde está, aonde, aonde?

Tudo está mudo — a natureza inteira, Tudo emudece e não responde nada;
E só os vendavais têm a maneira
De responder dando uma gargalhada.

Gargalhada de lágrimas atrozes,
De lágrimas de morte e de agonia
Que abafa e extingue na garganta as vozes, Gera a coragem que é a luz do dia.

O valentes e rudes marinheiros

Cruz e Sousa

Vindos da pátria para pátria nova,
Que sepultais amores verdadeiros
Do tão profundo coração na cova;

Ó viajantes de longe, de países
Onde a vida cintila e canta alerta
Como um turbilhão de aves felizes
Numa campina de rosais, deserta;

Ó vós todos que vindes lá do oceano,
Entre as mais bruscas e hórridas tormentas.
Lá do mar alto, à vela, a todo o pano, Com as almas ansiosas e sedentas

De chegar cedo ao porto desejado,
Calculai, calculai o quanto é triste
Ver dar à praia um pobre desgraçado Em cuja carne a podridão existe!

À praia! À praia! Dai à praia, morto,
Rejeitado por ondas convulsivas,
Indo encontrar na sepultura o porto,
Deixando ao mundo as ilusões mais vivas.

O eterno amor de mãe, de filho, esposa,
 Tanta fé, tanto riso de alegria, Tanta coisa dourada, ai tanta coisa
Que ao recordar toda a nossa alma esfria.

Morrer no mar, os nervos contraídos,
Numa asfixia atroz, cerrando os dentes,
Num abismo de dores e gemidos,
De maldições e de uivos de descrentes;

Morrer no mar, sem o farol amigo,
Esse farol que os náufragos anima,
Fora de proteção, fora de abrigo,
Sem sequer uma luz no espaço, em cima;

Morrer no mar, sem astros no infinito,
 Na solidão das águas, fria, imensa, Enquanto a treva dura de granito,
 Ri-se de tudo, com indiferença;

Morrer no mar, só e desamparado
E num terror que não acaba nunca, Vendo rasgar o corpo enregelado O desespero como garra adunca.

É horrível! Bem sei! Mas ai daqueles
Que morrem mesmo assim lá no mar fundo
Sem ter alguém que ao menos neste mundo Derrame uma só lágrima por eles!

(Desterro) **(POESIAS PARA UM LIVRO DERRADEIRO)**

VIOLINOS

Pelas bizarras, góticas janelas De um templo medieval o sol ondula:
Nunca os vitrais viram visões mais belas
Quando, no ocaso, o sol os doura e oscula...

Doces, multicores aquarelas
Sobre um saudoso céu que além se azula...
Calma, serena, divinal, entre elas,
A pomba ideal dos Ângelus arrula...

Rezam de joelhos anjos de mãos postas
Através dos vitrais, e nas encostas
Dos montes sobe a claridade ondeando...

É a lua de Deus, que as curvas meigas Foi ondular pelos vergéis e veigas
Magnólias e lírios desfolhando...

NA FONTE

Bem ao lado da gruta a fonte corre
Trepidamente, as águas encrespando,
Em murmúrios crebros, levantando

Cruz e Sousa

Uns chamalotes prateados — morre

No monte o sol que a luz no oceano escorre
E ainda eu vejo, as sombras afrontando,
Uma mulher que lava, mesmo quando
O sol mais rubro, mais vermelho jorre.

— É num sítio afastado, um sítio ermo... Pássaros cortam vastidões sem termo, Borboletas azuis roçam nas águas.

— E a mulher lava, enrubescida a face;
Lava, cantando, como se lavasse
As suas tristes e profundas mágoas.

[A FONTE DE ÁGUAS CRISTALINA CORRE]

A fonte de águas cristalinas corre
   Chamalotes de prata levantando, E através de arvoredos murmurando,
Entre arvoredos murmurando morre...

No ocaso, o sol, a luz no oceano escorre
E sempre vejo, as sombras afrontando,
Uma mulher que canta e ri, lavando,
Mesmo que o sol muito abrasado jorre.

É verde o campo, deleitável e ermo. Pássaros cortam vastidões sem termo,
Borboletas azuis roçam nas águas.

E cantando, a mulher, a rir a face,
Lava cantando como se lavasse
As suas grandes e profundas mágoas.

PLENILÚNIO

Vês este céu tão límpido e constelado
E este luar que em fúlgida cascata,
Cai, rola, cai, nuns borbotões de prata...
Vês este céu de mármore azulado...

Vês este campo intérmino, encharcado Da luz que a lua aos páramos desata...
Vês este véu que branco se dilata
Pelo verdor do campo iluminado...

Vês estes rios, tão fosforescentes,
Cheios duns tons, duns prismas reluzentes, Vês estes rios cheios de ardentias...

Vês esta mole e transparente gaze... Pois é, como isso me parecem quase Iguais, assim, às nossas alegrias!

MANHÃ

Alta alvorada. — Os últimos nevoeiros A luz que nasce levemente espalha;
Move-se o bosque, a selva que farfalha Cheia da vida dos clarões primeiros.

Da passarada os vôos condoreiros,
Os cantos e o ar que as árvores ramalha
Lembram combate, estrídula batalha
De elementos contrários e altaneiros.

Vozes, trinados, vibrações, rumores
Crescem, vão se fundindo aos esplendores Da luz que jorra de invisível taça.

E como um rei num galeão do Oriente
O sol põe-se a tocar bizarramente
Fanfarras marciais, trompas de caça.

Cruz e Sousa

HÓSTIAS
A Emílio de Menezes

Nos arminhos das nuvens do infinito
Vamos noivar por entre os esplendores, Como aves soltas em vergéis de flores, Ou penitentes de um estranho rito.

Que seja nosso amor — sidério mito! —
O límpido turíbulo das dores,
Derramando o incenso dos amores
Por sobre o humano coração aflito.

Como num templo, numa clara igreja,
Que o sonho nupcial gozado seja,
Que eu durma e sonhe nos teus níveos flancos.

Contigo aos astros fúlgidos alado,
Que sejam hóstias para o meu noivado
As flores virgens dos teus seios brancos!

BOCA IMORTAL

Abre a boca mordaz num riso convulsivo Ó fera sensual, luxuriosa fera!
    Que essa boca nervosa, em riso de pantera,
    Quando ri para mim lembra um capro lascivo.

    Teu olhar dá-me febre e dá-me um brusco e vivo
Tremor às carnes, que eu, se ele em mim reverbera, Fico aceso no horror da paixão que ele gera, Inflamada, fatal, dum sangue rubro e ativo.

    Mas a boca produz tais sensações de morte,
    O teu riso, afinal, é tão profundo e forte
    E tem de tanta dor tantas negras raízes;

Cruz e Sousa

Rigolboche do tom, ó flor pompadouresca!
Que és, para mim, no mundo, a trágica e dantesca Imperatriz da Dor, entre as imperatrizes!

PSICOLOGIA HUMANA
A Santos Lostada

Por trás de uns vidros d'óculos opacos Muita vez um leão e um tigre rugem,
E como um surdo temporal estrugem Os ódios dos covardes e dos fracos.

Partir pudesses, ó poeta, em cacos,
Vidros que ocultam almas de ferrugem,
Que espumam de ira, tenebrosas mugem, Mugem como de dentro de uns buracos.

Que essas sombrias, dúbias almas foscas Que parecem, no entanto, como moscas, Inofensivas, babam como as lesmas.

Mas tu, em vão, tais vidros partirias,
Pois que no mundo, eternamente, as frias
Almas humanas serão sempre as mesmas!

OS MORTOS

Ao menos junto dos mortos pode a gente Crer e esperar n'alguma suavidade:
Crer no doce consolo da saudade
E esperar do descanso eternamente.

Junto aos mortos, por certo, a fé ardente
Não perde a sua viva claridade;
Cantam as aves do céu na intimidade Do coração o mais indiferente.

Cruz e Sousa

Os mortos dão-nos paz imensa à vida, Dão a lembrança vaga, indefinida
Dos seus feitos gentis, nobres, altivos.

Nas lutas vãs do tenebroso mundo
Os mortos são ainda o bem profundo
Que nos faz esquecer o horror dos vivos.

VERÔNICA

Não a face do Cristo, a macilenta Face do Cristo, a dolorosa face...
O martírio da Cruz passou fugace
E este Martírio, esta Paixão é lenta.

Um vivo sangue a face te ensangüenta,
Mais vivo que se o Deus o derramasse; Porque esta vã paixão, para que passe, É mister dos Titãs a luta incruenta.

Se tu, Visão da Luz, Visão sagrada Queres ser a Verônica sonhada,
Consoladora dessa dor sombria

Impressa ficará no teu sudário
Não a face do Cristo do Calvário Mas a face convulsa da Agonia!

SÍMILES
Pedro traiu a fé do Apostolado.
Madalena chorou de arrependida;
E nessa mágoa triste e indefinida
Havia ainda uns laivos de pecado.

Tudo que a Bíblia tinha decretado,
Tudo o que a lenda humilde e dolorida
De Jesus Cristo apregoou na vida,
Cumpriu-se à risca, foi executado.

Cruz e Sousa

O filho-Deus da cândida Maria,
Da flor de Jericó, na cruz sombria Os seus dias amáveis terminou.

Pedro traiu a fé dos companheiros. Madalena chorou sob os olmeiros Jesus Cristo sofreu e... perdoou.

(Desterro)

EXILADA

Bela viajante dos países frios
Não te seduzam nunca estes aspectos Destas paisagens tropicais. Secretos,
Os teus receios devem ser sombrios.

És branca e és loura e tens os amavios
    Os incógnitos filtros prediletos Que podem produzir ondas de afetos
Nos mais sensíveis corações doentios.

Loura Visão, Ofélia desmaiada,
Deixa esta febre de ouro, a febre ansiada Que nos venenos deste sol consiste.

    Emigra destes cálidos países, Foge de amargas, fundas cicatrizes,
Das alucinações de um vinho triste...

A FREIRA MORTA
Muda, espectral, entrando as arcarias
    Da cripta onde ela jaz eternamente No austero claustro silencioso — a gente
Desce com as impressões das cinzas frias...

Pelas negras abóbadas sombrias
Donde pende uma lâmpada fulgente,

Por entre a frouxa luz triste e dormente Sobem do claustro as sacras sinfonias.

Uma paz de sepulcro após se estende...
E no luar da lâmpada que pende
Brilham clarões de amores condenados...

 Como que vem do túmulo da morta Um gemido de dor que os ares corta,
Atravessando os mármores sagrados!

(Desterro)

CLARO E ESCURO

Dentro — os cristais dos tempos fulgurantes,
Músicas, pompas, fartos esplendores,
Luzes, radiando em prismas multicores,
Jarras formosas, lustres coruscantes,

 Púrpuras ricas, galas flamejantes, Cintilações e cânticos e flores;
Promiscuamente férvidos odores,
Mórbidos, quentes, finos, penetrantes,

Por entre o incenso, em límpida cascata,
Dos siderais turíbulos de prata,
Das sedas raras das mulheres nobres;

Clara explosão fantástica de aurora,
Deslumbramentos, nos altares! — Fora, Uma falange intérmina de pobres.

HORAS DE SOMBRA
Horas de sombra, de silêncio amigo

Cruz e Sousa

Quando há em tudo o encanto da humildade E que o anjo branco e belo da saudade Roga por nós o seu perfil antigo.

Horas que o coração não vê perigo De gozar, de sentir com liberdade... Horas da asa imortal da Eternidade Aberta sobre tumular jazigo.

Horas da compaixão e da clemência, Dos segredos sagrados da existência, De sombras de perdão sempre benditas.

Horas fecundas, de mistério casto,
Quando dos céus desce, profundo e vasto, O repouso das almas infinitas.

ALELUIA! ALELUIA!

Dentre um cortejo de harpas e alaúdes
Ó Arcanjo sereno, Arcanjo níveo,
Baixas-te à terra, ao mundanal convívio...
Pois que a terra te ajude, e tu me ajudes.

Que tu me alentes nas batalhas rudes,
Que me tragas a flor de um doce alívio Aos báratros, às brenhas, ao declívio
Deste caminho de ânsias e ataúdes...

Já que desceste das regiões celestes, Nesse clarão flamívomo das vestes,
Através dos troféus da Eternidade,

Traz-me a Luz, traz-me a Paz, traz-me a Esperança Para a minh'alma que de angústias cansa, Errando pelos claustros da Saudade!

ROSA NEGRA

Nervosa Flor, carnívora, suprema,
Flor dos sonhos da Morte, Flor sombria,

Cruz e Sousa

Nos labirintos da tu'alma fria
Deixa que eu sofra, me debata e gema.

Do Dante o atroz, o tenebroso lema
Do Inferno à porta em trágica ironia,
Eu vejo, com terrível agonia,
Sobre o teu coração, torvo problema.

Flor do delírio, flor do sangue estuoso Que explode, porejando, caudaloso,
Das volúpias da carne nos gemidos.

Rosa negra da treva, Flor do nada,
Dá-me essa boca acídula, rasgada,
Que vale mais que os corações proibidos!

VOZINHA

Velha, velhinha, da doçura boa
De uma pomba nevada, etérea, mansa.
Alma que se ilumina e se balança
Dentre as redes da Fé que nos perdoa.

Cabeça branca de serena leoa,
Carinho, amor, meiguice que não cansa,
Coração nobre sempre como a lança
Que não vergue, não fira e que não doa.

Olhos e voz de castidades vivas,
Pão ázimo das Páscoas afetivas,
Simples, tranqüila, dadivosa, franca.

Morreu tal qual vivera, mansamente,
Na alvura doce de uma luz algente,
Como que morta de uma morte branca.

NO EGITO

Sob os ardentes sóis do fulvo Egito
De areia estuosa, de candente argila,
Dos sonhos da alma o turbilhão desfila, Abre as asas no páramo infinito.

O Egito é sempre o antigo, o velho rito
Onde um mistério singular se asila
E onde, talvez mais calma, mais tranqüila A alma descansa do sofrer prescrito.

Sobre as ruínas d'ouro do passado,
No céu cavo, remoto, ermo e sagrado, Torva morte espectral pairou ufana...

E no aspecto de tudo em torno, em tudo,
Árido, pétreo, silencioso, mudo,
Parece morta a própria dor humana!

REPOUSO

A cabeça pendida docemente
Em sonhos, sonha o sonhador inquieto,
Repousa e nesse repousar discreto
É sempre o sonho o seu bordão clemente.

Cego desta Prisão impenitente
Da Terra e cego do profundo Afeto,
O sonho é sempre o seu bordão secreto, O seu guia divino e refulgente.

Nem no repouso encontra a paz que espera, Para lhe adormecer toda a quimera,
Os círculos fatais do seu Inferno.

Entre a calma aparente, a estranha calma, O seu repouso é sempre a febre d'alma, O seu repouso é sonho, e sonho eterno.

Cruz e Sousa

REQUIESCAT...

Grande, grande Ilusão morta no espaço, Perdida nos abismos da memória, Dorme tranqüila no esplendor da glória, Longe das amarguras do cansaço...

Ilusão, Flor do sol, do morno e lasso
   Sonho da noite tropical e flórea, Quando as visões da névoa transitória Penetram na alma, num lascivo abraço...

    Ó Ilusão! Estranha caravana De águias, soberbas, de cabeça ufana, De asas abertas no clarão do Oriente.

Não me persiga o teu mistério enorme! Pelas saudades que me aterram, dorme, Dorme nos astros infinitamente...

DOCE ABISMO

  Coração, coração! a suavidade,
  Toda a doçura do teu nome santo
É como um cálix de falerno e pranto, De sangue, de luar e de saudade.

 Como um beijo de mágoa e de ansiedade, Como um terno crepúsculo d'encanto, Como uma sombra de celeste manto, Um soluço subindo à Eternidade.

  Como um sudário de Jesus magoado,
  Lividamente morto, desolado,
  Nas auréolas das flores da amargura.

  Coração, coração! onda chorosa,
  Sinfonia gemente, dolorosa,
  Acerba e melancólica doçura.

HARPAS ETERNAS

Hordas de Anjos titânicos e altivos,
 Serenos, colossais, flamipotentes, De grandes asas vívidas, frementes,
De formas e de aspectos expressivos.

Passam, nos sóis da Glória redivivos,
Vibrando as de ouro e de Marfim dolentes,
Finas harpas celestes, refulgentes,
Da luz nos altos resplendores vivos.

E as harpas enchem todo o imenso espaço De um cântico pagão, lascivo, lasso,
Original, pecaminoso e brando...

E fica no ar, eterna, perpetuada
A lânguida harmonia delicada
Das harpas, todo o espaço avassalando.

DUPLA VIA-LÁCTEA

Sonhei! Sempre sonhar! No ar ondulavam
Os vultos vagos, vaporosos, lentos,
As formas alvas, os perfis nevoentos
Dos Anjos que no Espaço desfilavam.

E alas voavam de Anjos brancos, voavam Por entre hosanas e
 chamejamentos... Claros sussurros de celestes ventos Dos Anjos longas
 vestes agitavam.

E tu, já livre dos terrestres lodos,
Vestida do esplendor dos astros todos,
Nas auréolas dos céus engrinaldada

Cruz e Sousa

Dentre as zonas de luz flamo-radiante, Na cruz da Via-Láctea palpitante
Apareceste então crucificada!

TITÃS NEGROS

Hirtas de Dor, nos áridos desertos,
Formidáveis fantasmas das Legendas,
Marcham além, sinistras e tremendas,
As caravanas, dentre os céus abertos...

Negros e nus, negros Titãs, cobertos
Das bocas vis, das chagas vis e horrendas,
Marcham, caminham por estranhas sendas, Passos vagos, sonâmbulos,
incertos...

Passos incertos e os olhares tredos,
Na convulsão de trágicos segredos,
De agonias mortais, febres vorazes...

Têm o aspecto fatal das feras bravas
E o rir pungente das legiões escravas, De dantescos e torvos Satanases!...

ENTRE CHAMAS...

Sonhei que de astros no Infinito presa Vagavas, brandamente adormecida,
Nas chamas siderais resplandecida,
A carne, em chamas, no Infinito, acesa...

E eu pasmava de encanto e de surpresa
Vendo a constelação indefinida
Da tua carne flamejando vida,
Dentre os íris radiantes da beleza...

E o teu corpo, nas chamas palpitando,
Os astros em redor maravilhando,
Por entre a auréola dos clarões cantava...

Então, de sonho em sonho, absorto, mudo,
Eu senti alastrar, vibrar por tudo
Toda a infinita sensação da lava!...

O ANJO DA REDENÇÃO

Soberbo, branco, etereamente puro,
Na mão de neve um grande facho aceso,
Nas nevroses astrais dos sóis surpreso,
Das trevas deslumbrando o caos escuro.

Portas de bronze e pedra, o horrendo muro
Da masmorra mortal onde estás preso
Desce, penetra o Arcanjo branco, ileso Do ódio bifronte, torto, torvo e duro.

Maravilhas nos olhos e prodígios
Nos olhos, chega dos azuis litígios,
Desce à tua caverna de bandido.

E sereno, agitando o estranho facho,
Põe-te aos pés e à cabeça, de alto a baixo, Auréolas imortais de Redimido!

SALVE! RAINHA!...

Ó sempre virgem Maria, concebida sem pecado original,
desde o primeiro instante do teu ser...

Mãe de Misericórdia, sem pecado Original, desde o primeiro instante!
Salve! Rainha da Mansão radiante,

Cruz e Sousa

Virgem do Firmamento constelado...

Teu coração de espadas lacerado,
Sangrando sangue e fel martirizante,
Escute a minha Dor, a torturante, A Dor do meu soluço eternizado.

A minha Dor, a minha Dor suprema,
A Dor estranha que me prende, algema Neste Vale de lágrimas profundo...

Salve! Rainha! por quem brado e clamo
E brado e brado e com angústia chamo,
Chamo, através das convulsões do mundo!...

MENDIGOS

Mendigos! Ah! são mendigos
Que voltam de vãos caminhos,
Que atravessaram perigos,
Urzes, pântanos, espinhos.

Que chegam desiludidos Das portas a que bateram:
Humanos, grandes gemidos Que nos tempos se perderam.

Que voltam como partiram,
Com mais amargor na volta
E mais sonhos que se abriram Das estrelas na recolta.

Mendigos ricos no entanto,
Das pompas da natureza
E das auréolas do Encanto, Os vinhos da sua mesa.

Mendigos que o sol, apenas,
Torna nababos felizes,
Torna um pouco mais serenas As convulsas cicatrizes.

Cruz e Sousa

Mendigos que acham requinte Na fumaça de um cachimbo, Deixando que labirinte
O sonho em tão leve nimbo.

Mendigos da luz da aurora
Cantando celestemente,
Fresca, límpida, sonora,
Pelas fanfarras do Oriente.

Mendigos de áureas estradas, De sonâmbulas veredas,
De riquezas encantadas, Sem pedrarias e sedas.

Mendigos d'estranho aspecto
E sempiterna vigília,
Filhos nômades, sem teto, De milenária Família.

Mendigos que erram eternos
Sem fadigas e sem sono,
Sob o augúrio dos Infernos, Das Ilusões sobre o trono.

Mendigos de plaga nova, De novas terras e mares,
Divinizados na cova
Como as hóstias nos altares.

Mendigos da grande esmola Da luz das estrelas nobres,
Que fulge e dos altos rola, Entre as suas mãos tão pobres!

Mendigos de céus remotos,
De sóis dos mais velhos ouros; Com a sua fé e os seus votos E os seus secretos tesouros.

Mendigos de olhar severo, Boca murcha, meio amarga...
Tendo um vago reverbero
De sonhos na fronte larga.

Mendigos de ínvias florestas E de bosques fabulosos,
De melancólicas sestas
Nos crepúsculos brumosos.

Cruz e Sousa

Mendigos da Eternidade,
Tremendo dos sóis, dos frios, Nas mortalhas da Saudade Amortalhados sombrios.

Mendigos dos Infinitos,
    Das Esferas inefáveis, Noctambulando malditos
Nos rumos imponderáveis.

Mendigos de fome e sede
De água e pão de outros mundos,
Embalados pela rede
Dos Idealismos profundos.

Mendigos do azul Mistério,
Cuja alma — nívea sereia —
Fica saciada no aéreo
Pão branco da lua cheia!

[QUANDO EU PARTIR] ou
   [ESFUMINHAMENTO]

Quando eu partir, que eterna e que infinita
Há de crescer-me a dor de tu ficares;
Quanto pesar e mesmo que pesares,
Que comoção dentro desta alma aflita.

Por nossa vida toda sol, bonita,
Que sentimento, grande como os mares, Que sombra e luto pelos teus olhares Onde o carinho mais feliz palpita...

Nesse teu rosto da maior bondade
Quanta saudade mais, que atroz saudade...
Quanta tristeza por nós ambos, quanta,

Quando eu tiver já de uma vez partido,
Ó meu amor, ó meu muito querido

Cruz e Sousa

Amor, meu bem, meu tudo, ó minha santa!

SEMPRE E... SEMPRE
A M. B. Augusto Varela

Sempre se amando, sempre se querendo.   Oliveira Paiva

De longe ou perto, juntas, separadas,
Olhando sempre os mesmos horizontes,
Presas, unidas nossas duas fontes
Gêmeas, ardentes, novas, inspiradas;

Vendo cair as lágrimas prateadas,
Sentindo o coro harmônico das fontes,
Sempre fitando a cúspide dos montes
E o rosicler das frescas alvoradas;

Sempre embebendo os límpidos olhares
Na claridão dos humildes luares,
No loiro sol das crenças se embebendo,

Vão nossas almas brancas e floridas
Pelo futuro azul das nossas vidas,
Sempre se amando, sempre se querendo.

O ÓRGÃO

Um largo e lento vento dormente

Taciturnas lágrimas sonâmbulas, sinfônicas

Um esquecimento amargo

Uma sombria clausura de almas

Cruz e Sousa

Suspirando e gemendo solitárias harmonias

Vago luar de esquecimento e prece,
Dessa melancolia que anda errando
No mar e nas estrelas ondulando,
Pela minh'alma etereamente desce.

Na minh'alma, dos Sonhos anoitece
O Sentimento que ando transformando
Em hóstia de ouro

Sombra e silêncio

Cruz e Sousa

Seigneur mon Dieu! accordez-moi la grâce de produire quelques beaux vers qui me prouvent à moi-même que je ne suis pas le dernier des hommes, que je ne suis pas inférieur à ceux que je méprise.
Baudelaire

Cruz e Sousa

ANTÍFONA

Ó Formas alvas, brancas, Formas claras   De luares, de neves, de neblinas!...
Ó Formas vagas, fluidas, cristalinas...
Incensos dos turíbulos das aras...

Formas do Amor, constelarmente puras,   De Virgens e de Santas vaporosas...   Brilhos errantes, mádidas frescuras   E dolências de lírios e de rosas...

Indefiníveis músicas supremas,
Harmonias da Cor e do Perfume...
Horas do Ocaso, trêmulas, extremas,
Réquiem do Sol que a Dor da Luz resume...

Visões, salmos e cânticos serenos,
Surdinas de órgãos flébeis, soluçantes...   Dormências de volúpicos venenos
Sutis e suaves, mórbidos, radiantes...

Infinitos espíritos dispersos,   Inefáveis, edênicos, aéreos,
Fecundai o Mistério destes versos
Com a chama ideal de todos os mistérios.

Do Sonho as mais azuis diafaneidades
Que fuljam, que na Estrofe se levantem   E as emoções, sodas as castidades
Da alma do Verso, pelos versos cantem.

Que o pólen de ouro dos mais finos astros
Fecunde e inflame a rime clara e ardente...   Que brilhe a correção dos alabastros   Sonoramente, luminosamente.

Forças originais, essência, graça
De carnes de mulher, delicadezas...
Todo esse eflúvio que por ondas passe
Do Éter nas róseas e áureas correntezas...

Cruz e Sousa

Cristais diluídos de clarões alacres,
Desejos, vibrações, ânsias, alentos,
Fulvas vitórias, triunfamentos acres,
Os mais estranhos estremecimentos...

Flores negras do tédio e flores vagas   De amores vãos, tantálicos, doentios...
Fundas vermelhidões de velhas chagas
Em sangue, abertas, escorrendo em rios.....

Tudo! vivo e nervoso e quente e forte,   Nos turbilhões quiméricos do Sonho,
Passe, cantando, ante o perfil medonho   E o tropel cabalístico da Morte...
SIDERAÇÕES

Para as Estrelas de cristais gelados
As ânsias e os desejos vão subindo,   Galgando azuis e siderais noivados
De nuvens brancas a amplidão vestindo...

Num cortejo de cânticos alados   Os arcanjos, as cítaras ferindo,
Passam, das vestes nos troféus prateados,   As asas de ouro finamente abrindo...

Dos etéreos turíbulos de neve   Claro incenso aromal, límpido e leve,
Ondas nevoentas de Visões levanta...

E as ânsias e os desejos infinitos   Vão com os arcanjos formulando ritos   Da Eternidade que nos Astros canta...

Cruz e Sousa

LÉSBIA

Cróton selvagem, tinhorão lascivo,
Planta mortal, carnívora, sangrenta,
Da tua carne báquica rebenta
A vermelha explosão de um sangue vivo.

Nesse lábio mordente e convulsivo,
Ri, ri risadas de expressão violenta
O Amor, trágico e triste, e passe, lenta,
A morte, o espasmo gélido, aflitivo...

Lésbia nervosa, fascinante e doente,
Cruel e demoníaca serpente
Das flamejantes atrações do gozo.

Dos teus seios acídulos, amargos,
Fluem capros aromas e os letargos,
Os ópios de um luar tuberculoso...

Cruz e Sousa

MÚMIA

Múmia de sangue e lama e terra e treva, Podridão feita deusa de granito,
Que surges dos mistérios do Infinito Amamentada na lascívia de Eva.

Tua boca voraz se farta e ceva
Na carne e espalhas o terror maldito, O grito humano, o doloroso grito
Que um vento estranho para és limbos leva.

Báratros, criptas, dédalos atrozes Escancaram-se aos tétricos, ferozes
Uivos tremendos com luxúria e cio...

Ris a punhais de frígidos sarcasmos E deve dar congélidos espasmos
O teu beijo de pedra horrendo e frio!...

Cruz e Sousa

EM SONHOS...

   Nos Santos óleos do luar, floria
   Teu corpo ideal, com o resplendor da Helade...   E em toda a etérea, branda claridade
   Como que erravam fluidos de harmonia...

   As Águias imortais da Fantasia
   Deram-te as asas e a serenidade   Para galgar, subir a Imensidade
   Onde o clarão de tantos sóis radia.

   Do espaço pelos límpidos velinos   Os Astros vieram claros, cristalinos,
   Com chamas, vibrações, do alto, cantando...

   Nos santos óleos do luar envolto   Teu corpo era o Astro nas esferas solto,   Mais Sóis e mais Estrelas fecundando!

Cruz e Sousa

LUBRICIDADE

Quisera ser a serpe venenosa
Que dá-te medo e dá-te pesadelos   Para envolverem, ó Flor maravilhosa,
Nos flavos turbilhões dos teus cabelos.

Quisera ser a serpe veludosa
Para, enroscada em múltiplos novelos,   Saltar-te aos seios de fluidez cheirosa   E babujá-los e depois mordê-los...

Talvez que o sangue impuro e flamejante   Do teu lânguido corpo de bacante,
Da langue ondulação de águas do Reno

Estranhamente se purificasse...   Pois que um veneno de áspide vorace
Deve ser morto com igual veneno...

Cruz e Sousa

MONJA

Ó Lua, Lua triste, amargurada,
Fantasma de brancuras vaporosas,
A tua nívea luz ciliciada
Faz murchecer e congelar as rosas.

Nas flóridas searas ondulosas,
Cuja folhagem brilha fosforeada,
Passam sombras angélicas, nivosas,   Lua, Monja da cela constelada.

Filtros dormentes dão aos lagos quietos,
  Ao mar, ao campo, os sonhos mais secretos,   Que vão pelo ar,
noctâmbulos, pairando...

  Então, ó Monja branca dos espaços,
    Parece que abres para mim os braços,   Fria, de joelhos, trêmula,
rezando...

Cruz e Sousa

CRISTO DE BRONZE

Ó Cristos de ouro, de marfim, de prata, Cristos ideais, serenos, luminosos, Ensangüentados Cristos dolorosos Cuja cabeça a Dor e a Luz retrata.

Ó Cristos de altivez intemerata,
Ó Cristos de metais estrepitosos
Que gritam como os tigres venenosos Do desejo carnal que enerva e mata.

Cristos de pedra, de madeira e barro... Ó Cristo humano, estético, bizarro, Amortalhado nas fatais injurias...

Na rija cruz aspérrima pregado
Canta o Cristo de bronze do Pecado,
Ri o Cristo de bronze das luxúrias!...

CLAMANDO...

Bárbaros vãos, dementes e terríveis
Bonzos tremendos de ferrenho aspeto,   Ah! deste ser todo o clarão secreto
Jamais pôde inflamar-vos, Impassíveis!

Tantas guerras bizarras e incoercíveis   No tempo e tanto, tanto imenso afeto,
São para vós menos que um verme e inseto   Na corrente vital pouco sensíveis.

No entanto nessas guerras mais bizarras
De sol, clarins e rútilas fanfarras,
Nessas radiantes e profundas guerras...

As minhas carnes se dilaceraram   E vão, das Ilusões que flamejaram,
Com o próprio sangue fecundando as terras...

Cruz e Sousa

BRAÇOS

Braços nervosos, brancas opulências,
Brumais brancuras, fúlgidas brancuras, Alvuras castas, virginais
alvuras,
Lactescências das raras lactescências.

As fascinantes, mórbidas dormências Dos teus abraços de letais
flexuras,
Produzem sensações de agres torturas, Dos desejos as mornas
florescências.

Braços nervosos, tentadoras serpes
Que prendem, tetanizam como os herpes, Dos delírios na trêmula
coorte...

Pompa de carnes tépidas e flóreas,
Braços de estranhas correções marmóreas, Abertos para o Amor e
para a Morte!

REGINA COELI

Ó Virgem branca, Estrela dos altares, polares!   Ó Rosa pulcra dos Rosais

Branca, do alvor das ambulas sagradas regeladas.   E das níveas camélias

Das brancuras de seda sem desmaios raios.   E da lua de linho em nimbo e

Regina Coeli das sidéreas flores,
Hóstia da Extrema-Unção de tantas dores.

Ave de prata e azul, Ave dos astros...
Santelmo aceso, a cintilar nos mastros...

Gôndola etérea de onde o Sonho emerge...
Água Lustral que o meu Pecado asperge.

Bandolim do luar, Campo de giesta,   Igreja matinal gorjeando em festa.

Aroma, Cor e Som das Ladainhas
De Maio e Vinha verde dentre as vinhas,

Dá-me através de cânticos, de rezas,
O Bem, que almas acerbas torna ilesas.

O Vinho douro, ideal, que purifica   das seivas juvenis a força rica.

Ah! faz surgir, que brote e que floresça   A Vinha douro e o vinho resplandeça.

Pela Graça imortal dos teus Reinados
Que a Vinha os frutos desabroche iriados.

Que frutos, flores essa Vinha brote   Do céu sob o estrelado
chamalote.

Que a luxúria poreje de áureos cachos
E eu um vinho de sol beba aos riachos.

Virgem, Regina, Eucaristia, Coeli,
Vinho é o clarão que teu Amor impele.

Que desabrocha ensangüentadas rosas   Dentro das naturezas
luminosas.

Ó Regina do Mar! Coeli! Regina!
Ó Lâmpada das naves do Infinito!
Todo o Mistério azul desta Surdina
Vem d'estranhos Missais de um novo Rito!...
SONHO BRANCO

De linho e rosas brancas vais vestido,
Sonho virgem que cantas no meu peito!...   És do Luar o claro deus
eleito,
Das estrelas puríssimas nascido.

Por caminho aromal, enflorescido,   Alvo, sereno, límpido, direito,
Segues radiante, no esplendor perfeito,   No perfeito esplendor
indefinido...

As aves sonorizam-te o caminho...
E as vestes frescas, do mais puro linho
E as rosas brancas dão-te um ar nevado...

No entanto, Ó Sonho branco de quermesse!   Nessa alegria em que tu
vais, parece
Que vais infantilmente amortalhado!

CANÇÃO DA FORMOSURA

Vinho de sol ideal canta e cintila
Nos teus olhos, cintila e aos lábios desce,   Desce a boca cheirosa e a empurpurece,   Cintila e canta após dentre a pupila.

Sobe, cantando, a limpidez tranqüila   Da tu'alma estrelada e resplandece,   Canta de novo e na doirada messe   Do teu amor, se perpetua e trila...

Canta e te alaga e se derrama e alaga...   Num rio de ouro, iriante, se propaga   Na tua carne alabastrina e pura.

Cintila e canta na canção das cores,
Na harmonia dos astros sonhadores,   A Canção imortal da Formosura!

Cruz e Sousa

TORRE DE OURO

Desta torre desfraldam-se altaneiras,
Por sóis de céus imensos broqueladas,
Bandeiras reais, do azul das madrugadas
E do íris flamejante das poncheiras.

As torres de outras regiões primeiras
No Amor, nas Glórias vãs arrebatadas
Não elevam mais alto, desfraldadas,
Bravas, triunfantes, imortais bandeiras.

São pavilhões das hostes fugitivas,
Das guerras acres, sanguinárias, vivas,
Da luta que os Espíritos ufana.

Estandartes heróicos, palpitantes,
Vendo em marcha passe aniquilantes
As torvas catapultas do Nirvana!

Cruz e Sousa

CARNAL E MÍSTICO

Pelas regiões tenuíssimas da bruma
Vagam as Virgens e as Estrelas raras... Como que o leve aroma das searas
Todo o horizonte em derredor perfume.

N'uma evaporação de branca espuma
Vão diluindo as perspectives claras... Com brilhos crus e fúlgidos de tiaras As Estrelas apagam-se uma a uma.

E então, na treva, em místicas dormências Desfila, com sidéreas lactescências, Das Virgens o sonâmbulo cortejo...

Ó Formas vagas, nebulosidades!
Essência das eternas virgindades!
Ó intensas quimeras do Desejo...

Cruz e Sousa

A DOR

Torva Babel das lágrimas, dos gritos,
Dos soluços, dos ais, dos longos brados,
A Dor galgou os mundos ignorados,
Os mais remotos, vagos infinitos.

Lembrando as religiões, lembrando os ritos,
Avassalara os povos condenados,
Pela treva, no horror, desesperados,
Na convulsão de Tântalos aflitos.

Por buzinas e trompas assoprando
As gerações vão todas proclamando
A grande Dor aos frígidos espaços...

E assim parecem, pelos tempos mudos,
Raças de Prometeus titânios, rudos,
Brutos e colossais, torcendo os braços!

Cruz e Sousa

ENCARNAÇÃO

Carnais, sejam carnais tantos desejos, Carnais, sejam carnais tantos anseios, Palpitações e frêmitos e enleios,
Das harpas da emoção tantos arpejos...

Sonhos, que vão, por trêmulos adejos, A noite, ao luar, intumescer os seios Lácteos, de finos e azulados veios
De virgindade, de pudor, de pejos...

Sejam carnais todos os sonhos brumos De estranhos, vagos, estrelados rumos
Onde as Visões do amor dormem geladas...

Sonhos, palpitações, desejos e ânsias
Formem, com claridades e fragrâncias, A encarnação das lívidas Amadas!

Cruz e Sousa

SONHADOR

Por sóis, por belos sóis alvissareiros,
Nos troféus do teu Sonho irás cantando   As púrpuras romanas arrastando,
Engrinaldado de imortais loureiros.

Nobre guerreiro audaz entre os guerreiros,   Das Idéias as lanças sopesando,   Verás, a pouco e pouco, desfilando
Todos os teus desejos condoreiros...

Imaculado, sobre o lodo imundo,
Há de subir, com as vivas castidades,   Das tuas glórias o clarão profundo.

Há de subir, além de eternidades,   Diante do torvo crocitar do mundo,
Para o branco Sacrário das Saudades!

Cruz e Sousa

NOIVA DA AGONIA

Trêmula e só, de um túmulo surgindo,   Aparição dos ermos desolados,
Trazes na face os frios tons magoados,
De quem anda por túmulos dormindo...

A alta cabeça no esplendor, cingindo   Cabelos de reflexos irisados,
Por entre aureolas de clarões prateados,
Lembras o aspecto de um luar diluindo...

Não és, no entanto, a torva Morte horrenda,   Atra, sinistra, gélida, tremenda,
Que as avalanches da Ilusão governa...

Mas ah! és da Agonia a Noiva triste
Que os longos braços lívidos abriste   Para abraçar-me para a Vida eterna!

Cruz e Sousa

LUA

Clâmides frescas, de brancuras frias,   Finíssimas dalmáticas de neve
Vestem as longas arvores sombrias,   Surgindo a Lua nebulosa e leve...

Névoas e névoas frígidas ondulam...   Alagam lácteos e fulgentes rios
Que na enluarada refração tremulam   Dentre fosforescências,
calafrios...

E ondulam névoas, cetinosas rendas   De virginais, de prônubas
alvuras...   Vagam baladas e visões e lendas
No flórido noivado das Alturas...

E fria, fluente, frouxa claridade   Flutua como as brumas de um
letargo...   E erra no espaço, em toda a imensidade,   Um sonho doente,
cilicioso, amargo...

Da vastidão dos páramos serenos,   Das siderais abóbadas cerúleas
Cai a luz em antífonas, em trenos,
Em misticismos, orações e dúlias...

E entre os marfins e as pratas diluídas
Dos lânguidos clarões tristes e enfermos,
Com grinaldas de roxas margaridas
Vagam as Virgens de cismares ermos...

Cabelos torrenciais e dolorosos
Bóiam nas ondas dos etéreos gelos.   E os corpos passam níveos,
luminosos,   Nas ondas do luar e dos cabelos...

Vagam sombras gentis de mortas, vagam   Em grandes procissões, em
grandes alas,
Dentre as auréolas, os clarões que alagam,
Opulências de pérolas e opalas

E a Lua vai clorótica fulgindo
Nos seus alperces etereais e brancos,   A luz gelada e pálida diluindo
Das serranias pelos largos flancos...

Cruz e Sousa

Ó Lua das magnólias e dos lírios!   Geleira sideral entre as geleiras!
Tens a tristeza mórbida dos círios
E a lividez da chama das poncheiras!

Quando ressurges, quando brilhas e amas,   Quando de luzes a amplidão constelas,
Com os fulgores glaciais que tu derramas   Das febre e frio, dás nevrose, gelas...

A tua dor cristalizou-se outrora
Na dor profunda mais dilacerada
E das cores estranhas, ó Astro, agora,   És a suprema Dor cristalizada!...

SATÃ

Capro e revel, com os fabulosos cornos   Na fronte real de rei dos reis vetustos,   Com bizarros e lúbricos contornos,
Ei-lo Satã dentre os Satãs augustos.

Por verdes e por báquicos adornos
Vai c'roado de pâmpanos venustos   O deus pagão dos Vinhos acres, mornos,   Deus triunfador dos triunfadores justos.

Arcangélico e audaz, nos sóis radiantes,   A púrpura das glórias flamejantes,   Alarga as asas de relevos bravos...

O Sonho agita-lhe a imortal cabeça...
E solta aos sóis e estranha e ondeada e espessa   Canta-lhe a juba dos cabelos flavos!

Cruz e Sousa

BELEZA MORTA

De leve, louro e enlanguescido helianto   Tens a flórea dolência contristada...   Há no teu riso amargo um certo encanto   De antiga formosura destronada.

No corpo, de um letárgico quebranto,   Corpo de essência fina, delicada,
Sente-se ainda o harmonioso canto   Da carne virginal, clara e rosada.

Sente-se o canto errante, as harmonias   Quase apagadas, vagas, fugidias
E uns restos de clarão de Estrela acesa...

Como que ainda os derradeiros haustos   De opulências, de pompas e de faustos,   As relíquias saudosas da beleza.

Cruz e Sousa

AFRA

Ressurges dos mistérios da luxúria,   Afra, tentada pelos verdes pomos,
Entre os silfos magnéticos e os gnomos   Maravilhosos da paixão purpúrea.

Carne explosiva em pólvoras e fúria
De desejos pagãos, por entre assomos   Da virgindade--casquinantes momos   Rindo da carne já votada a incúria.

Votada cedo ao lânguido abandono,
Aos mórbidos delíquios como ao sono,   Do gozo haurindo os venenosos sucos.

Sonho-te a deusa das lascivas pompas,   A proclamar, impávida, por trompas,
Amores mais estéreis que os eunucos!

Cruz e Sousa

PRIMEIRA COMUNHÃO

Grinaldas e véus brancos, véus de neve,   Véus e grinaldas purificadores,
Vão as Flores carnais, as alvas Flores   Do Sentimento delicado e leve.

Um luar de pudor, sereno e breve,
De ignotos e de prônubos pudores,   Erra nos pulcros virginais brancores
Por onde o Amor parábolas descreve...

Luzes claras e augustas, luzes claras   Douram dos templos as sagradas aras,
Na comunhão das níveas hóstias frias...

Quando seios pubentes estremecem,
Silfos de sonhos de volúpia crescem,   Ondulantes, em formas alvadias...

Cruz e Sousa

JUDIA

Ah! Judia! Judia impenitente!
De erma e de turva região sombria
De areia fulva, bárbara, inclemente,
Numa desolação, chegaste um dia...

Través o céu mais tórrido, mais quente, Onde a luz mais flamívoma radia,
A voz dos teus, nostálgica, plangente, Vibrou, chorou, clamou por ti, Judia!

Ave de melancólicos mistérios, Ruflaste as asas por Azuis sidérios,
Ébria dos vícios célebres que salvam...

Para alguns corações que ainda te buscam És como os sóis que rútilos coruscam E a torva terra do deserto escalvam!

Cruz e Sousa

VELHAS TRISTEZAS

Diluências de luz, velhas tristezas   Das almas que morreram para a lute!   Sois as sombras amadas de belezas
Hoje mais frias do que a pedra bruta.

Murmúrios incógnitos de gruta
Onde o Mar canta os salmos e as rudezas   De obscuras religiões --
voz impoluta   De sodas as titânicas grandezas.

Passai, lembrando as sensações antigas,   Paixões que foram já dóceis amigas,   Na luz de eternos sóis glorificadas.

Alegrias de há tempos! E hoje e agora,   Velhas tristezas que se vão embora
No poente da Saudade amortalhadas!...

VISÃO DA MORTE

Olhos voltados para mim e abertos
Os braços brancos, os nervosos braços,   Vens d'espaços estranhos,
dos espaços   Infinitos, intérminos, desertos...

Do teu perfil os tímidos, incertos   Traços indefinidos, vagos traços
Deixam, da luz nos ouros e nos aços,
Outra luz de que os céus ficam cobertos.

Deixam nos céus uma outra luz mortuária,   Uma outra luz de lívidos
martírios,   De agonies, de mágoa funerária...

E causas febre e horror, frio, delírios,   Ó Noiva do Sepulcro, solitária,
Branca e sinistra no clarão dos círios!

Cruz e Sousa

DEUSA SERENA

Espiritualizante Formosura
Gerada nas Estrelas impassíveis,
Deusa de formas bíblicas, flexíveis,   Dos eflúvios da graça e da ternura.

Açucena dos vales da Escritura,
Da alvura das magnólias marcessíveis,   Branca Via-Láctea das indefiníveis
Brancuras, fonte da imortal brancura.

Não veio, é certo, dos pauis da terra
Tanta beleza que o teu corpo encerra,   Tanta luz de luar e paz saudosa...

Vem das constelações, do Azul do Oriente,   Para triunfar maravilhosamente   Da beleza mortal e dolorosa!

Cruz e Sousa

TULIPA REAL

Carne opulenta, majestosa, fina,
Do sol gerada nos febris carinhos,
Há músicas, há cânticos, há vinhos   Na tua estranha boca sulferina.

A forma delicada e alabastrina
Do teu corpo de límpidos arminhos   Tem a frescura virginal dos linhos   E da neve polar e cristalina.

Deslumbramento de luxúria e gozo,   Vem dessa carne o travo aciduloso
De um fruto aberto aos tropicais mormaços.

Teu coração lembra a orgia dos triclínios...   E os reis dormem bizarros e sangüíneos
Na seda branca e pulcra dos teus braços.

Cruz e Sousa

APARIÇÃO

Por uma estrada de astros e perfumes   A Santa Virgem veio ter comigo: Doiravam-lhe o cabelo claros lumes   Do sacrossanto resplendor amigo.

Dos olhos divinais no doce abrigo
Não tinha laivos de Paixões e ciúmes: Domadora do Mal e do perigo
Da montanha da Fe galgara os cumes.

Vestida na alva excelsa dos Profetas
Falou na ideal resignação de Ascetas,   Que a febre dos desejos aquebranta.

No entanto os olhos dela vacilavam,   Pelo mistério, pela dor flutuavam,   Vagos e tristes, apesar de Santa!

Cruz e Sousa

VESPERAL

Tardes de ouro para harpas dedilhadas Por sacras solenidades
De catedrais em pompa, iluminadas Com rituais majestades.

Tardes para quebrantos e surdinas E salmos virgens e cantos
De vozes celestiais, de vozes finas De surdinas e quebrantos...

Quando através de altas vidraçarias De estilos góticos, graves,
O sol, no poente, abre tapeçarias, Resplandecendo nas naves...

Tardes augustas, bíblicas, serenas, Com silencio de ascetérios
E aromas leves, castos, de açucenas Nos claros ares sidéreos...

Tardes de campos repousados, quietos, Nos longes emocionantes...
De rebanhos saudosos, de secretos Desejos vagos, errantes...

Ó Tardes de Beethoven, de sonatas, De um sentimento aéreo e velho... Tardes da antiga limpidez das pratas, De Epístolas do Evangelho!...

DANÇA DO VENTRE

Torva, febril, torcicolosamente,
Numa espiral de elétricos volteios,
Na cabeça, nos olhos e nos seios
Fluíam-lhe os venenos da serpente.

Ah! que agonia tenebrosa e ardente!
Que convulsões, que lúbricos anseios,
Quanta volúpia e quantos bamboleios,
Que brusco e horrível sensualismo quente.

O ventre, em pinchos, empinava todo
Como reptil abjecto sobre o lodo,
Espolinhando e retorcido em fúria.
Era a dança macabra e multiforme
De um verme estranho, colossal, enorme,
Do demônio sangrento da luxúria!

FOEDERIS ARCA

   Visão que a luz dos Astros louros trazes,   Papoula real tecida de neblinas
   Leves, etéreas, vaporosas, finas,   Com aromas de lírios e lilazes.

   Brancura virgem do cristal das frases,   Neve serene das regiões alpinas,
   Willis juncal de mãos alabastrinas,   De fugitivas correções vivazes.

   Floresces no meu Verso como o trigo,   O trigo de ouro dentre o sol floresce
   E és a suprema Religião que eu sigo...

   O Missal dos Missais, que resplandece,   A igreja soberana que eu bendigo
   E onde murmuro a solitária prece!...

Cruz e Sousa

TUBERCULOSA

Alta, a frescura da magnólia fresca,
Da cor nupcial da flor da laranjeira, Doces tons d'ouro de mulher tudesca Na veludosa e flava cabeleira.

Raro perfil de mármores exatos,
Os olhos de astros vivos que flamejam,
Davam-lhe o aspecto excêntrico dos cactus
E esse alado das pombas, quando adejam...

Radiava nela a incomparável messe Da saúde brotando vigorosa,
Como o sol que entre névoas resplandece, Por entre a fina pele cor-de-rosa.

Era assim luminosa. e delicada
Tão nobre sempre de beleza e graça Que recordava pompas de alvorada, Sonoridades de cristais de taça.

Mas, pouco a pouco, a ideal delicadeza.
Daquele corpo virginal e fino, Sacrário da mais límpida beleza,
Perdeu a graça e o brilho diamantino.

Tísica e branca, esbelta, frígida e alta
E fraca e magra e transparente e esguia, Tem agora a feição de ave pernalta,
De um pássaro alvo de aparência fria.

Mãos liriais e diáfanas, de neve,
Rosto onde um sonho aéreo e polar flutua, Ela apresenta a fluidez, a leve Ondulação da vaporosa lua.

Entre as vidraças, como numa estufa- No inverno glacial de vento e chuva
Que sobre as telhas tamborila e rufa, Vejo-a, talhada em nitidez de luva...

E faz lembrar uma esquisita planta De profundos pomares fabulosos
Ou a angélica imagem de uma Santa

Cruz e Sousa

Dentre a auréola de nimbos religiosos.

A enfermidade vai-lhe, palmo a palmo,
Ganhando o corpo, como num terreno...   E com prelúdios místicos de salmo
Cai-lhe a vida em crepúsculo sereno.

Jamais há de ela ter a cor saudável
Para que a carne do seu corpo goze,   Que o que tinha esse corpo de inefável   Cristalizou-se na tuberculose.

Foge ao mundo fatal, arbusto débil,
Monja magoada dos estranhos ritos,   Ó trêmula harpa soluçante, flébil,   Ó soluçante, flébil eucaliptus...

FLOR DO MAR

És da origem do mar, vens do secreto,   Do estranho mar espumaroso e frio   Que põe rede de sonhos ao navio,
E o deixa balouçar, na vaga, inquieto.

Possuis do mar o deslumbrante afeto,   As dormências nervosas e o sombrio   E torvo aspecto aterrador, bravio
Das ondas no atro e proceloso aspecto.

Num fundo ideal de púrpuras e rosas   Surges das águas mucilaginosas
Como a lua entre a névoa dos espaços...

Trazes na carne o eflorescer das vinhas,   Auroras, virgens musicas marinhas,   Acres aromas de algas e sargaços...

Cruz e Sousa

DILACERAÇÕES

Ó carnes que eu amei sangrentamente,   Ó volúpias letais e dolorosas,
Essências de heliotropos e de rosas
De essência morna, tropical, dolente...

Carnes virgens e tépidas do Oriente   Do Sonho e das Estrelas fabulosas,   Carnes acerbas e maravilhosas,
Tentadoras do sol intensamente...

Passai, diláceradas pelos zeros,   Através dos profundos pesadelos
Que me apunhalam de mortais horrores...

Passai, passai, desfeitas em tormentos,   Em lágrimas, em prantos, em lamentos,
Em ais, em luto, em convulsões, em cores...

Cruz e Sousa

REGENERADA

De mãos postas, à luz de frouxos círios   Rezas para as Estrelas do Infinito,   Para os Azuis dos siderais Empíreos   Das Orações o doloroso rito.

Todos os mais recônditos martírios,
As angústias mortais, teu lábio aflito   Soluça, em preces de luar e lírios,   Num trêmulo de frases inaudito.

Olhos, braços e lábios, mãos e seios,
Presos, d'estranhos, místicos enleios,   Já nas Mágoas estão divinizados.

Mas no teu vulto ideal e penitente
Parece haver todo o calor veemente   Da febre antiga de gentis Pecados.

Cruz e Sousa

SENTIMENTOS CARNAIS

Sentimentos carnais, esses que agitam
Todo o teu ser e o tornam convulsivo...
Sentimentos indômitos que gritam
Na febre intensa de um desejo altivo.

Ânsias mortais, angústias que palpitam,
Vãs dilacerações de um sonho esquivo,
Perdido, errante, pelos céus, que fitam
Do alto, nas almas, o tormento vivo.

Vãs dilacerações de um Sonho estranho,
Errante, como ovelhas de um rebanho,
Na noite de hóstias de astros constelada...

Errante, errante, ao turbilhão dos ventos,
Sentimentos carnais, vãos sentimentos
De chama pelos tempos apagada...

Cruz e Sousa

CRISTAIS

Mais claro e fino do que as finas pratas   O som da tua voz deliciava...
Na dolência velada das sonatas
Como um perfume a tudo perfumava.

Era um som feito luz, eram volatas
Em lânguida espiral que iluminava,   Brancas sonoridades de
cascatas...
Tanta harmonia melancolizava.

Filtros sutis de melodias, de ondas
De cantos volutuosos como rondas
De silfos leves, sensuais, lascivos...

Como que anseios invisíveis, mudos,   Da brancura das sedas e
veludos,
Das virgindades, dos pudores vivos.

Cruz e Sousa

SINFONIAS DO OCASO

Musselinosas como brumas diurnas
Descem do acaso as sombras harmoniosas,   Sombras veladas e musselinosas
Para as profundas solidões noturnas.

Sacrários virgens, sacrossantas urnas,
Os céus resplendem de sidéreas rosas,   Da lua e das Estrelas majestosas
Iluminando a escuridão das furnas.

Ah! por estes sinfônicos ocasos
A terra exala aromas de áureos vasos,   Incensos de turíbulos divinos.

Os plenilúnios mórbidos vaporam...   E como que no Azul plangem e choram   Cítaras, harpas, bandolins, violinos...

Cruz e Sousa

REBELADO

Ri tua face um riso acerbo e doente,
Que fere, ao mesmo tempo que contrista...   Riso de ateu e riso de budista
Gelado no Nirvana impenitente.

Flor de sangue, talvez, e flor dolente   De uma paixão espiritual de artista,   Flor de Pecado sentimentalista
Sangrando em riso desdenhosamente.

Da alma sombria de tranqüilo asceta   Bebeste, entanto, a morbidez secreta   Que a febre das insânias adormece.

Mas no teu lábio convulsivo e mudo   Mesmo até riem, com desdéns de tudo,   As sílabas simbólicas da Prece!

Cruz e Sousa

MUSICA MISTERIOSA...

    Tenda de Estrelas níveas, refulgentes,
    Que abris a doce luz de alampadários,   As harmonias dos Estradivarius
    Erram da Lua nos clarões dormentes...

    Pelos raios fluídicos, diluentes
    Dos Astros, pelos trêmulos velários,
    Cantam Sonhos de místicos templários,   De ermitões e de ascetas reverentes...

    Cânticos vagos, infinitos, aéreos   Fluir parecem dos Azuis etéreos,
    Dentre os nevoeiros do luar fluindo...

    E vai, de Estrela a Estrela, a luz da Lua,   Na láctea claridade que flutua,
    A surdina das lágrimas subindo...

Cruz e Sousa

SERPENTE DE CABELOS

A tua trança negra e desmanchada
Por sobre o corpo nu, torso inteiriço,
Claro, radiante de esplendor e viço,
Ah! lembra a noite de astros apagada.

Luxúria deslumbrante e aveludada
Através desse mármore maciço
Da carne, o meu olhar nela espreguiço
Felinamente, nessa trance ondeada.

E fico absorto, num torpor de coma,
Na sensação narcótica do aroma,
Dentre a vertigem túrbida dos zeros.

És a origem do Mal, és a nervosa
Serpente tentadora e tenebrosa,
Tenebrosa serpente de cabelos!...

Cruz e Sousa

POST MORTEM

    Quando do amor das Formas inefáveis
    No teu sangue apagar-se a imensa chama,   Quando os brilhos estranhos e variáveis   Esmorecerem nos troféus da Fama.

    Quando as níveas Estrelas invioláveis,   Doce velário que um luar derrama,   Nas clareiras azuis ilimitáveis
    Clamarem tudo o que o teu Verso clama.

    Já terás para os báratros descido,   Nos cilícios da Morte revestido,
    Pés e faces e mãos e olhos gelados...

    Mas os teus Sonhos e Visões e Poemas   Pelo alto ficarão de eras supremas   Nos relevos do Sol eternizados!

Cruz e Sousa

ALDA

    Alva, do alvor das límpidas geleiras,
    Desta ressumbra candidez de aromas...   Parece andar em nichos e redomas
    De Virgens medievais que foram freiras.

    Alta, feita no talhe das palmeiras,
    A coma de ouro, com o cetim das comas,   Branco esplendor de faces e de pomas   Lembra ter asas e asas condoreiras.

    Pássaros, astros, cânticos, incensos
    Formam-lhe aureoles, sóis, nimbos imensos   Em torno a carne virginal e rara.

    Alda fez meditar nas monjas alvas,   Salvas do Vicio e do Pecado salvas,   Amortalhadas na pureza clara.

Cruz e Sousa

ACROBATA DA DOR

Gargalha, ri, num riso de tormenta,
Como um palhaço, que desengonçado,
Nervoso, ri, num riso absurdo, inflado
De uma ironia e de uma dor violenta.

Da gargalhada atroz, sanguinolenta,
Agita os guizos, e convulsionado
Salta, gavroche, salta clown, varado
Pelo estertor dessa agonia lenta...

Pedem-te bis e um bis não se despreza!
Vamos! retesa os músculos, retesa
Nessas macabras piruetas d'aço...

E embora caias sobre o chão, fremente,
Afogado em teu sangue estuoso e quente,
Ri! Coração, tristíssimo palhaço.

Cruz e Sousa

ANGELUS...

    Ah! lilazes de Ângelus harmoniosos,   Neblinas vesperais, crepusculares,   Guslas gementes, bandolins saudosos,
    Plangências magoadíssimas dos ares...

    Serenidades etereais d'incensos,
    De salmos evangélicos, sagrados,
    Saltérios, harpas dos Azuis imensos,   Névoas de céus espiritualizados.

    Ângelus fluidos, de luar dormente,   Diafaneidades e melancolias...
Silêncio vago, bíblico, pungente   De todas as profundas liturgias.

    É nas horas dos Ângelus, nas horas   Do claro-escuro emocional aéreo,
    Que surges, Flor do Sol, entre as sonoras   Ondulações e brumas do Mistério.

    Surges, talvez, do fundo de umas eras   De doloroso e turvo labirinto,
Quando se esgota o vinho das Quimeras   E os venenos românticos do absinto.

    Apareces por sonhos neblinantes
    Com requintes de graça e nervosismos,   Fulgores flavos de festins flamantes,
    Como a Estrela Polar dos Simbolismos.

    Num enlevo supremo eu sinto, absorto,   Os teus maravilhosos e esquisitos
    Tons siderais de um astro rubro e morto,   Apagado nos brilhos infinitos.

    O teu perfil todo o meu ser esmalta
    Numa auréola imortal de formosuras
    E parece que rútilo ressalta
    De góticos missais de iluminuras.

    Ressalta com a dolência das Imagens,   Sem a forma vital, a forma viva,

Cruz e Sousa

Com os segredos da Lua nas paisagens   E a mesma palidez meditativa.

Nos êxtases dos místicos os braços   Abro, tentado de carnal beleza...
E cuido ver, na bruma dos espaços,
De mãos postas, a orar, Santa Teresa!...
LEMBRANÇAS APAGADAS

Outros, mais do que o meu, finos olfatos,   Sintam aquele aroma estranho e belo   Que tu, ó Lírio lânguido, singelo,
Guardaste nos teus íntimos recatos.

Que outros se lembrem dos sutis e exatos
Traços, que hoje não lembro e não revelo   E se recordem, com profundo anelo,   Da tua voz de siderais contatos...

Mas eu, para lembrar mortos encantos,
Rosas murchas de graças e quebrantos,
Linhas, perfil e tanta dor saudosa,

Tanto martírio, tanta mágoa e pena,   Precisaria de uma luz serene,
De uma luz imortal maravilhosa!...

Cruz e Sousa

SUPREMO DESEJO

Eternas, imortais origens vivas
Da Luz, do Aroma, segredantes vozes   Do mar e luares de contemplativas,   Vagas visões volúpicas, velozes...

Aladas alegrias sugestivas
De asa radiante e branca de albornozes,   Tribos gloriosas, fúlgidas, altivas,
De condores e de águias e albatrozes...

Espiritualizai nos Astros louros,   Do sol entre os clarões imorredouros
Toda esta dor que na minh'alma clama...

Quero vê-la subir, ficar cantando   Na chama das Estrelas, dardejando
Nas luminosas sensações da chama.

Cruz e Sousa

SONATA

I
Do imenso Mar maravilhoso, amargos,   Marulhosos murmurem compungentes   Cânticos virgens de emoçÓes latentes,
Do sol nos mornos, mórbidos letargos...

II
Canções, leves canções de gondoleiros,   Canções do Amor, nostálgicas baladas,
Cantai com o Mar, com as ondas esverdeadas,   De lânguidos e trêmulos nevoeiros!

III
Tritões marinhos, belos deuses rudes,   Divindades dos tártaros abismos,   Vibrai, com os verdes e acres eletrismos   Das vagas, flautas e harpas e alaúdes!

IV
O Mar supremo, de flagrância crua,
De pomposas e de ásperas realezas,   Cantai, cantai os tédios e as tristezas
Que erram nas frias solidões da Lua...

Cruz e Sousa

MAJESTADE CAÍDA

Esse cornóide deus funambulesco
Em torno ao qual as Potestades rugem,
Lembra os trovões, que tétricos estrugem,   No riso alvar de truão carnavalesco.

De ironias o momo picaresco
Abre-lhe a boca e uns dentes de ferrugem,   Verdes gengivas de ácida salsugem
Mostra e parece um Sátiro dantesco.

Mas ninguém nota as cóleras horríveis,   Os chascos, os sarcasmos impassíveis
Dessa estranha e tremenda Majestade.

Do torvo deus hediondo, atroz, nefando,   Senil, que embora, rindo, está chorando   Os Noivados em flor da Mocidade!

Cruz e Sousa

INCENSOS

Dentre o chorar dos trêmulos violinos,
Por entre os sons dos órgãos soluçantes   Sobem nas catedrais os neblinantes
Incensos vagos, que recordam hinos...

Rolos d'incensos alvadios, finos
E transparentes, fulgidos, radiantes,
Que elevam-se aos espaços, ondulantes,   Em Quimeras e Sonhos diamantinos.

Relembrando turíbulos de prata   Incensos aromáticos desata
Teu corpo ebúrneo, de sedosos flancos.

Claros incensos imortais que exalam,   Que lânguidas e límpidas trescalam
As luas virgens dos teus seios brancos.

Cruz e Sousa

LUZ DOLOROSA...

Fulgem da Luz os Viáticos serenos,
Brancas Extrema-Unções dos hostiários: As Estrelas dos límpidos Sacrários
A nívea Lua sobre a paz dos fenos.

Há prelúdios e cânticos e trenos   Tristes, nos ares ermos, solitários...
E nos brilhos da Luz, vagos e vários,
Há dor, há luto, há convulsões, venenos...

Estranhas sensações maravilhosas
Percorrem pelos cálices das rosas,
Sensações sepulcrais de larvas frias...

Como que ocultas áspides flexíveis
Mordem da Luz os germens invisíveis   Com o tóxico das cóleras sombrias...

Cruz e Sousa

TORTURA ETERNA

Impotência cruel, ó vã tortura!
Ó Força inútil, ansiedade humana!
Ó círculos dantescos da loucura!
Ó luta, Ó luta secular, insana!

Que tu não possas, Alma soberana,   Perpetuamente refulgir na Altura,
Na Aleluia da Luz, na clara Hosana   Do Sol, cantar, imortalmente
pura.

Que tu não possas, Sentimento ardente,   Viver, vibrar nos brilhos do
ar fremente,
Por entre as chamas, os clarões supernos.

Ó Sons intraduzíveis, Formas, Cores!...   Ah! que eu não possa
eternizar as cores   Nos bronzes e nos mármores eternos!

Faróis, de Cruz e Sousa

Fonte:
Cruz e Sousa, Poesia Completa, org. de Zahidé Muzart, Florianópolis:
Fundação Catarinense de Cultura / Fundação Banco do Brasil, 1993.

Texto proveniente de:
A Biblioteca Virtual do Estudante Brasileiro
<http://www.bibvirt.futuro.usp.br> A Escola do Futuro da Universidade de
São Paulo Permitido o uso apenas para fins educacionais.

Texto-base digitalizado por:
Núcleo de Pesquisas em Informática, Literatura e Lingüística
<http://www.cce.ufsc.br/~alckmar/literatura/literat.html>
Universidade Federal de Santa Catarina

Este material pode ser redistribuído livremente, desde que não seja alterado,
e que as informações acima sejam mantidas. Para maiores informações,
escreva para <bibvirt@futuro.usp.br>.

Cruz e Sousa

Estamos em busca de patrocinadores e voluntários para nos ajudar a manter este projeto. Se você quer ajudar de alguma forma, mande um e-mail para <parceiros@futuro.usp.br> ou <voluntario@futuro.usp.br>

FARÓIS
Cruz e Sousa

Índice

RECOLTA DE ESTRELAS

RECORDA!

CANÇÃO DO BÊBADO

A FLOR DO DIABO

AS ESTRELAS

PANDEMONIUM

ENVELHECER

FLORES DA LUA

TÉDIO

LÍRIO ASTRAL

SEM ESPERANÇA

CAVEIRA

RÉQUIEM DO SOL

ESQUECIMENTO

VIOLÕES QUE CHORAM...

OLHOS DO SONHO

ENCLAUSURADA

MÚSICA DA MORTE...

MONJA NEGRA

INEXORÁVEL

RÉQUIEM

VISÃO

PRESSAGO

RESSURREIÇÃO

ENLEVO

PIEDOSA

AUSÊNCIA MISTERIOSA

MEU FILHO

VISÃO GUIADORA

LITANIA DOS POBRES

SPLEEN DE DEUSES

DIVINA

CABELOS

Cruz e Sousa

OLHOS

BOCA

SEIOS

MÃOS

PÉS

CORPO

CANÇÃO NEGRA

A IRONIA DOS VERMES   INÊS

HUMILDADE SECRETA

FLOR PERIGOSA

METEMPSICOSE

OS MONGES

TRISTEZA DO INFINITO

LUAR DE LÁGRIMAS

ÉBRIOS E CEGOS

RECOLTA DE ESTRELAS
(1 out. 1895)
A Tibúrcio de Freitas

Filho meu, de nome escrito   Da minh'alma no Infinito.

Cruz e Sousa

Escrito a estrelas e sangue   No farol da lua langue...

Das tuas asas serenas
Faz manto para estas penes.

Dá-me a esmola de um carinho   Como a luz de um claro vinho.

Com tua mão pequenina
Caminhos em flor me ensina.

Com teu riso fresco e suave
Oh! Dá-me do encanto a chave.

Do teu florão de Inocência
Dá-me as roses da Clemência.

Como outro Jesus bambino,   Esclarece-me o Destino.

Traz luz ao mundano pego   Onde sigo, mudo e cego...

Com teus enleios e graça
Nos meus cuidados perpassa.

Este peito acende, inflama
Na mais sacrossanta chama.

Faz brotar nevados lírios
Das cruzes dos meus martírios.

Cruz e Sousa

Dá-me um sol de estranho brilho,   Flor das lágrimas, meu filho.

Rebento triste, orvalhado

Com tanto pranto chorado.

Filho das ânsias, das ânsias,
Das misteriosas fragrâncias,

Filho de aromas secretos   E de desejos inquietos.

De suspiros anelantes
E impaciências clamantes.

Filho meu, tesouro mago
De todo esse afeto vago...

Filho meu, torre mais alta
De onde o meu amor se exalta.

Ânfora azul, de onde o incenso   dos sonhos se eleva denso.

Constelação flamejada
De toda esta vida ansiada.

Crisol onde lento, lento   Purifico o Sentimento.

Íris curioso onde giro   E alucinado deliro.

Cruz e Sousa

Signo dos signos extremos
Destes tormentos supremos.

Orbita de astros onde pairo
E em febre de luz desvairo.

Vertigem, vertigem viva
Da paixão mais convulsiva.

Traz-me unção, traz-me concórdia   E paz e misericórdia.

Do teu sorriso a frescura
Rios de ouro abra, na Altura.

Abra, acenda labaredas,
Iluminando-me as quedas.

Flor noturna da luxúria
Brotada de haste purpúrea.

Dos teus olhos dadivosos
Escorram óleos preciosos...

Óleos cândidos, dos mundos   Maravilhosos, profundos.

Óleos virgens se derramem
E o meu viver embalsamem.

Cruz e Sousa

Embalsamem de eloqüentes,   Celestes dons prefulgentes.

Para que eu possa com calma   Erguer os castelos da alma.

Para que eu durma tranqüilo   Lá no sepulcral Sigilo.

Ó meu Filho, ó meu eleito   Deslumbramento perfeito.

Traz novo esplendor ao facho
Com que altos Mistérios acho

Meu Filho, frágil e terno,
Socorre-me do atro Inferno.

Onde vibram gládios duros   Por ergástulos escuros.

E cruzam flamíneas, fortes,
Negras vidas, negras mortes.

Onde tecem Satanases
Sete círculos vorazes...

índice

RECORDA!

Quando a onda dos desejos inquietantes,   Que do peito transborda,

Cruz e Sousa

Morrer, enfim, nas amplidões distantes,
Recorda-te, recorda...

Revive dessa música já finda
    Que nas estrelas dorme.
Volta-te ao mundo sedutor ainda
Da ilusão multiforme!

Volta, recorda eternamente, volta
Do Sonho estranho as grandes asas solta
Aos faróis da Esperança,
À celeste Bonança.

Recorda mágoas, lágrimas e risos
Revive dos nevoeiros indecisos
E soluços e anseios...
E dos vãos devaneios.

Revive! Goza! Desolado, embora,
Erguendo os véus de já passada aurora,
sonhando...
Sorrindo e soluçando,
Recordando e

Cada alma tem seu íntimo recato
cada coração intemerato
    Tem na estrela uma vida.
Numa estrela perdida   E

Aplica o ouvido a correnteza fria
E recorda de que lama sombria
Dos golfões da matéria
E composta a miséria.

Recorda! Sonha! Nas estrelas erra,
sonhos brancos, que não são da Terra,
Beduíno do Espaço   Aos
Dá, sorrindo, o teu braço...

Dá o teu braço, pelos céus sorrindo
hás de entender os claros céus, sentindo
E recordando parte   E
    Que andas a recordar-te.

Bate a porta dos Astros solitários
Dos eternos Fulgores,

Cruz e Sousa

Em busca desses mortos visionários,

Ah! volta a infância dos primeiros beijos, sidéreos,
Volta a sede dos últimos desejos,

Ah! volta aos desenganos primitivos,
Volta aos espectros tristemente vivos, desenganos!

Volta aos serenos, flóridos oásis,
Volta as eflorescências dos Lilazes, mundos!

Fique na Sombra e no Silêncio d'alma
Para tranqüilo, com ternura e calma,

Na Sombra então e no Silêncio denso, plagas,
Faz acender o alampadário imenso

Pousa a cabeça, meigamente pousa
E nem da Terra a mais ligeira cousa

Para o Amor, para a Dor e para o Sonho transborda...   E entre um soluço e um segredo risonho

Almas de sonhadores.

Dos momentos
Dos primeiros mistérios!

Volta a essência dos anos,
Ah! volta aos

Volta aos hinos profundos,
Volta, volta a esses

Todo o teu ser dolente,
Recordar docemente...

Como em mágicas
Das recordações vagas...

Nesse augusto Quebranto
Te desperte do Encanto.

Nas Esferas   Recorda-te, recorda...

Cruz e Sousa

CANÇÃO DO BÊBADO

Na lama e na noite triste   Aquele bêbado ri!
Tu'alma velha onde existe?
Quem se recorda de ti?

Por onde andam teus gemidos,   Os teus noctâmbulos ais?
Entre os bêbados perdidos
Quem sabe do teu -- jamais?

Por que é que ficas à lua
Contemplativo, a vagar?   Onde a tua noiva nua
Foi tão depressa a enterrar?

Que flores de graça doente   Tua fronte vem florir
Que ficas amargamente   Bêbado, bêbado a rir?

Que vês tu nessas jornadas?
Onde está o teu jardim
E o teu palácio de fadas,
Meu sonâmbulo arlequim?

De onde trazes essa bruma,   Toda essa névoa glacial
De flor de lânguida espuma,   Regada de óleo mortal?

Que soluço extravagante,   Que negro, soturno fel
Põe no teu ser doudejante   A confusão da Babel?

Ah! das lágrimas insanas
Que ao vinho misturas bem,

Cruz e Sousa

Que de visões sobre-humanas   Tu'alma e teus olhos tem!

Boca abismada de vinho,
Olhos de pranto a correr,   Bendito seja o carinho   Que já te faça morrer!

Sim! Bendita a cova estreita
Mais larga que o mundo vão,   Que possa conter direita   A noite do teu caixão!

índice

A FLOR DO DIABO

Branca e floral como um jasmim-do-Cabo   Maravilhosa ressurgiu um dia
A fatal Criação do fulvo Diabo,
Eleita do pecado e da Harmonia.

Mais do que tudo tinha um ar funesto,   Embora tão radiante e fabulosa.   Havia sutilezas no seu gesto
De recordar uma serpente airosa.

Branca, surgindo das vermelhas chamas
Do Inferno inquisitor, corrupto e langue,   Ela lembrava, Flor de excelsas famas,
A Via-Láctea sobre um mar de sangue.

Cruz e Sousa

Foi num momento de saudade e tédio,   De grande tédio e singular Saudade,
  Que o Diabo, já das culpas sem remédio,
  Para formar a egrégia majestade,

  Gerou, da poeira quente das areias   Das praias infinitas do Desejo, Essa langue sereia das sereias,
  Desencantada com o calor de um beijo.

  Sobre galpões de sonho os seus palácios   Tinham bizarros e galhardos luxos.   Mais grave de eloqüência que os Horácios,   Vivia a vida dos perfeitos bruxos.

  Sono e preguiça, mais preguiça e sono,   Luxúrias de nababo e mais luxúrias,   Moles coxins de lânguido abandono
  Por entre estranhas florações purpúreas.

  Às vezes, sob o luar, nos rios mortos,   Na vaga ondulação dos lagos frios,
  Boiavam diabos de chavelhos tortos,   E de vultos macabros, fugidios.

  A lua dava sensações inquietas
  As paisagens avérnicas em torno
  E alguns demônios com perfis de ascetas   Dormiam no luar um sono morno...

  Foi por horas de Cisma, horas etéreas   De magia secreta e triste, quando   Nas lagoas letíficas, sidéreas,
  O cadáver da lua vai boiando...

  Foi numa dessas noites taciturnas

Cruz e Sousa

Que o velho Diabo, sábio dentre os sábios,   Desencantado o seu poder
das furnas,
Com o riso augusto a flamejar nos lábios,

Formou a flor de encantos esquisitos
E de essências esdrúxulas e finas,   Pondo nela oscilantes infinitos
De vaidades e graças femininas.

E deu-lhe a quint'essência dos aromas,
Sonoras harpas de alma, extravagancias,   Pureza hostial e púbere de
pomas,
Toda a melancolia das distancias...

Para haver mais requinte e haver mais viva,   Doce beleza e original
carícia,
Deu-lhe uns toques ligeiros de ave esquiva   E uma auréola secreta de
malícia.

Mas hoje o Diabo já senil, já fóssil,   Da sua Criação desiludido,
Perdida a antiga ingenuidade dócil,
Chora um pranto noturno de Vencido.

Como do fundo de vitrais, de frescos   De góticas capelas isoladas,
Chora e sonha com mundos pitorescos,   Na nostalgia das Regiões
Sonhadas.

índice

AS ESTRELAS

Lá, nas celestes regiões distantes,　　No fundo melancólico da Esfera,
Nos caminhos da eterna Primavera
Do amor, eis as estrelas palpitantes.

Quantos mistérios andarão errantes,
Quantas almas em busca da Quimera,
Lá, das estrelas nessa paz austera
Soluçarão, nos altos céus radiantes.

Finas flores de pérolas e prata,　　Das estrelas serenas se desata
Toda a caudal das ilusões insanas.

Quem sabe, pelos tempos esquecidos,
　Se as estrelas não são os ais perdidos　　Das primitivas legiões
humanas?!

índice

.

PANDEMONIUM
A Maurício Jubim

Em fundo de tristeza e de agonia
O teu perfil passa-me noite e dia.

Aflito, aflito, amargamente aflito,
Num gesto estranho que parece um grito.

Cruz e Sousa

E ondula e ondula e palpitando vaga,   Como profunda, como velha chaga.

E paira sobre ergástulos e abismos
Que abrem as bocas cheias de exorcismos.

Com os olhos vesgos, a flutuar de esguelha,   Segue-te atrás uma visão vermelha.

Uma visão gerada do teu sangue
Quando no Horror te debateste exangue,

Uma visão que é tua sombra pura   rodando na mais trágica tortura.

A sombra dos supremos sofrimentos
Que te abalaram como negros ventos.

E a sombra as tuas voltas acompanha
Sangrenta, horrível, assombrosa, estranha.

E o teu perfil no vácuo perpassando   Vê rubros caracteres flamejando.

Vê rubros caracteres singulares
De todos os festins de Baltazares.
Por toda a parte escrito em fogo eterno:
Inferno! Inferno! Inferno! Inferno! Inferno!

E os emissários espectrais das mortes
Abrindo as grandes asas flamifortes...

Cruz e Sousa

E o teu perfil oscila, treme, ondula,   Pelos abismos eternais circula...

Circula e vai gemendo e vai gemendo   E suspirando outro suspiro
horrendo.

E a sombra rubra que te vai seguindo   Também parece ir soluçando e
rindo.

Ir soluçando, de um soluço cavo
Que dos venenos traz o torvo travo.

Ir soluçando e rindo entre vorazes   Satanismos diabólicos, mordazes.

E eu já nem sei se e realidade ou sonho   Do teu perfil o divagar
medonho.

Não sei se e sonho ou realidade todo   Esse acordar de chamas e de
lodo.

Tal é a poeira extrema confundida
Da morte a raios de ouro de outra Vida.

Tais são as convulsões do último arranco   Presas a um sonho celestial
e branco.

Tais são os vagos círculos inquietos
Dos teus giros de lágrimas secretos.

Cruz e Sousa

Mas, de repente, eis que te reconheço, Sinto da tua vida o amargo preço.

Eis que te reconheço escravizada, Divina Mãe, na Dor acorrentada.
Que reconheço a tua boca presa
Pela mordaça de uma sede acesa

Presa, fechada pela atroz mordaça
Dos fundos desesperos da Desgraça.

Eis que lembro os teus olhos visionários Cheios do fel de bárbaros Calvários.

E o teu perfil asas abrir parece
Para outra Luz onde ninguém padece...

Com doçuras feéricas e meigas
De Satãs juvenis, ao luar, nas veigas.

E o teu perfil forma um saudoso vulto Como de Santa sem altar, sem culto.

Forma um vulto saudoso e peregrino De força que voltou ao seu destino.

De ser humano que sofrendo tanto
Purificou-se nos Azuis do Encanto.

Subiu, subiu e mergulhou sozinho, Desamparado, no fetal caminho.

Cruz e Sousa

Que lá chegou transfigurado e aéreo,
Com os aromas das flores do Mistério.

Que lá chegou e as mortas portas mudas agudas... Fez abalar de imprecações

E vai e vai o teu perfil ansioso,
De ondulações fantásticas, brumoso.

E vai perdido e vai perdido, errante,
Trêmulo, triste, vaporoso, ondeante.

Vai suspirando, num suspiro vivo
Que palpita nas sombras incisivo...
Um suspiro profundo, tão profundo
Que arrasta em si toda a paixão do mundo.

Suspiro de martírio, de ansiedade,
De alívio, de mistério, de saudade.

Suspiro imenso, aterrador e que erra
Por tudo e tudo eternamente aterra...

O pandemonium de suspiros soltos
Dos condenados corações revoltos.

Suspiro dos suspiros ansiados
Que rasgam peitos de dilacerados.

Cruz e Sousa

E mudo e pasmo e compungido e absorto,   Vendo o teu lento e doloroso giro,   Fico a cismar qual é o rio morto   Onde vai divagar esse suspiro.

índice

ENVELHECER

Flor de indolência, fina e melindrosa,   Cativante sereia da esperança,
Cedo tiveste a crença dolorosa
De quanto a vida é velha e como cansa...

Na lânguida, na morna morbideza   Do teu amargo e triste celibato,
Tu te fechaste para a Natureza   Como a lua no célico recato.

No fundo delicado dos teus seios
Foste esconder os sentimentos vagos,   E todos os dolentes devaneios
Das estrelas sonhando a flor dos lagos.

Todas as altas celas de ouro e prata
De teu claustro de Virgem sem afeto   Fecharam sobre tu'alma timorata
Austeras portas, com fragor secreto.

No entanto, havia no teu corpo ondeante   As delícias sutis de um céu fugace...   E era talvez o encanto mais picante   A graça aldeã do teu nariz rapace.

Cruz e Sousa

Teus olhos tinham certa magoa nobre   E certo fundo de doirado abismo   E a malícia que logo se descobre   Em olhos de felino narcotismo.

Mas na boca trazias todo o oculto   Toque sombrio de ironia grave...
E como que as belezas do teu vulto   Abriam asas peregrinas de ave.

Tinhas na boca esse elixir ardente
Da volúpia mortal dos gozos e essa   Chama de boca, feita unicamente
Para no gozo envelhecer depressa.

E envelheceste tanto, muito cedo,
Sumiu-se tão depressa o teu encanto,   Foi tão falaz o sedutor segredo
Do teu carnal e lânguido quebranto!

Envelheceste para os vãos idílios,
Para os estranhos estremecimentos,
Para os brilhos iriantes dos teus cílios   E para os sepulcrais esquecimentos.

Envelheceste para os vãos amores,
E para os olhos, para as mãos que abrias   Como dois talismãs de brancas flores   E de leves e doces harmonias...

Presa, sem ar, sem sol, crepusculada   No celibato que não tem perfume
De todo envelheceste abandonada,
Já como um ser que não provoca ciúme.

Envelhecer é reduzir a vida
A sentimentos de tristeza austera,
Enclausurá-la numa grave ermida

Cruz e Sousa

De luto e de silêncio sem quimera.

E envelhecer na juventude flórea,   Do celibato emurchecido lírio
E ficar sob os pálios da ilusória
Melancolia, como a luz de um círio...

Envelhecer assim, virgem e forte,
E cerrar contra o mundo a rósea porta   Do Amor e apenas esperar a
Morte,
A alma já muda, há muito tempo morta.

Envelheces de tédio, de cansaço,
D'ilusões e de cismas e de penes,
Como envelhece no celeste espaço   O turbilhão das estrelas serenas.

O Amor os corações fez interditos   Ao teu magoado coração cativo
E apagou-te os sublimes infinitos   Do seu clarão fecundador e vivo.

Hoje envelheces na clausura imensa,   Dentro de um sonho pálido
feneces.   Tua beleza veste névoa densa,
Em surdinas e sombras envelheces.

De pranto e luar, num desolado misto,   Cai a noite na tua puberdade
E como a Rediviva do Imprevisto,   Erras e sonhas pela Eternidade!

índice

FLORES DA LUA

Brancuras imortais da Lua Nova
Frios de nostalgia e sonolência...   Sonhos brancos da Lua e viva essência   Dos fantasmas noctívagos da Cova.

Da noite a tarda e taciturna trova
Soluça, numa tremula dormência...
Na mais branda, mais leve florescência   Tudo em Visões e Imagens se renova.

Mistérios virginais dormem no Espaço,   Dormem o sono das profundas seivas,   Monótono, infinito, estranho e lasso...

E das Origens na luxúria forte
Abrem nos astros, nas sidéreas leivas   Flores amargas do palor da Morte.

índice

TÉDIO

Vala comum de corpos que apodrecem,   E esverdeada gangrene
Cobrindo vastidões que fosforescem   Sobre a esfera terrena.

Bocejo torvo de desejos turvos,   Languescente bocejo
De velhos diabos de chavelhos curvos   Rugindo de desejo.

Sangue coalhado, congelado, frio,   Espasmado nas veias...
Pesadelo sinistro de algum rio   De sinistras sereias...

Cruz e Sousa

Alma sem rumo, a modorrar de sono,
    Mole, túrbida, lassa...   Monotonias lúbricas de um mono
Dançando numa praça...

    Mudas epilepsias, mudas, mudas,   Mudas epilepsias,
    Masturbações mentais, fundas, agudas,   Negras nevrostenias.

    Flores sangrentas do soturno vício
        Que as almas queima e morde...
    Música estranha de fetal suplício,   Vago, mórbido acorde...

    Noite cerrada para o Pensamento   Nebuloso degredo   Onde
em cavo clangor surdo do vento   Rouco pragueja o medo.

    Plaga vencida por tremendas pragas,   Devorada por pestes,
    Esboroada pelas rubras chagas   Dos incêndios celestes.

    Sabor de sangue, Lágrimas e terra   Revolvida de fresco,
    Guerra sombria dos sentidos, guerra,   Tantalismo dantesco.

    Silêncio carregado e fundo e denso   Como um poço secreto,
    Dobre pesado, carrilhão imenso   Do segredo inquieto...

    Florescência do Mal, hediondo parto   Tenebroso do crime,
    Pandemonium feral de ventre farto   Do Nirvana sublime.

    Delírio contorcido, convulsivo   De felinas serpentes,
    No silamento e no mover lascivo   Das caudas e dos dentes.

Cruz e Sousa

Porco lúgubre, lúbrico, trevoso
Fuçando colossal, formidoloso
Do tábido pecado,
Nos lodos do passado.

Ritmos de forças e de graças mortas,
Difusão de um mistério que abre portas
Melancólico exílio,
Para um secreto idílio...

Ócio das almas ou requinte delas,
De luas de nevroses amarelas,
Quint'essências, velhices
Venenosas meiguices.

Insônia morna e doente dos Espaços,
Vermes, abutres a correr pedaços
Letargia funérea,
Da carne deletéria.

Um misto de saudade e de tortura,
Carnaval infernal da Sepultura,
De lama, de Ódio e de asco,
Risada do carrasco.

Ó tédio amargo, ó tédio dos suspiros,
Quanta vez eu não subo nos teus giros
Ó tédio d'ansiedades!
Fundas eternidades!

Quanta vez envolvido do teu luto
Eu, calado, a tremer, ao longe, escuto
Nos sudários profundos
Desmoronarem mundos!

Os teus soluços, todo o grande pranto,
Fazem gerar flores de amargo encanto
Taciturnos gemidos,
Nos corações doridos.

Tédio! que pões nas almas olvidadas
E sombras vesgas, lívidas, paradas,
Ondulações de abismo
No mais feroz mutismo!

Tédio do Réquiem do Universo inteiro,
Sentimento fatal e derradeiro
Morbus negro, nefando,
Das estrelas gelando...

Cruz e Sousa

O Tédio! Rei da Morte! Rei boêmio!　　　Ó Fantasma enfadonho!
És o sol negro, o criador, o gêmeo,　　　Velho irmão do meu sonho!

índice

LÍRIO ASTRAL

Lírio astral, ó lírio branco
　　Ó lírio astral,
No meu derradeiro arranco
　　Sê cordial!

Perfuma de graça leve　　　　O meu final
Com o doce perfume breve,
　　Ó lírio astral!

Dá-me esse óleo sacrossanto　　　Toda a caudal
Do óleo casto do teu pranto,　　　Ó lírio astral!

Traz-me o alivio dos alívios,　　　Ó virginal,
Ó lírio dos lírios níveos,　　　Ó Lírio astral!

Dentre as sonatas da lua　　　Celestial,
Lírio, vem, Lírio, flutua,　　　Ó Lírio astral!

Dos raios das noites de ouro,　　　Do Roseiral,
Do constelado tesouro,
　　Ó lírio astral!

Cruz e Sousa

Desprende o fino perfume
    Etereal
E vem do celeste fume,
    Ó lírio astral!

Da maviosa suavidade   Do céu floral
Traz a meiga claridade,   Ó lírio astral!

Que bendita e sempre pura
    E divinal
Seja-me a tua frescura,   Ó lírio astral!

Que ela, enfim, me transfigure,   Na hora fatal
E os meus sentidos apure,
    Ó lírio astral!

Que tudo que me é avaro
    De luz vital,
Nessa hora se tome claro,   Ó lírio astral!

Que portas de astros, rasgadas   Num céu lirial,
Eu veja desassombradas,
    Ó lírio astral!

Que eu possa, tranqüilo, vê-las,   Limpo do mal,
Essas mil portas de estrelas   Ó lírio astral!

E penetrar nelas, calmo,   Na paz mortal,
Como um davídico salmo,
    O lírio astral!

Cruz e Sousa

Vento velho que soluça   Meu Sonho ideal,
No Infinito se debruça,   Ó lírio astral!

Por isso, lá, no Momento,   Na hora fetal,
Perfuma esse velho vento
   Ó lírio astral!

Traz a graça do Infinito,   Graça imortal,
Ao velho Sonho proscrito,
   Ó lírio astral!

Adoça-me o derradeiro   Sonho feral
O lírio do astral Cruzeiro   Ó lírio astral!

Se, o Lírio, ó doce Lírio   De luz boreal
Na morte o meu claro círio,   Ó lírio astral!

Perfuma, Lírio, perfume,   Na hora glacial,
Meu Sonho de Sol, de Bruma,
   Ó lírio astral!

Que eu suba na tua essência   Sacramental
Para a excelsa Transcendência,
   Ó lírio astral!

E lá, nas Messes divinas,   Paire, eternal,
Nas Esferas cristalinas,   Ó lírio astral!

índice

Cruz e Sousa

SEM ESPERANÇA

Ó cândidos fantasmas da Esperança,
   Meigos espectros do meu vão Destino,   Volvei a mim nas leves ondas
do Hino   Sacramental de Bem-aventurança.

   Nas veredas da vida a alma não cansa   De vos buscar pelo Vergel
divino   Do céu sempre estrelado e diamantino
   Onde toda a alma no Perdão descansa.

Na volúpia da dor que me transporta,
   Que este meu ser transfunde nos Espaços,   Sinto-te longe, ó
Esperança morta.

   E em vão alongo os vacilantes passos   À procura febril da tua porta,
Da ventura celeste dos teus braços.

        índice

CAVEIRA

I
Olhos que foram olhos, dois buracos
Agora, fundos, no ondular da poeira...
Nem negros, nem azuis e nem opacos.
    Caveira!

II
Nariz de linhas, correções audazes,

De expressão aquilina e feiticeira,   Onde os olfatos virginais, falazes?!
    Caveira! Caveira!!

III
Boca de dentes límpidos e finos,   De curve leve, original, ligeira,
Que é feito dos teus risos cristalinos?!
    Caveira! Caveira!! Caveira!!!

    índice

RÉQUIEM DO SOL

Águia triste do Tédio, sol cansado,
Velho guerreiro das batalhas fortes!   Das ilusões as trêmulas coortes
Buscam a luz do teu clarão magoado...

A tremenda avalanche do Passado
  Que arrebatou tantos milhões de mortes   Passa em tropel de trágicos Mavortes   Sobre o teu coração ensangüentado...

Do alto dominas vastidões supremas   Águia do Tédio presa nas algemas
Da Legenda imortal que tudo engelha...

Mas lá, na Eternidade, de onde habitas,   Vagam finas tristezas infinitas,
Todo o mistério da beleza velha!

    índice

Cruz e Sousa

ESQUECIMENTO

Ó Estrelas tranqüilas, esquecidas   No seio das Esferas,
Velhos bilhões de lágrimas, de vidas,   Refulgentes Quimeras.

Astros que recordais infâncias de ouro,   Castidades serenas,
Irradiações de mágico tesouro,   Aromas de açucenas.

Rosas de luz do céu resplandecente   Ó Estrelas divinas,
Sereias brancas da região do Oriente   Ó Visões peregrinas!

Aves de ninhos de frouxéis de prata   Que cantais no Infinito
As Letras da Canção intemerata   Do Mistério bendito.

Turíbulos de graça e encantamento   Das sidérias umbelas,
Desvendai-me as Mansões do Esquecimento
         Radiantes sentinelas.

Dizei que palidez de mortos lírios   Há por estas estradas
E se terminam todos os martírios   Nas brumas encantadas.

Se nessas brumas encantadas choram   Os anseios da Terra,
Se os lírios mortos que há por lá se auroram   De púrpuras de
guerra.

Se as que há por cá titânicas cegueiras,   Atordoadas vitórias
Embebedam os seres nas poncheiras   E no gozo das glórias!

Cruz e Sousa

O céu é o berço das estrelas brancas
E das almas olímpicas e francas
Que dormem de cansaço...
O ridente regaço...

Só ele sabe, o claro céu tranqüilo
Dos grandes resplendores,
Qual é das almas o eternal sigilo,
Qual o cunho das cores.

Só ele sabe, o céu das quint'essências,
Que tudo envolve nas letais diluências
O Esquecimento ignoto
De um ocaso remoto...

O Esquecimento é flor, sutil, celeste,
alma das coisas languemente veste
De palidez risonha.   A
De um véu, como quem sonha.

Tudo no esquecimento se adelgaça...
E nas zonas de tudo
Na candura de tudo, extremo, passa
Certo mistério mudo.

Como que o coração fica cantando
Vivendo a vida de quem vai sonhando
Porque, trêmulo, esquece,
E no sonho estremece...

Como que o coração fica sorrindo
Languidamente a meditar, sentindo
De um modo grave e triste,
Que o esquecimento existe.

Sentindo que um encanto etéreo e mago, encanto,
Põe nos semblantes um luar mais vago,
Mas um lívido
Enche tudo de pranto.

Que um concerto de suplicas de magoa,
Vai os olhos tornando rasos d'água
De martírios secretos,
E turvando os objetos...

Cruz e Sousa

Que um soluço cruel, desesperado   Na garganta rebenta...
Enquanto o Esquecimento alucinado   Move a sombra nevoenta!

O rio roxo e triste, Ó rio morto,   O rio roxo, amargo...   Rio
de vãs melancolias de Horto   Caídas do céu largo!

Rio do esquecimento tenebroso,   Amargamente frio,
Amargamente sepulcral, lutuoso,   Amargamente rio!

Quanta dor nessas ondas que tu levas,   Nessas ondas que
arrastas,
Quanto suplício nessas tuas trevas,   Quantas lágrimas castas!

Ó meu verso, ó meu verso, ó meu orgulho,   Meu tormento e
meu vinho,
Minha sagrada embriaguez e arrulho   De aves formando ninho.

Verso que me acompanhas no Perigo   Como lança preclara,
Que este peito defende do inimigo   Por estrada tão rara!

O meu verso, ó meu verso soluçante,   Meu segredo e meu guia,
Tem dó de mim lá no supremo instante Da suprema agonia.

Não te esqueças de mim, meu verso insano,   Meu verso
solitário,   Minha terra, meu céu, meu vasto oceano,   Meu
templo, meu sacrário.

Embora o esquecimento vão dissolva   Tudo, sempre, no mundo,
Verso! que ao menos o meu ser se envolva   No teu amor
profundo!

Cruz e Sousa

Esquecer e andar entre destroços   Que além se multiplicam,
Sem reparar na lividez dos ossos
    Nem nas cinzas que ficam...

É caminhar por entre pesadelos,   Sonâmbulo perfeito,
Coberto de nevoeiros e de gelos,   Com certa ânsia no peito.

Esquecer é não ter lágrimas puras,   Nem asas para beijos
Que voem procurando sepulturas   E queixas e desejos!

Esquecimento! eclipse de horas mortas.
    Relógio mudo, incerto,
Casa vazia... de cerradas portas,   Grande vácuo, deserto.

Cinza que cai nas almas, que as consome,
    Que apaga toda a flama,   Infinito crepúsculo sem nome,
    Voz morta a voz que a chama.

Harpa da noite, irmã do Imponderável,   De sons langues e
enfermos,   Que Deus com o seu mistério formidável   Faz calar
pelos ermos.

Solidão de uma plaga extrema e nua,   Onde trágica e densa
Chora seus lírios virginais a lua   Lividamente imensa.

Silêncio dos silêncios sugestivos,   Grito sem eco, eterno
Sudário dos Azuis contemplativos,   Florescência do Inferno.

Esquecimento! Fluido estranho, de ânsias,   De negra majestade,
Soluço nebuloso das Distancias   Enchendo a Eternidade!

Cruz e Sousa

índice

VIOLÕES QUE CHORAM...
(jan. 1897)

Ah! plangentes violões dormentes, mornos,   Soluços ao luar, choros ao vento...   Tristes perfis, os mais vagos contornos,   Bocas murmurejantes de lamento.

Noites de além, remotas, que eu recordo,   Noites da solidão, noites remotas   Que nos azuis da Fantasia bordo,
Vou constelando de visões ignotas.

Sutis palpitações a luz da lua,
Anseio dos momentos mais saudosos,   Quando lá choram na deserta rua
As cordas vivas dos violões chorosos.

Quando os sons dos violões vão soluçando,
Quando os sons dos violões nas cordas gemem,   E vão dilacerando e deliciando,
Rasgando as almas que nas sombras tremem.

Harmonias que pungem, que laceram,
Dedos Nervosos e ágeis que percorrem   Cordas e um mundo de dolências geram,
Gemidos, prantos, que no espaço morrem...

E sons soturnos, suspiradas magoas,   Mágoas amargas e melancolias,
No sussurro monótono das águas,

Cruz e Sousa

Noturnamente, entre ramagens frias.

Vozes veladas, veludosas vozes,
Volúpias dos violões, vozes veladas, Vagam nos velhos vórtices velozes
Dos ventos, vivas, vãs, vulcanizadas.

Tudo nas cordas dos violões ecoa
E vibra e se contorce no ar, convulso... Tudo na noite, tudo clama e voa
Sob a febril agitação de um pulso.

Que esses violões nevoentos e tristonhos São ilhas de degredo atroz, funéreo,
Para onde vão, fatigadas do sonho
Almas que se abismaram no mistério.

Sons perdidos, nostálgicos, secretos, Finas, diluídas, vaporosas brumas, Longo desolamento dos inquietos
Navios a vagar a flor de espumas.

Oh! languidez, languidez infinita,
Nebulosas de sons e de queixumes, Vibrado coração de ânsia esquisita E de gritos felinos de ciúmes!

Que encantos acres nos vadios rotos
Quando em toscos violões, por lentas horas, Vibram, com a graça virgem dos garotos, Um concerto de lágrimas sonoras!

Quando uma voz, em trêmolos, incerta, Palpitando no espaço, ondula, ondeia, E o canto sobe para a flor deserta Soturna e singular da lua cheia.

Cruz e Sousa

Quando as estrelas mágicas florescem, E no silêncio astral da Imensidade Por lagos encantados adormecem As pálidas ninféias da Saudade!

Como me embala toda essa pungência, Essas lacerações como me embalam, Como abrem asas brancas de clemência As harmonias dos Violões que falam!

Que graça ideal, amargamente triste, Nos lânguidos bordões plangendo passa... Quanta melancolia de anjo existe Nas visões melodiosas dessa graça.

Que céu, que inferno, que profundo inferno, Que ouros, que azuis, que lágrimas, que risos, Quanto magoado sentimento eterno Nesses ritmos trêmulos e indecisos...

Que anelos sexuais de monjas belas Nas ciliciadas carnes tentadoras, Vagando no recôndito das celas, Por entre as ânsias dilaceradoras...

Quanta plebéia castidade obscura Vegetando e morrendo sobre a lama, Proliferando sobre a lama impura, Como em perpétuos turbilhões de chama.

Que procissão sinistra de caveiras, De espectros, pelas sombras mortas, mudas. Que montanhas de dor, que cordilheiras De agonias aspérrimas e agudas.

Véus neblinosos, longos véus de viúvas   Enclausuradas nos ferais desterros
    Errando aos sóis, aos vendavais e às chuvas,
    Sob abóbadas lúgubres de enterros;

    Velhinhas quedas e velhinhos quedos   Cegas, cegos, velhinhas e velhinhos   Sepulcros vivos de senis segredos,
    Eternamente a caminhar sozinhos;

    E na expressão de quem se vai sorrindo,
    Com as mãos bem juntas e com os pés bem juntos   E um lenço preto o queixo comprimindo,   Passam todos os lívidos defuntos...

    E como que há histéricos espasmos   na mão que esses violões agita, largos...   E o som sombrio é feito de sarcasmos   E de Sonambulismos e letargos.

    Fantasmas de galés de anos profundos   Na prisão celular atormentados,
    Sentindo nos violões os velhos mundos
    Da lembrança fiel de áureos passados;

    Meigos perfis de tísicos dolentes
    Que eu vi dentre os vilões errar gemendo,   Prostituídos de outrora, nas serpentes
    Dos vícios infernais desfalecendo;

    Tipos intonsos, esgrouviados, tortos,   Das luas tardas sob o beijo níveo,
    Para os enterros dos seus sonhos mortos
    Nas queixas dos violões buscando alivio;

Cruz e Sousa

Corpos frágeis, quebrados, doloridos,
Frouxos, dormentes, adormidos, langues   Na degenerescência dos vencidos
De toda a geração, todos os sangues;

Marinheiros que o mar tornou mais fortes,   Como que feitos de um poder extremo   Para vencer a convulsão das mortes,
Dos temporais o temporal supremo;

Veteranos de todas as campanhas,   Enrugados por fundas cicatrizes,
Procuram nos violões horas estranhas,   Vagos aromas, cândidos, felizes.

Ébrios antigos, vagabundos velhos,
Torvos despojos da miséria humana,
Têm nos violões secretos Evangelhos,   Toda a Bíblia fatal da dor insana.

Enxovalhados, tábidos palhaços
De carapuças, máscaras e gestos
Lentos e lassos, lúbricos, devassos,
Lembrando a florescência dos incestos;

Todas as ironias suspirantes
Que ondulam no ridículo das vidas,   Caricaturas tétricas e errantes
Dos malditos, dos réus, dos suicidas;

Toda essa labiríntica nevrose
Das virgens nos românticos enleios;   Os ocasos do Amor, toda a clorose
Que ocultamente lhes lacera os seios;

Cruz e Sousa

Toda a mórbida música plebéia
De requebros de faunos e ondas lascivas;   A langue, mole e morna melopéia
Das valsas alanceadas, convulsivas;

Tudo isso, num grotesco desconforme,
Em ais de dor, em contorsões de açoites,   Revive nos violões, acorda e dorme
Através do luar das meias noites!

índice

OLHOS DO SONHO
(jan. 1897)

Certa noite soturna, solitária,
Vi uns olhos estranhos que surgiam   Do fundo horror da terra funerária
Onde as visões sonâmbulas dormiam...

Nunca da terra neste leito raso
Com meus olhos mortais, alucinados...   Nunca tais olhos divisei acaso
Outros olhos eu vi transfigurados.

A luz que os revestia e alimentava
Tinha o fulgor das ardentias vagas,
Um demônio noctâmbulo espiava
De dentro deles como de ígneas plagas.

Cruz e Sousa

E os olhos caminhavam pela treva Maravilhosos e fosforescentes...
Enquanto eu ia como um ser que leva Pesadelos fantásticos, trementes.

Na treva só os olhos, muito abertos, Seguiam para mim com majestade,
Um sentimento de cruéis desertos Me apunhalava com atrocidade.

Só os olhos eu via, só os olhos
Nas cavernas da treva destacando: Faróis de augúrio nos ferais escolhos,
Sempre, tenazes, para mim olhando...

Sempre tenazes para mim, tenazes, Sem pavor e sem medo, resolutos,
Olhos de tigres e chacais vorazes
No instante dos assaltos mais astutos.

Só os olhos eu via! -- o corpo todo
Se confundia com o negror em volta... Ó alucinações fundas do lodo
Carnal, surgindo em tenebrosa escolta!

E os olhos me seguiam sem descanso, Suma perseguição de atras voragens,
Nos narcotismos dos venenos mansos, Como dois mudos e sinistros pajens.

E nessa noite, em todo meu percurso, Nas voltas vagas, vãs e vacilantes
Do meu caminho, esses dois olhos de urso Lá estavam tenazes e constantes.

Lá estavam eles, fixamente eles,
Quietos, tranqüilos, calmos e medonhos... Ah! quem jamais penetrará naqueles
Olhos estranhos dos eternos sonhos!

Cruz e Sousa

índice

ENCLAUSURADA

Ó Monja dos estranhos sacrifícios,   Meu amor imortal, Ave de garras
E asas gloriosas, triunfais, bizarras,   Alquebradas ao peso dos cilícios.

Reclusa flor que os mais revéis flagícios   Abalaram com as trágicas fanfarras,   Quando em formas exóticas de jarras
Teu corpo tinha a embriaguez dos vícios.

Para onde foste, ó graça das mulheres,   Graça viçosa dos vergéis de Ceres
Sem que o meu pensamento te persiga?!

Por onde eternamente enclausuraste   Aquela ideal delicadeza de haste,
De esbelta e fina ateniense antiga?!

índice

MÚSICA DA MORTE...

A musica da Morte, a nebulosa,
Estranha, imensa musica sombria,

Passa a tremer pela minh'alma e fria   Gela, fica a tremer,
maravilhosa...

Onda nervosa e atroz, onda nervosa,   Letes sinistro e torvo da agonia,
Recresce a lancinante sinfonia,
  Sobe, numa volúpia dolorosa...

Sobe, recresce, tumultuando e amarga,   Tremenda, absurda,
imponderada e larga,   De pavores e trevas alucina...

E alucinando e em trevas delirando,   Como um Ópio letal,
vertiginando,
  Os meus nervos, letárgica, fascina...

índice

MONJA NEGRA

É teu esse espaço, e teu todo o Infinito
  Transcendente Visão das lágrimas nascida,   Bendito o teu sentir, para sempre bendito   Todo o teu divagar na Esfera indefinida!

Através de teu luto as estrelas meditam   Maravilhosamente e vaporosamente;   Como olhos celestiais dos Arcanjos nos fitam   Lá do fundo negror do teu luto plangente.

Almas sem rumo já, corações sem destino
  Vão em busca de ti, por vastidões incertas...   E no teu sonho astral, mago e luciferino,

Cruz e Sousa

Encontram para o amor grandes portas abertas.

Cândida Flor que aroma e tudo purifica,
Trazes sempre contigo as sutis virgindades   E uma caudal preciosa, interminável, rica,   De raras sugestões e curiosidades.

As belezas do mito, as grinaldas de louro,
Os priscos ouropéis, os símbolos já vagos,   Tudo forma o painel de um velho fundo de ouro
De onde surges enfim como as visões dos lagos.

Certa graça cristã, certo excelso abandono
De Deusa que emigrou de regiões de outrora,   Certo aéreo sentir de esquecimento e outono,
Trazem-te as emoções de quem medita e chora.

És o imenso crisol, és o crisol profundo   Onde se cristalizam todas as belezas,
És o néctar da Fé, de que eu melhor me inundo.
Ó néctar divinal das místicas purezas.

Ó Monja soluçante! Ó Monja soluçante,
Ó Monja do Perdão, da paz e da clemência,   Leva para bem longe este Desejo errante,   Desta febre letal toda secreta essência.

Nos teus golfos de Além, nos lagos taciturnos,   Nos pélagos sem fim, vorazes e medonhos,   Abafa para sempre os soluços noturnos,
E as dilacerações dos formidáveis Sonhos!

Não sei que Anjo fatal, que Satã fugitivo,
Que gênios infernais, magnéticos, sombrios,   Deram-te as amplidões e o sentimento vivo   Do mistério com todos os seus calafrios...

Cruz e Sousa

A lua vem te dar mais trágica amargura,
E mais desolação e mais melancolia,
E as estrelas, do céu na Eucaristia pura,
Têm a mágoa velada da Virgem Maria.

Ah! Noite original, noite desconsolada
Monja da solidão, espiritual e augusta,
Onde fica o teu reino, a região vedada,
A região secreta, a região vetusta?!

Almas dos que não tem o Refúgio supremo
De altas contemplações, dos mais altos mistérios,
Vinde sentir da Noite o Isolamento extremo,
Os fluidos imortais, angelicais, etéreos.

Vinde ver como são mais castos e mais belos,
Mais puros que os do dia os noturnos vapores:
Por toda a parte no ar levantam-se castelos
E nos parques do céu há quermesses de amores.

Volúpias, seduções, encantos feiticeiros
Andam a embalsamar teu seio tenebroso
E as águias da Ilusão, de vôos altaneiros,
Crivam de asas triunfais o horizonte onduloso.

Cavaleiros do Ideal, de erguida lança em riste,
Sonham, a percorrer teus velhos Paços cavos...
E esse nobre esplendor de majestade triste
Recebe outros lauréis mais bizarros e bravos.

Convulsivas paixões, convulsivas nevroses,
Recordações senis nos teus aspectos vagam,
Mil alucinações, mortas apoteoses

Cruz e Sousa

E mil filtros sutis que mornamente embriagam.

O grande Monja negra e transfiguradora,   Magia sem igual dos paramos eternos,
   Quem assim te criou, selvagem Sonhadora,   Da carícia de céus e do negror d'infernos?

Quem auréolas te deu assim miraculosas
   E todo o estranho assombro e todo o estranho medo,   Quem pôs na tua treva ondulações nervosas,   E mudez e silêncio e sombras e segredo?

Mas ah! quanto consolo andar errando, errando,   Perdido no teu Bem, perdido nos teus braços,   Nos noivados da Morte andar além sonhando,
   Na unção sacramental dos teus negros Espaços!

Que glorioso troféu andar assim perdido   Na larga vastidão do mudo firmamento,   Na noite virginal ocultamente ungido,
   Nas transfigurações do humano sentimento!

Faz descer sobre mim os brandos véus da calma,   Sinfonia da Dor, ó Sinfonia muda,   Voz de todo o meu Sonho, ó noiva da minh'alma,
Fantasma inspirador das Religiões de Buda.

Ó negra Monja triste, ó grande Soberana,   Tentadora Visão que me seduzes tanto,   Abençoa meu ser no teu doce Nirvana,   No teu Sepulcro ideal de desolado encanto!

Hóstia negra e feral da comunhão dos mortos,
   Noite criadora, mãe dos gnomos, dos vampiros,   Passageira senil dos encantados portos,
   Ó cego sem bordão da torre dos suspiros...

Cruz e Sousa

Abençoa meu ser, unge-o dos óleos castos,
Enche-o de turbilhões de sonâmbulas aves,   Para eu me difundir nos teus Sacrários vastos,
Para me consolar com os teus Silêncios graves.

índice

INEXORÁVEL

Ó meu Amor, que já morreste,   Ó meu Amor, que morta estas!
Lá nessa cova a que desceste,
Ó meu Amor, que já morreste,   Ah! nunca mais floresceras?!

Ao teu esquálido esqueleto,
Que tinha outrora de uma flor
A graça e o encanto do amuleto;   Ao teu esquálido esqueleto
Não voltará novo esplendor?!

E ah! o teu crânio sem cabelos,   Sinistro, seco, estéril, nu...
(Belas madeixas dos meus zelos!)   E ah! o teu crânio sem cabelos
Há de ficar como estás tu?!

O teu nariz de asa redonda,   De linhas límpidas, sutis
Oh! há de ser na lama hedionda   O teu nariz de asa redonda
Comido pelos vermes vis?!

Os teus dois olhos -- dois encantos --   De tudo, enfim, maravilhar,
Sacrário augusto dos teus prantos,
Os teus dois olhos -- dois encantos --

Cruz e Sousa

Em dois buracos vão ficar?!

A tua boca perfumosa
O céu do néctar sensual
  Tão casta, fresca e luminosa, A tua boca perfumosa
Vai ter o cancro sepulcral?!

As tuas mãos de nívea seda, De veias cândidas e azuis
  Vão se extinguir na noite treda As tuas mãos de nívea seda, Lá
nesses lúgubres pauis?!

As tuas tentadoras pomas
  Cheias de um magnífico elixir De quentes, cálidos aromas As
tuas tentadoras pomas
  Ah! nunca mais hão de florir?!

A essência virgem da beleza,
  O gesto, o andar, o sol da voz Que Iluminava de pureza, A
essência virgem da beleza
  Tudo acabou no horror atroz?!

Na funda treva dessa cova, Na inexorável podridão
  Já te apagaste, Estrela nova, Na funda treva dessa cova Na negra
Transfiguração!

        índice

RÉQUIEM

Cruz e Sousa

Como os salmos dos Evangelhos celestiais,   Os sonhos que eu amei hão de acabar,   Quando o meu corpo, trêmulo, dos velhos   Nos gelados outonos penetrar.

O rosto encarquilhado e as mãos já frias,   Engelhadas, convulsas, a tremer,   Apenas viverei das nostalgias
Que fazem para sempre envelhecer.

Por meus olhos sem brilho e fatigados   Como sombras de outrora, passarão   As ilusões de uns olhos constelados   Que da Vida dourarão-me a Ilusão.

Mas tudo, enfim, as bocas perfumosas,   O mar, o campo e tudo quanto amei,   As auroras, o sol, pássaros, rosas,
Tudo rirá do estado a que cheguei.

Do brilho das estrelas cristalinas   Virá um riso irônico de dor,   E da minh'alma subirão neblinas,
Incensos vagos, cânticos de amor.

Por toda parte o amargo escárnio fundo,   Sem já mais nada para mim florir,   As risadas vandálicas do mundo
Secos desdéns por toda a parte a rir.

Que hão de ser vãos esforços da memória   Para lembrar os tempos virginais,   As rugas da matéria transitória
Hão de lá estar como a dizer: -- jamais!

E hei de subir transfigurado e lento
Altas montanhas cheias de visões,   Onde gelaram, num luar, nevoento,   Tantos e solitários corações.

Cruz e Sousa

Recordarei as íntimas ternuras,
De seres raros, porém mortos já,
E de mim, do que fui, pelas torturas   Deste viver pouco me lembrará.

O mundo clamará sinistramente   Daquele que a velhice alquebra e alui... Mas ah! por mais que clame toda a gente   Nunca dirá o que de certo eu fui.

E os dias frios e ermos da Existência   Cairão num crepúsculo mortal,
Na soluçante, mística plangência
Dos órgãos de uma estranha catedral.

Para me ungir no derradeiro e ansioso   Olhar que a extrema comoção traduz,
Sob o celeste pálio majestoso
Hão de passar os Viáticos da luz.

índice

VISÃO

Noiva de Satanás, Arte maldita,   Mago Fruto letal e proibido,
Sonâmbula do Além, do Indefinido
Das profundas paixões, Dor infinita.

Astro sombrio, luz amarga e aflita,   Das Ilusões tantálico gemido,
Virgem da Noite, do luar dorido,
Com toda a tua Dor oh! sê bendita!

Cruz e Sousa

Seja bendito esse clarão eterno   De sol, de sangue, de veneno e inferno,
De guerra e amor e ocasos de saudade...

Sejam benditas, imortalizadas   As almas castamente amortalhadas
Na tua estranha e branca Majestade!

índice

PRESSAGO

Nas águas daquele lago
Dormita a sombra de Iago...

Um véu de luar funéreo
Cobre tudo de mistério...

Há um lívido abandono
Do luar no estranho sono.

Transfiguração enorme
Encobre o luar que dorme...

Dá meia-noite na ermida,
Como o último ai de uma vida.

São badaladas nevoentas,   Sonolentas, sonolentas...

Cruz e Sousa

Do céu no estrelado luxo
Passa o fantasma de um bruxo.

No mar tenebroso e tetro
Vaga de um naufrago o espectro.

Como fantásticos signos,
Erram demônios malignos.

Na brancura das ossadas
Gemem as almas penadas

Lobisomens, feiticeiras
Gargalham no luar das eiras.

Os vultos dos enforcados
Uivam nos ventos irados.

Os sinos das torres frias   Soluçam hipocondrias.

Luxúrias de virgens mortas
Das tumbas rasgam as portas.

Andam torvos pesadelos   Arrepiando os cabelos.

Coalha nos lodos abjetos
O sangue roxo dos fetos.

Cruz e Sousa

Há rios maus, amarelos
De presságio de flagelos.

Das vesgas concupiscências   Saem vis fosforescências.

Os remorsos contorcidos
Mordem os ares pungidos.

A alma cobarde de Judas
Recebe expressões comudas.

Negras aves de rapina
Mostram a garra assassina.

Sob o céu que nos oprime
Languescem formas de crime.

Com os mais sinistros furores,   Saem gemidos das flores.

Caveiras! Que horror medonho!
Parecem visões de um sonho!

A morte com Sancho Pança,   Grotesca e trágica dança.

E como um símbolo eterno,
Ritmos dos Ritmos do inferno.

No lago morto, ondulando,
Dentre o luar noctivagando,

Cruz e Sousa

O corvo hediondo crocita
Da sombra d'Iago maldita!

índice

RESSURREIÇÃO

Alma! Que tu não chores e não gemas,
Ei-lo que chega das mansões extremas,

Teu amor voltou agora.
Lá onde a loucura mora!

Veio mesmo mais belo e estranho, acaso,
Mágica flor a rebentar de um vaso

Desses lívidos países,
Com prodigiosas raízes.

Veio transfigurada e mais formosa
Mais ágil, mais delgada, mais nervosa,
Beleza.

Essa ingênua natureza,
Das essências da

Certo neblinamento de saudade
    Mórbida envolve-a de leve...
    Certos mistérios descreve.

E essa diluente espiritualidade

O meu Amor voltou de aéreas curvas,
funestas... Veio de percorrer torvas e turvas
festas.

Das paragens mais
    E funambulescas

As festas turvas e funambulescas
plagas cabalísticas, dantescas,

Da exótica Fantasia,   Por
De estranha selvageria.

Cruz e Sousa

Onde carrascos de tremendo aspecto
    Como astros monstros circulam   E as meigas almas de sonhar inquieto   Barbaramente estrangulam.

Ele andou pelas plagas da loucura,   O meu Amor abençoado,
Banhado na poesia da Ternura,   No meu Afeto banhado.

Andou! Mas afinal de tudo veio   Mais transfigurado e belo,
Repousar no meu seio o próprio seio   Que eu de lágrimas estréio.

De lágrimas de encanto e ardentes beijos,
    Para matar, triunfante,
A sede ideal de místico desejo
    De quando ele andou errante.

E lágrimas, que enfim, caem ainda
    Com os mais acres dos sabores   E se transformam (maravilha infinda!)   Em maravilhas de flores!

Ah! que feliz um coração que escuta   As origens de que é feito!
E que não é nenhuma pedra bruta   Mumificada no peito!

Ah! que feliz um coração que sente   Ah! tudo vivendo intenso
No mais profundo borbulhar latente   Do seu fundo foco imenso!

Sim! eu agora posso ter deveras   Ironias sacrossantas...
Posso os braços te abrir, Luz das esferas,   Que das trevas te levantas.

Cruz e Sousa

Posso mesmo já rir de tudo, tudo
      Que me devora e me oprime.   Voltou-me o antigo sentimento mudo   Do teu olhar que redime.

Já não te sinto morta na minh'alma   Como em câmara mortuária,
Naquela estranha e tenebrosa calma   De solidão funerária.

Já não te sinto mais embalsamada   No meu carinho profundo,
Nas mortalhas da Graça amortalhada,   Como ave voando do mundo.

Não! não te sinto mortalmente envolta   Na névoa que tudo encerra...   Doce espectro do pó, da poeira solta   Deflorada pela terra.

Não sinto mais o teu sorrir macabro   De desdenhosa caveira.
Agora o coração e os olhos abro   Para a Natureza inteira!

Negros pavores sepulcrais e frios   Além morreram com o vento...   Ah! como estou desafogado em rios   De rejuvenescimento!

Deus existe no esplendor d'algum Sonho,   Lá em alguma estrela esquiva.   Só ele escuta o soluçar medonho   E torna a Dor menos viva.

Ah! foi com Deus que tu chegaste, é certo,   Com a sua graça espontânea
    Que emigraste das plagas do Deserto
        Nu, sem sombra e sol, da Insânia!

No entanto como que volúpias vagas
Talvez recordação daquelas plagas
Desses horrores amargos,
Dão-te esquisitos letargos...

Porém tu, afinal, ressuscitaste
E tudo em mim ressuscita.
E o meu Amor, que repurificaste,
Canta na paz infinita!

índice

ENLEVO

Da doçura da Noite, da doçura
De um tenro coração que vem sorrindo,
Seus segredos recônditos abrindo
Pela primeira vez, a luz mais pura.

Da doçura celeste, da ternura
De um Bem consolador que vai fugindo
Pelos extremos do horizonte infindo,
Deixando-nos somente a Desventura.

Da doçura inocente, imaculada
De uma carícia virginal da Infância,
Nessa de rosas fresca madrugada.

Era assim tua cândida fragrância,
Arcanjo ideal de auréola delicada,
Visão consoladora da Distância...

índice

Cruz e Sousa

PIEDOSA
A Nestor Vitor

Não sei por que, magoada Flor sem glória, A tua voz de trêmula meiguice
Desperta em mim a mocidade flórea
De sentimentos que não tem velhice.

Guslas de um céu remotamente mudo
Gemem plangentes nessa voz que voa E através dela, abençoando tudo,
Um luar de perdões desabotoa.

Vejo-te então sublimemente triste
E excelsa e doce, num anseio lento,
Vagando como um ser que não existe, Transfigurada pelo Sofrimento.

Mas, não sei como, vejo-te por brumas, Além da de ouro constelada Porta,
Na ondulação das lívidas espumas,
Morta, já morta, muito morta, morta...

E sinto logo esse supremo e sábio
Travo da dor, se morta te antevejo, Essa macabra contração de lábio
Que morde e tantaliza o meu desejo.

Fico sempre a cismar, se tu morresses Que angustia fina me laceraria,
Que músicas de céus saudosos, desses Céus infinitos sobre mim fluiria...

Cruz e Sousa

Que anjos brancos soberbos, deslumbrantes,   Resplandecentes nos broqueis das vestes,   Claros e altos voariam flamejantes
Para buscar-te, dos Azuis Celestes.

Sim! Sim! Pois então tanta e atroz fadiga,   Tanta e tamanha dor convulsa e cega   Há de ficar sem doce luz amiga,
Da lágrima dos céus, que tudo rega?!

As batalhas cruéis do sacrifício,
 As transfigurações dos teus calvários,   Essas virtudes, rolarão com o vício
Pelos mesmos abismos tumultuários?!

Toda a obscura pureza dos teus feitos,
 A tua alma mais simples do que a água,   Essa bondade, todos os eleitos
Sentimentos que tens de flor da Mágoa;

Nada se salvará jamais, mais nada
Se salvará, no instante derradeiro?!   Ó interrogação desesperada,
Errante, errante pelo mundo inteiro!

Nada se salvará da essência viva   Que tudo purifica e refloresce;
De tanta fé, de tanta luz altiva
De tanta abnegação, de tanta prece?!

Nada se salvará, piedosa e pobre
Flor desdenhada pelo Mal ufano,   Só o meu coração e verso nobre
Hão de abrigar-te do desprezo humano.

Na transcendência do teu ser, tão alta,

Cruz e Sousa

Vejo dos céus como que os dons, a esmola,   O indefinido que de ti ressalta
Me prende, me arrebata e me consola.

E sinto que a tua alma desprendida   Do terrestre, do negro labirinto
Melhor há de adorar-me na outra
Vida Melhor sentindo tudo quanto eu sinto.

Porque não é por sentimento vago,   Nem por simples e vã literatura,
Nem por caprichos de um estilo mago   Que sinto tanto a tua essência pura.

Não é por transitória veleidade
E para que o mundo reconheça,   Que sinto a tua cândida Piedade,
As auréolas de Luz dessa cabeça.

Não é para que o mundo te proclame   Maravilha das mártires, das santas
Que eu digo sempre ao meu Amor que te ame   Mesmo através de tantas ânsias, tantas.

Nem é também para que o mundo creia
Na humilde limpidez da tua alma justa,
Que o mundo, vil e vão, desdenha e odeia   Toda a humildade, toda a crença augusta.

Mas sinto porque te amo e te acompanho   Pelas montanhas de onde sóis saudosos
Clarões e sombras de um mistério estranho   Espalham, como adeuses carinhosos.

Sinto que te acompanho, que te sigo

Cruz e Sousa

Tranqüilo, calmo desses vãos rumores comigo,　　E que tu vais embalada
Na mesma rede de carinho e dores.

Sinto os segredos do teu corpo amado, breve,　　Toda a graça floral, a graça
Todo o composto lânguido, alquebrado crescente leve.　　Do teu perfil de áureo

Sinto-te as linhas imortais do flanco,
E as ondas vaporosas dos teus passos　　E todo o sonho castamente branco　　Da volúpia celeste desses braços.

Sinto a muda expressão da tua boca　　Feita num doce e doloroso corte
De beijo dado na veemência louca
Dos céus do gozo entre o estertor da morte.

Sinto-te as nobres mãos afagadoras,　　Riquezas raras de um valor secreto　　E mãos cujas carícias redentoras
São as carícias do supremo Afeto.

Sinto os teus olhos fluidos, de onde emerge　　Uma graça, uma paz, tamanho encanto,
Tão brando e triste, que a minha alma asperge　　Em suavíssimos bálsamos de pranto.

Uns olhos tão etéreos, tão profundos,　　De tanta e tão sutil delicadeza
Que parecem viver lá n'outros mundos,　　Longe da contingente Natureza.

Olhos que sempre no tremendo choque　　Dos sofrimentos íntimos, latentes,

Cruz e Sousa

Tem esse toque amigo, o velho toque   Original das lágrimas ardentes.

Ah! sÓ eu vejo e sinto esse desvelo
Que transfigura e faz o teu martírio,   O sentimento amargurado e belo
Que e já, talvez, quase mortal delírio...

Sinto que a mesma chama nos abraça,
Que um perfume eternal, casto, esquisito,   Circula e vive com divina graça
Dentro do nosso trêmulo Infinito.

E tudo quanto me sensibiliza,   Fere, magoa, dilacera, punge,   Tudo no teu olhar se cristaliza,
No teu olhar, no teu olhar que unge.

Sinto por ti o mais febril e intenso   Carinho quase louco, doentio...
Carinho singular, curioso, imenso,
Que deixa na alma um resplendor sombrio.

E e de tal forma esse carinho raro,
De tal encanto e tão sagrada essência,   De tal Piedade e tal Perdão preclaro,   Que canta na estrelada Refulgência.

Ah! nunca saberás quanto exotismo   De sentimento me alanceia e pulsa,   Vibra violinos de sonambulismo
Nest'alma ora serena, ora convulsa!

Tens luz de lua e tens gorjeios de ave
No mundo virginal dos meus sentidos,   E és sonho, sombra de Angelus suave   Nos nossos mútuos e comuns gemidos.

E sonho, sombra de Angelus, tão brandos,   Imortalmente tão indefiníveis   Que todos os terrores execrandos
Cobrem-se para nós de íris sensíveis.

É assim que eu te sinto, erma, sozinha,   Frágil, piedosa, nos singelos brilhos
Erguendo aos braços, nobremente minha,   Os dolentes troféus dos nossos filhos.

Erguendo-os como cálices amargos
De um vinho ideal de já mortas quimeras,   Para além destes céus mudos e largos   Na ampla misericórdia das Esferas!

índice

AUSÊNCIA MISTERIOSA

Uma hora só que o teu perfil se afasta,   Um instante sequer, um só minuto   Desta casa que amo -- vago luto
Envolve logo esta morada casta.

Tua presença delicada basta   Para tudo tornar claro e impoluto...
Na tua ausência, da Saudade escuto
O pranto que me prende e que me arrasta...

Secretas e sutis melancolias   Recuadas na Noite dos meus dias
Vêm para mim, lentas, se aproximando.

E em toda casa, nos objetos, erra

Cruz e Sousa

Um sentimento que não é da Terra
E que eu mudo e sozinho vou sonhando...

índice

MEU FILHO

Ah! quanto sentimento! ah! quanto sentimento!
Sob a guarda piedosa e muda das Esferas
Dorme, calmo, embalado pela voz do vento, Frágil e pequenino e tenro como as heras.

Ao mesmo tempo suave e ao mesmo tempo estranho O aspecto do meu filho assim meigo dormindo... Vem dele tal frescura e tal sonho tamanho
Que eu nem mesmo já sei tudo que vou sentindo.

Minh'alma fica presa e se debate ansiosa,
Em vão soluça e clama, eternamente presa No segredo fatal dessa flor caprichosa,
Do meu filho, a dormir, na paz da Natureza.

Minh'alma se debate e vai gemendo aflita
No fundo turbilhão de grandes ânsias mudas: Que esse tão pobre ser, de ternura infinita, Mais tarde irá tragar os venenos de Judas!

Dar-lhe eu beijos, apenas, dar-lhe, apenas, beijos, Carinhos dar-lhe sempre, efêmeros, aéreos, O que vale tudo isso para outros desejos,
O que vale tudo isso para outros mistérios?!

De sua doce mãe que em prantos o abençoa
  Com o mais profundo amor, arcangelicamente,   De sua doce mãe, tão límpida, tão boa,
  O que vale esse amor, todo esse amor veemente?!

O longo sacrifício extremo que ela faça,
  As vigílias sem nome, as orações sem termo,
  Quando as garras cruéis e horríveis da Desgraça   De sadio que ele é, fazem-no fraco e enfermo?!

Tudo isso, ah! Tudo isso, ah! quanto vale tudo isso   Se outras preocupações mais fundas me laceram,   Se a graça de seu riso e a graça do seu viço
  São as flores mortais que meu tormento geram?!

Por que tantas prisões, por que tantas cadeias
  Quando a alma quer voar nos paramos liberta?
  Ah! Céus! Quem me revela essas Origens cheias
  De tanto desespero e tanta luz incerta!

Quem me revela, pois, todo o tesouro imenso
  Desse imenso Aspirar tio entranhado, extremo!
  Quem descobre, afinal, as causas do que eu penso,
  As causas do que eu sofro, as causas do que eu gemo!

Pois então hei de ter um afeto profundo,
  Um grande sentimento, um sentimento insano   E hei de vê-lo rolar, nos turbilhões do mundo,   Para a vala comum do eterno Desengano?!

Pois esse filho meu que ali no berço dorme,   Ele mesmo tão casto e tão sereno e doce   Vem para ser na Vida o vão fantasma enorme
  Das dilacerações que eu na minh'alma trouxe?!

Cruz e Sousa

Ah! Vida! Vida! Vida! Incendiada tragédia,
Transfigurado Horror, Sonho transfigurado,   Macabras contorções de lúgubre comédia
Que um cérebro de louco houvesse imaginado!

Meu filho que eu adoro e cubro de carinhos,   Que do mundo vilão ternamente defendo,   Há de mais tarde errar por tremedais e espinhos
Sem que o possa acudir no suplicio tremendo.

Que eu vagarei por fim nos mundos invisíveis,   Nas diluentes visões dos largos Infinitos,   Sem nunca mais ouvir os clamores horríveis,
A mágoa dos seus ais e os ecos dos seus gritos.

Vendo-o no berço assim, sinto muda agonia,   Um misto de ansiedade, um misto de tortura.   Subo e pairo dos céus na estrelada harmonia
E desço e entro do Inferno a furna hórrida, escura.

E sinto sede intensa e intensa febre, tanto,
Tanto Azul, tanto abismo atroz que me deslumbra.   Velha saudade ideal, monja de amargo Encanto,   Desce por sobre mim sua estranha penumbra.

Tu não sabes, jamais, tu nada sabes, filho,
Do tormentoso Horror, tu nada sabes, nada...   O teu caminho e claro, é matinal de brilho,
Não conheces a sombra e os golpes da emboscada.

Nesse ambiente de amor onde dormes teu sono
Não sentes nem sequer o mais ligeiro espectro...   Mas, ah! eu vejo bem, sinistra, sobre o trono,   A Dor, a eterna Dor, agitando o seu cetro!

Cruz e Sousa

índice

VISÃO GUIADORA

Ó alma silenciosa e compassiva
Que conversas com os Anjos da Tristeza,   Ó delicada e lânguida beleza
Nas cadeias das lágrimas cativa.

Frágil, nervosa timidez lasciva,   Graça magoada, doce sutileza
De sombra e luz e da delicadeza   Dolorosa de música aflitiva.

Alma de acerbo, amargurado exílio,   Perdida pelos céus num vago idílio
Com as almas e visões dos desolados.

Ó tu que és boa e porque és boa és bela,   Da Fé e da Esperança eterna estrela
Todo o caminho dos desamparados.

índice

LITANIA DOS POBRES

Os miseráveis, os rotos
São as flores dos esgotos.

Cruz e Sousa

São espectros implacáveis   Os rotos, os miseráveis.

São prantos negros de furnas
Caladas, mudas, soturnas.

São os grandes visionários
Dos abismos tumultuários.

As sombras das sombras mortas,   Cegos, a tatear nas portas.

Procurando o céu, aflitos
E varando o céu de gritos.

Faróis a noite apagados
Por ventos desesperados.

Inúteis, cansados braços
Pedindo amor aos Espaços.

Mãos inquietas, estendidas   Ao vão deserto das vidas.

Figuras que o Santo Ofício   Condena a feroz suplício.

Arcas soltas ao nevoento
Dilúvio do Esquecimento.

Perdidas na correnteza
Das culpas da Natureza.

Cruz e Sousa

Ó pobres! Soluços feitos
Dos pecados imperfeitos!

Arrancadas amarguras
Do fundo das sepulturas.

Imagens dos deletérios,
Imponderáveis mistérios.

Bandeiras rotas, sem nome,   Das barricadas da fome.

Bandeiras estraçalhadas
Das sangrentas barricadas.

Fantasmas vãos, sibilinos
Da caverna dos Destinos!

O pobres! o vosso bando
É tremendo, é formidando!

Ele já marcha crescendo,
O vosso bando tremendo...

Ele marcha por colinas,
Por montes e por campinas.

Nos areiais e nas serras
Em hostes como as de guerras.

Cruz e Sousa

Cerradas legiões estranhas
A subir, descer montanhas.

Como avalanches terríveis
Enchendo plagas incríveis.

Atravessa já os mares,
Com aspectos singulares.

Perde-se além nas distâncias   A caravana das ânsias.

Perde-se além na poeira,   Das Esferas na cegueira.

Vai enchendo o estranho mundo   Com o seu soluçar profundo.

Como torres formidandas   De torturas miserandas.

E de tal forma no imenso
Mundo ele se torna denso.

E de tal forma se arrasta
Por toda a região mais vasta.

E de tal forma um encanto   Secreto vos veste tanto.

E de tal forma já cresce
O bando, que em vós parece.

Cruz e Sousa

Ó Pobres de ocultas chagas
Lá das mais longínquas plagas!

Parece que em vós há sonho   E o vosso bando é risonho.

Que através das rotas vestes   Trazeis delícias celestes.

Que as vossas bocas, de um vinho   Prelibam todo o carinho...

Que os vossos olhos sombrios   Trazem raros amavios.

Que as vossas almas trevosas
Vêm cheias de odor das rosas.

De torpores, d'indolências
E graças e quint'essências.

Que já livres de martírios   Vêm festonadas de lírios.

Vem nimbadas de magia,   De morna melancolia!

Que essas flageladas almas
Reverdecem como palmas.

Balanceadas no letargo
Dos sopros que vem do largo...

Cruz e Sousa

Radiantes d'ilusionismos,   Segredos, orientalismos.

Que como em águas de lagos   Bóiam nelas cisnes vagos...

Que essas cabeças errantes
Trazem louros verdejantes.

E a languidez fugitiva
De alguma esperança viva.

Que trazeis magos aspeitos
E o vosso bando é de eleitos.

Que vestes a pompa ardente   Do velho Sonho dolente.

Que por entre os estertores   Sois uns belos sonhadores.

índice

SPLEEN DE DEUSES

Oh! Dá-me o teu sinistro Inferno
Dos desesperos tétricos, violentos,
   Onde rugem e bramem como os ventos   Anátemas da Dor, no fogo eterno...

Cruz e Sousa

Dá-me o teu fascinante, o teu falerno
Dos falernos das lágrimas sangrentos   Vinhos profundos, venenosos, lentos
Matando o gozo nesse horror do Averno.

Assim o Deus dos Páramos clamava   Ao Demônio soturno, e o rebelado,
Capricórnio Satã, ao Deus bradava.

Se és Deus-e já de mim tens triunfado,   Para lavar o Mal do Inferno e a bava
Dá-me o tédio senil do céu fechado...   índice

DIVINA

Eu não busco saber o inevitável   Das espirais da tua vi matéria.
Não quero cogitar da paz funérea
Que envolve todo o ser inconsolável.

Bem sei que no teu circulo maleável   De vida transitória e mágoa seria
   Há manchas dessa orgânica miséria
Do mundo contingente , imponderável .

Mas o que eu amo no teu ser obscuro   E o evangélico mistério puro
Do sacrifício que te torna heroína.

São certos raios da tu'alma ansiosa   E certa luz misericordiosa,
E certa auréola que te fez divina!

Cruz e Sousa

índice

CABELOS

I
Cabelos! Quantas sensações ao vê-los!
Cabelos negros, do esplendor sombrio,   Por onde corre o fluido vago
e frio
Dos brumosos e longos pesadelos...

Sonhos, mistérios, ansiedades, zelos,
Tudo que lembra as convulsões de um rio
Passa na noite cálida, no estio
Da noite tropical dos teus cabelos.

Passa através dos teus cabelos quentes,   Pela chama dos beijos
inclementes,
Das dolências fatais, da nostalgia...

Auréola negra, majestosa, ondeada,   Alma da treva, densa e
perfumada,   Lânguida Noite da melancolia!

índice

OLHOS

II
A Grécia d'Arte, a estranha claridade   D'aquela Grécia de beleza e
graça,

Cruz e Sousa

Passa, cantando, vai cantando e passa Dos teus olhos na eterna castidade.

Toda a serena e altiva heroicidade
Que foi dos gregos a imortal couraça, Aquele encanto e resplendor de raça
Constelada de antiga majestade,

Da Atenas flórea toda o viço louro, E as rosas e os mirtais e as pompas d'ouro, Odisséias e deuses e galeras...

Na sonolência de uma lua aziaga,
Tudo em saudade nos teus olhos vaga, Canta melancolias de outras eras!...

índice

BOCA

III
Boca viçosa, de perfume a lírio, Da límpida frescura da nevada,
Boca de pompa grega, purpureada,
Da majestade de um damasco assírio.

Boca para deleites e delírio
Da volúpia carnal e alucinada,
Boca de Arcanjo, tentadora e arqueada,
Tentando Arcanjos na amplidão do Empírio,

Boca de Ofélia morta sobre o lago,

Cruz e Sousa

Dentre a auréola de luz do sonho vago inquietos... E os faunos leves do luar

Estranha boca virginal, cheirosa,
Boca de mirra e incensos, milagrosa secretos... Nos filtros e nos tóxicos

índice

SEIOS

IV
Magnólias tropicais, frutos cheirosos fascinadoras, Das árvores do Mal
Das negras mancenilhas tentadoras, venenosos. Dos vagos narcotismos

Oásis brancos e miraculosos
Das frementes volúpias pecadoras Nas paragens fatais, aterradoras
Do Tédio, nos desertos tenebrosos...

Seios de aroma embriagador e langue,
Da aurora de ouro do esplendor do sangue, A alma de sensações
tantalizando.

Ó seios virginais, tálamos vivos
Onde do amor nos êxtases lascivos
Velhos faunos febris dormem sonhando...

índice

MÃOS

V
Ó Mãos ebúrneas, Mãos de claros veios,   Esquisitas tulipas delicadas,
Lânguidas Mãos sutis e abandonadas,
Finas e brancas, no esplendor dos seios.

Mãos etéricas, diáfanas, de enleios,
De eflúvios e de graças perfumadas,   Relíquias imortais de eras sagradas
De amigos templos de relíquias cheios.

Mãos onde vagam todos os segredos,   Onde dos ciúmes tenebrosos, tredos,
Circula o sangue apaixonado e forte.

Mãos que eu amei, no féretro medonho   Frias, já murchas, na fluidez do Sonho,   Nos mistérios simbólicos da Morte!

índice

PÉS

VI
Lívidos, frios, de sinistro aspecto,
Como os pés de Jesus, rotos em chaga,   Inteiriçados, dentre a auréola vaga   Do mistério sagrado de um afeto.

Cruz e Sousa

Pés que o fluido magnético, secreto
Da morte maculou de estranha e maga   Sensação esquisita que propaga
Um frio n'alma, doloroso e inquieto...

Pés que bocas febris e apaixonadas   Purificaram, quentes, inflamadas,
Com o beijo dos adeuses soluçantes.

Pés que já no caixão, enrijecidos,   Aterradoramente indefinidos
Geram fascinações dilacerantes!

índice

CORPO

VII
Pompas e pompas, pompas soberanas   Majestade serene da escultura
A chama da suprema formosura,
A opulência das púrpuras romanas.

As formas imortais, claras e ufanas,   Da graça grega, da beleza pura,
Resplendem na arcangélica brancura
Desse teu corpo de emoções profanas.

Cantam as infinitas nostalgias,
Os mistérios do Amor, melancolias,   Todo o perfume de eras apagadas...

Cruz e Sousa

E as águias da paixão, brancas, radiantes,   Voam, revoam, de asas palpitantes,
No esplendor do teu corpo arrebatadas!

índice

CANÇÃO NEGRA
A Nestor Vitor

Ó boca em tromba retorcida
Cuspindo injúrias para o Céu,   Aberta e pútrida ferida
Em tudo pondo igual labéu.

Ó boca em chamas, boca em chamas,   Da mais sinistra e negra voz,
Que clamas, clamas, clamas, clamas,   Num cataclismo estranho,
atroz.

Ó boca em chagas, boca em chagas,   Somente anátemas a rir,
De tantas pragas, tantas pragas   Em catadupas a rugir.

Ó bocas de uivos e pedradas,   Visão histérica do Mal,   Cortando como mil facadas
Dum golpe só, transcendental.

Sublime boca sem pecado,
Cuspindo embora a lama e o pus,   Tudo a deixar transfigurado,
O lodo a transformar em luz.

Boca de ventos inclemente   De universais revoluções,

Cruz e Sousa

Alevantando as hostes quentes,   Os sanguinários batalhões.

Abençoada a canção velha
Que os lábios teus cantam assim   Na tua face que se engelha,   Da
cor de lívido marfim.

Parece a furna do Castigo
Jorrando pragas na canção,   A tua boca de mendigo,
Tão tosco como o teu bordão.

Boca fatal de torvos trenos!
Da onipotência do bom Deus,   Louvados sejam tais venenos,
Purificantes como os teus!

Tudo precisa um ferro em brasa   Para este mundo transformar...
Nos teus Anátemas põe asa   E vai no mundo praguejar!

Ó boca ideal de rudes trovas,
Do mais sangrento resplendor,   Vai reflorir todas as covas,
O facho a erguer da luz do Amor.

Nas vãs misérias deste mundo   Dos exorcismos cospe o fel...
Que as tuas pragas rasguem fundo   O coração desta Babel.

Mendigo estranho! Em toda a parte   Vai com teus gritos, com teus
ais,   Como o simbólico estandarte
Das tredas convulsões mortais!

Resume todos esses travos
Que a terra fazem languescer.   Das mãos e pés arranca os cravos
Das cruzes mil de cada Ser.

Cruz e Sousa

A terra é mãe! -- mas ébria e louca
Tem germens bons e germens vis...   Bendita seja a negra boca
Que tão malditas coisas diz!

índice

A IRONIA DOS VERMES

Eu imagino que és uma princesa
Morta na flor da castidade branca...   Que teu cortejo sepulcral arranca
Por tanta pompa espasmos de surpresa.

Que tu vais por um coche conduzida,
Por esquadrões flamívomos guardada,   Como carnal e virgem
madrugada,
Bela das belas, sem mais sol, sem vida.

Que da Corte os luzidos Dignitários
Com seus aspectos marciais, bizarros,
Seguem-te após nos fagulhantes, carros   E a excelsa cauda dos
cortejos vários.

Que a tropa toda forma nos caminhos   Por onde irás passar
indiferente;
Que há no semblante vão de toda a gente   Curiosidades que parecem
vinhos.

Que os potentes canhões roucos atroam   O espaço claro de uma tarde
suave,

Cruz e Sousa

E que tu vais, Lírio dos lírios e ave
Do Amor, por entre os sons que te coroam.

Que nas flores, nas sedas, nos veludos,   E nos cristais do féretro radiante   Nos damascos do Oriente, na faiscante
Onda de tudo há longos prantos mudos.

Que do silêncio azul da imensidade,   Do perdão infinito dos Espaços
Tudo te dá os beijos e os abraços   Do seu adeus a tua Majestade.

Que de todas as coisas como Verbo
De saudades sem termo e de amargura,   Sai um adeus a tua formosura,
Num desolado sentimento acerbo.

Que o teu corpo de luz, teu corpo amado,   Envolto em finas e cheirosas vestes,   Sob o carinho das Mansões celestes   Ficará pela Morte encarcerado.

Que o teu séquito é tal, tal a coorte,
Tal o sol dos brasões, por toda a parte,
Que em vez da horrenda Morte suplantar-te   Crê-se que és tu que suplantaste a Morte.

Mas dos faustos mortais a regia trompa,   Os grandes ouropéis, a real Quermesse,   Ah! tudo, tudo proclamar parece
Que hás de afinal apodrecer com pompa.

Como que foram feitos de luxúria
E gozo ideal teus funerais luxuosos
Para que os vermes, pouco escrupulosos,   Não te devorem com plebéia fúria.

Cruz e Sousa

Para que eles ao menos vendo as belas   Magnificências do teu corpo
exausto   Mordam-te com cuidados e cautelas.
Para o teu corpo apodrecer com fausto.

Para que possa apodrecer nas frias
   Geleiras sepulcrais d'esquecimentos,   Nos mais augustos
apodrecimentos,   Entre constelações e pedrarias.

Mas ah! quanta ironia atroz, funérea,   Imaginária e cândida Princesa:
És igual a uma simples camponesa   Nos apodrecimentos da Matéria!

        índice

INÊS

Tem teu nome a estranha graça   De uma galga verde, estranha.
Certo langor te adelgaça,
   Certo encanto te acompanha.

És velada, quebradiça
Como teu nome é velado.
Certa flor curiosa viça
No teu corpo edenizado.

Chamam-te a Inês dos quebrantos,   A galga verde, a felina,
Amaranto de amarantos,
Das franzinas a franzina.

Cruz e Sousa

Teus olhos, langues aquários mudos, solitários
Como uma treva que abisma.   Adormentados de cisma,   Vivem

Tua boca, vivo cravo
Sangüíneo, púrpuro, ardente,   De certa forma tem travo   Embora
veladamente.

És lírio de velho outono,
Meiga Inês, e de tal sorte
Que já vives no abandono,   Meio enevoada da morte.

Teu beijo, do rosmaninho
Tem o sainete amargoso...
Lembra a saudade de um vinho   Secreto, mas venenoso.

Por um mistério indizível   Não te é dado amar na terra.   Vem de
longe o Indefinível
Que os teus silêncios encerra!

Deus fechou-te a sete chaves   O coração lá no fundo...
Mas deu-te as asas das aves   Para irradiares no mundo.

índice

HUMILDADE SECRETA

Fico parado, em êxtase suspenso,

Às vezes, quando vou considerando Na humildade simpática, no brando
Mistério simples do teu ser imenso.

Tudo o que aspiro, tudo quanto penso
D'estrelas que andam dentro em mim cantando, Ah! tudo ao teu fenômeno vai dando
Um céu de azul mais carregado e denso.

De onde não sei tanta simplicidade, Tanta secreta e límpida humildade
Vem ao teu ser como os encantos raros.

Nos teus olhos tu alma transparece...
E de tal sorte que o bom Deus parece
Viver sonhando nos teus olhos claros.

índice

FLOR PERIGOSA

Ah! quem, trêmulo e pálido, medita
No teu perfil de áspide triste, triste,
Não sabe em quanto abismo essa infinita Tristeza amarga singular consiste.

Tens todo o encanto de uma flor, o encanto Secreto de uma flor de vago aroma... Mas não sei que de morno e de quebranto Vem, lasso e langue, dessa negra coma.

És das origens mais desconhecidas,
De uma longínqua e nebulosa infância. A visão das visões indefinidas,
De atra, sinistra mórbida elegância.

Como flor, entretanto, és bem amarga!
Pólens celestes o teu ser inundam,
Mas ninguém sabe a onda nervosa e larga Dos insetos mortais que te circundam.

Quem teu aroma de mulher aspira
Fica entre ânsias de túmulo fechado... Sente vertigens de vulcão, delira
E morre, sutilmente envenenado.

Teu olhar de fulgências e de treva,
Onde as volúpias a pecar se ajustam,
Guarda um mistério que envilece e eleva,
Causa delíquios e emoções que assustam.

És flor, mas como flor és perigosa, Do mais sombrio e tétrico perigo... Fenômenos fatais de luz ansiosa
Vão pelas noites segredar contigo.

Vão segredar que és feia e que és estranha Sendo feia, mas sendo extravagante, De enorme, de esquisita, de tamanha Influência de eclipse radiante...

Sei! não nasceste sob a luz que ondeia Na beleza e nos astros da saúde;
Mas sendo assim, morbidamente feia, O teu ser feia torna-se virtude.

És feia e doente, surges desse misto, funesta
Auréola ideal dos martírios de Cristo mesta.
Da exótica, da insana, da
Naquela Dor absurdamente

Vens de lá, vens de lá -- fundos remotos
de um rio...   Abrindo do magoado e velho lótus
Do sentimento, todo o sol doentio...
Adelgaçando como os véus

Mas quem quiser saber o quanto encerra
Teu ser, de mais profundo e mais nevoento,
vaso -- a Terra --   Ó perigosa flor do esquecimento!
Venha aspirar-te no teu

índice

METEMPSICOSE

Agora, já que apodreceu a argila
Do teu corpo divino e sacrossanto;
Que embalsamaram de magoado pranto
A tua carne, na mudez tranqüila,

Agora, que nos Céus, talvez, se asila
encanto   De virginal e pálido amaranto
Entre a Harmonia que nos Céus desfila.
Aquela graça e luminoso

Que da morte o estupor macabro e feio
teu seio,   Por entre catalépticas visões...
Congelou as magnólias do

Cruz e Sousa

Surge, Bela das Belas, na Beleza   Do transcendentalismo da Pureza,
Nas brancas, imortais Ressurreições!

índice

OS MONGES

Montanhas e montanhas e montanhas
    Ei-los que vão galgando.   As sombras vãs das figuras estranhas
Na Terra projetando.

Habitam nas mansões do Imponderável   Esses graves ascetas;
Ocultando, talvez, no Inconsolável   Amarguras inquietas.

Como os reis Magos, trazem lá do Oriente   As alfaias preciosas,
Mas alfaias, surpreendentemente,   As mais miraculosas.

Nem incensos, nem mirras e nem ouros,   Nem mirras nem incensos,
Outros mais raros, mágicos tesouros   Sobre todos, imensos.

Pelos longínquos, sáfaros caminhos   Que vivem percorrendo,
A Dor, como atros, venenosos vinhos,   Os vai deliqüescendo.

São os monges sombrios, solitários,   Como esses vagos rios
Que passam nas florestas tumultuários,   Solitários, sombrios.

São monges das florestas encantadas,   Dos ignotos tumultos,

Cruz e Sousa

Almas na Terra desassossegadas,
Desconsolados vultos.

São os monges da Graça e do Mistério,
Faróis da Eternidade
Iluminando todo o Azul sidéreo
Da sagrada Saudade.

-- Onde e quando acharão o seu descanso
Eles que há tanto vagam?
Em que dia terão esse remanso
Os seus pés que se chagam?

Quando caminham nas Regiões nevoentas,
Da lua nos quebrantos,
As suas sombras vagarosas, lentas
Ganham certos encantos...

Ficam nimbados pela luz da lua
Os seus perfis tristonhos...
Sob a dolência peregrina e crua
Dos tantálicos sonhos.

As Ilusões são seus mantos sangüíneos
De símbolos de dores,
De signos, de solenes vaticínios,
De nirvânicas flores.

Benditos monges imortais, benditos
Que etéreas harpas tangem!
Que rasgam d'alto a baixo os Infinitos,
Infinitos abrangem.

Deixai-os ir com os seus troféus bizarros
De humano Sentimento,
Arrebatados pelos ígneos carros
Do augusto Pensamento.

Cruz e Sousa

Que os leve a graça das errantes almas,
--   Entre as Hosanas, o verdor das palmas, mudo!
-- Grandes asas de tudo
Entre o Mistério

Não importa saber que rumo trazem rumo...   Eles no Indefinido se comprazem, o fumo.
Nem se é longo esse
São dele a chama e

Deixai-os ir pela Amplidão a fora,
Nos esplendores da eternal Aurora
Nos Silêncios da esfera,
Coroados de Quimera!

Deixai-os ir pela Amplidão, deixai-os,
Por entre fluidos de celestes raios
No segredo profundo,
Transfigurando o mundo.

Que só os astros do Azul cintilam
Saibam que os monges, lívidos, desfilam
Pela sidérea rede
Devorados de sede...

Que ninguém mais possa saber as ânsias
Que vindo das incógnitas Distancias
Nem sentir a Dolência
E dos monges a essência!

Monges, ó monges da divina Graça,
Deu-vos o Amor toda a imortal couraça
Lá da graça divina,
Dessa Fé que alucina.

No meio de anjos que vos-abençoam
E tudo eternamente vos perdoam
Corações estremecem...
Os que não vos esquecem.

Toda a misericórdia dos espaços
abri, serenos, largamente, os braços
Vos oscule, surpresa...   E
A toda a Natureza!

índice

Cruz e Sousa

TRISTEZA DO INFINITO

Anda em mim, soturnamente, Uma tristeza ociosa Sem objetivo, latente,
Vaga, indecisa, medrosa.

Como ave torva e sem rumo, Ondula, vagueia, oscila
E sobe em nuvens de fumo E na minh'alma se asila.

Uma tristeza que eu, mudo, Fico nela meditando
E meditando, por tudo
E em toda a parte sonhando.

Tristeza de não sei donde, De não sei quando nem como... Flor mortal, que dentro esconde Sementes de um mago pomo.

Dessas tristezas incertas, Esparsas, indefinidas... Como almas vagas, desertas No rumo eterno das vidas.

Tristeza sem causa forte,
Diversa de outras tristezas, Nem da vida nem da morte Gerada nas correntezas...

Tristeza de outros espaços,
De outros céus, de outras esferas, De outros límpidos abraços,
De outras castas primaveras.

Cruz e Sousa

Dessas tristezas que vagam   Com volúpias tão sombrias
Que as nossas almas alagam   De estranhas melancolias.

Dessas tristezas sem fundo,   Sem origens prolongadas,
Sem saudades deste mundo,   Sem noites, sem alvoradas.

Que principiam no sonho   E acabam na Realidade,   Através do mar tristonho
Desta absurda Imensidade.

Certa tristeza indizível,
Abstrata, como se fosse
A grande alma do Sensível   Magoada, mística, doce.

Ah! tristeza imponderável,   Abismo, mistério aflito,
Torturante, formidável...
Ah! tristeza do Infinito!

índice

LUAR DE LÁGRIMAS

I
Nos estrelados, límpidos caminhos
Dos Céus, que um luar criva de prata e de ouro,
Abrem-se róseos e cheirosos ninhos,
E há muitas messes do bom trigo louro.

Os astros cantam meigas cavatinas,
E na frescura as almas claras gozam   Alvoradas eternal, cristalinas,
E os Dons supremos, divinais esposam.

Cruz e Sousa

Lá, a florescência dos Desejos
Tem sempre um novo e original perfume,
Tudo rejuvenesce dentre harpejos
E dentre palmas verdes se resume.

As próprias mocidades e as infâncias
Das coisas tem um esplendor infindo
E as imortalidades e as distancias
Estão sempre florindo e reflorindo.

Tudo aí se consola e transfigura
Num Relicário de viver perfeito,
E em cada uma alma peregrina e pura
Alvora o sentimento mais eleito.

Tudo aí vive e sonha o imaculado
Sonho esquisito e azul das quint'essências,
Tudo é sutil e cândido, estrelado,
Embalsamado de eternais essências.

Lá as Horas são águias, voam, voam
Com grandes asas resplandecedoras...
E harpas augustas finamente soam
As Aleluias glorificadoras.

Forasteiros de todos os matizes
Sentem ali felicidades castas
E os que essas libações gozam felizes
Deixam da terra as vastidões nefastas.

Anjos excelsos e contemplativos,
Soberbos e solenes, soberanos,
Com aspectos grandíloquos, altivos,
Sonham sorrindo, angelicais e ufanos.

Lá não existe a convulsão da Vida
Nem os tremendos, trágicos abrolhos.   Há por tudo a doçura indefinida
Dos azuis melancólicos de uns olhos.

Véus brancos de Visões resplandecentes   Miraculosamente se adelgaçam...   E recordando essas Visões diluentes
Dolências beethovínicas perpassam.

Há magos e arcangélicos poderes
Para que as existências se transformem...   E os mais egrégios e completos seres
Sonos sagrados, impolutos dormem...

E lá que vagam, que plangentes erram,   Lá que devem vagar, decerto, flóreas,
Puras, as Almas que eu perdi, que encerram   O meu Amor nas Urnas ilusórias.

Hosanas de perdão e de bondade   De celestial misericórdia santa
Abençoam toda essa claridade
Que na harmonia das Esferas canta.

Preces ardentes como ardentes sarças   Sobem no meio das divinas messes.   Lembra o vôo das pombas e das garças   A leve ondulação de tantas preces.

E quem penetra nesse ideal Domínio,   Por entre os raios das estrelas belas,   Todo o celeste e singular escrínio,
Todo o escrínio das lágrimas vê nelas.

Cruz e Sousa

E absorto, penetrando os Céus tão calmos, maravilham,
Não sabe, acaso, se com os brilhos almos, que brilham.
Céus de constelações que
São estrelas ou lágrimas

Mas ah! das Almas esse azul letargo, Esse eterno, imortal Isolamento, Tudo se envolve num luar amargo
De Saudade, de Dor, de Esquecimento!

Tudo se envolve nas neblinas densas
De outras recordações, de outras lembranças, No doce luar das lágrimas imensas
Das mais inconsoláveis esperanças.

II
Ó mortos meus, ó desabados mortos!
Chego de viajar todos os portos.

Volto de ver inóspitas paragens,
As mais profundas regiões selvagens.

Andei errando por funestas tendas   Onde das almas escutei as lendas.

E tornei a voltar por uma estrada   Erma, na solidão, abandonada.

Caminhos maus, atalhos infinitos   Por onde só ouvi ânsias e gritos.

por toda a parte a rir o incêndio e a peste   Debaixo da Ilusão do Azul celeste.

Era também luar, luar lutuoso
Pelas estradas onde errei saudoso...

Cruz e Sousa

Era também luar, o luar das penas,   Brando luar das Ilusões terrenas.

Era um luar de triste morbideza   Amortalhando toda a natureza.

E eu em vão busquei, Mortos queridos,
Por entre os meus tristíssimos gemidos.

Em vão pedi os filtros dos segredos
Da vossa morte, a voz dos arvoredos.

Em vão fui perguntar ao Mar que e cego   A lei do Mar do Sonho onde navego.

Ao Mar que e cego, que não vê quem morre   Nas suas ondas, onde o sol escorre...

Em vão fui perguntar ao Mar antigo   Qual era o vosso desolado abrigo.

Em vão vos procurei cheio de chagas,   Por estradas insólitas e vagas.

Em vão andei mil noites por desertos,
Com passos, espectrais, dúbios, incertos.

Em vão clamei pelo luar a fora,
Pelos ocasos, pelo albor da aurora.

Cruz e Sousa

Em vão corri nos areiais terríveis
E por curvas de montes impassíveis.

Só um luar, só um luar de morte
Vagava igual a mim, com a mesma sorte.

Só um luar sempre calado e dútil,
Para a minha aflição, acerbo e inútil.

Um luar de silêncio formidável
Sempre me acompanhando, impenetrável.

Só um luar de mortos e de mortas
Para sempre a fechar-me as vossas portas.

E eu, já purgado dos terrestres
Crimes, Sem achar nunca essas portas sublimes.

Sempre fechado a chave de mistério   O vosso exílio pelo Azul
sidéreo.

Só um luar de trêmulos martírios
A iluminar-me com clarões de círios.

Só um luar de desespero horrendo
Ah! sempre me pungindo e me vencendo.

Só um luar de lágrimas sem termos
Sempre me perseguindo pelos ermos.

Cruz e Sousa

E eu caminhando cheio de abandono   Sem atingir o vosso claro trono.

Sozinho para longe caminhando
Sem o vosso carinho venerando.

Percorrendo o deserto mais sombrio   E de abandono a tiritar de frio...

Ó Sombras meigas, ó Refúgios ternos   Ah! como penetrei tantos Infernos!

Como eu desci sem vós negras escarpas,
A Almas do meu ser, Ó Almas de harpas!

Como senti todo esse abismo ignaro
Sem nenhuma de vós por meu amparo.

Sem a benção gozar, serena e doce,
Que o vosso Ser aos meus cuidados trouxe.

Sem ter ao pe de mim o astral cruzeiro   Do vosso grande amor alvissareiro.

Por isso, ó sombras, sombras impolutas,   Eu ando a perguntar as formas brutas.

E ao vento e ao mar e aos temporais que ululam   Onde é que esses perfis se crepusculam.

Cruz e Sousa

Caminho, a perguntar, em vão, a tudo, E só vejo um luar soturno e mudo.

Só contemplo um luar de sacrifícios,
De angústias, de tormentas, de cilícios.

E sem ninguém, ninguém que me responda Tudo a minh'alma nos abismos sonda.

Tudo, sedenta, quer saber, sedenta
Na febre da Ilusão que mais aumenta.

Tudo, mas tudo quer saber, não cessa De perscrutar e a perscrutar começa.

De novo sobe e desce escadarias
D'estrelas, de mistérios, de harmonias.

Sobe e não cansa, sobe sempre, austera, Pelas escadarias da Quimera.

Volta, circula, abrindo as asas volta
E os vôos de águia nas Estrelas solta.

Cada vez mais os vôos no alto apruma Para as etéreas amplidões da Bruma.

E tanta força na ascensão desprende
Da envergadura, a proporção que ascende...

Cruz e Sousa

Tamanho impulso, colossal, tamanho
Ganha na Altura, no Esplendor estranho.

Tanto os esforços em subir concentra, Em tantas zonas de Prodígios entra.

Nas duas asas tal vigor supremo
Leva, através de todo o Azul extremo,

Que parece cem águias de atras garras Com asas gigantescas e bizarras.

Cem águias soberanas, poderosas
Levantando as cabeças fabulosas.

E voa, voa, voa, voa imersa
Na grande luz dos Paramos dispersa.

E voa, voa, voa, voa, voa
Nas Esferas sem fim perdida a toa.

Ate que exausta da fadiga e sonho
Nessa vertigem, nesse errar medonho.

Ate que tonta de abranger Espaços, Da Luz nos fulgidíssimos abraços.

Depois de voar a tão sutis Encantos,
Vendo que as Ilusões a abandonaram, Chora o luar das lágrimas, os prantos Que pelos Astros se cristalizaram!

Cruz e Sousa

índice

ÉBRIOS E CEGOS

    Fim de tarde sombria.
Torvo e pressago todo o céu nevoento.
    Densamente chovia.
Na estrada o lodo e pelo espaço o vento.

    Monótonos gemidos
Do vento, mornos, lânguidos, sensíveis:
    Plangentes ais perdidos
De solitários seres invisíveis...

    Dois secretos mendigos
Vinham, bambos, os dois, de braço dado,   Como estranhos amigos
    Que se houvessem nos tempos encontrado.

    Parecia que a bruma
Crepuscular os envolvia, absortos   Numa visão, nalguma
Visão fatal de vivos ou de mortos.

    E de ambos o andar lasso
Tinha talvez algum sonambulismo,
    Como através do espaço
Duas sombras volteando num abismo.

    Era tateante, vago

Cruz e Sousa

De ambos o andar, aquele andar tateante
    De ondulação de lago,
Tardo, arrastado, trêmulo, oscilante.

    E tardo, lento, tardo,
Mais tarde cada vez, mais vagaroso,   No torvo aspecto pardo
Da tarde, mais o andar era brumoso.

    Bamboleando no lodo,
Como que juntos resvalando aéreos,
    Todo o mistério, todo
Se desvendava desses dois mistérios:

    Ambos ébrios e cegos,
No caos da embriaguez e da cegueira,   Vinham cruzando pegos
De braço dado, a sua vida inteira.

    Ninguém diria, entanto,
O sentimento trágico, tremendo,   A convulsão de pranto
Que aquelas almas iam turvescendo.

    Ninguém sabia, certos,
Quantos os desesperos mais agudos
    Dos mendigos desertos,
Ébrios e cegos, caminhando mudos.

    Ninguém lembrava as ânsias
Daqueles dois estados meio gêmeos,
    Presos nas inconstâncias
De sofrimentos quase que boêmios.

    Ninguém diria nunca,

Cruz e Sousa

Ébrios e cegos, todos dois tateando,   A que atroz espelunca
Tinham, sem vista, ido beber, bambeando.

    Que negro álcool profundo
Turvou-lhes a cabeça e que sudário   Mais pesado que o mundo
Pôs-lhes nos olhos tal horror mortuário.

    E em tudo, em tudo aquilo,
Naqueles sentimentos tão estranhos.
    De tamanho sigilo,
Como esses entes vis eram tamanhos!

    Que tão fundas cavernas,
Aquelas duas dores enjaularam,
    Miseráveis e eternas
Nos horríveis destinos que as geraram.

    Que medonho mar largo,
Sem lei, sem rumo, sem visão, sem norte,   Que absurdo tédio amargo
De almas que apostam duelar com a morte!

    Nas suas naturezas,
Entre si tão opostas, tão diversas,   Monstruosas grandezas
Medravam, já unidas, já dispersas.

    Onde a noite acabava
Da cegueira feral de atros espasmos,   A embriaguez começava
Rasgada de ridículos sarcasmos.

    E bêbadas, sem vista,
Na mais que trovejante tempestade,   Caminhando a conquista
Do desdém das esmolas sem piedade,

Cruz e Sousa

    Lá iam, juntas, bambas,
-- acorrentadas convulsões atrozes --,   Ambas as vidas, ambas
Já meio alucinadas e ferozes.

    E entre a chuva e entre a lama   E soluços e lágrimas secretas,
Presas na mesma trama,
Turvas, flutuavam, trêmulas, inquietas.

    Mas ah! torpe matéria!
Se as atritassem, como pedras brutas,   Que chispas de miséria
Romperiam de tais almas corruptas!

    Tão grande, tanta treva,
Tão terrível, tão trágica, tão triste,
    Os sentidos subleva,
Cava outro horror, fora do horror que existe.

    Pois do sinistro sonho
Da embriaguez e da cegueira enorme,   Erguia-se, medonho,
Da loucura o fantasma desconforme.

índice

Missal, de Cruz e Sousa

Fonte:
CRUZ E SOUSA, João da. PÉREZ, José (org.). Missal, Evocações. In: *Cruz e Sousa: Prosa*. 2 ed. São Paulo : Cultura, 1945. v. 2. pp.5-126. (Série Clássica Brasileiro-Portuguesa, Os mestres da língua, 14).

Texto proveniente de:

Cruz e Sousa

A Biblioteca Virtual do Estudante Brasileiro
<http://www.bibvirt.futuro.usp.br> A Escola do Futuro da Universidade de
São Paulo Permitido o uso apenas para fins educacionais.

Texto-base digitalizado por:
Luiz Abel Silva

Este material pode ser redistribuído livremente, desde que não seja alterado,
e que as informações acima sejam mantidas. Para maiores informações,
escreva para <bibvirt@futuro.usp.br>.

*Estamos em busca de patrocinadores e voluntários para nos ajudar a
manter este projeto. Se você quer ajudar de alguma forma, mande um e-
mail para <parceiros@futuro.usp.br> ou <voluntario@futuro.usp.br>*

MISSAL
Cruz e Souza

ORAÇÃO AO SOL

Sol, rei astral, deus dos sidérios Azues, que fazes cantar de luz os prados
verdes, cantar as águas! Sol imortal, pagão, que simbolizas a Vida, a
Fecundidade! Luminoso sangue original que alimentas o pulmão da Terra, o
seio virgem da Natureza! Lá do alto zimbório catedralesco de onde refulges
e triunfas, ouve esta Oração que te consagro neste branco Missal da excelsa
Religião da Arte, esmaltado no marfim ebúrneo das iluminuras do
Pensamento.
Permite-me que um instante repouse na calma das Idéias, concentre
cultualmente o Espírito, como no recolhido silêncio das igrejas góticas, e
deixe lá fora, no rumor do mundo, o tropel infernal dos homens ferozmente
rugindo e bramando sob a cerrada metralha acesa das formidandas paixões
sangrentas.
Concede, Sol, que os manipanços não possam grotescamente, chatos e
rombos, com grimaces e gestos ignóbeis, imperar sobre mim; e que nem
mesmo os Papas, que têm à cabeça as veneráveis orelhas e os chavelhos da

Infalibilidade, para aqui não venham com solene aspecto abençoador babar sobre estas páginas os clássicos latins pulverulentos, as teorias abstrusas, as regras fósseis, os princípios batráquios, as leis de Crítica-megatério.
 E faz igualmente, Sultão dos espaços, com que os argumentos duros, broncos, tortos, não sejam arremessados à larga contra o meu cérebro como incisivas pedradas fortes.
Livra-me tu, Luz eterna, desses argumentos coléricos, atrabiliários, como que feitos à maneira das armas bárbaras, terríveis, para matar javalis e leões nas selvas africanas.
Dá que eu não ouça jamais, nunca mais! A miraculosa caixa de música dos discursos formidáveis! E que eu ria, ria – ria simbolicamente, infinitamente, até o riso alastrar, derramar-se, dispersar-se enfim pelo Universo e subir, aos fluidos do ar, para lá no foco enorme onde vives, Astro, onde ardes, Sol, dando então assim mais brilho à tua chama, mais intensidade ao teu clarão. Pelo cintilar de teus raios pelas ondas fulvas, flavas, ó Espírito da Irradiação! Pelos empurpuramentos das auroras, pela clorose virgem das estepes da Lua, pela clara serenidade das Estrelas, brancas e castas noviças geradas do teu fulgor, faculta-se a Graça real, o magnificente poder de rir – rir e amar, perpetuamente rir... perpetuamente amar...
Ó radiante orientalista do firmamento! Supremo artista grego das formas indeléveis e prefulgentes da Luz! pelo exotismo asiático desses deslumbramentos, pelos majestosos cerimoniais da basílica celeste a que tu presides, que esta Oração vá, suba e penetre os etéreos passos esplendorosos e lá para sempre viver, se eternize através das forças firmes, num álacre, cantante, de clarim proclamador e guerreiro.

DOLÊNCIAS

Tu, na emoção desse encanto doloroso e acerbo da Arte, te sentirás, um dia, velho, fatigado, como um peregrino que percorreu ansiosamente todas as vias-sacras torturantes e perigosas.
Essa maravilhosa seiva de pensamentos, toda essa púrpura espiritual, as vivas forças impetuosas do teu sangue, agindo poderosamente no cérebro, irão aos poucos, momento a momento, desaparecendo, num brilho esmaecido, vago, o brilho branco e virgem das estrelas glaciais.
A tu'alma será condenada à solidão e silêncio , como certas formosuras claustrais de monjas que brumalmente aparecem por entre as celas,

deixando no espírito de quem as vê, quase que o mistério de um religioso esplendor...
E, já assim emudecido e gelado para as nobres sensações do Amor, ficarás então como se estivesses morto – sem cabelos, sem dentes, sem nariz, sem olhos – sem nenhumas dessas expressões físicas que tornam os seres humanos harmoniosamente perfeitos.
Em vão te recordarás da doçura de mãos aveludadas e brancas, da amorosa diafaneidade de uns olhos claros...
As tuas Iedos, as tuas Lésbias e as tuas Aldas, fluidamente te passarão na memória, alvas e frias...
Pó infinitamente tratar de idéias como de astros prodigiosos, sonhaste com os opulentos, doirados prestígios da Glória; pensaste na Elevação, como na solenidade augusta das montanhas.
Mas, velho já, lembrarás um sol apagado, cuja forma material poderá persistir talvez ainda e cuja chama fecundadora e ardente se extinguirá para sempre...
Não crer em nada, não sentir nada, não pensar nada, será tua filosofia da senilidade. E, neste estado do ser, mais cruel que Budismo, deixarás, como disse Heine, que a morte vá enfim tapar-te a boca com um punhado de terra...
No entanto, pela tua retina cansada, desfilará tudo o que tu outrora amaste com intensidade: os ocasos, de verberações de metal sobre o mar e sobre o rio. Os finos frios radiantes, de azul resplandecente. A Lua, como estranha rosa branca, perfumando o ar, derramando lactescências luminosas nos campos alfombrosos. Os navios, as escunas e os hiates, todas as embarcações admiráveis, que fazem sonhar, balouçando nas ondas, em relevos nítidos, em gravuras esmaltadas ao fundo dos horizontes.
Tudo o que pensaste, o que trabalhaste pela Forma, com nervos e com sangue; tudo o que te deixou despedaçado, na amargura da luta com o estilo e com a frase, cantará grandioso, solene, como os Salmos de Salomão.
Com essa natureza mística, quase religiosa, que possues, o Mundo te parecerá uma catedral vastíssima, colossal, de biliões e biliões de torres de cristal, de safira, de rubim, de ametista, de onix, de topásio e d'esmeralda.
E, à hora longínqua de profundo luar glacial e imóvel, de cada uma dessas torres sugira um espectro branco dos teus sonhos, como uma ronda fantástica, e os sinos plangentes vibrarão ao mesmo tempo, com tristezas noturnas e lancinantes, por todo o sepulcramento de teus Ideais.
E tu, velho, embora, na torre verde d'esmeralda, ficarás egrégio, vencedor, imortal, eterno, só e sereno, ao alto, sob as estrelas eternas.

Cruz e Sousa

OCASO NO MAR

Num fulgor d'ouro velho o sol tranqüilamente desce para o ocaso, no limite extremo do mar, d'águas calmas, serenas, dum espesso verde pesado, glauco, num tom de bronze.
No céu, de um desmaiado azul, ainda claro, há uma doce suavidade astral e religiosa.
Às derradeiras cintilações doiradas do nobre Astro do dia, os navios, com o maravilhoso aspecto das mastreações, na quietação das ondas, parecem estar em êxtase na tarde.
Num esmalte de gravura, os mastros, com as vergas altas lembrando, na distância, esguios caracteres de música, pautam o fundo do horizonte límpido.
Os navios, assim armados, com a mastreação, as vergas dispostas por essa forma, estão como a fazer-se de vela, prontos a arrancar do porto.
Um ritmo indefinível, como a errante etereal expressão das forças originais e virgens, inefavelmente desce, na tarde que finda, por entre a nitidez já indecisa dos mastros...
Em pouco as sombras densas envolvem gradativamente o horizonte em torno, a vastidão das vagas.
Começa, então, no alto e profundo firmamento silencioso, o brilho frio e fino, aristocrático das estrelas.
Surgindo através de tufos escuros de folhagem, além, nos cimos montanhosos, uma lua amarela, de face chara de chim, verte um óleo luminoso e dormente em toda a amplidão da paisagem.

SOB AS NAVES

Àquela hora, meio tarde no dia, não sei que compunção evangélica me assaltou, me invadiu a alma, que eu penetrei no templo iluminado.
Altas naves sombrias pela névoa crepuscular da tarde, já em tons violáceos, abriram-se aos meus olhos, numa solene paz mística.
No alto do altar-mor vinha uma austera eloqüência da Religião, da Fé Católica, de Rito Romano.

Velas amareladas e frias, de chama nobre e ardente, elevavam-se em tucheiros cinzelados, numa luz oscilante, trêmula às vezes por alguma momentânea aragem, com almas na indecisão de viver.
Na capela do Santíssimo, rutilante de caros brocados e doiraduras custosas, de fulgentes pratarias, de tons azulados e brancos de jarras esbeltas, uma lâmpada fulgurava, toda em esmalte de prata, por entre meia-tinta aveludada da hora, através do silêncio eucarístico, monástico da capela. Uma serenidade de força divinal, de majestade tranqüila, enchia o templo de um grande ar panteísta.
Nos altares laterais, os santos, histerismos mumificados, no imortal resplendor das coisas abstratas, dos impulsos misteriosos que alucinam e por vezes fazem vacilar a matéria, tinham dolorosas e fortes expressões de luxúria.
Eu sentia, sob aquelas rígidas carnes mortificadas, frêmito vivo do sangue envenenado e demoníaco do pecado.
E, de repente, não sei por que profana, tentadora sugestão, vi nitidamente Nossa Senhora descer aos poucos do altar, branca e muda, arrastando u manto estrelado, e, vindo anelante para mim, de braços abertos, dar-me, com os olhos claros de azul, profundos e celtas, infinitas, inefáveis promessas...
Ah! naturalmente eu sonhara acordado, porque Tu, durante este meu sonambulismo de sátiro lascivo, subitamente entraste, trêfega, com vivacidade de pássaro, no templo iluminado; e eu então logo senti que os lindos olhos claros de azul que virginalmente se encaminharam para os meus, na ardência de um desejo, eram, por certo, os teus olhos, sempre meigos, sempre amorosos, ó luz, ó sol, ó esplendor dos meus olhos!

PAISAGEM

Na colina da vila trepada no alto agrupam-se as casarias. Há sol. E na frente das casas caiadas de branco a luz vibra nervosamente, fazendo tremer a vista sob a crua irradiação da soalheira, como sob os flamantes bicos vertiginosos do gás da ribalta; enquanto que nas casas pintadas de amarelo e de vermelho quebra-se a forte intensidade da luz.
Nestas ubérrimas regiões agricultáveis, de loiras messes de produto, amanha-se a terra para a plantação da cana, da mandioca e do milho — do

milho que nasce e cresce as com suas folhas compridas, flexíveis e largas como lustrosas, acetinadas fitas verdes.
E vê-se agora, na grande extensão do campo, entre a verdura fremente de sol, a gente da lavoura, aplicada ao arado, ao alvião e à enxada, — homens, mulheres e crianças, com os trajes da labuta, trabalhando e cantando queixas passadas que ecoam no ar tranqüilo, emprestando a essas paragens o pinturesco tom da vida de um desenho quente e colorido de leque chinês.
Mais abaixo da roça, além de uma estreita ponte de pau a pique, que se atravessa a um de fundo, está o mar, fulgurante, profundamente calmo e liso, espelhando o céu, e cortado, às vezes docemente por canoas a vela e a remo de voga que seguem para o mar grosso, ou por canoas a remo de pá que vão e voltam da pesca, cheias de peixe fresco que salta dentro, prateado e luzente, ainda vivo, com olhos vidrados de madrepérola, as guelras rubras e as barbatanas membranosas palpitando , no último anseio de se moverem na água.
Ao lado direito da lavoura estão os engenhos de açúcar, de farinha e de arroz, com seu ar rústico, emadeirados de novo, no aspecto simples dessa vida rude de trabalho nos campos.
Ao lado esquerdo há uma vasta eira de sólida argamassa de cimento romano, mandada fazer pelo proprietário desses terrenos campestres e férteis, na qual se põe a secar , se debulham e limpam os cereais, pelo tempo das eiras, no outono, e onde os pequenos lavradores daqueles arredores brincam o Tempo Será, de cabeça nua ao fresco dos luares serenos que espalham grandes silêncios soturnos e misteriosos nas brancas estradas dos sítios.
Quem anda por ali, nas estações primaveris goza do panorama ridente da vila, refrescado de auras leves e puras, que vêm do mar; da resina que exalam as árvores à noite, salubrizando a atmosfera e dando às verdejantes campinas a frescura e a nitidez de uma gouache encantadora.
E, quem for artista, e quiser percorrer ao longo da costa, até a uma gruta de pedras brancas, que ali há, formando um vulto agachado ou ao longo da paisagem toda, nos descampados; ou ao comprido dos atalhos marginados de ervas agrestes e tufos de espinheiros abrindo em flor, ou ao direito do chão claro, arenoso e úmido das praias, há de sentir as mais pitorescas e vivas comoções da Natureza.
De manha, o gado que desce os vales, lento e dócil, aspirando a temperatura azotada, seguido pelo tropeiro que canta alegre no seu cavalo; os leiteiros, que vêm de longe, que passam para a cidade com o leite dentro de latas bojudas colocadas em paus que eles atravessam no ombro direito; as

graciosas raparigas da roça, que levam a apascentar o rebanho das cabras monteses que saltam barrancos e carcavões, alígeras, lépidas, com os seus pequenos chifres pontudos, a Mefistófeles; os carros de boi, que chiam devagar, morosamente, na poesia de seu campestre ritmo simpático, atulhados de lenha e de cana rosa e guiados pelo campônio que vai na frente, munido de vara-pau, rosto grave e sóbrio, governando os benignos animais com a velha técnica arrastada e tremida na aspereza da voz — abençoada técnica que já vem lá dos seus antepassados e que os seus queridos filhos e netos, depois, mais tarde, quando ele fechar os olhos, terão de a recebe também, intacta sempre a mesma, saturada do íntimo perfume intenso do passado, como uma herança eterna.

À tarde, o gado que volta para abeberar-se, de arejar no campo, ao suave ocaso do dia, quando tintas multicores se esbatem no fundo dos espaços côncavos; os leiteiros que voltam com a féria arranjada, pitando, ou, de cigarro atrás da orelha, assobiando meigas cantigas que aprenderam na infância e que se fundem à melancólica, à dolência da loira luz que morre — quando, do cimo da encosta, após a última badalada saudosa do Ângelus, apagam-se os esboços e os contornos dos horizontes, caindo então sobre a terra a neblina cinzenta do crepúsculo...

ASTRO FRIO

Por entre celas místicas, silenciosas, lá te foste emudecer para sempre, ó harmonioso e célebre pássaro do canto, nos pesados claustros.
Cor de rosa e de ouro na iluminada sala dos teatros, trinava para o alto inefavelmente, e, agora, não sei por que tormentosa paixão que te desolou um dia, ficaste infinitivamente reclusa, sob os fuscos tetos de um convento, como uma rara rosa opulenta numa estufa triste, fugindo ao sol dos prados.
Fria e muda estarás, talvez, a estas horas, ajoelhada na capela de um Cristo glacial de marfim sagrado — branca, mais glacial e de mais branco marfim do que esse Cristo, com as níveas mãos de cera e face também de cera macerada pelos jejuns e pelos cilícios, dentro de sombrias vestes talares.
E, assim muda e assim fria, perpassarás como a sombra de um vivo afeto ou de um profundo sentimento artístico, ao frouxo clarão de âmbar das lâmpadas lavoradas.

O teu alado perfil, as tuas linhas suaves, serão, no religioso crepúsculo da capela, como que a recordação do aroma, da luz, do som que tu para a Arte foste.

Nos olhos, apenas uma centelha, uma leve faísca evidenciará o passado esplendor, o encanto que eles tiveram, quando amaram, cá fora no mundo, com as violências do desejo, com os ímpetos frenéticos, vertiginosos da carne.

E os corações que te adoraram, que te ouviram outrora os incomparáveis gorjeios da garganta, que te sentiram a carnação formosa palpitando sob a vitória dos aplausos, ficarão saudosos e perplexos ao ver-te agora assim para sempre enclausurada, para sempre gelada aos fulgores e sensações do mundo, mergulhada, enfim, na necrópole de um convento, como um astro através de frígidas e espessas camadas de neve...

BÊBADO

Torvo, trêmulo e triste na noite, esse bêbado que eu via constantemente à porta dos cafés e dos teatros, parara em frente do cais deserto, na alta, profunda hora solitária.

Espadaúdo, de grande estatura, ombros fortes como um cossaco, costumava sempre bater a cidade em marchas vertiginosas, na andadura bamba dos ébrios, indo pernoitar depois ali, perto das vagas, amigas eternas de sua nevrose..

Um luar baço, enevoado, de quando em quando brilhava, abria, rasgando as nuvens, num clarão que iluminava amplas fachas do céu de um tom esverdeado, como folhagens tenras e frescas laçadas pela chuva.

O Mar tinha uma estranha solenidade, imóvel nas suas águas, com uma larga refulgência metálica sobre o dorso.

Da paz branca e luminosa da lua caía, na vastidão infinita das ondas, um silêncio impenetrável.

E tudo, em torno, naquela imensidade de céu e mar, era a mudez, a solidão da lua...

Junto ao cais, olhando as vagas repousadas, a taciturna figura do bêbado destacava em silhouette sombria.

E ele gesticulava e falava, movia os braços, proferia palavras ásperas e confusas, como os tartamudos.

Eu via-lhe as mãos, todo o corpo invadido por um convulsivo temos, que não era, de certo, a desoladora e enregelada doença da senilidade.
O seu aspecto, ao mesmo tempo piedoso e feroz, traduzia a expressão terrível que deixa o bronze inflamado da Dor calcinando naturezas nervosas e violentas.
Trôpego, espectral, fazia pensar, pela corpulência, na massa formidanda de um desses ursos melancólicos, caminhando aos boléus, como que numa bruma de pesadelo...
Os seus grandes olhos d'árabe, muito perturbados pelo álcool, tinham o brilho amargo de um rio de águas turvas e tristes.
Era talvez um desses seres nebulosos, gerados do sangue aventureiro e venenoso de uma bailarina e de um judeu, sem episódios pitorescos, frescos e picantes de alegria e saúde.
Um desses seres tenebrosos, quase sinistros, a quem faltou um pouco de graça, um pouco de ironia e riso para florir e iluminar a vida.
Alma sem humor — essa força fina e fria, radiante, que deu a Henri Heine tanta majestade.
No entanto, quanto mais eu observava esse fascinado alcoólico, pasmando instintivamente, na confusão neblinosa da embriagues, para as ondas adormecidas na noite, mais meditava e sentia as profundas visões de sonâmbulo que lhe vagavam no cérebro as saudades e nostalgias.
Porque o álcool, pondo uma névoa no entendimento, apaga, desfaz a ação presente das idéias e fá-las recuar ao passado, levantando e fazendo viver, trazendo à flor do espírito, indecisamente, embora, as perspectivas, as impressões e sensações do passado.
Nos límpidos espaços nem um movimento, um frêmito leve de aragem perturbava a harmoniosa tranqüilidade da noite clara, por entre os finos rendilhados prateados das estrelas.
Mais amplo, mais vasto e sereno ainda, o silêncio descia, pesava na natureza, sobre os telhados, que pareciam, agrupados, aglomerados nos infindáveis renque das casas, enormes dorsos escuros de montanhas, de elefantes., de dromedários.
Sobrepujando, avassalando tudo, com expressões misteriosas de Idade Média, as elevadas torres das igrejas, como vigias colossais de granito, erectas para o firmamento na luminosa sonoridade do luar, tinham a nitidez dos desenhos.
E a luz do astro noturno e branco, da Verônica do Azul, congelada de mágoas, envolvia a face atormentada do bêbado como num longo sudário de piedades eternas...

Cruz e Sousa

SABOR

Os ingleses, fidalgo entendimento de artista, para significar - o melhor - dizem na sua nobre língua de prata: *the best*...
O que os ingleses chamam *the best* é finamente o que eu quero exprimir com a palavra — sabor — que, para a requintada espiritualidade, marca alto na Arte — filtrada, purificada pela exigência, pelo excentrismo da Arte.
Após a delícia frugal de um *lunch* de frutas silvestres e claros vinhos, numa colina engrinaldada de rosas, quando o sol sob nuvens aparece e desaparece, numa confortante meia-sombra de luz, não é apenas o gozo das frutas e dos vinhos que te fica saboreando no paladar.
O asseado aspecto do dia levemente frio, agulhante nas carnes , o ouro novo do sol em cima, a cor bizarra, correta do verde luxuoso, o gelo fresco e cristalino nas taças sonoras espumantes de líquidos vaporosos, e o viçoso encanto de formosas mulheres, indo em bocas de aurora e dentes de neve.
— toda essa impressionante, alegre palheta de pintura à água, aflora num esplendor de gozo a que tu bem podes chamar o raro sabor das coisas.
A clarividência na atitude dos perfis que a essa hora pintalgam a paisagem de colorido variado, o aroma que de tudo vem e que de tudo sobe para a serenidade azul, o ritmo simpático do momento, a lassitude branda de nervos, que engolfa as idéias numa larga felicidade amável — como em amplos coxins de arminho — todas essas preciosas maneiras e pitorescos estilos que dão *linha*, grande tom ao viver, fazem, enfim, que de tudo se experimente um radiante, aguçado sabor.
Não basta, pois, o paladar. Esse, apenas, materializa. Não é, portanto, suficiente, que se sinta o sabor na boca, que o examine, que se o depure, que se o saiba distinguir com acuidade, com atilamento. É necessário, indispensável que, por um natural desenvolvimento estético, se intelectualiza o sabor, se perceba que ele se manifesta na abstração do pensamento.
Por fim, as palavras, como têm colorido e som, têm do mesmo modo, sabor. O cinzelador mental, que lavora períodos, faceta, diamantiza a frase; a mão orgulhosa e polida que, na escrita, burila astros, fidalgo entendimento de artista, deve ter um fino deleite, um sabor educado, quando, na riqueza da concepção e da Forma, a palavra brota, floresce da origem mais virginal e resplende, canta, sonoriza em cristais a prosa.

Para a profundidade, a singularidade de todo o complexo da Natureza, o artista que sente claro, entende claro, pensa claro, saboreia claro.

LENDA DOS CAMPOS

Por uma doirada tarde azul, em que os rios, após as chuvas torrenciais, sonorizam cristalinamente os bosques, os camponeses de uma vila risonha, numa unção bíblica, conduziam ao tranqüilo cemitério florido o loiro cadáver branco de uma virgem noiva, morta de amor, tão bela e tão nova, umedecida no féretro, como se tivesse acabado de nascer da rosada luz da manhã.
Infantil ainda, viera outrora da Alemanha através de castelos feudais, de montanhas alpestres, de árvores velhas e enevoadas...
E, então, desde o dia de sua morte, uma lenda espalhou-se, como a dos Niebelugen, em todas aquelas cabeças ingênuas, rudes e humildes.
Ela era a deusa fantástica, a visão encantada dos antigos palácios medievais de vidraçaria gótica, onde as rainhas mortas apareciam brancas ao luar, à flor dos lagos e rios, suspirando toda a tragédia histérica dos convulsivos amores passados, que os ventos de hoje como que ainda melancolicamente repetem...
Era a monja das aldeias dos castelos feudais, graves e solenes, cheios de névoas alemãs, atravessados de fantasmas que fazem mover alvas e longas clâmides de linho no ar neutralizado da meia-noite...
E, por altas horas, em certos dias, ao luar, a imaginação apreensiva dos homens e mulheres do campo, via uma virgem loira, de ignoto aspecto de ondina mágica, surgir do solo em exalações fosforescentes, o coração traspassado de flechas inflamadas, arrastando soturnamente pela areia luminosa uma vasta túnica branca, os cabelos de sol soltos para trás, candidamente pálida, cantando a canção sonâmbula do túmulo e desfolhando grandes grinaldas de flores de laranjeiras, cujas frescas e níveas pétala cheirosas redemoinhavam, agitadas por um vento frio — pelo vento gelado e soluçante da Morte.

Cruz e Sousa

NOTAMBULISMO

Enquanto, fora, na noite, gralha, grasna e grulha o Carnaval em fúria, vai, Mergulhador, rindo para o espaço a tua aguda risada acerba.
Os luminosos lírios das estrelas desabrocharam já nos faustosos brocados do Firmamento, como que para ritmar em claras árias de luz a tua torva risada triste.
Apavora-te o Sol flamejante, eterno, na altura infinita. Não queres a aflitiva evidência do sol, que tudo põe num relevo brusco, que pinta as chagas de vermelho, faz sangrar as dores, perpetuar em bronze o remorso.
Amas a sombra, que esbate os aspectos claros, esfuminha os longes, turva e quebra a linha dos corpos.
Queres a noite, longas trevas amargas que confundam máscaras hediondas de Gwimplaines com faces loiras de deusas.
Noite igualmente deliciosa e dilacerante que te anule para os sentimentos humanos, que te disperse no vácuo, dissolva imortalmente o espírito num som, num aroma, num brilho.
Noite, enfim, que seja o vasto manto sem astros que tu arrastes pelo mundo a fora, perdido no movimento supremo da Natureza, como um misterioso braço de rio que, através de fundas selvas escuras, vai, por estranhas regiões, sombriamente morrer no Mar...
A noite tem, para a tua delicada sensibilidade, o majestoso poder de apagar-te dos olhos esses sinistros animais terríveis que babujam ao sol e desfilam, diante de ti, na truculenta marcha cerrada de pesadas massas formidandas. Enquanto, pois, lá fora, o Carnaval em fúria gralha, grasna e grulha, num repique macabro de guizos jogralescos, uivando uma língua convulsiva e exótica de duendes e notâmbulas bruxas walpurgianas, prende-te, ó deus do Tédio, Mergulhador dos Mediterrâneos da Arte! Às imensas asas da fria águia negra das multidões – a noite – e ri, ri! Sob as claras árias da luz das Estrelas, a tua venenosa risada em fel e em sangue...

NAVIOS

Praia clara, em faixa espelhada ao sol, de fina areia úmida e miúda de cômoro.

Brancuras de luz da manhã prateiam as águas quietas, e, à tarde, coloridos vivos de acaso as matizam de tintas rútilas, flavas, como uma palheta de íris.
Navios balanceados num ritmo leve flutuam nas vítreas ondas virgens, com o inefável aspecto nas longas viagens, dos climas consoladores e meigos, sob a candente chama dos trópicos ou sob a fulguração das neves do Pólo.
Alguns deles, na alegre perspectiva marinha, rizam matinalmente as velas e parte — mares afora — visões aquáticas de panos, mastros e vergas, sob o líquido trilho esmaltado das espumas, em busca, longe, de ignotos destinos.
Á tarde, no poente vermelho, flamante, dum rubro clarão d'incêndio, os navios ganham suntuosas decorações sobre as vagas.
O brilho sangrento do ocaso, reverberando na água, dá-lhes uma refulgência de fornalha acesa, de bronze inflamado, dentre cintilações de aço polido.
Os navios como que vivem, se espiritualizam nesta auréola, neste esplendor feérico de sangue luminoso que o ocaso derrama.
E mais decorativos são esses aspectos, mais novos e fantasiosos efeitos recebem as afinadas mastreações dos navios, donde parece fluir para o alto uma fluida e fina hormonia, quando, após o esmaecer da luz, a ViaLáctea resplende como um solto colar de diamantes e a Lua surge opaca, embaciada, num tom de marfim velho.

EMOÇÃO

Não sei que estranho *frisson* nervoso percorre-me às vezes a espinha, me eletriza e sensibiliza todo como se meu corpo fosse um harmonioso teclado de cristal vibrando as sonoridades mais delicadas.
Um ombro aveludado e trescalante a frescura aromática, que pelo meu ombro levemente roce na rua, num encontro fortuito, produz-me um estado tal de volúpia, dá-me tão longa, larga volúpia, que me vejo por entre incensos, festivamente paramentado como o sacerdote que ergue o cálix acima da cabeça, ao alto do Altar-Mor dos templos doirados, sentindo que um aluvião de almas crentes o adora de joelhos.
A mão fina, ideal, calçada em luva clara, de formosa mulher que por entre a multidão aparece e desaparece, como uma estrela por entre nuvens, bem vezes, também, me alvoroça e agita o sangue.

Cruz e Sousa

E sigo, radiante, triunfal, rei, essa nobre mão enluvada, à qual eu em vão pediria o ouro, a riqueza afetuosa de um gesto carinhoso – a essa delicada mão avara e milionária que, para mais avara tornar-se ainda, se fora esconder na maciez elegante da luva fresca, vivendo dentro dela afagada, confortada, palpitando talvez por encontrar a mão feliz que vibrará de amor ao seu contato.
Então, assim, a emoção que desperta todos os meus sentidos, no curioso giro que faço com o pensamento acompanhando a feminina mão fidalga, não é uma emoção de indiferença, por certo, mas uma emoção de despeito. Estranhamente, como força hercúlea que me prendesse à terra, chamando-se à iniludível Realidade, desço das inauditas, siderais, regiões a que subira.
Vejo-me logo, então, profundamente vencido no tempo, e, no meu rosto, à maneira dos fundos sulcos que as charruas abrem nos campos, imprevistas rugas se evidenciam, como se eu tivesse de repente envelhecido um ano.
Da Dor poucas vezes sinto só o que ela tem de selvagem, de rugidora. Emoções delicadas, sutis, que me doem também fundo na alma, porque me melancolizam, deixam-me um ritmo de música, uma afinada dolência de suavíssimos violinos, e que por fim delicia.
É como se alguém vibrasse de brando as cordas de um instrumento e ele, trêmula, amorosamente, ficasse a gemer no mais meigo, no mais doce dos dedilhados acordes...
A emoção é que me faz amar os eucaliptus altos, afilados, retorcidos convulsamente, como a dor dum gigante.
É ainda essa mesma emoção que me faz perceber e ouvir o misterioso som dos metais: o claro riso diamantino da Prata e o trovejante rumor do bronze.
O que o mundo chama fatalidade, negras e assoberbantes catástrofes, como um incêndio, não posso bem com nitidez que emoção me causa.
Realmente, num incêndio, todas aquelas chamas são maravilhosas!
Não sei que raro, que estupendo Rembrandt veio de surpresa encharcar de um rubro violento, sanguinolento e flamejante, todo aquele belo edifício que, há pouco, era um rendilhado palácio ou uma igreja gótica, um Louvre em Pompas ou um faiscante chalet d'esmalte.
E não sei até como essas chamas formando miríades de fantasmagorias, ilusionismos, entre os quais às vezes perpassa a deliciosa cor azulada, aveludada, de poncheiras colossais, não devoraram tudo logo a um tempo!
Têm sido, talvez, benévolas, piedosas demais as chamas, porque há já bastante horas que o fogo alastrou, minou, rastejou, como um verme de incêndio, pelos alicerces do edifício e só agora que os trovejamentos desabem, as paredes caem, como se fossem de cera, milhares de fogozinhos

correm eletricamente como microscópicos insetos luminosos pelo luxuoso papel das paredes, enquanto todo o resto da madeira estala e range , num crac-crac seco, caindo desmantelada como os mastros e vergas de um navio que afunda na fúria dos aceanos, sob o rijo estourar das tormentas.
Alucinamento, nevropatia, embora, eu não sei bem, na verdade, se um incêndio me apavora ou me delicia, - o que sei é que intimamente me sobre-excita.
Também o Mar, a emoção que experimento ao vê-lo, verde, amplo, espelhado, dá-me uma saúde virgem, uma força virgem.
Sinto o gozo repousante de sondá-lo, de descer à imensa profunda necrópole gelada onde uma florescência de algas vegeta; e, ao mesmo tempo, diante do Mar, sinto o peito alanceado de incomparável saudade de países vistos através do caledoscópio da imaginação, dos sonhos fantasiosos – países lindos e felizes , floridos trechos de terra, ilhas tranqüilas, províncias loiras, simples, de caça e pesca, donde a sombra amorosa da pa benfazeja fosse como uma sombra doce, protetora, de árvore velha, e onde, enfim, a Lua tudo imaculasse numa frescura salutar de pão alvo ...
A emoção, a sensibilidade em mim, quase sempre desperta uma meditativa amargura, uma grande e mística dolência do passado, que enevoa tudo – como o indefinido mistério perfumado dessas soberbas mulheres de Versailles, carnações fidalgas e perfeitas que estremeceram de luxúria e apaixonadamente amaram pelos velhos parques abandonados, rojando sobre as areias sonoras das alamedas a cauda astral das vestes de Deusas.

OS CÂNTICOS

No templo branco que os mármores augustos e as cinzeluras doiradas esmaltam e solenizam com resplandência, dentre a profusão suntuosa das luzes, suavíssimas vozes cantam.
Coros edênicos inefavelmente desprendem-se de gargantas límpidas, em finas pratas de som, que parecem dar ainda mais brancura e sonoridade à vastidão do templo sonoro.
E as vozes sobem claras, cantantes, luminosas como astros.
Cristos aristocráticos de marfim lavrado como fidalgos e desfalecidos príncipes medievos apaixonados, emudecem diante dos Cânticos, da grande

exalção de amor que se desprendem das vozes em fios subtilíssimos de voluptuosa harmonia.
O seu sangue delicado, ricamente trabalhado em rubim, mais vivo, mais luminoso e vermelho fulge ao clarão das velas.
Dir-se-ia que esse rubim de sangue palpita, aceso mais intensamente no colorido rubro da luxúria dos Cânticos. Que despertam, ciliciando, todas as virgindades da Carne.
Fortes, violentas rajadas de sons perpassam convulsamente nos violoncelos, enquanto que as vozes se elevam, sobem, num veemente desejo, quase impuras, maculadas quase, numa intenção de nudez.
E, através das volúpias das sedas e damascos pesados que ornamentam o templo, das luzes adormentadoras, dos pertubadores incensos, da opulência festiva dos paramentos dos altares e dos sacerdotes, das egrégias músicas sacras, sente-se impressionativamente pairar em tudo a volúpia maior – a volúpia branca dos Cânticos.

FULGORES DA NOITE

Desce um desses crepúsculos violáceos em que parece errar no espaço a enevoada música das casuarinas ... Envolvem gradativamente a imensidade os veludos negros da Noite.
Num céu frio d'inverno, que umas mais frias estrelas esmaltam pouco a pouco, começa prodigiosamente a surgir a Lua, alta e misteriosa, lembrando baladas.
Dias d'ouro, ricos e raros, resplandeceram já com o sol na luxúria verde da folhagem.
E agora, o luar, que veste as noites de noivas, desdobra suntuosamente as suas tules delicadas e os seus luxuosos cetins brancos, imaculados.
Fecundam-se os grandes campos, quietos na nívea luz da Lua, no clarão que dela jorra, dormente e doce.
E os animais que repousam na amplidão dos vistosos gramados, gozam tranqüilos um sono brando, acariciador, como que produzido pela amorfinada claridade da Lua límpida e profunda.
As águas, as frescas águas das fontes e rios, as largas águas dos mares serenamente adormecem, num esplendor cristalino

Apenas uma surdina leve que sai delas, como um leve ressonar, lhes denuncia, no silêncio claro da noite, a antureza sonora.
E enquanto a rumorosa paisagem, todos os frementes impulsos do dia calam-se, em redor, na noite, a lua e as estrelas amorosas acordam e brilham, num recolhimento de Santuário, todas de branco, como virgens para a primeira comunhão.

PSICOLOGIA DO FEIO

Peters, esse humorismo ao mesmo tempo alucinante e alado; o pessimismo paradoxal de Alphonse Karr e Gustavo Groz, tão semelhantes nas linhas gerais; todo aquele pungente, doloroso, estranho *Livro de Lázaro,* de Henri Heine, tudo isso, fundido numa cristalização de lágrimas e sangue, como a flamejante e espiritualizada epopéia do Amor, exprimiria bem, talvez, a noite de tua psicologia negra, ó soturno, ó triste, ó desolado Feio.
Tu vens exata e diretamente do Darwin, da forma ancestral comum dos seres organizados: eu te vejo bem as saliências craneanas do Orango, o gesto lascivo, o ar animal e rapace do símio.
As tuas feições, duras, secas, quase imobilizadas em pedra, puxadas, arrepanhadas num momo, como a confluência interior dos desesperos e das torturas, abrem-se rebeladamente num sarcasmo, ao qual às vezes uma gesticulação epiléptica, nevrótiva, clownesca, faz impetuosa brotar a gargalhada das turbas, enquanto a tua voz coaxa e grasna, numa deprecação de morte, com ásperas e absurdas variabilidades ventríloquas de tons.
O teu horror não é deplorável só, não causa só piedade – mas é um obsceno horror – e as abas compridas e esfrangalhadas duma veste que te fica em rugas, em pregas encolhidas na largura neste teu corpo esquelético, e que parece a mortalha dalgum hirto cadáver que houvessem desenterrado – as esquisitas abas desta veste, sob o chicote elétrico do vento, alçam-se em vôo, deblateram para trás de ti, ansiosas, aflitas, puxando-te, num arrebatamento histérico, como se fossem fúrias tremendas que te quisessem arrojar pelos ares, num delírio de darem-te a morte.
Outras vezes, porém, lembram as asas de um grande morcego monstro, imensas e membranosas, causando asco nauseante e enchendo tudo duma sinistra treva lugubremente cortada de arrepios e esvoaçamentos medonhos.

Cruz e Sousa

Árvores frondentes e undiflavadas de sol, onde os pássaros cantem; rios gorgolejantes de cristais sonoros; vivos e iluminados vegetais em flor; campos verdes, afofados na verdura tenra, como estofos de veludos e sedas rutilosas e orientais, não são já para a tua alegria, recuada agora no fundo das nostálgicas neblinas da torturante desilusão de seres Feio.
Os perpétuos gelos do Volga e do Neva para sempre rolam, em densas camadas, sobre o teu coração; e, aí, tudo o que dele se aproxima, outros corações que te buscam, outros afetos que te procuram, perdem todo o calor, resfriam logo, inteiramente ficam gelados já diante da tangibilidade gwinplainesca da tua fealdade.
Só eu, numa suprema hora de spleen, de esgotamento de forças psíquicas, em que me falte extensamente o humor – essa bondade hilariante do Espírito – te idolatro e procuro, ó lascivo Feio! que da luxúria pantagruélica dos vermes devoras na treva os sonhos – porque não os podes alimentar, nem ver florir, nem crescer! Sem que a diabólica verdade flagrante esteja a rir de teu amor e a pintar picarescamente caricaturas na quase apagada perspectiva da tua existência.
Só as artísticas sensibilidades nervosas, vibráteis, quase feminis, podem amar-te; enquanto que as individualidades ocas, estéreis, áridas, duras, sem vibração sensacional, sem cor, sem luz, sem som e sem aroma, fugirão para sempre de ti como à repelência asquerosa de um putrefato.
Entretanto, eu gosto de ti, ó Feio! porque és a escapelante ironia da Formosura, a sombra aurora da Carne, o luto da matéria doirada ao sol, a cal fulgurante da sátira sobre a ostentosa podridão da beleza pintada. Gosto de ti porque negas a infalível, a absoluta correção das Formas perfeitas e consagradas, conquanto tenhas também, na tua hediondez, toda a correção perfeita – como o sapo, coaxando cá embaixo na lodosa argila, tem, no entanto, a repelente correção própria do sapo; — como a estrela, fulgindo, lá, em cima, no precioso Azul, tem a serena e etérea correção própria d'estrela.
Por uma espécie apenas de schopenhaurismo é que eu adoro-te, ó feio! e quereria bem rolar contigo nesse Nirvana de dúvida até à suprema aniquilação da morte, vendo surgir, como de lagos de quimeras, em estalagmites de neve, diante de mim, sombrios e álgidos, pesadelos de mulheres amadas; pálidas Ofélias, Margaridas loiras, Julietas tormentadas, visões, enfim, como nas tragédias de Mcbeth ou a nevoenta Visão germânica do Graal.
Numa seda negra d'Arte, vestidos de negro, à semelhança desse trágico Hamlet da Dinamarca, iríamos os dois, através dos largos e profundos cemitérios silenciosos, consultar as rígidas caveiras das virginais Ilusões

que se foram, e que, à nossa aproximação, sorririam, talvez, felizes, como se lhes levássemos a palpitante matéria animada de nossos corpos para cobrir, fazer viver as suas galvanizadas carcaças frias.

Mas ah! eu quisera bem, por vezes, também, ter o rude materialismo analítico de Buchener, que, certamente, não sentiria por ti, ó Feio! esta extravagante, excêntrica, singular influência mórbida que nas funções de meu cérebro vem, contudo, como doença amarga, um tédio amarelo e pesado de chim que o ópio estuporou e enervou.

Não houvesse dentro em mim, através das Ilíadas do Amor, das Bacanais do Sonho, um sentimento melancólico ao qual o pensamento dá uma expressão de enfermidade psicológica, e eu não arrastaria a tua sombra, não andaria preso ao teu esqueleto, ó soturno, ó triste, ó desolado Feio!

VITALIZAÇÃO

Há uma irradiação larga e opulentíssima nos ares.

Esbraseamento do sol do fim da tarde dá fortes verberações quentes à paisagem, que resplandece, e de cuja vegetação estuante de calor parecem rebentar as raízes túmidas de seiva, como veias imensas latejando de sangue oxigenado e vivo.

Nessa elaboração enorme da Terra que procria e fecunda, na gestação desses mundos que, como astros, gravitam talvez em cada grão de areia, pululando e vibrando, a Natureza é como uma grande força animada e palpitante, dando entendimento e sentimento à Matéria e fazendo estacar a vida no profundo ocaso da Morte.

E, daí a pouco, a Lua, através das matas do vale, anelante e álgida, surgirá, rasgará d'alto as nuvens do céu, acordando os aromas adormecidos, cristalizada, vagarosa e tristemente, como uma dor que gelou...

GLORIA IN EXCELSIS

Num recolhimento sugestivo, como se o meu espírito estivesse longinquamente a orar n'alguma velha abadia, penetrei na catedral em festa.

Não sei que de nevoento, vago, dolente e nostálgico me invadira de repente e por tal forma, que eu fui, como que sonambulamente, à solenidade.
Todo o templo, ornamentado, resplandecia, numa imponência, numa augusta suntuosidade, a que o grande esplendor das luzes dava majestades romanas.
A onda humana, compacta, densa, murmurejava, numa compunção.
Alvuras e incenso envolviam, como que em brumas imaculadas, em flocos matinais de neblina, o vasto recinto da igreja.
Lustres imensos pendiam pomposamente da abóbada branca, numa infinidade de pingentes que tiniam e cintilavam, como polidas, facetadas lâminas metálicas, num brilho molhado.
Do coro, para o alto, os instrumentos de corda choravam, salmodiavam, num crescendo de notas, através do vivos metais sonoros.
Eram excelsos, eram egrégios aqueles sons sacros, religiosos, que subiam pelas naves, à maneira que os incensos subiam.
No peito, como numa urna de cristal, o coração batia-me, anelante, na ânsia, na vertigem de vê-la por entre todo aquele confuso e amplo borboletar de cabeças.
E, quando houve um alegre e diamantino tilintar de campas e o sacerdote elevou no cálix o Vinho Sagrado, o coração, como estranho pássaro de sol, fugiu-me do peito, num alvoroço arrebatado, maravilhado na grande luz do templo, em busca dos olhos dela, que, de repente, me fitaram, longos, negros e veludosos, quando, por entre níveas névoas d'incenso, o *Gloria in Excelsis,* exalçando os Evangelhos, triunfava nas vozes e levantava um festivo rumor no templo.
E foi, para meu coração lancinado de amor, como se Ela, naquele instante, me trouxesse toda essa Glória luminosa nos olhos.

PÁGINA FLAGRANTE

Inflamados de sol, como pássaros no esplendor da aurora, partiam Ambos a digressões singulares, por manhãs alegres, da alegria impulsiva e bizarra das Hallalis de caça.
Uma virginal exalação de leite, um aroma finíssimo de lilás e rosa errava pelos prados sãos e férteis, na grande luz alastrante e germinadora da primavera.

Na franqueza heróica da força que a expansão vigorescente da Natureza lhes infiltrava, experimentavam Ambos uma sensação aguda de espiritualidade, um eletrismo de idéias, que os agitava, dava-lhes intensa vibratilidade, uma embriaguez fascinante de acre aticismo mental, por entre os radiantes orientalismos de luz.
E eles partiam nervosamente, alvoroçados, finos, fulgurantes, como sobre a impressão da alta e convulsionante música wagneriana.
De uma abundante e luxuriosa vegetação psíquica, enclausurados na Arte, como numa cela, lá iam sempre nessas continuadas *batidas*, nesses verdadeiros assaltos ao Ideal, num fausto de Império romano, arrebatados pela grande borboleta iriante, fugidia e fascinadora da Arte.
Vinham, então, os livres exames, os amplos golpes de Crítica, ao fundo e ao largo, através dos turbilhões luminosos do sol.
Quase feroz, cheio de bárbaros venenos e ao mesmo tempo untuoso como os inquisidores, um deles fazia vagamente lembrar a urze das montanhas áridas, sobre a qual, entretanto, O Azul canta de dia os hinos claros do sol e à noite a luminosa barcarola da lua e das estrelas.
O outro, recordava, também, por sua exótica natureza, perpetuamente envolta numa bruma de mistério, um Cristo célebre de Gabriel Max, corpulento, viril, de aspecto igualmente aterrador e piedoso, que vi uma vez numa galeria...
Organizações dúbias, obscuras, de acridão agreste, que representam, na ordem animal, o que representa, para as camélias e para as rosas, o cróton.
E aquelas duas almas, intelectualmente impulsionadas, abriam-se em chamas altas, aos deslumbramentos de sua estesia.
As idéias fugiam, cabriolavam, penetravam todo o arcabouço do assunto, tomavam formas, aspectos estranhos, macabros; e era tal a intensidade, a veemência com que brotavam do cérebro, que pareciam viver, radiar, ter cor, vibrar.
A verve esfusiava, mentalizada pela Análise, pela Abstração e pela Síntese; sátiras frias, cortantes como rijos e aguçados cutelos, espetavam capras a carne tenra, viçosa, próspera, de S. Majestade Imbecil; e, para supremamente assinalar todas as surpresas e elevação do Entendimento, uma psicologia rubra, flamante, sangrava, sangrava em jorro, torrencialmente sangrava.
E eram *boutades* maravilhosas, a *charge* leve, pitoresca, ferreteando, zumbindo sobre os homens circunspectos, que passavam, o andar solene, ritmado, em cadência, como na marcha das procissões.

E Ambos riram, riram, numa risada sonora e forte, como se festins cintilantes, bacanais, triclínios, todas as vermelhas orgias do Espírito, lhes cristalinamente no riso.
De repente, como uma pausa repousadora nesse crepitante incêndio de *verve*, penetravam sutilmente com delicadezas extremas, nos pensamentos mais curiosos, mais sugestivos, nos amargos dolorimentos e pungências latentes da Arte.
Diziam coisas aladas, quase fluídas, que determinavam a abstração do ser que os animava e floria; tinham essa percepção, esse entendimento profundo, tanto luar como o sol, que explica, mais ainda do que o que se perpetua em flagrância num livro, a poderosa força criadora, a ductilidade, a emoção e a contensão nervosa de raras naturezas artísticas.
Refletiam que certo modo de colocar, de por as mãos, de certas mulheres, lhes fazia longamente considerar, meditar nas monjas...
Pensavam que no mundo há naturezas tão excêntricas e nebulosas que, pelas condições complexas em que se encontravam na vida, precisariam de uma filosofia nova, original, para determiná-las. Eram como que existências eriçadas de abetos alpestres, carnes que se rasgavam, se despedaçavam...
As rosa, pareciam-lhes belezas opulentas, pomposas, da Inglaterra...
E todo o universo estava agora tão atrozmente perseguido por tédios mortais, que os homens já naturalmente falavam em morrer, como quem fala em viajar ou em rir...
Quanto à Arte, queriam que a expressão, que a frase vivesse, brilhasse, sonora e colorida, como um órgão perfeito. Que tudo o que disseram ficasse imperecível, eterno, perpetuado no Espaço e no Tempo, com os sons que os circundavam, a cor, a luz, o aroma que os atraía.
As palavras deveriam ser, para se eternizarem, cravadas no ar límpido, como num forte cristal de rocha.
  Era a ânsia dos requintes supremos, a exigência das formas castas, que os fascinava, que os seduzia, tentava, como nudez formosa de mulher virginal. Tudo, enfim, na Arte, deveria ficar luminoso e harmonioso, como um cantar d'astros.
  E lá caminhavam, inquietos, vertiginosos, no esplendor matinal, que os alagava e fecundava, como um prodigioso rio de ouro e diamantes, terras maravilhosas e produtivas.

Iam à conquista das Origens verdes, das puras águas brancas da Originalidade, dentre o vibrante alarido de cristal dos seus temperamentos austrais, ardentes e sangrentos.

Como orquestrações largas, sinfonias vivas de emoções e idéias, rompiam dia a dia nessas *batidas* frementes, numa transcendência de princípios e sentimentalidades – talvez no íntimo dolorosos, lancinados pelo *Miserere* das Ilusões elevadas.
E, muitas vezes, já alta madrugada, sob o sereno e suave adormecer das estrelas alvorais, não era sem uma derradeira Apóstrofe à soberana Chatice que essas duas existências chamejantes se separavam, num grande clarão espiritual de afetos.
Então, um deles, numa aclamação, num gesto singular e profético, arrojava, além, para os séculos, esta *charge* infernal, suprema:
— A divina Estupidez, a onipresente Imbecilidade ficaria eterna, ao alto, junto às nuvens, sobre uma estranha Babel de milhões de degraus de bronze, como num trono colossal, bufando e roncando, a dominar as imensidades, fantasticamente, onipotentemente, guardada por cem mil esquadrões ferozes, monstruosos e formidáveis, de hipopótamos e búfalos!...

TINTAS MARINHAS

Mar manso, pelo fim da tarde.
O ouro fulvo dos horizontes no ocaso a pouco e pouco esmaece.
Pela manhã chovera, mas antes do pôr do sol o dia levantara e as perspectivas úmidas e frescas embebemse agora no eflúvio salutar das marés.
No espaço há uma grande acumulação de nuvens áureas e róseas de um forte colorido de silforama.
Para além, da outra banda do mar, a faixa larga e prateada da praia, em curvas, coleando, está de uma extrema doçura e nitidez inefável. A retina mal pode apanhá-la.
Os olhos pestanejam, nas infinitas vertigens e nos prismas visuais sutis e cambiantes de míope, diante do encanto dos tons de luz leve, rarefeita, espiritualizante e fina, como um tecido tenuíssimo.
Há em toda a marinha um aspecto amável, uma suavidade de aquarela *d'après nature,* quase êxtase.
Dá um esplêndido efeito à visão ótica e um revigoramento humorado às faculdades artísticas, este belo trecho sadio e agradável de vagas, em cuja

superfície a luz frouxa da tarde se encarrega, com as suas pinceladas de fantasista, de fazer as mais extravagantes e rendilhadas decorações.
O mar, aquietado, sereno, está de um verde glauco ativo e salgado, convidando a viajar, e, sobre ele, navios balouçantes, embarcações, soltas como aves, de delicadas formas artísticas, com afinidades abstratas de certas linhas fugidias de um perfil de mulher, conservam, então, como lenços de adeuses, as suas velas brancas estendidas, os seus panos a secar da chuva da manhã.
Balançam-se um pouco, numa cadência harmônica, num ritmo musical, com os altos mastros erguidos para o céu em posição de vigia.
E, assim, com os mastros e as velas, na aglomeração das adriças e dos cabos, os navios fazem vagamente lembrar, na calma da tarde, enormes e estranhas plantas de ornamentação.
Ao fundo, na recortada e esfuminhada linha das montanhas, uma queimada faz evolar para os ares o seu azulado penacho de fumo.
E, no meio da pitoresca delícia da marinha alegre e lavada, de um acre sabor de azote, uma ou outra gaivota esvoaça, além num vôo incisivo, rápido, ou pousa junto aos liquens ou junto às algas, mergulhando e roçando na vítrea vaga a nevada plumagem de arminho.
Então, de toda a paisagem, larga, aberta, revigorativa e cheia de uma grande ar primitivo de virilidade, vem um sopro intenso, confortador e pagão de Heroísmo e de Mocidade, fazendo inflar o peito, e um sentimento anelante e virgem de pesca, no bravo Mar Alto, entre tropicalismos primaveris de sóis sangrentos e de dias azuis, sobre as rasgadas ondas mormurejosas.

ESMERALDA

No fundo verde da tela avulta em claro uma Cabeça macilenta, dolorosa, como que envolta num albornoz branco.
Toques da mesma cor garça põe-lhe leves nuances nos cabelos, nos olhos cismativos, anelantes, que têm a expressão de um desejo nômade.
Desse cromatismo de tons verdes, idealizou o artista o nome de sua viva cabeça imaginária – que parece uma dessas fisionomias raras que só naturezas especiais sabem distinguir e amar, uma dessas cabeças de mulheres singulares que a dolência da paixão enervante calcinou e turvou de dores.

Do golpe rubro da boca escapa-lhe um sentimento de amargor, que a travoriza e acidula, como se um acre veneno ardente lhe estivesse sangrando os lábios.
E essa boca; assim em golpe rubro, purpurejada por um vinho secreto de ilusão antiga, destacando álacre no palor do rosto frio, como que excita aos beijos, turbilhões de beijos como de chamas...
E descendo da boca aos seios alvos de lua, a imaginação vai fantasiosamente compondo todo o corpo de Esmeralda e despindo-o, à proporção que o vai compondo, despindo-o e gozando a carne cor de papoula.
E, as tintas, na tela, vivendo de impressionabilidade artística que um pincel de mão original e nervosa lhes infiltrou, como que exprimem, no colorido e no ideal da contemplativa Cabeça, a emoção vaga, aérea, de alguma formosa e amada Esmeralda virgem, perdida e morta dentre as verdes pedrarias do Mar solene...

FIDALGO

Pé esguio, fino, à Metistófele, para galgar, não já a Roma pomposa e purpúrea, enflorada em glória; nem mesmo já a Grécia estóica, de ouro e de mármore; mas para supremamente galgar as regiões infinitas e virgens da deslumbrante Originalidade.
Colorido de graça, madrigalesco e maravilhoso, a luva negra vestindo a mão real de loiro e fantasioso Excentrista, a face meditadora e branca voltada para as Estrelas, donde surgiriam as leis transcendentes da Arte, penetrarias os pórticos suntuosos de palácios d'esmeralda e safira, subindo por escadarias de prata e pérola.
E, prodigiosamente, em sedas e ouros de luz, aí te perpetuarias nos Azues imortais da Eternidade, onde o Espírito deve ter, não a claridade coruscante e clarinetante do Sol, mas o brilho de paz, de incomparável repouso são da Lua solene e sonolenta.
A tua Obra, vasta e fecundadora, seria então singularmente traçada em panos mais largos que os de tendas do deserto e mais alvos ainda do que as neves imaculadas.
Com um fio d'astro cinzelarias, darias esmaltes indeléveis e marchetarias idéias, como um tecido d'estrelas, liriais e siderais.

Cruz e Sousa

E, para que a correção inteira, a harmonia perfeita irradiasse na Obra, em luz mais clara, um pássaro estranho, cor de brasa, branco, azul, conforme o tom do teu Ideal, cantaria, gorjearia em ruflagens d'asa ao alto de tua nobre cabeça fidalga, como que para te ritmar as idéias.
E tu, como um deus mítico, afinarias pelo ritmo inefável do canto os pensamentos delicados da grande Obra, até produzires nela a harmonia, a cor, o aroma.
Músicas excelsas e tristes, como uma combinação de roxo e azul profundo, dariam frêmitos, vibrações às tuas páginas, que ficariam vivendo com o Som, perpetuamente.
Bonzos, Manitus, não gralhariam e grasnariam jamais em torno de teu ser abstrato e tranqüilo, feito para florir, cantar e resplandecer.
Como as pérolas guardadas em cofres do Oriente, envoltas em areia do Mar Vermelho, para não perderem o raro esplendor, a tua Obra, coroada pelas rosas triunfais da Originalidade, ficaria afinal, ó Fidalgo da Arte!
envolta nos mistérios do Sol, egregiamente cantando e chamejando, na helênica resplandecência da Forma.

ANGELUS

O sol em sangue alastra, mancha prodigiosamente o luxuoso e largo damasco do Firmamento.
Opulentos, riquíssimos esplendores de púrpuras luminosas dão uma glória sideral à tarde.
E, pela sugestão cultual, quase religiosa da hora, os deslumbrantes efeitos escarlates do grande astro que desce, d'envolta com doiramentos faustosos, fazem lembrar a magnificência romana, a ritual majestade dos Papas, um festivo desfilar católico de bispos e cardeais, através dos resplandecentes vitrais do Vaticano, com os báculos e as mitras altas, sob os pálios auri-lavrados.
Embalsamam a tarde aromas frescos, sãos, purificadores, como que emanados da saúde, das virgindades eternas.
Um ar olímpico, talvez o sopro vital dos mares verdes e gregos, eterifica harmoniosamente a curva das montanhas, ao longe, contorna-as, recorta-as, dá-lhes a nitidez, o esmalte do aço.
Como a Natureza, neste esmaecer do dia, tem mocidades imortais e como que as forças, as origens fecundas da terra, desabrochem em rosas.

O rubente esplendor solar gradativamente smorza numa cor de rosa leve, de veludosa suavidade. Serenamente, lentamente, uma pulverização neblinosa desce das amplidões infinitas...
Névoas crepusculares envolvem afinal a imensidade, no recolhimento, na paz dos ascetérios.
Os campos, as terras da lavoura, a vegetação dos vales e das colinas adormecem além, repousam num fluido notambulismo...
Por estradas agrestes pacificadas na bruma, uma voz de mulher, dispersa no silêncio, clara e sonora, canta amorosamente para as estrelas que afloram rútilas e mudas.
Canta para as estrelas! e parece que a sua voz, errante na vastidão infinita, vai inundando do mesmo perfume original que a alma viçosa e branda os vegetais exala na Noite...

NÚBIA

Amar essa núbia – vê-la entre véus translúcidos e florentes grinaldas, Noiva exitante, ansiosa, trêmula, tê-la nos braços como num tálamo puro, por entre epitalâmios: sentir-lhe a chama dos beijos, boca contra boca, nervosamente – certo que é, para um sentimento d'Arte, amar espiritualmente e carnalmente amar.

Beleza prodigiosa de olhos como pérolas negras refulgindo no tenebroso cetim do rosto fino; lábios mádidos, tintos e solferinos; dentes de esmalte claro; busto delicado, airoso, talhado em relevo de bronze florentino, a Núbia lembra, esquisita e rara, esse lindo âmbar negro, azeviche da Islândia.

O seu sangue quente, aceso em púrpuras de luxúria, através da pele sombria e veludosa, recorda avermelhamentos de aurora dentre uma penumbra de noite, como o deslumbramento boreal das regiões polares...

No entanto, amar essa carne deliciosa de Núbia, ansiar por possuí-la, não constitue jamais sensação exótica, excentricidade, fetichismo, aspiração de um ideal abstruso e triste, gozo efêmero, afinal, das naturezas amorfas e doentias.

Senti-la, como um desejo que domina e arrasta, querê-la no afeto, para fecundá-lo e flori-lo, como uma semente d'ouro germinando em terreno fértil, é querer possuí-la para a Arte, tê-la como uma página viva, veemente, de paixão humana, vibrando e cantando o amor impulsivo e franco, natural, espontâneo, como a obra d'arte deve vibrar e cantar espontaneamente.

Crescida, desenvolta aos poucos no meio culto, entre relações de simpatia inteligente e harmônica, sob um sol saudável de cuidados, de apuro de tratos e de maneiras, que tornou mais leve e penetrante, iluminando, o seu cérebro simples, de ignorância ingênua, a Núbia abriu em flor de carícia, alvorou com a doce meiguice dos tipos galantes e preclaros de mulher e recebeu também, em linhas de conjunto, do mesmo meio onde desabrochou, essa suavidade e graça núbil que é todo o encanto vaporoso, aéreo, do ser feminino.

No seu rosto oval, de uma penugem sedosa de fruto sazonado, há, por vezes, certa expressão de melancolia, de cisma dolorosa, que punge e contrista; o tênue, já quase apagado raio errante de uma lembrança vaga, – como se Ela de repente parasse na existência e se sentisse no vácuo, perdida, e só nos caminhos desolados, desertos, de onde veio outrora, sem leito, e em lágrimas a caravana gemente de sua raça...

Então, nesses momentos em que um dolorimento secreto, misterioso, a conturba e magoa, Ela parece serena divindade aureolada de martírios, macerada de prantos; e é talvez bem pequeno, bem frágil todo o amor do mundo para proteger, para amparar, como numa redoma sagrada de Misericórdia, essa humilde criatura que o fatalismo das forças fenomenais da Natureza condenou à indiferença gelada e à desdenhosa ironia das castas poderosas e cultas.

Assim, adorá-la em compunção afetiva, trazê-la no coração como relíquia rara num relicário estranho, claro é que não significa banal emoção transitória, que o rude desdém da análise fria pode, apenas com um golpe brusco, extinguir para sempre.

Essa emoção, esse amor cada vez mais profundo e espiritualizante, penetra impetuoso no sangue como a luz e o ar, deliciando e ao mesmo tempo afligindo como a Idéia e Forma igualmente deliciam e afligem...

E, nem mesmo, no fundo íntimo de qualquer ser tocado de uma intuição maravilhosa da origem terrestre da felicidade, podem resplandecer, mais do que na Núbia, as belezas de neve da Escócia e da Irlanda ou as formosuras originais da Armênia e da Circássia.

Tudo ela possue de luminoso e perfeito, como a noite possue as Estrelas e a Lua, visto e sentido tudo através da harmonia espiritual, da alta compreensão requintada e subjetiva de quem a ama e deseja.

A sua alma, de forma singela e branca de hóstia, tem ritmos de bondade infinita, meigas, claridades brandas e consoladoras de piedade e enternecimento, e a sua voz sonorizada, com a vivacidade nervosa e o alado timbre argentino, claro e fresco, de um gorgeante cristal de pássaro, derrama por toda a aparte a música emocionante, sugestiva e curiosa, de violino afinado...

E nenhum peito dedicado de nobre dama medieval nobiliárquica será mais gentil e delicado que o seu peito, donde jorra, com firmeza e força, em onda original, talvez manado dessa simpleza de obscuridade, um inefável sentimento verdadeiro e virgem como o tenro broto verde dos arbustos.

Ela é a Núbia-Noiva, singular e formosa, amada com religioso fervor artístico, com a fé suprema, a unção ritual dos evangeliários do Pensamento; e todo esse feminino ser preciosos brota agora em exuberâncias de afeto, em pompa germinal de extremos lascivos, floresce em rosas juvenis e polínicas de puberdade, abertas sexualmente nos seios pundonorosos e pulcros...

SOM

Trago todas as vibrações da rua, por um dia de sol, quando uma elétrica corrente de movimento circula no ar...
Mas, de todas as vibrações recolhidas, só me ficou, vivendo a música do som no ouvido deliciado, a canção da tua voz, que eu no ouvido guardo, para sempre conservo, como um diamante dentro de um relicário de ouro.
Cá está, cá a sinto harmonizar, alastrar em som o meu corpo, todo, como flexuosa serpente ideal, a tua clara voz de filtro luminoso, magnética, dormente como um ópio...
Muitas vezes, por noite em que as estrelas marchetam o céu, tenho pulsado à sensação de notas errantes, de vagos sons que as aragens trazem.
As fundas melancolias que as estrelas e a noite fazem descer pelo meu ser, da amplidão silenciosa do firmamento, dão-me à alma abstratas suavidades, vaporosos fluidos, sinfonias solenes, misticismos, ondas imensas de inaudita sonoridade.
E, calado, na majestade sombria da Natureza, como num religioso recolhimento de cela, vou ouvindo, esparsos na vastidão, smorzando nos longes, entre redondos tufos escuros de folhagem, onde se oculta alguma luxuosa existência de mulher, inebriantes sons de peregrinas vozes ou de invisíveis instrumentos.

E os sons chegam, vêm até mim, na estrelada tranqüilidade da noite, frescos e finos, como através de rios claros que nevassem ou de vagas embaladoras que o frio luar prateasse.

E eu penso, então, nessas simpáticas, corretas atitudes e expressões da música.

Vejo, na nitidez de cristal do pensamento, a harpa, sonora asa de ouro, com as cordas tensas, dedilhadas por brancas mãos aristocráticas que arrancam dela frêmitos, soluçantes dolências, plangências incomparáveis.

Escuto a pompa, a imponência sonorizante de um órgão de catedral, quando, pelas altas naves, sobem rolos alvos de incenso, e, o sol, fora, com as flechas dos raios consteia de astros microscópicos as polidas e góticas vidraçarias.

Ou, pressinto ainda, num fidalgo salão do tom, onde os perfis ostentam valorosidades de linhas ducais e a luva impera galantemente, a assinalada elegância dos concertos da graça, quando os violinos, zurzinando notas que esvoaçam do arco resinado às cordas retesadas, zumbindo e ruflamente prendendo-se à voz que resplende, triunfa na sala, sonorizando-a e iluminando-a mais que os fúlgidos lustres e os candelabros facetados, como se, da garganta de quem cantasse, a aurora alvorecesse e vibrasse.

E cuido logo ver uma mulher – alta, beleza grega, formas esculturais primorosamente cinzeladas.

A cabeça, de uma discreta severidade de deusa, pousa-lhe no rico, abundante torso inteiriço do corpo forte.

Há uns meigos tons loiros no aveludado cabelo que, por entre a luz, mais loiro e aveludado brilha.

De pé, erecta, o perfil nitidamente marcado, no meio da cauda astral da veste de seda rara, ela desprende, evola a voz da garganta de aço novo e esta espiral de voz revoluteia no salão, fica algum tempo aquecendo e sonorizando o ar.

Como um astro, essa voz flameja, palpita e gira na iluminada órbita da sala cheia da multidão que a escuta, e, como um astro, cai, fulgurando, semelhante a exalações meteóricas, no fundo do meu ser como num golfo...

Nobremente, pela cadência do canto, o corpo da imaginária mulher tem certas flexões delicadas e eletrismos de gata voluptuosa, e o seio, fremente da melodia que o emociona, se afervora e pulsa.

E a voz ala-se, ala-se, gorjeada, arrulhante, trinada, ave de luz harmoniosa que ela enfim solta do aviário do peito.

Todos esses dulçurosíssimos efeitos musicais me impressionam singularmente, distribuindo por mim a mais aguda vitalidade mental, que me tensibiliza os nervos da atenção, como se todo eu me achasse sob uma atmosfera salutar e tonificante.

Ou, então, cobrem-me também de opulências de gloriosas soberanias, as vivas forças orquestrais, onde perpassam ruídos largos de floresta, clarins, inefáveis misteriosas melodias de pássaros.

Mas, do som, da música, não me exalça, não me enleva só o ritmo leve, educado, que deixa uma suavidade acariciando, bafejando o ouvido como um perfume bafeja, acaricia, o olfato.

Ficam nos sentidos, nos nervos, calafrios sutis, ligeiros narcotismos, pequeninas vibrações que, não sei de que rútila chama, parecem faiscar...

E começo, após um engolfamento de sons profundos, a ter penetrabilidades intensas, estranhas emoções que me despertam infinita série de fatos já gelados no tempo, como passadas fases de lua.

Evidenciam-se-me idéias, impressões, sugestões curiosas, certos obscuros estados mórbidos da alma, que em vão a espiritualidade humana tenta transplantar para os livros, mas que só o ritmo aviventa, levanta aos poucos da nebulosa das existências, como um sol sempre amado, mas já antigo, já velho, remotamente apagado nos sentimentos...

A GATA

De neve, de uma maciez de arminho e lactescência de neve, de uma nervosidade frenética, era luxuosa, principesca, de certo, essa orgulhosa gata.

As esmeraldas de seus olhos claros fosforeavam sensualmente, eletricamente, quando alguém, no conforto da casa, lhe acarinhava de manso o dorso, o focinho tenro, polposo, espiguilhado de prateados fios sutis; e, no seu lindo pêlo cetinoso e alvo, como numa fresca e virginal epiderme de mulher aristocrática, perpassava um *frisson* de ternura, um estremecimento, como se em toda ela vibrasse alguma brisa de espiritual e amoroso.

E era então fidalga nas sensações, no ronronar apaixonado, ao luar, sob o cintilante cristal das estrelas, pelas caladas vastidões da noite, ou, nas horas de sesta, nos quentes, enlanguescedores mormaços, preguiçosa e fatigada, anelando o repouso, numa onda de gozo e volúpia, enroscada, serpenteada,

torcicolosa e convulsa, como um organismo suave e débil que um vivo azougue eletriza e agita.
Talvez fosse a alma de uma vaporosa rainha que ali vivesse nesse precioso animal, alguma misteriosa visão polar dentro daquele feltro branco, daquela pelúcia rica, daqueles focos eslavos; algum sonho, enfim, errante, vago, perdido nesse nobre exemplar felino de formas lascivas, flexuosas e delicadas.
Às vezes, mesmo, ela errava, como a nômade que perde a rota da caravana pelos desertos escaldados de sol, em busca de alimento; e os seus olhos, penetrantes no verde úmido e agudo das luminosas pupilas, mais até fantasiosa a tornavam e mais nevoeiro davam à sua lenda de fadas.
E assim, arminho girante, que as quatro veludosas patas faziam fidalgamente caminhar, miando histérica, era como uma sonâmbula idealizada e amante que soluçava e gemia implorativamente a sua dor, através dos aposentos, na indiferença de quase todos.
Um dia, porém, uma doce mão feminina e perfumada quis tê-la junto de si e elevou-a consigo para a tepidez e a pompa das alcovas cheirosas, vivendo com ela ao colo, passando-lhe os íntimos alvoroços de seu sangue de Virgem – como se a gata fosse um profundo seio de afagos a que ela confiasse todos os seus mistérios e segredos de Noiva ainda presa no claustro cerrado, como as monjas normandas, da carne inquietante e alucinadora.
Agora, com a formosa seda do pêlo vibrando à carícia, alta e feliz a cabeça artística, vive nesse colo impoluto, em sonhos deliciosos e gozos infinitos de orientalista, o belo exemplar felino, voluptuoso e dolente como a lua embalada e cismando, imaculadamente, no seio azul das esferas.

DIAS TRISTES

Apesar do sol, que imensa tristeza para certos seres, que dias tristes, esses, de uma melancolia e dolorosa névoa...
Os ruídos todos, o esplendor da luz, convergindo em foco para o coração, deslumbram, fascinam de modo tal e tão e tão profundamente, que o abatem, infiltrando-lhe essa tristeza infinita que não se define e que está, como um fundo de morbidez, nas almas contemplativas e nômades, que vão

armar a sua tenda nas desconhecidas e longínquas paragens abstratas do Pensamento.
Dias triste, muita vez, os dias de sol.
Mergulhado o espírito na onda profunda de desejos irresistíveis, como numa intensa e luxuriosa paixão, os aspectos que se lhe manifestam na Natureza são amargos, atravessados dessa pungência aflitiva, dessa magoante desolação e atormentadora ironia que há na essência de todas as coisas e idéias.
E, como o pensar dá uma grande tristeza, põe no cérebro uma incomparável tortura, o Pensamento, à evidência da luz, da alegria do sol, deixa-se possuir de um nervosismo triste, de um meio luar turvo e trágico de impressões agudas, dilacerantes.
Os dias tristes, para raras naturezas intelectuais, são quase sempre os dias triunfantemente alegres, sonorizados de pássaros, quando há uma alta irradiação no ar, um repouso, uma paz feliz em toda a vegetação e que o sol, numa vitória astral, vai, como um deus pagão, em festins de luz...
Como que filtros de dolorimento partem de todas essas luminosidades, todo esse fulgor solar verte uma nostalgia cruciante, que fere e fende o peito, incisivamente, como as flechas letalmente envenenadas dos hindus.
Quanto a mim, amargamente sinto esses dias tristes.
À larga luz de um templo vasto, na suntuosidade de uma festa católica, quando pela infinidade de rutilantes lustres acesos há facetas de estrelas, íris fulgurantes e pelos doiramentos dos altares borboleteiam faíscas, acendem-se chamas nas velas amareladas, e vozes flébeis, numa compunção religiosa, sobem para as naves com a vaporosidade dos brancos incensos, dentre músicas festivas, – um angustioso anseio me insufla, me enche infinitamente o peito.
E, batido de uma pungência, vibrado de uma recordação, alanceado por uma idéia, subitamente para logo, toda a aparente radiação de alegria foge e eu me vejo então dentro dos meus dias tristes em que alguém, dos longos do Passado, acena-me, ou com um lenço amoroso, para as recônditas e virgens emoções do coração, ou com uma bandeira de combate, para as impulsivas faculdades do cérebro.
Se um riso me aflora aos lábios, nervosamente, se uma verve satânica os inflama; se uma esfuziante sátira os eletriza, é ainda assim uma maneira de ser triste, apunhalante sarcasmo às tempestades mentais que se dão por dentro, – humorismo doente, que para se convencer de que é alegre e de que é são, flori em rosas de riso, abre em Via Láctea de riso.

O esplendor das salas iluminadas, na abundância de cristais e flores, entre auroras de mulheres e luxuosas roupagens, dá-me também, a pouco e pouco, um abatimento, um afrouxamento aos nervos e daí nasce-me logo, como uma tentaculosa planta negra e de morte, essa indescritível tristeza, que é a feição ingênita de tudo, que cobre tudo como que de uma neblina crepuscular sensibilizante...
Assim também, ao almoço, pelas claras manhãs, quando a toalha branca da mesa, as flores das jarras, o pão, o vinho, atitude correta das pessoas, a limpidez simpática da hora, fazem lembrar resplandecências, alvuras claras, paramentações de altar para a evangélica celebração da Missa, um sentimento de inexplicável tristeza me invade, nascido de toda essa disposição harmoniosa de objetos e de pessoas. E, abstratamente, como num nebuloso sonho, durante toda a alimentação desenrola-se lenta, vagarosa e fluida no meu ser, uma surdina oceânica que parece estar, na plangência de sons abafados, lembrando todas as abundantes fontes de afeto que para mim já para sempre secaram, todos os astros prodigiosos de enternecedor carinho que para mim já eternamente se apagaram.
Mas esses dias tristes, as horas, os momentos desses nevoeiros d'alma, tão densos, tão cerrados, nascem apenas de uma Visão que se adora, que nos abre inefavelmente os braços, que o espírito ama no seu recolhimento, na sua cela sombria e muda! essa Visão seráfica, nervosa histérica, ideal – a Santa Teresa mística da Arte.

PAISAGEM DE LUAR

Na nitidez do ar frio, de finas vibrações de cristal, as estrelas crepitam...
Há um rendilhamento, uma lavoragem de pedrarias claras, em fios sutis de cintilações palpitantes, na alva estrada esmaltada da Via-Láctea.
Uma serenidade de maio adormecido entre frouxéis de verdura cai do veludo do firmamento, torna a noite mais solitária e profunda.
O Mar, pontilhado dos astros, faísca, fosforesce e rutila, agitando o dorso Glauco.
E, de leve, de manso, um clarão branco, lânguido, lívido vem subindo dos montes, escorrendo fluido nas folhagens, que prateiam-se logo, como se fabuloso artista invisível as prateasse e as polisse.

A lua cheia transborda em rio de neve na paisagem, e, no mar, há pouco apenas fagulhante da iriação das estrelas, a lua jorra do alto.
Por ele afora, pelo vasto mar espelhado, pequenas embarcações se destacam agora, alígeras, lépidas, à pesca da noite, velas brancas serenas, sob a constelação dos espaços.
A água repercute, na amorosa solidão do luar, a barcarola sonora dos pescadores, que, de entre a glacial amplidão da água, mais fresca e sonora, vibra.
Um aspecto de natureza, verde, virgem, que repousa, estende-se nos longes, desce aos prados, sobe às montanhas e infinitamente espalha-se nas mudas praias alvejantes.
E, à proporção que a lua mais vai subindo o páramo, à proporção que ela mais galga a altura, mais as pequenas embarcações de pesca avançam nas vagas resplandecentes, com as asas das velas abertas à salitrosa emanação marinha.
Com o brilho fúlgido, aceso, d'esmeralda facetada, uma estrela parece peregrinamente acompanhar de perto a lua, num ritmo harmonioso...
Perfumes salutares, tonificantes eflúvios exalam-se da frescura nova, imaculada dos campos, como dum viçoso e casto florir de magnólias, na volúpia da natureza adormecida numa alvura de linhos, dentre opulências de Noivados.

ARTISTA SACRO

Na catedral, com toda pompa e liturgia, celebras-se a Semana Santa.
Pela Ressurreição, às quatro horas da manhã, há na igreja um ar vago de alvorada, em amarelo cidrento, trazida da rua pela larga e polida vidraçaria que se conserva alerta – ar menos vago, contudo, do que a névoa que turva fora os aspectos, em virtude dos lustres acesos, da variada profusão de luzes e da gala sagrada que enche de resplandecências e solenidades toda a extensa Nave onde os devotados católicos murmurejam num crescendo de mar tormentoso e cavado...
O Altar-Mor está vistosamente ornado, deslumbrante, viçando de flores colocadas em jarras azuis e doiradas, numa frescura e colorido cromático de jardim, rodeado de grandes tocheiros arabescados que faíscam, flamejam com chamas ensangüentadas e amarelas.

Cruz e Sousa

Em cima, até onde os olhos sobem mais, num trono de luzes, entre uma pesada cortina de damasco vermelho, de tons profundos, caída para os lados em pregas longas e largas, vê-se o Cristo, na alegoria de Redivivo, com a chaga simbólica no flanco direito, tendo numa das mãos um ramo verde.
Nos altares laterais os Santos, como que ainda mostram possuir a auréola triunfal da Aleluia, sorrindo seraficamente, quer os mártires, quer os gloriosos.
Pelo teto abobadado, dentre as melífluas harmonias, as melancólicas sonoridades dos violinos, das flautas, dos violoncelos e do órgão pianíssimo, ecoam majestosas as vozes que irrompem do coro, beatíficas no *Kirie Eleison*.
Os sacerdotes, festivamente paramentados, com as suas casulas custosas, relampejantes, bordadas a flores de ouro, em alto relevo; de estolas rutilantes e franjadas pendidas no braço ou com as sobrepelizes alvas e rendadas destacando forte na batina preta, curvam-se genuflexos diante do Altar-Mor, erguendo-se após com mesuras graves e medidas, enquanto os acólitos, ao fundo, em linha e reverentes, fazem balançar, cadenciada e ritmamente, turíbulos lavorados, de onde se exalam espiralados incensos...
E o Cerimonial prossegue, na minudência exata, escrupulosa, do Rito romano.
Mas, nas suntuosidades da festa, ressalta de magnificências, esmaltadamente, um esbelto sacerdote novo e formoso talhado em estátua branca, e que ergue no meio das outras vozes, a sua clara voz sonora cheia de unção religiosa como de um sentimento, amoroso e carnal.
Chagado há pouco de Roma é essa a primeira cerimônia de mais estilo em que toma parte com o seu tipo amável, doce e misericordioso, amantíssimo, de São Luiz Gonzaga.
A sua linda cabeça suave, direita, correta, através da vaporosidade incensal, domina pela saúde e pela mocidade, que resplende no rosto liso, escanhoado, onde os olhos brilham com raios místicos...
O seu porte ornamental, que aprece afirmar o poder de uma força divina, conserva-se aprumado, erecto; e, quando a voz se lhe desprende untuosa dos lábios, como que ele paira num esplendor espiritual, vaga num nimbo etéreo, cercado por alas de querubins inefáveis e de arcanjos de asas fulgentes...
De toda essa pessoa clerical como que vêm fluidos magnéticos, que fascinam e prendem certos olhares juvenis femininos, que a seguem, que a buscam em todas as direções, em todos os movimentos, sofregamente, deliciados da sua prodigiosa figura que ali naquele recinto sagrado tão

imperiosamente e tão alto se destaca, como que revestida de poderes celestes.
E o sacerdote instintivamente percebe os êxtases, os enlevos que desperta nas mulheres belas, porque então dá mais nitidez às mesuras, requinta nas curvaturas solenes, fica mais excelso e egrégio ainda, deixando escapar com brandura um sorriso paradisíaco, que é talvez a promessa sacrossanta dos dons maravilhosos, das graças, do Perdão infinito que a sua onipotência consegue.
Nas suas mãos aristocráticas, delicadas e níveas como hóstia, sente-se quando ele as eleva no ritmo do Cerimonial, um ligeiro estremecimento amoroso que o embaraça, fazendo com que logo, para apagar essa impressão pecadora, exagere o Rito, afetadamente.
Os olhares femininos, deslumbrados pelo êxito daquelas maneiras evangélicas, não deixam jamais de seguir o airoso sacerdote, as linhas harmoniosas da sua figura, o seu másculo vigor de deus viril e vitorioso, como seguem, no circo, os movimentos ágeis, dúcteis, e a plástica, firme e forte, dos corpos cinzelados acrobatas célebres e atraentes...
Realmente, na sua carne, que os incensos perfumam, circula o sangue em labaredas de instintos sexuais e a sua cabeça primaveril, que a Arte da religião abençoou em Roma, tem o encanto, a fascinação diabólica, satânica, da venenosa Serpe bíblica.
Mas, o decorativo apóstolo, resplandecendo nas vestes talares, imponente, magistral, faz simbolicamente lembrar, assim venerado pelas mulheres, com fervor beatífico, um Sultão em palácio, no Bosforó, como AbdulAzid, amado por odaliscas e sultanas.
De vez em quanto, no templo, passam fios etéreos de harmonias de instrumentos e cânticos, que ondulam, que flutuam no ar...
E o Eclesiástico, numa volúpia sacra, com toda essa Arte ritual de símbolos, de missais, de eucaristias, de pálios, de pedras de ara, de corporais, de âmbulas de santos óleos, de chamalotes, lavrados e damascos, íris, lhamas de prata e ouro, recebe a opulência, o brilho feérico, o luminoso esplendor de um astro.
De lá, do seu sólio real de aparatosos efeitos, entre sedas, chamas e pedrarias, ele rege, com renomes episcopais, solene e sereno, a sinfonia das eternas Dúlias.
É o ateniense das formas católica-romanas, triunfando no idealismo de um gótico, de um medieval, através de cinzeluras de templos, com refulgências siderais de constelado...

Casto cenobita, recluso nas celas do Cristianismo, ficará, talvez, para sempre com enlanguescimento histérico, na muda contemplação das cismadoras imagens liriais dos hagiológios.
Ou, batido da realidades carnais, sentindo a avidez das paixões terrestres, verá passar, ante os olhos mortificados na marmórea veneração de Jesus, à luz de círios ou de lâmpadas, violentamente, a visão cor-de-rosa das virgens vitais – fina, transparente epiderme da gaze auroral das papoulas.
Então, dirá decerto ao mundo, extasiado por essas vivas expressões carnais que o transfiguram e humanizam, todos os mistérios, todos os inauditos clarões da Eternidade, que Ele, Artista Sacro, transcedentalmente conhece, lendo sempre, para dar mais abstração ao Miraculoso, os arcaicos latins apocalípticos e antifônicos...

VISÕES

Num brilho cintilante de tiara persa a Via-Láctea encurva-se do alto por sobre mim, nas alvas flores cristalinas das suas estrelas.
Encurvas-se sobre mim na pompa negra da noite densa, vagamente lembrando o luminoso esplendor de uns olhos dentre a pompa negra de aromados cabelos.
Como em arejados pátios claros de castelos renanos por que desfilassem visões germânicas, wills enamoradas e vaporosas, sílfides serenas e encantadoras, ao luar das baladas, década estrela frígida, branca, desfila, vai desfilando nas rutilantes esferas uma Ilusão, um Sonho e cada Sonho e cada Ilusão se corporifica, toma consistência dos nervos e cinzelada escultura de linhas, e eis então aí fascinadoras, deslumbrantes mulheres avassalando o firmamento como ampla Via-Láctea de corpos ondulantes e níveos...

Ah! mulher que eu procuro e deseja da tenda nômade da Arte, peregrina e fugidia sereia! que as harmonias deliciosas da tua carne não sejam misteriosas para mim como a Via-Láctea, a cujas estrelas, que representam cada uma Ilusão e um Sonho, está infinitamente presa, num amoroso eletrismo, esta alma ardente, alanceada e nervosa...

A JANELA

Dava para o mar a larga janela verde, em frente às águas também verdes e turbilhonante às vezes, outras limpidamente quietas, num remanso de golfo sereno.

Velas saudosas de navios, enfunadas ao impulso das correntes aéreas; mastreações caprichosas e confusas, misteriosamente interrogando o céu; os montes ao fundo, formando panoramas álacres com seus cabeços azulados e colossais, e a grandeza olímpica das ondas fechadas pela natureza numa extensa área do terreno: tudo gozava e sentia além viver a janela; e, ao longo de indefinida barra dos horizontes esfuminhados, a linha vaga, melancolizada, das imensas distâncias intermináveis.

Dum lado e doutro da janela, subindo-a, galopando-a festivamente em caracóis negligentes, a expansão, a nevrose de folhagens trepidantes que busca em ânsias o ar...

Rosas vermelhas e rosas jaldes alastravam numa primaveril e casta alegria radiosa de Via-Láctea, o quadrado verde da janela, enquanto amorosamente um jasmineiro florido, entrelaçado às rosas, com flores alvas e cheirosas desabrochadas em forma de pequeninas estrelas, punha um encanto romântico e noival de janela de Julieta na larga janela verde que dava para o mar.

E as embarcações, os iates, os navios, os paquetes paravam no mar dormente, lá iam todos afora, – ambulância marinha, dorsos de tritões ferozes e soturnos, vogando na superfície das ondas...

Iam talvez perto: a países meridionais, sob céus elegantes e azues, ou – mundo adentro – às eternas neves glaciais das geleiras do pólo: às regiões setentrionais das flamejantes auroras boreais: a Islândia, a Lapônia, a Noruega, Poe entre as frias e brancas estalactites fulgurantes da lua...

Em frente à janela, eram terrenos desapropriados e planos, que um rente folhedo luxuriante cobria.

Depois era o mar, sempre o mar, todos os dias, a toda hora, a todo instante, cortando, no entanto, com a monotonia do seu aspecto, a agreste monotonia daqueles sítios suaves.

Mas, contudo isso, o mar nenhuma monotonia parecia inspirar, porque dava à janela, àquele original recanto, àquele desconhecido retiro isolado, aberto na parede como o nicho de uma Santa, à recordação de todo o vasto ruído atordoante e culto da vida de longe: os rumorosos cais frementes, as movimentadas cidades alegres, os grandes portos febris da efervescente efusão cosmopolita de mil exemplares de povos.

Pela manhã, aparecia à janela, como um lindo sol feminino, uma bela mulher, forte, alta, loira, de flavos cabelos talhados dum golpe numa quente e perfumosa massa de luz e de sangue, clara da epiderme macia e clara nos rendados vestidos em fofos e folhos que lhe afogavam soberbamente a garanta bourbônica, arrematados por fitas de azul leve e doce, graciosamente enlaçarotadas sobre o sedoso colo oválico.
E logo seus olhos azues como as fitas, da mesma meiga frescura e candidez de hóstia transparente, pareciam adejar, voar, como dois pássaros inquietos e deslumbrados, pela amplidão das vagas verdes e vivas, como se ambos quisessem nelas colher alguma certeza ou derramar alguma esperança.
E o seu perfil, sob o sol, alvorecido na janela, lavado nas frescas essências salitrosas que emanavam do mar, tinha florescimentos, resplandecências, um vivo fulgor d'ouro novo, derramando no ambiente eflúvios de magnólia. Às vezes ela deixava-se ficar por mais tempo à janela – e era então ali uma deliciosa e cristalina ária de trinados, de matutinos gorjeios de pequenas aves que por entre a viçosa verdura da janela esvoaçavam em ruflos e contentamentos d'asa, em palpitações elétricas de plumagem, cantando para o espaço todo esse sonoro amor infinito dos pássaros que a sua estreita laringe metálica tão maravilhosamente sabe desfolhar em notas, como se essa mulher loira fosse a corporificação da própria aurora que raiasse doirada no acanhado horizonte enquadrado na florida janela verde.
E ficava ali constantemente a olhar, a ver o mar, talvez na esperança de algum sonho de afeto que de repente lhe surgisse e cuja enamorada lembrança lhe vibrasse o coração anelante, fazendo dolentemente o seu colo arfar, agitar-se numa onda nervosa de convulsão e alvoroço, inflado desse tormentoso e vago desejo irresistível do amor, que um dia vertiginou o mundo, e que, quanto mais afastado se está de quem se adora, mais fundo, mais entranhado fere e martiriza.
Pelas noites, quando o hostiário das estrelas abria a sua rendilhada cintilação de prata nos sidérios espaços calmos, ou as finíssimas gazes lácteas da lua flutuavam, velando tudo, ela, virgem noiva, branca e muda como a lua, por lá ficava ainda a viajar na gôndola da imaginação e fantasiosa saudade que a emocionava, através do mar, ao encontro sonhado do seu afeto querido.
    E, tonta, magnetizada, narcotizada na emoliente volúpia da lua, na quente exalação dos aspectos, lá adormecidamente ficava a amar, presa na fluida teia luminosa das estrelas e da lua...

Agora um muro enriquecido e alto que o musgo e o limo maciamente vestem de um veludoso verde escuro de tapeçaria, veio para sempre obstar a ampla vista azotada e alegre do edificante panorama do Mar.
Para além, como um gigantesco protesto que a pedra opusesse às jubilosas, triunfantes, águas marinhas, o vai, longo e impenetrável, estendido em pano ríspido de parede socavada e cerrada, que tudo do mar avaramente encobre – levantado da terra como um brusco e bronco biombo de terra à livre expansão da luz.
Austeros homens egoístas, no intuito de edificar, apropriaram-se dos terrenos e para ali ergueram, dividindo-os, semelhante à rija muralha d'imperecível fortaleza, esse imenso muro empedernido, rochoso, como que feito de um só bloco inteiriço de calcárea matéria rude.
Então, sem a perspectiva da alacridade vitoriosa e bizarra das ondas, sem aquela vastidão consoladora, salutar, das águas salgadas, e sem a visão branca dessa mulher, vive agora quase sempre fechada, triste e fria a reluzente vidraça clara eternamente descida, na meia sombra crepuscular da persiana, a idealizada janela verde – a florejante janela que abria, como um desejo vago, para o Mar infinito...

UMBRA

Volto da rua.
Noite glacial e melancólica.
Não há nem a mais leve nitidez de aspectos, porque nem a lua, nem as estrelas, ao menos fulgem no firmamento.
Há apenas uma noite escura, cerrada, que lembra o mistério.
Faz frio...
Cai uma chuva miúda e persistente, como fina prata fosca moída e esfarelada do alto...
À turva luz oscilante dos lampiões de petróleo, em linha, dando à noite lúgubres pavores de enterros, vêem-se fundas e extensas valas cavadas de fresco, onde alguns homens ásperos, rudes, com o tom soturno dos mineiros, andam colocando largos tubos de barro para o encanamento das águas da cidade.

A terra, em torno dos formidáveis ventres abertos, revolta e calcárea, com imensa quantidade de pedras brutas sobrepostas, dá idéia da derrocada de terrenos abalados por bruscas convulsões subterrâneas.
Instintivamente, diante dessas enormes bocas escancaradas na treva, ali, na rigidez do solo, sentindo na espinha dorsal, como uma tecla elétrica onde se calca de repente a mão, um desconhecido tremor nervoso, que impressiona e gela, pensa-se fatalmente na morte...

MODOS DE SER

Com uma nobre emoção da Arte dizia Balzac que faltariam sempre cordas à lira de uma alma que nunca tivesse visto o Mar.
Na verdade, sem o mar, sem esse organismo vivo, movimentado, vibrante, as perspectivas como que são indecisas, vagas, a retina pouco se desenvolve e educa sem essa larga vastidão das ondas, de onde parece subir, nascer para o alto, como uma luz original, todo o sentimento indutivo das coisas.
Diante do Mar, à sua influência vital, que é a influência da força, do vigor do pensamento, as faculdades de cada um recebem impressões estéticas muito consideráveis, ampliando o seu modo de ser, dando-lhe a sugestão das latitudes geográficas, correspondentes também, para um espírito de indução e dedução fina e atilada, à amplidão das idéias.
Gozar o Mar é viver, sentir a eflorescência da carne, crer n'algum poder forte e épico que nos encoraje, dê ao pulso e ao cérebro essa poderosa segurança de existir que levanta sobre rijos alicerces os princípios e crenças de cada homem.
Do mar vem essa emanação virginal, salutar, que traz o impulso às ações, o vigor nobre à vontade, dando a todo o organismo uma função especial, uma atividade própria, uma determinação expressivista da Natureza.
Os efeitos maravilhosos que a *visão* recebe do mar, como uma máquina fotográfica recebe nitidamente as fisionomias, desenvolvem-se nos temperamentos artísticos em impressões, em *nuances*, em colorações, em estilo, em linhas, em sutilezas de percepção, em ductilidade, em fiorituras de imagens, em abundantes floras de imaginação, tão múltiplas e luminosas quantas são as infinidades de ilhas verdes de algas e de sargaços que o Mar contém em seu seio.

Ele infiltra nos órgãos emocionais e pensantes todo um exuberante eletrismo nervoso, todo um fluido de luz e originalidade, uma essência, um germe rico e novo de graça e fantasia alada.
Fica numa saudável impressão e frescura radiante de caça e pesca, numa alegria de sol undiflavando rouparias brancas e finas.

Serenidade de Campo e Mar é esta em que estou agora.
Campo fértil, verde, como se agora mesmo brotasse, em flor, da terra.
Nas manhãs claras, de grande majestade de sol, pelos domingos, a missa da capela branca convida a digressar entre árvores, sob o festivo e claro repique do sino.

E, por estar no campo, numa extensão de relva, de verdurosas alfombras, lembro-me vivamente dos campos das paradas, ao sol, num espelhar faiscante de baionetas, rutilar de fardas e triunfal desfraldamento de bandeiras, quando, imensas, pesadas massas marciais, na evolução de um corpo disciplinar, agitam-se, num tinir e cintilar de metais, como enorme serpente de coruscantes escamas.

Com o espírito livre, em asa aberta, eu procuro arrancar das vozes mudas, inexprimíveis da Natureza, significações.

Campo e Mar estendem-se até longe, ao infinito horizonte, fulgurando às luxuosíssimas sedas do sol.

Elevados cômoros de areias alvas, ao longo das praias, conservam a aparência de grandes dorsos de elefantes brancos deitados.

Então, um ritmo me sobe da alma ao cérebro para me afinar os pensamentos em aspectos felizes, luminosos, como quando os alemães, fumando cachimbo e bebendo cerveja, por entre uma leve névoa ideal de fumo e álcool, mentalmente produzem filosofias...

Como essas raças finas e loiras a que nada mareia a pureza clara da carne civilizada, a idéia da Arte surge-me, alvoresce-me no espírito, diante das ondas, sideral, imaculada, como uma doce monja vestida de linho branco e virgem.

Estranhos, misteriosos, na magia dos feiticeiros caldeus, com o pensamento cristalizado na Forma, sinto que me ferem o cérebro, pesando fundo sobre ele, os nevropatas de agudez psíquica, mórbida, doentia, os psicólogos tenebrosos que como Huysmans, vibram num eletrismo histérico, numa dança macabra, satânica, num *delirium tremens* de sensações.

Ninfomaníacos mentais, como que sob a impressão de um sono de morfina ou de ópio, numa alucinação ou fascinação de hipnotizados, a alma deles flutua, desce sombriamente lá abaixo, ao antro negro da Terra, ou sobe lá acima, à infinita mudez do céu, como que em busca, sinistros e luminosos, revoltados Moisés de uma Bíblia nova, em busca de saber qual a doença que dá a morte...

Sentem-se-lhes isso na tortura da prosa, no funambulesco cabriolar do estilo, na acre violência das palavras, abertas umas em chagas e escorrendo sangue, outras brancas como Noivas amadas derramando lágrimas astrais...

E, dentre esse exalar de vida espiritual dolorosa, rompem coros de catedrais entoados por veladas, místicas vozes freiráticas; ouvem-se Missas negras e abrem-se, num ritual cristão, para a contemplação dos augures e dos símbolos, os medievos Hagiológios.

NO FAÉTON

Na manhã fria, fresca de maio, por uma rua arreada, um noble esplendor de mulher iluminou-me e surpreendeu-me os olhos.

Numa elegância de pelúcias claras, o seu perfil delicado, um *biscuit* d'arte, surgiu em flor no faéton, alta a estatura, com a graça educada de amazona *espiègle*.

Nos amplos claros de aspecto arejado de *gare*, sob o espaço vibrante, sonoro como uma grande cúpula de cristal, o faéton girava, de manso, na doce flexão das rodas leves, como se girasse sobre macias relvas de veludo.

Os cavalos normandos, lustrosos no cetim do pêlo, davam a correção, o tom das carruagens de molas flexíveis, suaves, das envernizadas caleches aristocráticas de luxo, cujos claros e polidos metais dos eixos cintilam.

Com uma *linha* fidalga ela manobrava as rédeas, nuns volteios audazes e galantes, a mão fremente, agitada, convulsa pelo ferir matinal do frio no sangue novo de gazela, com a orgulhosa atitude das *ecuyères*.

Algumas atenções paravam diante desse feminil deslumbramento desabrochado ao sol em aromas e formosuras.

No ar nítido, azul, fino do dia, duma limpidez deliciosa, o seu esbelto porte nervoso vinha erecto, num alto-relevo, destacando forte no fundo luminoso, transparente da manhã, como que cortado, talhado numa lâmina de vidro.

Cruz e Sousa

RITOS
A luz lirial da Lua abre tu'alma, artista, como um solar antigo.
Sob a neve luminosa do grande astro noctâmbulo, as visões que um dia amaste aparecerão agora.
Ah! A tu'alma é um antigo solar, onde mulheres prodigiosas, enfloradas de beleza, peles finas, transparentes, de delicadeza de porcelana, passaram.
És um solar antigo...
Tens o ar enevoado do crepúsculo de melancolia que há nos velhos solares.
Alguma coisa de nostálgico, de evocativo, como vagos sons plangentes, à noite, ou à hora do *Ângelus*, na solidão dos campos levanta e acorda a tu'alma.
Teu coração é o Sagrado Viático, mais puro e branco que as claras hóstias.
De que fundo de civilização, de que ramo de raça, de que região viestes assim, numa original sensação de nervos, palpitante, convulso como o mar e como o mar sereno e também como o mar profundo e grande?!
Pelas tuas idéias, pelos teus olhos fatigados de ver e perceber de perto o incoercível mundo, passam as alegrias, as lágrimas, o intenso viver de muitas gerações.
 Tu representas bem todas elas, és a essência espiritual de infinitas camadas humanas, o luminoso requinte dessas gerações que findaram e que não foram mais do que simples moléculas para formar o teu estranho, poderoso organismo de artista.
Sofreram, gozaram e pensaram – para que tu sobre elas fizesses nascer, surgir o mundo virgem das tuas impressões e idéias. E é por isso, artista, que abres tu'alma, como um solar antigo, à luz lirial da Lua – apaixonada sultana que vaga à noite, que vigia e vela pelas Religiões incomparáveis do Pensamento, seguida do fulgurante cortejo das estrelas odaliscas...

MULHERES

 Magnólias de aroma lépido, finos astros, que elas sejam, olhos faiscantes, como águas dormentes de delicioso Danúbio que a luz sonoriza e doira, humildes e imperiosas, ninguém jamais saberá o mistério que as envolve...

Cruz e Sousa

    Amar e gozar as nebulosas mulheres, mergulhar, engolfar a alma infinitamente, inefavelmente, em repouso, como num harmonioso luar, sem sobressaltos e ansiedades, na alma enevoada que elas ocultam sempre, só é dados às naturezas vulgares, que amam com a carne, que amam com o sangue apenas, no ímpeto brutal de todos os instintos, com a luxúria viva da carne, que fazia, desde os romanos, a carne viçosa e rica.
Os que a amam e gozam sensualmente, à lei da sexualidade, não lhes ouvem a vaporosa música embriagante do vinho dos encantos da voz e do sorriso; não lhes sentem o perfume delicado de úmidas bocas purpúreas, de níveos colos cor de camélia, de volumosos seios macios como a alava plumagem fresca de um pássaro real; não lhes percebem o amoroso ansiar de etéreas cintilações d'estrela nos olhos indagadores, que atravessam, costumam passar em visão, pesados de luz, com um brilho aceso e fagulhante de preciosas e raras pedrarias, as geladas noites brumosas do ciúme...
Para esses, que só as possuem sexualmente, elas trazem um deleite, um atrativo, como no Oriente o fumo, que dá prazeres insubstituíveis, voluptuosas graças de viver, atila e acende a imaginação, faz abrir e flamejar, incomparavelmente, de todos os pontos do mundo, os mais inauditos sóis do Espírito...
Esses, ainda outros ou todos, poderão decerto inundar-se no esplendor da beleza das mulheres, fruir delas toda a fremente carícia, possui-las, dominá-las sem hesitação e embaraços estranhos.
Para todos elas não terão sombrias torcicolosidades de serpentes, anseios, anelos indecifráveis, enigmas tremendos, que nos deixam deslumbrados, extáticos, na mais intricada rede de perplexidade.
Elas serão para todos o eterno feminino, leve, simples, fácil a conquista, fácil a vitória, tendo para os homens os arrastamentos prontos de um animal que se abandona à lubricidade.
Ninguém saberá ver nas mulheres esse complicado segredo de nervos, que ora se patenteia claro penetrável e que ora mais se condensa, se intensifica de obscuridade, torturando, afligindo, vago, abstrato como a dor e por isso ainda mais terrível, mais esmagador e frio...
Só um ser, consubstanciado de todas as angústias, de todas as incertezas e dilaceramentos do espírito, um ser contemplativo, amargurado pelas análises, ferido sempre pela observação, pelas idéias que sangram e vivem perpetuamente a martirizá-lo, para seu gosto excêntrico e único, só esse ser as compreenderá, mudo e solene, encerrado na solidão dos seus pensamentos, como um missionário, alheio às exterioridades dos corpos

delas, às linhas, ou só as amando por sentimento estético e analisando continuamente, sondando, perscrutando o feminino organismo dúbio.
Só a psicologia desse ser, que é o artista, saberá ver fundo o delicado ser das mulheres e penetrar nas sutilezas, nas direções variadíssimas e múltiplas que toma o seu espírito, à maneira das aves que voam alto, sem rumo, além, indefinidas na distância...
Esse poderá querê-las muito, adorá-las com outra chama sagrada; mas nunca as poderá amar carnalmente, friamente com os nervos – porque aparecerá sempre o analista sufocando o afeto espontâneo que não se delimita nem regulariza, o entendimento artístico, que ama a Forma, destruindo o fator humano que fecunda a carne, que perpetua a Espécie.
Quanto mais elas forem complexas, segredantes, tanto mais a análise se manifestará mais arguta, mais penetrante, de um modo experimental, nu, amplo; e as mulheres, afinal, ficarão diante do artista, como documentos palpitantes de uma dada natureza, provas flagrantes de paixões veementes, de desejos, de vontades, de uma infinidade de atributos e qualidades radicalizadas na alma feminina e que o pensamento do artista investiga, conhece, põe para fora, à toda a luz, como se expusesse, na presença do mundo, explicando a função de cada um, os milhares de glóbulos de sangue que circulam no organismo humano.
A dor de tudo isso, porém, a pungitiva dor de tudo, é que o artista não pode, assim como todos, espontaneamente amar.
Ele ama um golpe de luz, um olhar, a fascinação de uns cabelos quentes, a polpa virgem de uns seios, a graça idealizante e alada de um sorriso, o talho vermelho de uns talhos frescos, o tom das elegâncias fidalgas dessas Flores escarlates das Babéis de ouro, que passam na corrente das civilizações e na febre, no delírio dos luxos fortes.
Vendo para dentro de si, como para o fundo de um mar prodigioso, ele domina com o olhar perscrutante, inquieto, que apanha de pronto as situações, a maravilhosa ductilidade das mulheres, vendo também perfeita e singularmente o que se dá dentro delas, as suas inquietudes, as suas paciências, os seus receios, os seus caprichos inesperados, as suas volubilidades doentes e curiosas, as suas resoluções bruscas, os seus ímpetos de leoa, os seus enternecimentos ingênuos e monocórdios, os seus momentos horríveis de crises hiper-histéricas, sem causa determinada, sem assinalamentos de origem, mas assoberbantes, convulsos e que de repente cessam como vieram, para tornarem ainda, mais desabridos e persistentes.
As mulheres, para o artista, para e estesia exigente, requintada, são apenas um elemento de sugestão estética amoldável às necessidades artísticas do

sugestionado. Elas falam, abrem-se mesmo ao amor em rosas fecundas de sinceridade, dizem os ardores apaixonados, as recônditas sensações, a vida íntima dos eu afeto; mas o artista as ouvirá, como artista que é, a frio, simulando interesse, formando já, mentalmente, com as palavras delas, com essa confissão franca, pura e sentida, embora, verdadeiras páginas de emoção e estilo.
E, no entanto, ele as quererá amar muito, eternamente e sem reservas, abrir-lhes os braços ao amor, com todas as forças másculas, vigorosas e livres de homem, com a firmeza mais casta dos carinhos e das ternuras, estremecendo-as, idolatrando-as.
Mas, um ligeiro contato apenas, um leve roçar de lábios, um abraço desfalecido, murcho, algumas frases balbuciadas materialmente, ao acaso – e aí estará de novo o mentalizado, o espiritual, descendo a investigações, medindo cada gesto e cada olhar, inquieto, aflito com a expressão de um toque de luz numa trança de cabelos, que ele quer levar para a sua Obra ou preocupado com o fino Sèvres que fulgurou uma noite em certo *boudoir,* faiscando centelhas d'astro.
Contudo, quando esse luminoso torturado as vê descendo ou subindo os átrios claros de palácios festivos, altas Walquírias de neve nas pompas orgulhosas das sedas que roçagam, como que fica preso, magnetizado por aqueles aromas fluidos, vivendo na auréola majestosa do clarão que elas de si desprendem; e então, como na cauda constelada e rojante, os fulgores sedosos levam aspirações, sonhos que ficam errantes e que quereriam talvez subir ou descer, opulentamente, como as deusas resplandecentes, os mesmos festivos palácio de átrios claros.
Entretanto, não é aí o amor, o sentimento que se manifesta ainda na alma artística; não é uma expansão afetiva – mas uma verdadeira expressão d'arte, um desejo de posse, que logo invade as naturezas dominadoras, altivas, onde as idéias predominam, atuando, fatais e intensas, nos fenômenos da Vida, os mais elementares ainda.
O que excita o artista, seja nos átrios claros de palácios ou em toda a parte, é simplesmente a Forma, é toda essa roupagem deslumbrante que faz as mulheres parecerem auroras boreais; o que lhe incita a pensar nelas, a desejá-las, é a plástica olímpica, o onipresente esplendor das curvas cinzeladas, os mármores coríntios, o alabastro dos corpos flóreos. . O que o surpreende, deixa atraído e fascinado é o ar gelado da carne alva das loiras, que deliciam, o ardente sol tropical da carne tentadora das morenas, que cheiram a sândalo e matas.

Amar as mulheres, profundamente, com simplicidade, com singeleza, sem cuidados latentes de observá-las a toda hora, com os mínimos detalhes, linha por linha, traço por traço, sem essa preocupação doente que as exigências provocam, não é para a concentração, para a contenção nervosa dos falangiários da Arte, que, de todas as coisas, querem arrancar o germe de que necessitam, o pólen que lhes é mister para a fecundação de sua Obra. A linguagem feminina, algumas fiorituras das frases passageiras constituem, de certo modo, um tecido primoroso, os fios delicadíssimos com que a Arte contextura, urde a tecelagem da Forma.
Mas o desolado psicologista do Pensamento não as pode amar com intensidade e desprendimento espirituais, sem as querer observar sempre, desataviá-las das plumagens garridas e ver-lhes, à luz, o que elas sentem e pensam de nebuloso...
Por isso é que muito naturalmente, por intuição própria, elas percebem que não poderão jamais amar os artistas, tendo até para eles uma repulsão como que instintiva e sendo mesmo indiferentes às suas solicitações mais veementes e calorosas.
Vendo-se a cada instante o objeto das interpretações deles, reveladas através de seus pensamentos tão recatados como os seus seios, os pudores dos seus corpos angélicos, em tantas páginas dilacerantes e impiedosas, as mulheres não buscam sistematicamente os artistas para amar, feridas nos seus orgulhos melindrosos, nas suas vaidades excessivas e principescas, nas suas finas susceptibilidades de formosos seres triunfantes e inacessíveis.
Só raramente, por singularidade, uma ou outra mulher ama o artista, quando já acaso existe nela qualquer corrente de simpatia mental, qualquer relação de afinidade que estabeleça entre ambos uma claridade e harmonia de sentimentos mais ou menos congêneres, equilibrados.

PERSPECTIVAS

Naquela alvejante planura de areias salitrosas, onde o mar espumeja; naquela fulgurante extensão de praias brancas, indizíveis de pitoresco, felizes os olhos que se demoram, com o carinho, o afeto das coisas, a gozar as riquezas, o encanto, a imponência imortal dos aspectos.
Nas manhãs, céus louçãos, de um leve ar azul, azotado, fresco, pacificam o porto, adoçam os horizontes, inefavelmente.
Ocasos opulentos, feéricos, imprimem às tardes a mais suntuosa e serena majestade.

Cruz e Sousa

No mar, ao largo, entram e saem navios de alto bordo, numa infinita beleza de excêntricas formas requintadas, em caprichosos estilos diversos, mastreações aparatosas, parecendo enormes aparelhos estranhos para maravilhosamente arrancarem do fundo das ondas o misterioso deus das algas, da lenda secular e virgem dos hirsutos tritões verdes.
Marinheiros terrosos e fuscos, como que sujos a betume; outros loiros, flamejantes do sol, do ouro cantante da pele, dão à paisagem sã, revigoradora e larga, tons álacres e acres.
Das vagas, como exóticos monstros marinhos, as rubras e arredondadas cabeças das bóias, aqui e além, emergem.
Os mastros avultam, enchem prodigiosamente o mar supremo, sob a flava cintilação do dia; e, assim firmes, aprumados ao alto, ao firmamento, parecem tochas imensas para a celebração do *Te Deum* sideral dos astros, nos templos pagãos dos navios.
À noite, peregrinadoras estrelas, em claras chamas sagradas, no espaço ardem.
Uma lua virginal, aureolada de branco, irrompe fria e magoada, com um ar antigo e desolante de histerismo atormentado, como as freiras que envelhecem nos claustros.;
Hálitos, vivos estremecimentos elétricos, passam, perpassam no dorso Glauco das ondas que o luar então alastra...
Mas, o que mais enternecidamente enleva e perturba até as lágrimas, num sentimento intenso, de recôndita vibração, é um simples lenço, um adeus febril vertiginoso, em ânsia, que ali fica às vezes a palpitar ao sol, infinitamente, na emoção de uma alma, para a vela que vai já além confusa na distância, desaparecendo, perdida nos longes esfuminhados, infinitamente, infinitamente...

CAMPAGNARDE

O dia abriu um explosão d'oiro, dum oiro inflamado de forja, trescalando perfumes, cheirando acremente à terra.
 Tu, gárrula vivandeira dos prados, que ao primeiro rumor sonoro do teu coração amoroso, como ao alegre rufo bizarro dum tambor de guerra ou à esfuziante vibração matinal de uma trompa de caça, toda estremeces e fremes, voltas agora púrpura dos campos onde te fecundaste, desabrochaste e floriste logo em papoula.

E voltas mais púbere, mais virtual, mais mulher, porque sorveste o leite o leite virginal e sadio aos abundantes seios da Natureza.
Quando para lá foste, o teu corpo frágil, tênue, traspassado do azulado enraizamento arterial das veias, era quase diáfano, transparente, vitrescível quase, através do qual bem facilmente a aurora coaria os seus flavos raios rútilos, como através de um delicado e aromático filó finíssimo, cor-de-rosa e translúcido.
Além disso, quando para lá foste, eras infantil ainda, ainda a ave implume, e entrarias daí por diante, como por uma zona de sol, nesse luxurioso período genesíaco da mulher, quando suas formas se ampliam, se completam e perdem essa volatilidade aérea, o borboletismo, essa tonalidade vaporosa da primitiva graça, para irem aos poucos adquirindo opulências, exuberante vigor germinativo no sangue que as alimenta, enlabareda e fecunda, arredonda e turgesce triunfais e alucinantes no colo as duas polposas saliência carnudas, das quais, em busca da instintiva subsistência, pende, mais tarde, como astros no firmamento, o encanto virgem dos filhos.
Mas, agora que de lá chegas, vens florescente como a vinha verde, dum sabor de uva branca, inundada do palpitante pólen doirado da antera dos vegetais, das emanações revigorativas da planturosa paisagem. Trazes a carne emadurecida, sazonada em fruto, exalando essências de campos, sutilíssimos eflúvios de vergéis, alastrada de brilhos quentes, de elétricas faíscas narcotizantes, como se o teu imaculado torso inteiriço irrompesse, brotasse do noivado da Natureza no mesmo veemente e original impulso das árvores e dos rios.
Perfeito, soberbamente rico e raro, Campagnarde! esse humor campestre, esse alagamento e deslumbramento de luz com que regressas da Vida, do seio livre da grande amplidão da saúde, onde tudo, afinal, são concentradas forças, pujanças novas para o sangue, renascimento para a carne.
Ninguém, por certo, calcula, a ninguém sugere, por certo, a alta realidade do quanto é salutar e é nobre e supremo bem que lá se goza nos campos e como o corpo abalado pelos inevitáveis golpes da matéria falível, resiste o espírito, o fluido nervoso, dando à existência o equilíbrio sereno.
Nenhum pincel colorista, nenhuma entranhada emoção ou visão impressionista d'arte, nenhuma perceptibilidade acústica de músico, poderá bem com exatidão apanhar a cor, o sentimento, a errante, dispersa harmonia que se eterifica na liberdade dos campos e que assim te penetrou pelo coração e pelos olhos, primorosamente enflorescendo e viçando no teu corpo de graça, lirial e formoso.

Cruz e Sousa

Abres a veludosa e cerejada boca e os teus esmaltados dentes rutilam – lisos e claros – enrijados nos ares puros, nas frescas águas correntes, nos frutos castos e doces. Falas, e atua voz, em músicas, desfolha notas de canção feliz da tu'alma; e a tua voz pelo espaço voa, voa, voa de eco em eco, infinitamente, inefavelmente, parecendo então reproduzir o teu nome, Campagnarde! Campagnarde! e eternamente desdobrá-lo, arremessá-lo ao longe, por colinas e vales derramá-lo, Campagnarde! Campagnarde!

RITMOS DA NOITE

Lá fora a noite é estrelada e quente.
Chego da rua. A vida ferve ainda nos cafés com intensidade. No Londres, uns imbecis doirados de popularidade fácil saudaram-me, e, nessa saudação, senti o ar episcopal das proteções baratas que os conselheiros costumam dar aos jovens esperançosos.
Eu percebi o conselherismo e tive uma careta, uma *grimace* diabólica de ironia...
veis os caríssimos imbecis doirados de popularidade fácil... _____

No meu quarto, entro, enfim, agitado, da rua, com mil idéias, com mil impressões e dúvidas e fundamente considero, tenho tão estranhos monólogos mentais, que quase que me alucinam.
A luz da vela, em torno à sombra do quarto, põe uma claridade velada, penumbrada, quase morta.
Um retrato de Daudet, pendurado à parede, parece ter para mim uma piedade no seu fino perfil de Cristo alemão.
Ah! por que será que na hora dos estrangulamentos supremos, quando a Dor nos alanceia e torna velhos, os objetos têm todos, para nós, uma feição singularmente diversa da que têm sempre – ou sinistra, ou agressiva, ou piedosa?
Por que será que nas longas noites desolação, quando uma ventania de desespero sopra por trompas de bronze do nosso peito, todas as coisas desfalecem aos nossos olhos, as perspectivas se anulam, os astros loiros se apagam e a própria luz de uma lamparina ou de uma vela projeta claridade dúbia, que antes punge, que antes apunhala e dói, do que alumina!?

O coração cerra-se-nos de uma névoa triste, e, como um solitário monge, põe-se a balbuciar não sei para que mundos distantes, orações indefinidas, *kiries* eternos e nostálgicos, de um nebuloso sentimentalismo, que estão no fundo de todos os seres espirituais.

São fluidos íntimos, virginais, da alma, que sobem para o desconhecido; são incensos inefáveis de que está cheio o turíbulo do nosso amor e que, nos lancinantes momentos em que se desmorona para nós alguma força nobre, alguma força edificante, partem candidamente para as regiões do Ideal, país jamais descoberto e que só o pensamento logrou conhecer...

Vão lá saber qual é a tecla sombria que vibra o nosso organismo em certas horas, qual é a corda que pulsa, quais os nervos que se agitam!

Por uma impressionabilidade indizível, por um *toque* no orgulho, por uma mancha no cetim branco da Arte, lá fica uma nobre cabeça doente, sob a febre das nevroses, sentindo ebolir o sangue em chama e sentindo até que o cronômetro regular do pulso alterou a marcha das vibrações...

Tudo o que nos vem às idéias são princípios de demolição, de destruição, armados das rijas couraças e das agudas lanças da sua inevitabilidade.

O mundo surge-nos logo como uma formidável floresta dos tempos primitivos e só tremendos animais de uma colossal corpulência urram e bufam sanguinolentos.

E a noite, que verte fel no espírito, arrebatando-o não sei para que inferno de agitações, não sei para que tercetos do Dante, ainda mais peadas barras de chumbo arroja sobre o florido arbusto da Crença, cujas flores luminosas já a indiferença humana calcou a pés, ou a ruidosa, jogralesca multidão dos cafés desdenhosamente cuspiu em cima.

E, nessas batalhas, batalhas vivas, acres, onde o coração está eternamente a sangrar, a sangrar; nesses rudes combates, ao mesmo tempo tão puros e fidalgos, a carne é o menos que fica ferido, os músculos são o menos que se perde, os nervos o menos que se atrofia.

O que se perde de todo é a alta penetração da Vida, do Mundo e dos Homens, para terrivelmente se adquirir uma doença amarga, aguda e dilacerante, que se constitui das frias e tortuosas análises e que se chama – Psicologia.

SUGESTÃO

Tu, quem quer que sejas, obscuro para muitos, embora, tens um grande espírito sugestivo.

Os jornais andam cantando a tua verve flamante, pertences a uma seita de princípios transcendentais.

Na tua terra os cretinos gritam, vociferam.

Não sabem o que tu escreves. Não entendem aquilo... Palavras, palavras, dizem.

Tu tens, porém, uma tal orientação, uma tão profunda firmeza artística, que não te abalas com a vozeria que se levanta. Pelo contrário! À bateria de frases ríspidas, que te assestam, rompe do teu cérebro a bateria viva das idéias.Não recuas, escreves.

Tudo quanto a imaginação pode criar de imprevisto, original, surpreendente, vais arrancar à nevrose da composição, encrustar, como pedrarias, na escrita cinzelada, cujo estilo apuras e aprimoras com verdadeira êxtase de uma devotada seita religiosa.

E, apesar das frases que te dirigem, cercam-te apoteoses. E isso, conquanto simules o contrário, sempre te desvanece.

Então, para que o teu esplendor seja maior e mais completo, andas a preparar um livro de estilo nobre e que, segundo pensas nas horas de nervosismo psíquico, há de fazer sucumbir no lodo da banalidade a turba triunfante dos imbecis.

E assim, com a tua elevação mental e disciplina, julgas-te profundamente feliz. Não trocarias o teu espírito pela ostentação e pompas do mundo. Ah! se tu tens a pompa das idéias!

O cocheiro mais agaloado e galante, guiando o mais elegante coupé tirado por éguas de raça, de amplas ancas carnudas e luzidias, cheias de nervosidades, de altivezes bourbônicas, com um fino sentimento mulheril nas linhas, tudo isso, Artista, não vale a página mais simples, mais frouxa, sem mesmo maior ornamentação de estilo, que tu, por acaso, escrevas.

Nem tu trocarias todo o veio virgem do ouro do mundo pelo livro que daí a meses deve entrar para o prelo.

Os reclamos soam pelos jornais, como clarins. Andam já longe. Caminham. Chega já ao domínio de todos a notícia. Há ansiedade. Espera-se a obra. Vai aparecer, brevemente, cintilante, a duas cores, em tipos Elzevires, vistosos e claros, com o teu retrato, papel *satin,* nas lustrosas vitrinas, acendendo um clarão em torno do teu nome, como um facho de fama.

Mas, um dia, vais ao teatro, um acaso, por exemplo. Sentas-te na poltrona junto à orquestra. Num intervalo suas demasiadamente. Estás abafado do calor da noite tórrida. Precisas de ar, de refrigerantes. Um sorvete, um gelado.

E, seguro de teu vigor de mocidade, da tua saúde e do radiante rubor do teu rosto, que é admirado na rumorosa cidade onde habitas, tomas, sem o maior receio, o gelado que te trazem.

Daí sentes-te logo como que atordoado.

Não estás bem. Calafrios agudos percorrem-te a espinha. Vertigens cálidas fisgam-te a cabeça. Ardem-te os olhos e se umedecem sob a luz flagrante e crua da ribalta;mesmo o gás te dá mais febre; parece que te estalam as fontes, latejando fortemente – e tu não podes mais ficar, nem um instante sequer, na vasta sala iluminada e cheia de multidão matizada que formiga e aplaude.

Então, um de teus amigos te conduz à casa, já abatido e quase sem voz; e, mais tarde, passados dias, corre a dolorosa notícia, – ó amargurado Espírito moderno! – de que morreste de uma pneumonia aguda... E após a tua morte ainda se haveria de contentar o teu merecimento. Muitos diriam: — Também não deixou um livro que significasse a sua individualidade.

E outros responderiam:

— Mas deixou escritos nos jornais.

— Ora, jornais! jornais são papéis avulsos, vivem o curto espaço de um minuto ou de um segundo e, muitas vezes, até sem os lermos, com os mais resplandecentes pensamentos contidos em suas colunas, os deitamos pela janela fora... Um livro sintetiza qualquer individualidade. Não se pode acreditar, portanto, não há documentos que atestem, criticamente, o valor intelectual desse escritor que morreu...

Daí então, só no preciso decurso de tempo para o teu cadáver apodrecer na soberana indiferença da terra, aparece o teu livro, aquele mesmo onde tanto trabalhaste, que fecundaste de idéias, onde tanto derramaste o vivo poder de teu cérebro, onde consumiste uma porção de sangue e de nervos, assinado, e com outro título, por uma vulgaridade batráquia, na qual toda a gente acredita, e, oh!! comparando-a contigo, acha-a mais superior, extraordinária, sem igual até.

E tu, lá embaixo, ficarás, na frialdade da terra, sem nunca teres vencido! com ironia dessa glória de néscio a rir de ti, perpetuamente, à chuva, aos vendavais e ao sol, do alto da tua cova!

Cruz e Sousa

SOFIA

Foi na sala branca, de leves listrões d'ouro, que eu a vi interpretar um dia ao piano Mendelsohn, Schumann, as fugas de Bach, as sinfonias de Beethoven.
Tinha um nome bíblico, lembrando palmeiras e cisternas: chamava-se Sofia. Era alta, de uma brancura de hóstia, como certas aves esguias que os aviários conservam e que aí vivem num grande ar dolente de nostalgia de selvas, de matas cerradas, de sombrios bosques.
Nervosa, de um desdém fidalgo de fria flor dos gelos polares, e triste, traía a Arte aquele altivo aspecto, a orgulhosa cabeça erecta em frente às partituras, que os seus olhos garços liam e que os seus dedos rosados e aristocráticos executavam com perfeição, com claro entendimento nas teclas.
E de todo esse nobre ser delicado, de todo esse perfil de imagem de jaspe, irradiava uma harmonia vaga, melancólica, uma auréola de pungitiva amargura, mais desoladas que as sinfonias de Beethoven, como se todas aquelas músicas excelsas tivessem sido inspiradas nela.

Ó aromas, sutilíssimas essências dos finos frascos facetados do luxuoso boudoir dessa musical Magnólia; aromas vaporosos, maravilhosos perfumes que incensais, à noite, de volúpia, a sua alcova, como as purpurinas bocas das rosas, falai a linguagem alada que as vozes humanas não podem falar e dizei os murmúrios estranhos dos sentimentos imperceptíveis, imaculados, que alvoroçam a alma ansiosa dessa sonhadora Sofia.
Só os aromas, só as essências terão os eflúvios castos, os fluidos luares de expressão, o ritmo inefável para contar que latentes palpitações traz Ela no sangue, que chama d'astro lhe inflama o peito, quando volta triste dos concertos egrégios e vai enclausurar-se na alcova, – muda, muda, talvez sob a névoa de lágrimas, na comovente concentração dos que morrem amando...

MANHÃ D'ESTIO

Cruz e Sousa

    O Azul hoje amanheceu numa melodiosa canção, duma consoladora carícia veludosa de arminho, duma doce e suavíssima frescura de maçã rosada – brunido, reluzente, como um raro bronze florentino finíssimo, vivamente cheirando a violetas, a jasmins e a rosas machucadas.
    Na cristalina sonoridade do côncavo páramo aberto há uma etérea música que passa em fios sutilíssimos de luz e de aroma pela sua transparência diamantina e velada, como um líquido radioso e fragrante através duma primorosa safira.
    E o canto de um pássaro, que além atravessa o céu é mais brando, é mais tenro, então, mais harmonioso e sereno, prende, emociona e arrebata mais porque vai cheio desta ambiente fluidez matinal, desta vaporosa e delicada tonalidade aérea, deste fino sentimento amoroso de impoluto noivado dos elementos naturais animados, destes, enfim, deliciosos tons alegres que dão um rico sabor à terra, uma vibração luminosa aos aspectos e um mais meigo encanto imaculado aos frutos que pendem das árvores e às flores que coloram, dulcificam tudo com a graça, a inefável candidez de sorrisos.
    Os arvoredos recortam nitidamente no ar as suas ramagens intensas, cujo verde orvalho cintila, e as palmeiras, que mais de perto avisto, altas, sobrepujando os outros arvoredos, como a afirmação soberana do poder germinativo, aprumam-se, firmes, desdobrando no alto as suas verdejantes plumas que tremeluzem nas arfantes aragens.
    Na pradaria florida os gorjeios crescem, trinados festivamente cortam o espaço, vôos, rumores d'asas, claros e argentinos ruídos frescos de rios, chiantes carros dormentes de lavouras tomando o vermelho e risonho atalho murmuroso dos campos relvosos, entre a implorativa plangência mugidora dos tardos bois melancólicos; movimentos agrícolas de enxadas, de sachos e arados, todos os instrumentos e aparelhos rurais, cavando, mondando, preparando a terra para as culturas, avigorando-a e adubando-a, dando-lhe a larga força nutriente aos germes para que ela opere e produza, farte infinitamente a todos de sazonadas colheitas.
    E toda essa orquestração da Natureza e do trabalho, todas essas impetuosas, palpitantes correntes da Vida, enchem o ar de alvoroço, de alarido, duma religiosa bênção panteísta e de um cântico enlevador que desce consolativamente sobre as coisas – como se toda a seiva, vegetal e humana, estivesse na gestação poderosa, da fecunda elaboração de mundos virgens e novos.
    Nós, Artistas, que dissipamos toda a nossa mais bela e opulenta porção de glóbulos rubros para arrancar à Natureza a sua latente verdade; que nos embevecemos na contemplação, no misticismo do céu; que de tudo

ansiamos pelas recônditas, encantadas origens; que tanta vez nos mergulhamos no azedume e na inclemente maresia do tédio, achando a vida gasta, acabada, falazes e mentidos os seus lantejoulados, fascinantes enlevos, trememos de comoção, ficamos extasiados quando essas perspectivas se nos antolham assim d'esplendor, trazendo ainda à nossa desvirilizada e já quase decadente estrutura moral um pouco de alento, heroísmo e força, de sagrada virtude de pensamento e gloriosa envergadura espiritual para a luta, hauridos a plenos sorvos nos abundantes mananciais de luz, na soberba caudal imensa da Natureza fecunda e generosa.

    Porque só a Natureza, germinalmente só ela, nos sabe dar à alma e ao corpo esta nobre saúde, estas estóicas atitudes épicas; porque só ela nos comunica os seus emotivos impressionismos, nos penetra os seus evangélicos, pensativos silêncios e recolhimentos alpestres, tão empiricamente transvasados no neblinoso luar dos Sonhos e tão relicariamente votados ao culto como os santuários; só é dela que vem a crença robusta que nos põe no peito como que afiadas lâminas de espada para destruirmos bizarros as mil venenosas cabeças da formidável serpente da Dúvida; só ela nos veste dessa flamante irradiação de aurora da qual emergimos vitoriosos, no fluido ouro resplandecente da aurora da Vida;e só ela, enfim, nos lava do mal, nos purifica como a salitrosa salsugem do Mar glauco nas salutares e matinais travessias d'alacridade picante, quando se volta das ondas numa eflorescência pagã de Tritão marinho, no luminoso frescor primaveril e sonoro dum viçoso ramo silvestre ruflante de revoadas de coleiros e gaturamos cantando.

    Um clarim, uma trompa de caça que por aqui vibrasse, como numa pastoral da idade média, nesta formosa manhã perfumada, apanharia, tomaria destes murmúrios todos, pelo fenômeno acústico da recepção e transladação dos sons, como em placas fonográficas, todos os profundos e vagos ecos e os levaria então para longe – derramando-os, espalhando-os em cada placidez sedentária de sítio, em cada remanso bonançoso de campo, fazendo renascer a brava cultura ingênita das terras, palpitar o rijo pulmão d'aço do movimento incessante, pulsar, latejar vinculativamente as artérias da fecundidade e circular em todo o sangue oxigenado, ardoroso e produtivo que gera e fortalece tudo e que não é mais do que o Sol eletricamente entranhado nas mais profundas raízes de tudo.

APARIÇÃO DA NOITE

Fria aparição da meia-noite, o Luar seja contigo!
Tu vens da neve, das algidezes cruas da neve; e eu não sei bem se é a neve que te faz frio ou se és tu que fazes fria a neve.

Há, contudo, em ti, algum calor, que não é inteiramente a vida, mas que suaviza os punhalantes regelos da neve; que não é o sol da tua carne, a chama do teu corpo, mas um quente raio d'estrela, a estrela de teu olhar aceso como velas místicas no recolhido e sagrado santuário de uma Capela.

O luar seja contigo, seja contigo o luar emoliente e lascivo, este luar equatorial que não é dia nem noite, mas uma doce penumbra velada do sol do teu sorriso – como se sobre o sol do teu sorriso, para dulcificar a intensidade do foco da sua luz, quando tu eras astro inflamado, que ardias, força latente, matéria animada e pulsante, se houvesse colocado um transparente *abat-jour* verde, branco, azulado e amarelado, conforme é, às vezes, a refração luminosa da Lua.

Mas tu deveras aparecer-me, fria Visão da meia-noite, dentro de uma redoma de cristal, por entre um resplendor de lágrimas, para eu então poder assim crer no teu encanto, no teu mistério de meia-noite.

No entanto, aqui me aparece, metida em pelas de Astrakan, melancólica, pálida, vaporosa, livorescida quase, como aquelas belezas apagadas e tristes que vêm dos frígidos ares desolados do Norte.

Porque tu acabas de vir da Rússia agora, das fulgurantes estepes, da ostentação militar do Tzar de ferro, ouvindo os clamores da dinamite.

Vens das hirtas margens do Neva para os coruscantes fogos tropicais das terras da América. E chegas ainda virginal e pubescente para a irradiação angélica do Véu, para o simbolismo cândido da Grinalda de flores de laranjeira, para a bênção serena e perfumada do Noivado.

Chegas a tempo...

E se queres um noivo, se andas em busca de um noivo, aí tens, pois, o Luar, frio como essa natureza fria, e alvo, liricamente alvo, como tu. Aí tens o Luar...

Envolve-se à sua clâmide de linho, mergulha-te nos seus flocos de prata, ó meiga Eslava triste, meu desmaiado amor e heliotrópio branco dos sonhos, que aqui vieste findar eternamente a vida nessa nostálgica doença nervosa de melancolia que trouxeste do teu país polar, muito longe nos gelos, e que até te dá já a névoa densa, a espessa nuvem dolorosa das ilusões que se transformam em nuvens.

Vens para sempre extinguir-se sob esses tórridos mormaços, nessa doença histérica de que ninguém na tua pátria pôde de certo determinar a pugentíssima origem, e que não é mais, nada mais é, talvez do que a doença do clima, do spleen das tardes, das exaustas paisagens sem seiva; as displicências amargas à hora dos longos ocasos taciturnos, quando adormecidamente as campinas e as planícies incultas nevam e o horizonte é uma trespassante angústia crepuscular que desola...
Aí tens o Luar...
Cobre-te nessa musselina fúlgida, veste essa finíssima gaze diáfana...
Abre os primorosos olhos de Madona, castíssimos, chorosos e macerados, e absorve pelos cílios todo esse nosso fluido e luxuoso azul; e fecha depois esses teus primorosos olhos também azues...
Sorri ainda uma vez, como num supremo frêmito final de ave ferida no peito;agita amorosamente, languescidamente, numa poeirada d'ouro, como na última noite de beijos da remota paixão que se foi, a loira e divina cabeça astral, leonina e doirada; tem um derradeiro estremecimento convulsivo e sonoro de cordas d'harpa em todo o níveo corpo; cerra à música celeste, eucarística da voz para sempre os lábios, e, assim, nesse láteo nimbo seráfico da Lua, fica em êxtase, na doce, na infinita quimera misteriosa da Morte, numa leve graça idealizante e alada de vôo etéreo de querubins, como quem está dormindo ou como o sol que emperdeniu e gelou...
Fria Aparição da meia-noite, o Luar seja contigo!

ESTESIA ESLAVA

Como os embriagados de kava da Polinésia vou tartamudeando e soluçando sob as paixões, ó águia, Águia Germânica, imperiosa e doirada!
Uma estranha harmonia de "Dança macabra" de Saint-Saens me entorpece e invade em lágrimas negras de notas.
Todo o meu pensar e sentir estacou de súbito agora, como um nervoso cavalo da Arábia a que se refreia o bridão, diante da tua plumagem d'oiro da tua envergadura d'asa valente, – ó águia! doirada Águia humana e Germânica, que tudo de mim para sempre levas, Esperanças e Sonhos, impetuosamente arrebatado no alto, ao impulso fremente das tuas garras alpinas.
E eu fico em ânsias no vácuo, num vago anelar indefinido, como as aspirações do perfume que quer ser luz...

Mas um pedaço de horizonte ao longe marcando as infinitas distâncias e uma língua de terra aprumada em monte, tornam-me tangível o sentimento da realidade; e, então, claramente vejo e sinto, desiludido das Coisas, dos Homens e do Mundo, que o que eu supunha embriagamento, arrebatamento de amor nas tuas asas, ó loira Águia Germânica! – nada mais foi que o sonambulismo dum sonho à beira de rios marginados de resinoso aloendros em flor, na dolência da Lua nebulosa e fria, à alta paz do Azul, sob as pestanejantes estrelas rutilamente acesas...

TÍSICA

Lânguida e loira, tinha, na verdade, um ruidoso e festivo acordar de canários.
Quando o dia vem triunfalmente cantando por todas as gargantas de oiro dos pássaros, perfumado por todos os prados de rosas, rumorejando por todos os sonoros veios cristalinos de fontes, ela erguia-se também do leito, cantando, numa alegria comunicativa que iluminava tudo e ia para o piano soluçar no teclado, lindas barcarolas e valsas.
Quanta vez eu ouvi, e quantas outras a vi no rés do chão que enfrentava a minha morada, sempre com um vermelho esmaecido, manchado, em ambas as faces.
Como era feliz, e que ruidoso e festivo acordar de canários tinha Ela!

Chegou, afinal, o inverno.
A emigração das andorinhas começa em vôos incisivos, que frisa o espaço translúcido de ruflagens d'asas...
Os grandes frios pedem as grandes capas de lã para as mulheres, os confortáveis regalos de pelúcia, as luvas, que agasalham, que protegem as mãos, os *pardessus* e os largos fichus para a cabeça.
Desprende-se já do éter as fortes lestadas de vento e chuva, destruidoras e rijas, arrepiando e convulsionamente contorcendo os galhos das árvores, que amarelecem.
Amanhece-se tiritando sob o fulgurante ar frígido das geadas, que nevam os plácidos campos.
E, lá, à cima das serras altas, nas desprotegidas cabanas onde a miséria habita, tiritam também de frio e desamparadamente morrem, com uma chama azul no olhar vítreo, as loiras e morenas virgens tísicas que na

estação passada levaram a trabalhar nos rudes amanhos da lavoura e a mourejar nas longas vigílias amargurosas da agulha.

_____

    A tísica! a tísica! Essa doença simbolicamente dolorosa e triste, que devasta os lares como os cortantes invernos devastam as searas! Doença artística e desolada, que dá um aspecto eminentemente romântico a todas as mulheres, como àquela violeta de Parma, flor dolente e venenosa do Amor, essa Margarida Gautier, roxo lírio inefável de melancolia plantado à margem de lagos furta-cores de quimera, e que a mais abrasadora paixão, a febre mais intensa, o tufão ardente de um fundo e desvairado sentimento para sempre emurcheceu e desfolhou!
    Doença amarga! que soturnamente devorando os pulmões, põe em redor de quem a sofre um magoado impressionismo de saudade e uma névoa gelada de sepulcro...
    E as virgens que morrem dessa doença tão atormentadora e serena ao mesmo tempo, levam para o túmulo, na crispação dos lábios entreabertos e violáceos, como derradeira e a mais pungente ironia da Dor, o desmaiado sorriso da última esperança, do último sonho, da última ilusão que tiveram sobre a Terra. _____

Há muitos dias já não a vejo, a lânguida Loira.
Não sei porque, mas a sua ausência inquieta-me.
Eu quisera sempre vê-la, como dantes, pálida, lânguida e loira, com um vermelho esmaecido, manchado, em ambas as faces.
Porém, ela não aparece, não vai, como então, sentar-se ao piano, no luminoso purpurear das manhãs, fazendo soluçar no teclado lindas barcarolas e valsas. E isso punge-me n'alma de tal modo que eu procuro saber o que é feito dela e dizem-me que adoeceu.
— Adoeceu! E de que?
— Está tísica. O médico diz que não durará muito.
— Tísica! Tão moça e tão bela! E que ar festivo tinha ela. Como cantava! Que sonoridade de voz! E tudo isso agora acabar, morrer...

_____

    É certo, aflitivamente certo o que me disseram. Ela vai morrer!
    Vejo-a continuamente de uma palidez clorótica, os olhos de um brilho cru, agudo, que faz febre; as orelhas diáfanas, muito despegadas do crâneo; o nariz cada vez mais afilado e desfalecido; toda ela de uma amarelada

transparência de morte, de uma magreza hirta, como essas santas mártires do cilício que vivem nos claustros fechados e austeros de pedra, olhando entre grades para céus fuscos, com olhos cheios dos fluidos místicos do Panteísmo, e que parecem subir, através de nimbos, além, às empíreas regiões dos excelsos arcanjos alvos de luz...

Vejo-a constantemente, através de vidraças, sem brilho de vida quase, como um astro vesperal prestes a apagar para sempre todo o seu clarão diamantino e virgem.

E, no entanto, nos intervalos lúcidos da doença, que lhe abrem no peito, às Esperanças, como um esplendor de força nova, de vigorosa saúde, o piano vibra de quando em quando, , sob as suas mãos febris, trêmulas, nervosas e cadavéricas, alguma melodia triste de casuarinas gementes, um desvairamento histérico de lágrimas, a fina música nostálgica no fim de tudo – talvez essa suspirante serenata de Schubert, cujo ritmo saudoso tão profundamente nos invade a alma e a entristece e no qual parece haver gritos e soluços de amor entrecortados pela agonia torturante da Morte...

ORAÇÃO AO MAR

Ó mar! Estranho Leviatã verde! Formidável pássaro selvagem, que levas nas tuas asas imensas, através do mundo, turbilhões de pérolas e turbilhões de músicas!
Órgão maravilhoso de todos os nostalgismos, de todas as plangências e dolências... Mar! Mar azul! Mar de ouro! Mar glacial!
Mar das luas trágicas e das luas serenas, meigas como castas adolescentes! Mar dos sóis purpurais, sangrentos, dos nababescos ocasos rubros! No teu seio virgem, de onde se originam as correntes cristalinas da Originalidade, de onde procedem os rios largos e claros do supremo vigor, eu quero guardar, vivos, palpitantes, estes Pensamentos, como tu guardas os corais e as algas.
Nessa frescura iodada, nesse acre e ácido salitre vivificante, eles se perpetuarão, sem mácula, à saúde das tuas águas mucilaginosas onde se geram prodígios como de uma luz imortal fecundadora.
Nos mistérios verdes das tuas ondas, dentre os profundos e amargos Salmos luteranos que elas cantam eternamente, estes pensamentos acerbos viverão para sempre, à augusta solenidade dos astros resplandecentes e mudos.

Cruz e Sousa

Rogo-te, ó Mar suntuoso e supremo! para que conserves no íntimo da tu'alma heróica e ateniense toda esta dolorosa Via-Láctea de sensações e idéias, estas emoções e formas evangélicas, religiosas, estas rosas exóticas, de aromas tristes, colhidas com enternecido afeto nas infinitas idéias do Ideal, para perfumar e florir, num Abril e Maio perpétuos, as aras imaculadas da Arte.
Em nenhuma outra região, Mar triunfal! ficarão estes pensamentos melhor guardados do que no fundo das tuas vagas cheias de primorosas relíquias de corações gelados, de noivas pulcras, angélicas, mortas no derradeiro espasmo frio das paixões enervantes...
Lá, nessas ignotas e argentadas areias, estas páginas se eternizarão, sempre puras, sempre brancas, sempre inacessíveis a mãos brutais e poluídas, que as manchem, a olhos sem entendimento, indiferentes e desdenhosos, que as vejam, a espíritos sem harmonia e claridade, que as leiam...
Pelas tuas alegrias radiantes e garças; pelas alacridades salgadas, picantes, primaveris e elétricas que os matinais esplendores derramam, alastram sobre o teu dorso, em pompas; pelas confusas e mefistofélicas orquestrações das borrascas; pelo epiléptico chicotear, pelas vergastantes nevroses dos ventos colossais, que te revolvem; pelas nostálgicas sinfonias que violinam e choram nas harpas das cordoalhas dos Navios, ó Mar! guarda nos recônditos Sacrários d'esmeralda as idéias que este Missal encerra, dá-o, pelas noites, a ler, a meditadoras Estrelas, á emoção do Ângelus espiritualizados e, majestosamente, envolve-o, deixa que Ele repouse, calmo, sereno, por entre as raras púrpuras olímpicas dos teus ocasos...

O Livro Derradeiro, de Cruz e Sousa

Fonte:
Cruz e Sousa, Poesia Completa, org. de Zahidé Muzart, Florianópolis: Fundação Catarinense de Cultura / Fundação Banco do Brasil, 1993.

Texto proveniente de:
A Biblioteca Virtual do Estudante Brasileiro
<http://www.bibvirt.futuro.usp.br> A Escola do Futuro da Universidade de São Paulo Permitido o uso apenas para fins educacionais.

Texto-base digitalizado por:
Núcleo de Pesquisas em Informática, Literatura e Lingüística
<http://www.cce.ufsc.br/~alckmar/literatura/literat.html>

Cruz e Sousa

Universidade Federal de Santa Catarina

Este material pode ser redistribuído livremente, desde que não seja alterado, e que as informações acima sejam mantidas. Para maiores informações, escreva para <bibvirt@futuro.usp.br>.

Estamos em busca de patrocinadores e voluntários para nos ajudar a manter este projeto. Se você quer ajudar de alguma forma, mande um e-mail para <parceiros@futuro.usp.br> ou <voluntario@futuro.usp.br>

O LIVRO DERRADEIRO
Cruz e Sousa

ÍNDICE

CAMBIANTES

SUPREMO ANSEIO APÓS O NOIVADO DORMINDO...
NERAH
AMOR   ESCRAVOCRATAS   DA SENZALA...
DILEMA
À REVOLTA
ESCÁRNIO PERFUMADO
FILETES

OUTROS SONETOS

SONETO
SONETO
SONETO
SONETO, "DIATRIBE"
SONETO
SONETO
SONETO
SONETO

SONETO
NA MAZURKA
O FINAL DO GUARANI IDÉIA-MÃE
O SEU BONÉ SONETO
OISEAUX DE PASSAGE COLAR DE PÉROLAS SATANISMO
METAMORFOSE
AURÉOLA EQUATORIAL [ANDA-ME A ALMA]
[QUANDO EU PARTIR] SEMPRE E... SEMPRE NOIVA E TRISTE
MÃE E FILHO NATUREZA SURDINAS
IRRADIAÇÕES AMBOS
PLENILÚNIO OS DOIS TRISTE
CELESTE
[ESTAS RISADAS] AOS MORTOS LUAR
MOCIDADE SONETO
NA FONTE [SONETO] CEGA
ERMIDA
ÁGUA-FORTE
ALMA QUE CHORA CHUVA DE OURO
PRIMAVERA A FORA 25 DE MARÇO
NINHO ABANDONADO CRENÇA
CRISTO E A ADÚLTERA ÊXTASE DE MÁRMORE INVERNO
FALANDO AO CÉU GLORIOSA O CHALÉ
DELÍRIO DO SOM
ILUSÕES MORTAS
O SONHO DO ASTRÓLOGO CRISTO
FRUTAS DE MAIO ETERNO SONHO RISADAS AVE! MARIA...
IMPASSÍVEL VERÔNICA SÍMILES
EXILADA
SONETOS
DECADENTES
OLAVO BILAC DOENTE
DOENTE [variação] LIRIAL
TO SLEEP, TO DREAM NO CAMPO
FRUTAS E FLORES VISÃO MEDIEVA RECORDAÇÃO ROMA
PAGÃ
ESPIRITUALISMO
PLANGÊNCIA DA TARDE ALMA ANTIGA VANDA
ÊXTASE LUAR
CELESTE

A PARTIDA
CANÇÃO DE ABRIL O MAR
MANHÃ
RIR!
IDEAL COMUM ASPIRAÇÃO
SENSIBILIDADE
GLÓRIAS ANTIGAS
PÁSSARO MARINHO A FREIRA MORTA
CLARO E ESCURO
MAGNÓLIA DOS TRÓPICOS HÓSTIAS
BOCA IMORTAL
PSICOLOGIA HUMANA OS MORTOS FLORIPES
O CEGO DO HARMONIUM HORAS DE SOMBRA
ALELUIA! ALELUIA!
ROSA NEGRA VOZINHA
NO EGITO OCASOS
REPOUSO
REQUIESCAT...
DOCE ABISMO
HARPAS ETERNAS
DUPLA VIA-LÁCTEA TITÃS NEGROS
ENTRE CHAMAS... O ANJO DA REDENÇÃO SALVE! RAINHA!...
[SONETO]
VIOLINOS
GUERRA JUNQUEIRO

CAMPESINAS

AO AR LIVRE
NOS CAMPOS
A BORBOLETA AZUL RENASCIMENTO ABELHAS
BESOUROS...
PAPOULA
CAMPESINAS NA VILA
OS RISONHOS

Cruz e Sousa

DISPERSAS

AVANTE AWAY!
POESIA
SAUDAÇÃO
A IMPRENSA
VERSOS
AO DECÊNIO DE CASTRO ALVES ENTRE LUZ E SOMBRA SETE DE SETEMBRO
TRÊS PENSAMENTOS PARANAGUADAS
QUESTÃO BROCARDO SEMPRE
BEIJOS
QUESTÃO BROCARDO
[Pinto, pinta -- ponta à ponta]
PIRUETAS
AS DEVOTAS
[De claque, casaca e luva,]
[MEUS ESPLÊNDIDOS...]
[Nunca se cala o Callado]
[Estoure como o champagne] [Parece um céu estrelado]
[Levantem esta bandeira]
OLHARES
[Nas explosões de bons risos]
[Triolé -- pega estes zotes]
GRITO DE GUERRA
[Da Lua aos raios prateados]
[Teus olhos belos por dentro]
ADALZIZA
[TEUS OLHOS] SER PÁSSARO
O BOTÃO DE ROSA
[Ó Adalziza dos sonhos;]
[Enquanto este sangue ferve]
[Como um cisne, est'alma frisa] [Merece o bom do Vidal]
[Zulmira dos meus amores,]
[Deixai que a minh'alma escassa] [Quando ela está de colete,] [Ó cintilante Quiquia,]
[Olhos pretos, sonhadores] [Se estala a estrofe de fogo,] AMOR!!...
[Ó Flora, ó ninfa das rosas,] [Morena dos olhos pretos]

Cruz e Sousa

[Embora eu não tenha louros] [Ó Alzira, Alzira, Alzira,]
[Aos relâmpagos sulfúreos]
[À sombra espessa de um álamo] ROSA
[Quando estás de laçarotes] [Da idéia nos mares jônios]
[-- Como um assombro de assombros] [-- Como fortes gargalhadas]
[Da bruma pelos países]
SAUDAÇÃO FRÊMITOS
GUSLA DA SAUDADE SMORZANDO
GIULIETTA DIONESI FILETES
VERSOS À INFÂNCIA TRISTE
FONTE DE AMOR NAUFRÁGIOS CASTELÃ ARTE
ARTE [variação] O DUQUE
A ESPADA
O SOL E O CORAÇÃO SAPO HUMANO
DIANTE DO MAR BRUMOSA
SGANARELO
DESMORONAMENTO
CLARÕES APAGADOS MENDIGOS
ASAS PERDIDAS ANJO GABRIEL
CRIANÇAS NEGRAS VELHO VENTO
MARCHE AUX FLAMBEAUX
O ÓRGÃO

JULIETA DOS SANTOS

A IDÉIA AO INFINITO SONETO
SONETO
SONETO
SONETO
SONETO
SONETO
SONETO
SONETO
JULIETA DOS SANTOS

Cruz e Sousa

CAMBIANTES

Índice

SUPREMO ANSEIO

Esta profunda e intérmina esperança Na qual eu tenho o espírito seguro, A tão profunda imensidade avança
Como é profunda a idéia do futuro.

Abre-se em mim esse clarão, mais puro Que o céu preclaro em matinal bonança: Esse clarão, em que eu melhor fulguro,
Em que esta vida uma outra vida alcança.

Sim! Inda espero que no fim da estrada Desta existência de ilusões cravada
Eu veja sempre refulgir bem perto

Esse clarão esplendoroso e louro Do amor de mãe -- que é como um fruto de ouro, Da alma de um filho no eternal deserto.

Índice

APÓS O NOIVADO

Em flácido divã ela resvala
Na alcova -- bem feliz, alegremente, E o fresco penteador alvinitente,
De nardo e benjoim o aroma exala.

E o noivo todo amor, assim lhe fala,
Por entre vibrações do olhar ardente:
Pertences-me afinal, pomba dormente Parece que a razão de gozo, estala.

Mas eis -- corre-se então nívea cortina: E a plácida, a ideal, a branca lua
Derrama nos vergéis a luz divina...

Depois... Oh! Musa audaz, ousada, e nua, Não rompas esse véu de gaze fina
Que encerra um madrigal -- Vamos... recua!...

Índice

DORMINDO...

Pálida, bela, escultural, clorótica
Sobre o divã suavíssimo deitada,
Ela lembrava -- a pálpebra cerrada -- Uma ilusão esplendida de ótica.

A peregrina carnação das formas, -- o sensual e límpido contorno, Tinham esse quê de avérnico e de morno,
Davam a Zola as mais corretas normas!...

Ela dormia como a Vênus casta E a negra coma aveludada e basta
Lhe resvalava sobre o doce flanco...

Enquanto o luar -- pela janela aberta -- -- como uma vaga exclamação -- incerta
Entrava a flux -- cascateado -- branco!!...

Índice

NERAH
(Inspirado no elegante conto de Virgílio Várzea)
A Vítor Lobato

Nerah não brinca mais, não dança mais. -- E agora Que vão-se
apropinquando os tempos invernosos, Nerah traz uns receios tímidos, nervosos,
De quem teme mudar-se em noite, sendo aurora.

Cruz e Sousa

Seus sonhos de cristal, translúcidos, antigos
Se vão embora, embora à vinda dos invernos, Seguindo em debandada os úmidos galernos -- -- lembrando um roto bando informe de mendigos.

Não canta o sabiá que triste na gaiola, Parece, com o olhar, pedir-lhe a casta esmola
De um riso -- aquela flor que esvai-se, branca e fria.

Em tudo a fina seta aguda de aflições!
Na própria atmosfera um caos de interjeições!
Em tudo uma mortalha, em tudo uma agonia.

Índice

AMOR

Nas largas mutações perpétuas do universo
O amor é sempre o vinho enérgico, irritante...
Um lago de luar nervoso e palpitante...
Um sol dentro de tudo altivamente imerso.

Não há para o amor ridículos preâmbulos,
Nem mesmo as convenções as mais superiores; E vamos pela vida assim como os noctâmbulos à fresca exalação salúbrica das flores...

E somos uns completos, célebres artistas Na obra racional do amor -- na heroicidade,
Com essa intrepidez dos sábios transformistas.

Cumprimos uma lei que a seiva nos dirige E amamos com vigor e com vitalidade,
A cor, os tons, a luz que a natureza exige!...

Índice

Cruz e Sousa

ESCRAVOCRATAS

Oh! trânsfugas do bem que sob o manto régio
Manhosos, agachados -- bem como um crocodilo, Viveis sensualmente à luz dum privilégio Na pose bestial dum cágado tranqüilo.

Eu rio-me de vós e cravo-vos as setas
Ardentes do olhar -- formando uma vergasta Dos raios mil do sol, das iras dos poetas,
E vibro-vos a espinha -- enquanto o grande basta

O basta gigantesco, imenso, extraordinário -- Da branca consciência -- o rútilo sacrário
No tímpano do ouvido -- audaz me não soar.

Eu quero em rude verso altivo adamastórico, Vermelho, colossal, d'estrépito, gongórico,
Castrar-vos como um touro -- ouvindo-vos urrar!

Índice

DA SENZALA...

De dentro da senzala escura e lamacenta   Aonde o infeliz
De lágrimas em fel, de ódio se alimenta
    Tornando meretriz

A alma que ele tinha, ovante, imaculada   Alegre e sem rancor,
Porém que foi aos poucos sendo transformada   Aos vivos do estertor...

    De dentro da senzala
Aonde o crime é rei, e a dor -- crânios abala
    Em ímpeto ferino;

    Não pode sair, não,
Um homem de trabalho, um senso, uma razão...   e sim um assassino!

Cruz e Sousa

Índice

DILEMA
Ao cons. Luís Alvares dos santos

Vai-se acentuando,
Senhores da justiça -- heróis da humanidade, O verbo tricolor da confraternidade...
E quando, em breve, quando

Raiar o grande dia
Dos largos arrebóis -- batendo o preconceito...
O dia da razão, da luz e do direito
-- solene trilogia --

Quando a escravatura
Surgir da negra treva -- em ondas singulares
De luz serena e pura;

Quando um poder novo
Nas almas derramar os místicos luares, Então seremos povo!

Índice

À REVOLTA
A Cassiano César

O século é de revolta -- do alto transformismo, De Darwin, de Littré, de Spencer, de Laffite -- Quem fala, quem dá leis é o rubro niilismo Que traz como divisa a bala-dinamite!...

Se é força, se é preciso erguer-se um evangelho, Mais reto, que instrua -- estético -- mais novo
Esmaguem-se do trono os dogmas de um Velho

E lance-se outro sangue aos músculos do povo!...

O vício azinhavrado e os cérebros raquíticos, É pô-los ao olhar dos sérios analíticos,
Na ampla, social e esplêndida vitrine!...

À frente!... -- Trabalhar a luz da idéia nova!...
-- Pois bem! Seja a idéia, quem lance o vício à cova,
-- Pois bem! -- Seja a idéia, quem gere e quem fulmine!...

Índice

ESCÁRNIO PERFUMADO

Quando no enleio
De receber umas notícias tuas, Vou-me ao correio,
Que é lá no fim da mais cruel das ruas,

Vendo tão fartas,
D'uma fartura que ninguém colige, As mãos dos outros, de jornais e cartas
E as minhas, nuas -- isso dói, me aflige...

E em tom de mofa,
Julgo que tudo me escarnece, apoda,
Ri, me apostrofa,

Pois fico só e cabisbaixo, inerme,
A noite andar-me na cabeça, em roda,
Mais humilhado que um mendigo, um verme...

Índice

FILETES
    A J. L.

Cruz e Sousa

De cravos, de rosas, De lírios, perfumes, De beijos, ciúmes,
De coisas formosas;

De cantos suaves
De músicas, vinhos
De aromas, arminhos
Dos trinos das aves;

Das cismas radiadas,
De esperanças aladas
Por vagos escombros,

São feitos, são feitos
Teus olhos perfeitos,
Repletos de assombros.

Índice

OUTROS SONETOS

Índice

SONETO
(Oferecido e dedicado ao Ilmo. Sr. M. Bernardino A. Varela pelo autor.)
Vir bonus dicendi peritus laudandum est.

Senhor de nobre alma, tão
D'entre os sábios conhecido, De pais excelsos nascido, Aceitai a minha canção.

Probo pai, bom cidadão,
Sois dos seres melhor ser
Por saber tão profundo ter, Sois ilustre qual Catão.

Cruz e Sousa

Recebei esta prova mesquinha De penhor e de oração,
Produto da pena minha.

Perdoai, mui digno varão,
Se na mente eu pobre tinha Cometer-vos indiscrição.

Índice

SONETO
"Minha vida é um montão de ruínas em árido deserto   Um abismo de ais e de suspiros".

Da mundana lida, eis que cansado, Co'a lira toda espedaçada, A alma de suspiros retalhada,
Cumpre o infeliz seu triste fado.

Ai! que viver mais desgraçado!...
Que sorte tão crua e desazada!...
Quem assim tem a vida amargurada Antes já morrer, ser sepultado.

Só eu triste padeço feras dores,
Imensas e de fel, sem terem fim, Envolto no véu dos dissabores.

Oh! Cristo eu não sei se só a mim Deste essa vida d'amargores,
Pois que é demais sofrer-se assim!

Índice

SONETO
(24 dez. 1880)
  Dieu a fait la mer, les oiseaux, les cieux, Toute la nature enfin; mais les hommes   ont découvert les sciences, les arts et les   lettres qui les élèvent jusqu'à même Dieu.

Cruz e Sousa

De Mayseder gentil o vulto ingente De Corelli, de Spohr e de Nardini, De Ole Bull supernal, de Veracini
Inspirados por Deus c'o plectro ardente;

Dessa lira febril, áurea, potente
Do artista sem par, de Paganini; De Viotti dinal, do herói Tardini,
De Lafont, de Baillot, Eck e Laurenti:

Sois rival feliz! e nesse crânio
Há em jorros, oh céus! extravasando O ardor musical, o ardor titâneo...

Já bem cedo, veloz, ides galgando Lá da glória os degraus, o supedâneo
Sobre um trono de luz rindo e cantando.

Índice

SONETO,
"DIATRIBE"

Dois zoilos mui completos deste mundo, Dois zoilos há terríveis e zelosos,
Que estando sem fazer, mui ociosos Só tratam dum falar nauseabundo.

Eu sei mui bem seus nomes -- não confundo Com esses bem sensatos, talentosos, Com esses lidadores mui briosos
Que têm estudo imenso e bem profundo!

Mas ah! pra que tempo hei-de gastar Com quem só vive imerso na caligem
D'inveja torpe e vil a esbravejar!

Isto, meus amigos, é impigem Que quanto se procura mais coçar
Tanto e tanto mais só dá prurigem!

Índice

SONETO

Cruz e Sousa

Por ocasião dos festejos em homenagem ao sexagésimo primeiro aniversario natalício do eloqüentíssimo tribuno sagrado, Joaquim Gomes d'Oliveira Paiva.

Há vultos tamanhos que não Cabendo no globo, vão quedos
Mas solenes, refugiar-se na campa. D'aí embuçam-se n'um manto infinito
De glórias?...

Minh'alma está agora penetrando Lá na etérea plaga, cristalina! Que música meu Deus febril, divina Nos páramos azuis vai retumbando!

Além, d'áureo dossel se está rasgando
Custosa, de primor, esmeraldina Diáfana, sutil, longa cortina
Enquanto céus se vão duplando!

Em grande pedestal marmorizado
De Paiva se divisa o busto enorme
Soberbo como o sol, de luz croado

De um lado o porvir -- Antheu disforme Dos lábios faz soltar pujante brado
Hosanas! não morreu! apenas dorme.

Índice

SONETO
 Por ocasião da comemoração do sexagésimo primeiro aniversario natalício do ilustre pregador catarinense Joaquim Comes d'Oliveira Paiva.

Rompeu-se o denso véu do atroz marasmo
E como por fatal, negro hebetismo
De antro sepulcral, de fundo abismo O povo ressurgiu com entusiasmo!

O Zoilo mazorral se queda pasmo
Supõe quimera ser, ser cataclismo Roga, já por dobrez, por ceticismo
De néscio, vil truão solta o sarcasmo.

Perdão, Filho da Luz, minh'alma exora, Porém, a pátria diz, somente agora

Cruz e Sousa

Os grilhões biparti de atroz moleza!

E ele, o nosso herói já redivivo De pé, sem se curvar, sereno, altivo
Co'as raias do porvir mede a grandeza!

Índice

SONETO
(5 dez. 1882)
Embeberam-me a pena em fel!
Antônio (Mendes Leal)

Deixai que deste álbum na folha delicada
Eu venha difundir meus rudes pensamentos
Deixai que as pobres rimas, uns nadas poeirentos Eu possa transudar da mente entrenublada!...

Deixai que de minh'alma na fibra espedaçada
Eu busque inda vibrar uns cantos tardos, lentos!... Bem cedo os vendavais, aspérrimos, cruentos Ai! Tudo arrojarão à campa amargurada!

Porém qu'importa isso! dos mares desta vida Nos pávidos, estranhos, enormes escarcéus Se alguma coisa val, és tu, ó luz querida!...

Rasguemos do porvir os áditos, os véus!...
Riamos sem cessar, embora em dor sentida!...
Também as nuvens negras conglobam-se nos céus!

Índice

SONETO
(28 nov. 1882)
 A mocidade é a alavanca do templo da ciência, no futuro; só ela tem o direito de ser a força motriz dos fenômenos intelectuais das grandes revoluções do pensamento.

Cruz e Sousa

(Do Autor)

Alçando o livro colossal ardente
Traças no crânio um sulco luminoso, E vais seguindo o remontar garboso
Do sol fagueiro lá no espaço ingente!

Ergues a fronte juvenil potente
Já como herói ou lutador famoso
E c'uma forma de pensar honroso
Fazes-te esperança da brasílea gente!

Seis vezes astro de maior grandeza Enfim lá surges nos exames belos
Enfim triunfas na brilhante empresa!

Seis vezes quebras da ignorância os elos, Seis vezes vives com mais sã firmeza,
Gemem seis vezes a louvar-te os prelos!...

Índice

SONETO

Chegou enfim, e o desembarque dela
Causou-me logo uma impressão divina! É meiga, pura como sã bonina,
Nos olhos vivos doce luz revela!

É graciosa, sacudida e bela,
Não tem os gestos de qualquer menina: Parece um gênio que seduz, fascina, Tão atraente, singular é ela!

Chegou, enfim! eu murmurei contente! Fez-se em minh'alma purpurina aurora, O entusiasmo me brotou fervente!

Vimos-lhe apenas a construção sonora, Vimos a larva, nada mais, somente
Falta-nos ver a borboleta agora!

Cruz e Sousa

Índice

NA MAZURKA

Morava num palácio -- estranha Babilônia
De arcadas colossais, de impávidos zimbórios, Alcovas de damasco e torreões marmóreos, Volutas primorais de arquitetura jônia.

Assim, quando surgia em meio aos peristilos Descendo, qual mulher de Séfora, vaidosa, Envolta em ouropéis, em sedas, luxuosa, Cercam-na do belo os místicos sigilos!

E quando nos saraus, assim como um rainúnculo, O lábio lhe tremia e o olhar, vivo carbúnculo, Vibrava nos salões, como uma adaga turca,

Ou como o sol em cheio e rubro sobre o Bósforo, -- nos crânios os Homens sentiam ter mais fósforo...
Ao vê-la escultural no passo da Mazurka...

Índice

O FINAL DO GUARANI
(Santos, 15 jul. 1883)

Ceci -- é a virgem loira das brancas harmonias, A doce-flor-azul dos sonhos cor de rosa,
Peri -- o índio ousado das bruscas fantasias, O tigre dos sertões -- de alma luminosa.

Amam-se com o amor indômito e latente Que nunca foi traçado nem pode ser descrito.
Com esse amor selvagem que anda no infinito.
E brinca nos juncais, -- ao lado da serpente.

Porém... no lance extremo, o lance pavoroso, Assim por entre a morte e os tons de um puro gozo, Dos leques da palmeira a note musical...

Vão ambos a sorrir, às águas arrojados,
Mansos como a luz, tranqüilos, enlaçados E perdem-se na noite serena do ideal!...

Índice

IDÉIA-MÃE
Laborare
Dignus est operarius mercede sua.
(Af. Lat.)

Ergueis ousadamente o templo das idéias
Assim como uns heróis, por sobre os vossos ombros E ides através de um negro mar d'escombros, Traçando pelo ar as loiras epopéias.

A luz tem para vós os filtros magnéticos Que andam pela flor e brincam pela estrela. E vós amais a luz, gostais sempre de vê-la
Em amplo cintilar -- nuns êxtases patéticos.

É esse o aspirar do séc'lo que deslumbra, Que rasga da ciência a tétrica penumbra E gera Vítor Hugo, Haeckel e Littré.

É esse o grande -- Fiat -- que rola no infinito!... É esse o palpitar, homérico e bendito,
De todo o ser que vive, estuda, pensa e lê!!...

Índice

O SEU BONÉ
(Corte, out. 1883)
À atriz Adelina Castro

É um boné ideal, de feltros e de plumas,

Cruz e Sousa

Que ela usa agora, assim como um turbante Turco, aveludado, doce como algumas
Nuvens matinais que rolam no levante.

Lembro quando ao vê-lo a rubra marselhesa, Lembro sensações e cousas de prodígio
E penso que ele tem a máscula grandeza Desse sedutor, vital barrete frígio!...

Às vezes meu olhar medindo-lhe o contorno E a flácida plumagem que serve-lhe d'adorno, -- satânico, voraz, esplêndido de fé!

Exclama num idílio cândido e singelo,
Por entre as convulsões artísticas do Belo; -- Oh! tem coração e alma, esse boné!...

Índice

SONETO
(Desterro, 13 jan. 1883)
A Moreira de Vasconcelos

Na luta dos impossíveis, do espirito e da matéria, tu és a águia sidérea dos pensamentos terríveis!
(Do Autor)

É um pensar flamejador, dardânico Uma explosão de rápidas idéias,
Que como um mar de estranhas odisséias Saem-lhe do crânio escultural, titânico!...

Parece haver um cataclismo enorme
Lá dentro, em ânsia, a rebentar, fremente!... Parece haver a convulsão potente,
Dos rubros astros num fragor disforme!...

Hão de ruir na transfusão dos mundos Os monumentos colossais profundos, As cousas vãs da brasileira história!

Mas o seu vulto, sobre a luz alçado,
Oh! há de erguer-se de arrebóis c'roado, Como Atalaia nos umbrais da glória!!...

Índice

OISEAUX DE PASSAGE

Les rêves, les grands rêves que moi toujours adore, Les rêves couleur rose, les rêves éclatants; Ainsi que les colombes un autre ciel cherchants J'ai vu les ailes ouvertes, si belles que l'aurore.

Autour de la nature, autour de la profonde
Et merveilleuse mère des fleurs, des harmonies, Les rêves éblouissants, remplis d'amour et vie,
Trouvaient de l'espoir le plus doré des mondes.

Hélas!... -- mais maintenant, par des chagrins, secrets,
L'amour, les étoiles et tout ce qu'il nous est Chéri -- le beau soleil, la lune et les nuages;

Tout fut plongé d'abord' plongé dans le mystère,
Avec de mon coeur la douce lumière,
Les rêves de mon âme -- uns* oiseaux de passage!...

   * sic.

Índice

COLAR DE PÉROLAS
  Ao feliz consórcio dos estimáveis colegas, D. Jesuína Leal e Francisco de Castro.

A F'licidade é um colar de pérolas, Pérolas caras, de valor pujante,

Cruz e Sousa

Belas estrofes de Petrarca e Dante
Mais cintilantes que as manhãs mais cérulas.

Para que enfim esse colar bendito,
Perdure sempre, inteiramente egrégio, Como uma tela do pintor Correggio,
Sem resvalar no lodaçal maldito:

Faz-se preciso umas paixões bem retas,
Cheias de uns tons de muito sol -- completas...
Faz-se preciso que do amor na febre,

Nos grandes lances de vigor preclaro, Desse colar esplendoroso e raro,
Nem uma pérola, uma só se quebre!...

Índice

SATANISMO

Não me olhes assim, branca Arethusa,
Peregrina inspiração dos meus cantares; Não me deixes a razão vagar confusa Ao relâmpago ideal de teus olhares.

Não me olhes, oh! não, porquanto eu penso Envolvido no luar das minhas cismas,
Que o olhar que me dardejas -- doido, imenso Tem a rápida explosão dos aneurismas.

Não me olhes. Oh! não, que o próprio inferno Problemático, fatal, cálido, eterno,
Nos teus olhos, mulher, se foi cravar!...

Não me olhes, oh! não, que m'entolece
Tanta luz, tanto sol -- e até parece
Que tens músicas cruéis dentro do olhar!...

Índice

METAMORFOSE
A Carlos Ferreira

O sol em fogo pelo ocaso explode
Nesse estertor, que os crânios assoberba. Vivo, o clarão, nuns frocos exacerba Dos ideais a original nevrose.

Da natureza os anafis mouriscos
Ante o cariz da atmosfera muda,
Soam queixosos, numa nota aguda,
Da luz que esvai-se aos derradeiros discos.

O pensamento que flameja e luta Nos ares rasga aprofundado sulco...
A sombra desce nos lisins da gruta;

E a lua nova -- a peregrina Onfale,
Como em um plaustro luminoso, hiulco, Surge através dos pinheirais do vale.

Índice

AURÉOLA EQUATORIAL
A Teodoreto Souto

Fundi em bronze a estrofe augusta dos prodígios, Poetas do Equador, artísticos Barnaves;
Que o facho -- Abolição -- rasgando as nuvens graves De raios e bulcões -- triunfa nos litígios!

-- O rei Mamoud, o Sol, vibrou p'raquelas bandas do Norte -- a grande luz -- elétrico, explodindo, Assim como quem vai, intrépido, subindo
À luz da idade nova -- em claras propagandas.

-- Os pássaros titãs nos seus conciliábulos,
-- Chilreiam, vão cantando em místicos vocábulos,

Cruz e Sousa

Alargam-se os pulmões nevrálgicos das zonas;

Abri alas, abri! -- Que em túnica de assombros,
Irá passar por vós, com a Liberdade aos ombros,
Como um colosso enorme o impávido Amazonas!

Índice

[ANDA-ME A ALMA]

Anda-me a alma inteira de tal sorte,
Meus gozos, meu pesar, nos dela unidos
Que os dela são também os meus sentidos, Que o meu é também dela o mesmo norte.

Unidos corpo a corpo -- um elo forte
Nos prende eternamente -- e nos ouvidos Sentimos sons iguais. Vemos floridos Os sons do porvir, em azul coorte...

O mesmo diapasão musicaliza Os seres de nos dois -- um sol irisa
Os nossos corações -- dá luz, constela...

Anda esta vida, espiritualizada Por este amor -- anda-me assim -- ligada A minha sombra com a sombra dela.

Índice

[QUANDO EU PARTIR]

Quando eu partir, que eterna e que infinita Há de crescer-me a dor de tu ficares; Quanto pesar e mesmo que pesares,
Que comoção dentro desta alma aflita.

Por nossa vida toda sol, bonita,

Cruz e Sousa

Que sentimento, grande como os mares, Que sombra e luto pelos teus olhares Onde o carinho mais feliz palpita...

Nesse teu rosto da maior bondade
Quanta saudade mais, que atroz saudade...
Quanta tristeza por nós ambos, quanta,

Quando eu tiver já de uma vez partido, Ó meu amor, ó meu muito querido
Amor, meu bem, meu tudo, ó minha santa!

Índice

SEMPRE E... SEMPRE
A M. B. Augusto Varela
Sempre se amando, sempre se querendo.
(Oliveira Paiva)

De longe ou perto, juntas, separadas,
Olhando sempre os mesmos horizontes, Presas, unidas nossas duas fontes
Gêmeas, ardentes, novas, inspiradas;

Vendo cair as lágrimas prateadas,
Sentindo o coro harmônico das fontes, Sempre fitando a cúspide dos montes
E o rosicler das frescas alvoradas;

Sempre embebendo os límpidos olhares Na claridão dos humildes luares,
No loiro sol das crenças se embebendo,

Vão nossas almas brancas e floridas Pelo futuro azul das nossas vidas,
Sempre se amando, sempre se querendo.

Índice

NOIVA E TRISTE

Cruz e Sousa

Rola da luz do céu, solta e desfralda
Sobre ti mesma o pavilhão das crenças, Constele o teu olhar essas imensas
Vagas do amor que no teu peito escalda.

A primorosa e límpida grinalda
Há de enflorar-te as amplidões extensas
Do teu pesar -- há de rasgar-te as densas
Sombras -- o véu sobre a luzente espalda...

Inda não ri esse teu lábio rubro
Hoje -- inda n'alma, nesse azul delubro
Não fulge o brilho que as paixões enastra;

Mas, amanhã, no sorridor noivado,
A vida triste por que tens passado,
De madressilvas e jasmins se alastra.

Índice

MÃE E FILHO
Às mães desamparadas

Jesus, meu filho, o encanto das crianças,
Quando na cruz, de angustia espedaçado, Em sangue casto e límpido banhado,
Manso, tão manso como as pombas mansas;

Embora as duras e afiadas lanças
Com que os judeus, tinham, de lado a lado, Seu coração puríssimo varado,
Inda no olhar raiavam-lhe esperanças.

Por isso, ó filho, ó meu amor -- se a esmola De algum conforto essencial não rola Por nós -- é forca conduzir a cruz!...

Mas, volta ó filho, pesaroso e triste. Se a nossa vida só na dor consiste,
Ah! minha mãe, por que morreu Jesus?...

Cruz e Sousa

Índice

NATUREZA
Aos Poetas

Tudo por ti resplende e se constela, Tudo por ti, suavíssimo, flameja; És o pulmão da racional peleja,
Sempre viril, consoladora e bela.

Teu coração de pérolas se estrela,
E o bom falerno dás a quem deseja Vigor, saúde a crença que floreja,
Que as expansões do cérebro revela.

Toda essa luz que bebe-se de um hausto
Nos livros sãos, todo esse enorme fausto Vem das verduras brandas que reluzem!

Esse da idéia esplêndido eletrismo,
O forte, o grande, audaz psicologismo, Os organismos naturais produzem...

Índice

SURDINAS
Às raparigas tristes

Vais partir, vais partir que eu bem te vejo Na branca face os gélidos suores,
Vais procurar as musicas melhores
Do sol, da glória e do celeste beijo.

Dentro de ti harpas do desejo
Não vibram mais -- embora que tu chores -- Nem pelas tuas aflições maiores
Se escuta um vago e enfraquecido arpejo...

Bem! vais partir, vais demandar esferas Amplas de luz, feitas de primaveras,
Paisagens novas e amplidão florida...

Mas ao chegar-te a lágrima infinita, Lembra-te ainda, ó pálida bonita
De que houve alguém que te adorou na vida.

Índice

IRRADIAÇÕES
Às crianças

Qual da amplidão fantástica e serena À luz vermelha e rútila da aurora
Cai, gota a gota, o orvalho que avigora A imaculada e cândida açucena.

Como na cruz, da triste Madalena
Aos pés de Cristo, a lágrima sonora
Caia, rolou, qual bálsamo que irrora A negra mágoa, a indefinida pena...

Caia por vós, esplêndidas crianças Bando feliz de castas esperanças,
Sonhos da estrela no infinito imersas;

Caia por vós, as músicas formosas, Como um dilúvio matinal de rosas,
Todo o luar benéfico dos versos!

Índice

AMBOS

Vão pela estrada, à margem dos caminhos Arenosos, compridos, salutares,
Por onde, a noite, os límpidos luares
Dão às verduras leves tons de arminhos.

Nuvens alegres como os alvos linhos Cortam a doce compridão dos ares,
Dentre as canções e os tropos singulares Dos inefáveis, meigos passarinhos.

Do céu feliz na branda curvidade,
A luz expande a inteira alacridade,
O mais supremo e encantador afago.

E com o olhar vibrante de desejos
Vão decifrando os trêmulos arpejos, E as reticências que produz o vago.

Índice

PLENILÚNIO

Vês este céu tão límpido e constelado E este luar que em fúlgida cascata,
Cai, rola, cai, nuns borbotões de prata...
Vês este céu de mármore azulado...

Vês este campo intérmino, encharcado Da luz que a lua aos páramos desata... Vês este véu que branco se dilata
Pelo verdor do campo iluminado...

Vês estes rios, tão fosforescentes,
Cheios duns tons, duns prismas reluzentes, Vês estes rios cheios de ardentias...

Vês esta mole e transparente gaze... Pois é, como isso me parecem quase Iguais, assim, às nossas alegrias!

Índice

OS DOIS
Aos pobres

Cruz e Sousa

-- Minha mãe, minha mãe, quanta grandeza Nesses plácidos, quanta majestade;
Como essa gente há de viver, como há de Ser grande sempre na feliz riqueza.

Nem uma lágrima sequer -- e à mesa
D'entre as baixelas, d'entre a imensidade Da prata e do ouro -- a azul felicidade Dos bons manjares de ótima surpresa.

Nem um instante os olhos rasos d'água, Nem a ligeira oscilação da mágoa
Na vida farta de prazer, sonora.

-- Como o teu louco pensamento expandes Filho -- a ventura não é só dos grandes
Porque, olha, o mar tambem é grande e... chore!

Índice

TRISTE

Vai-se extinguindo a viva labareda Que te abrasava o coração ridente...
Passas magoada pela rua e a gente Umas converses funerais segreda.

Não tens no olhar o sangue q'embebeda, Foram-se as rosas do viver contente... Segues, agora, pobre flor -- somente Da sepultura a essencial vereda.

E vem chegando o tenebroso inverno...
Mas nesse mal devorador e eterno,
Teu organismo já não mais resiste

Às punhaladas da estação de gelo... E acabará como eu nem sei dizê-lo,
Triste, bem triste, pesarosa, triste!

Índice

Cruz e Sousa

CELESTE
 Aos corações ideais

Lembra-me ainda -- ao lado de um repuxo, Pela brancura de um luar de agosto,
O teu maninho, um loiro pequerrucho
Brincava, rindo, te afagando o rosto...

Lembra-me ainda -- as sombras do sol posto, Numa saleta sem brasões de luxo,
De alguns bordados de fineza e gosto Delineavas o gentil debuxo...

E o gás que forte e cintilante ardia, Te iluminava, te alagava... ria...
Da luz ficavas no imponente abrigo.

E agora... deixa que ao cair da noite,
Esta lembrança dentro de mim se acoite, Como a andorinha no telhado amigo!

Índice

[ESTAS RISADAS]

Estas risadas límpidas e frescas
Que Pan trauteia em cálamos maviosos
Nesta amplidão dos campos verdurosos,
Nestas paisagens flóreas, pitorescas;

Toda esta pompa e gala principescas Destas searas, destes altanosos
Montes e várzeas, prados vigorosos,
Louros -- talvez como as visões tudescas;

Este luxuoso e rico paramento, Feito de luz e de deslumbramento
-- Do grande altar da natureza imensa.

Aguarda o poeta sacerdote augusto, Para cantar no seu missal robusto,

Cruz e Sousa

A nova Missa da razão que pensa...

Índice

AOS MORTOS

Oh! não é bom rir-se de um morto -- brusca
Pois deve ser a sensação que aumenta Desoladora, vagarosa, lenta
Da negra morte tétrica velhusca...

Tudo que em vida, como um sol, corusca, Que nos aquece, que nos acalenta, Tudo que a dor e a lágrima afugenta,
O olhar da morte nos apaga e ofusca...

Nunca se deve desprezar os mortos...
Nos regelados e sombrios portos,
Onde a matéria se transforma e urge

Exuberar na planturosa leiva,
Vivem os mortos no vigor da seiva,
Porque dão vida ao que da vida surge!...

Índice

LUAR

Pelas esferas, nuvens peregrinas,
Brandas de toques, encaracoladas, Passam de longe, tímidas, nevadas,
Cruzando o azul sereno das colinas.

Sombras da tarde, sombras vespertinas Como escumilhas leves, delicadas,
Caem da serra oblonga nas quebradas,
Vão penumbrando as coisas cristalinas.

Rasga o silêncio a nota chã, plangente,
Da Ave-Maria, -- e então, nervosamente,

Cruz e Sousa

Nuns inefáveis, espontâneos jorros

Esbate o luar, de forma admirável,
Claro, bondoso, elétrico, saudável,
Na curvilínea compridão dos mortos.

Índice

MOCIDADE

Ah! esta mocidade! -- Quem é moço Sente vibrar a febre enlouquecida
Das ilusões, da crença mais florida Na muscular artéria de Colosso...

Das incertezas nunca mede o poço...
Asas abertas -- na amplidão da vida,
Páramo a dentro -- de cabeça erguida, Vê do futuro o mais alegre esboço...

Chega a velhice, a neve das idades E quem foi moço, volve, com saudades,
Do azul passado, o fulgido compêndio...

Ai! esta mocidade palpitante,
Lembra um inseto de ouro, rutilante,
Em derredor das chamas de um incêndio!

Índice

SONETO

Vão-se de todo os pardacentos nimbos...
Chovem da luz as nítidas faíscas E no esplendor de irradiações mouriscas,
Abrem-se as flores em gentis corimbos.

Muito mais lestas do que amigos fimbos, Do Azul cortando as bordaduras
priscas, Pombas do mato esvoaçando, ariscas,
Do céu se perdem nos profundos limbos.

Cruz e Sousa

A natureza pulsa como a forja... Pássaros vibram no clarim da gorja, As retumbantes, fortes clarinadas.

A grande artéria dos assombros pula... E do oxigênio, a força que regula Enche os pulmões a largas baforadas.

Índice

NA FONTE

Bem ao lado da gruta a fonte corre
Trepidamente, as águas encrespando, Em murmúrios crebos, levantando
Uns chamalotes prateados -- morre

No monte o sol que a luz no oceano escorre E ainda eu vejo, as sombras afrontando,
Uma mulher que lava, mesmo quando
O sol mais rubro, mais vermelho jorre.

-- É num sítio afastado, um sítio ermo... Pássaros cortam vastidões sem termo, Borboletas azuis roçam nas águas.

-- E a mulher lava, enrubescida a face; Lava, cantando, como se lavasse
As suas tristes e profundas mágoas.

Índice

[SONETO]

A fonte de águas cristalinas corre Chamalotes de prata levantando, E através de arvoredos murmurando,
Entre arvoredos murmurando morre...

No ocaso, o sol, a luz no oceano escorre E sempre vejo, as sombras afrontando, Uma mulher que canta e ri, lavando,
Mesmo que o sol muito abrasado jorre.

É verde o campo, deleitável e ermo. Pássaros cortam vastidões sem termo, Borboletas azuis roçam nas águas.
E cantando, a mulher, a rir a face,
Lava cantando como se lavasse
As suas grandes e profundas mágoas.

Índice

CEGA

Parece-me que a luz imaculada
Que vem do teu olhar, todo doçuras, Não verte no meu ser aquelas puras Delícias de outra era já passada.

Eu creio que essa pálpebra adorada
Não mais um flóreo empíreo de venturas Descobre-me -- na noite de amarguras, De dúvidas intérminas cortada.

Não olhas como olhavas, rindo, outrora, Não abres a pupila, como a aurora
Nascendo, abre, feliz, radiosa e calma.

A sombra, nos teus olhos, funda, existe!... Tu'alma deve ser bem negra e triste
Se os olhos são, decerto, o espelho d'alma.

Índice

ERMIDA

Lá onde a calma e a placidez existe,

Cruz e Sousa

Sobre as colinas que o vergel encobre, Aquela ermida como está tão pobre,
Aquela ermida como está tão triste.

A minha musa, sem falar, assiste,
Do meio-dia ante o aspecto nobre,
O vago, estranho e murmurante dobre
Daquela ermida que aos trovões resiste

E as gargalhadas funéreas, sombrias, Dos crus invernos e das ventanias,
Do temporal desolador e forte.

Daquela triste esbranquiçada ermida, Que me recorda, me parece a vida
Jogada às magoas e ilusões da sorte.

Índice

ÁGUA-FORTE

Do firmamento azul e curvilíneo
Cai, fecundando as trêmulas raízes
Dos laranjais, dos pâmpanos, das lizes, A luz do sol procriador, sanguíneo.

Pelo caminho agreste e retilíneo,
Da tarde aos brandos, triunfais matizes, A criançada, a chusma dos felizes,
Esse de auroras perfumado escrínio,

Volta da escola, rindo muito, aos saltos, Trepando, em bulha, aos árvoredos altos
Enquanto o sol desce os outeiros longos...

Vai dentre alados madrigais risonhos, Do abecedário juvenil dos sonhos, A soletrar os principais ditongos.

Índice

ALMA QUE CHORA

Cruz e Sousa

A João Saldanha

Em vão do Cristo aos olhos dulçurosos Onde há o sol do bem e da verdade,
Cheios da luz eterna de saudade,
Como dois mansos corações piedosos,

Em vão do Cristo os olhos lacrimosos E aquela doce e pura suavidade
Do seu semblante, casto, de bondade,
Cor do luar dos sonhos venturosos,

Servem de exemplo a dor escruciante
Que te apunhala e fere a cada instante, A punhaladas ríspidas, austeras!

Viste partir a tua irmã, se, viste,
Como num céu enévoado e triste
O bando azul das fúlgidas quimeras...

Índice

CHUVA DE OURO

A Rainha desceu do Capitólio Agora mesmo -- vede-lhe o regaço...
Como tem flores, como traz o braço Farto de jóias, como pisa o sólio
Triunfantemente, numa unção, num óleo Mais santo e doce que essa luz do
espaço... E como desce com bravura de aço...
Pois se a Rainha, como um rico espólio,

O seu brioso coração foi dando
Aos pobrezinhos, que inda estão gozando
Bênçãos mais puras qu'os clarões diurnos,

Por certo que há de vir descendo a escada Do Capitólio da virtude -- olhada
Pelos Albergues infantis, noturnos!

Índice

Cruz e Sousa

PRIMAVERA A FORA

Escute, excelentíssima: -- Que aragens Traz do árvoredo a fresca romaria;
Como este sol é rubro de alegria,
Que tons de luz nas límpidas paisagens.

Pois beba este ar e goze estas viagens
Das brancas aves, sinta esta harmonia Da natureza e deste alegre dia
Que resplandece e ri-se nas ervagens.

Deixe lá fora estrangular-se o mundo... Encare o céu e veja este fecundo
Chão que produz e que germina as flores.

Vamos, senhora, o braço à primavera, E numa doce música sincera,
Cante a balada eterna dos amores...

Índice

25 DE MARÇO
(Recife, 1885)
Em Pernambuco para o Ceará

Bem como uma cabeça inteiramente nua
De sonhos e pensar, de arroubos e de luzes, O sol de surpreso esconde-se, recua,
Na órbita traçada -- de fogo dos obuses.

Da enérgica batalha estóica do Direito
Desaba a escravatura -- a lei cujos fossos
Se ergue a consciência -- e a onda em mil destroços Resvala e tomba e cai
o branco preconceito.

E o Novo Continente, ao largo e grande esforço
De gerações de heróis -- presentes pelo dorso
À rubra luz da glória -- enquanto voa e zumbe.

Cruz e Sousa

O inseto do terror, a treva que amortalha, As lágrimas do Rei e os bravos da canalha,
O velho escravagismo estéril que sucumbe.

Índice

NINHO ABANDONADO
À distinta família Simas, pela morte de seu chefe, o Ilmo. Sr. João da Silva Simas.

O vosso lar harmônico e tranqüilo
Era um ninho de luz e de esperanças Que como abelhas iriadas, mansas,
Nos vossos corações tinham asilo.

Havia lá por dentro tanta crença
E tanto amor puríssimo, cantando,
Que parecia um largo sol faiscando Por majestosa catedral imensa.

Agora o ninho está desamparado!
Sumiu-se dele o pássaro adorado,
O mais ideal dos pássaros do ninho.

Não se ouve mais a música sonora
Da sua voz -- dentro do ninho, agora,
Paira a saudade como um bom carinho.

Índice

CRENÇA

Filha do céu, a pura crença é isto
Que eu vejo em ti, na vastidão das cousas, Nessa mudez castíssima das lousas, No belo rosto sonhador do Cristo.

A crença é tudo quanto tenho visto

Cruz e Sousa

Nos olhos teus, quando a cabeça pousas Sobre o meu colo e que dizer não ousas
Todo esse amor que eu venço e que conquisto.

A crença é ter os peregrinos olhos
Abertos sempre aos ríspidos escolhos;
Tê-los à frente de qualquer farol

E conservá-los, simplesmente acesos
Como dois fachos -- engastados, presos Nas radiações prismáticas do sol!

Índice

CRISTO E A ADÚLTERA
(Grupo de Bernardelli)

Sente-se a extrema comoção do artista No grupo ideal de plácida candura,
Nesse esplendor tão fino da escultura
Para onde a luz de todo o olhar enrista.

Que campo, ali, de rútila conquista
Deve rasgar, do mármore na alvura,
O estatuário -- que amplidão segura
Tem -- de alma e braço, de razão e vista!

Vê-se a mulher que implora, ajoelhada, A mais serena compaixão sagrada
De um Cristo feito a largos tons gloriosos.

De um Nazareno compassivo e terno,
D'olhos que lembram, cheios de falerno, Dois inefáveis corações piedosos!

Índice

ÊXTASE DE MÁRMORE
À grande atriz Apolônia.

O mármore profundo e cinzelado De uma estátua viril, deliciosa;
Essa pedra que geme, anseia e goza
Num misticismo altíssimo e calado;

Essa pedra imortal -- campo rasgado A comoção mais íntima e nervosa
Da alma do artista, de um frescor de rosa,
Feita do azul de um céu muito azulado;

Se te visse o clarão que pelos ombros
Teus, rola, cai, nos múltiplos assombros
Da Arte sonora, plena de harmonia;

O mármore feliz que é muito artista Também -- como tu és -- à tua vista
De humildade e ciúme, coraria!

Índice

INVERNO

Amanheceu -- no topo da colina
Um céu de madrepérola se arqueia
Limpo, lavado, reluzindo -- ondeia O perfume da selva esmeraldina.

Uma luz virginal e cristalina,
Como de um rio a transbordante cheia,
Alaga as terras culturais e arreia
De pingos d'ouro os verdes da campina.

Um sol pagão, de um louro gema d'ovo, Já tão antigo e quase sempre novo
Surge na frígida estação do inverno.

-- Chilreiam muito em árvores frondosas Pássaros -- fulge o orvalho pelas rosas Como o vigor no espírito moderno.

Índice

Cruz e Sousa

FALANDO AO CÉU

Falas ao Céu, Amor! Em vão tu falas!
Mas o céu, esse é velho, esse é velhinho, Todo ele é branco, faz lembrar o linho Dos leitos alvos onde tu te embalas.

A alma do céu é como velhas salas
Sem ar, sem luz, como lares sem vinho Sem água e pão, sem fogo e sem carinho,
Sem as mais toscas, as mais simples galas.

Sempre surdo, hoje o céu é mudo, é cego...
Jamais o coração ao céu entrego,
Eu que tão cego vou por entre abrolhos.

Mas se queres tornar jovem e louro
Dá-lhe o bordão do teu amor um pouco
Fala e vista, com a vida dos teus olhos...

Índice

GLORIOSA
 A Araújo Figueredo

Pomba! dos céus me dizes que vieste, Toda c'roada de astros e de rosas,
Mas há regiões mais que essas luminosas.
Não, tu não vens da região celeste

Há um outro esplendor em tua veste,
Uma outra luz nas tranças primorosas,
Outra harmonia em teu olhar -- maviosas Cousas em ti que tu nunca tiveste.

Não, tu não vens das célicas planuras, Do Éden que ri e canta nas alturas
Como essa voz que dos teus lábios tomba.

Vens de mais longe, vens doutras paragens, Vens doutros céus de místicas celagens, Sim, vens de sóis e das auroras, pomba.

Índice

O CHALÉ

É um chalé luzido e aristocrático, De fulgurantes, ricos arabescos, Janelas livres para os ares frescos,
Galante, raro, encantador, simpático.

O sol que vibra em rubro tom prismático, No resplendor dos luxos principescos, Dá-lhe uns alegres tiques romanescos, Um colorido ideal silforimático.

Há um jardim de rosas singulares,
Lírios joviais e rosas não vulgares, Brancas e azuis e roxas purpúreas.

E a luz do luar caindo em brilhos vagos, Na placidez de adormecidos lagos Abre esquisitas radiações sulfúreas.

Índice

DELÍRIO DO SOM

O Boabdil mais doce que um carinho, O teu piano ebúrneo soluçava, E cada nota, amor, que ele vibrava,
Era-me n'alma um sol desfeito em vinho.

Me parecia a música do arminho, O perfume do lírio que cantava,
A estrela-d'alva que nos céus entoava Uma canção dulcíssima baixinho.

Incomparável, teu piano -- e eu cria
Ver-te no espaço, em fluidos de harmonia,
Bela, serena, vaporosa e nua;

Cruz e Sousa

Como as visões olímpicas do Reno, Cantando ao ar um delicioso treno
Vago e dolente, com uns tons de lua.

Índice

ILUSÕES MORTAS
A Virgílio Várzea

Os meus amores vão-se mar em fora,
E vão-se mar em fora os meus amores, A murchar, a murchar, como essas flores
Sem mais orvalho e a doce luz da aurora.

E os meus amores não virão agora, Não baterão as asas multicores, Como as aves mansas -- dentre os esplendores Do meu prazer, do meu prazer de outrora.

Tudo emigrou, rasgando a esfera branca Das ilusões, -- tudo em revoada franca
Partiu -- deixando um bem-estar saudoso

No fundo ideal de toda a minha vida, Qual numa taça a gota indefinida
De um bom licor antigo e saboroso.

Índice

O SONHO DO ASTRÓLOGO

As fulgurosas, rútilas estrelas
Como mundos de mundos seculares, Formando uns arquipélagos, uns mares
De luz -- como eu deslumbro o olhar ao vê-las.

Cruz e Sousa

Ah! se como eu sei compreendê-las, Sentir-lhes os seus filtros salutares,
Pudesse, da amplidão fria dos ares
Arrancá-las, na mão sempre trazê-las;

Que vagalhões de assombros palpitantes Não me viriam perpassar, faiscantes,
Dentro do ser, nuns doutros murúrios.

Eu saberia muito mais a causa Da evolução que nunca teve pausa,
Que é uma audácia transbordando em rios.

Índice

CRISTO

Cristo morreu, ó tristes criaturas, Era matéria como vós, morreu; E quando a noite sepulcral desceu
Gelou com ele o oceano das ternuras.

Nunca outro sol de irradiações mais puras Subiu tão alto e tanto resplendeu,
Nunca ninguém tão firme combateu Da humanidade todas as torturas.

Morreu, que se ele, o Deus, ressuscitasse, Limpa de sangue e lágrimas a face,
Os seus olhos tranqüilos, virginais,

Dons inefáveis, corações piedosos,
Tinham de abrir-se muito dolorosos,
Também chorando quando vós chorais!

Índice

FRUTAS DE MAIO

Cruz e Sousa

Maio chegou -- alegre e transparente Cheio de brilho e música nos ares,
De cristalinos risos salutares,
Frio, porém, ó gota alvinitente.

Corre um fluido suave e odorescente Das laranjeiras, como dos altares O incenso -- e, como a gaze azul dos mares, Leve -- há por tudo um beijo, docemente.

Isto bem cedo, de manhã -- adiante Pela tarde um sol calmo, agonizante,
Põe no horizonte resplendentes franjas.

Há carinhos, da luz em cada raio,
Filha -- e eu que adoro este frescor de maio Muito, mas muito -- trago-te laranjas.

Índice

ETERNO SONHO
  Quelle est donc cette femme?
Je ne comprendrai pas.
    Félix Arvers

Talvez alguém estes meus versos lendo Não entenda que amor neles palpita, Nem que saudade trágica, infinita
Por dentro dele sempre está vivendo.

Talvez que ela não fique percebendo
A paixão que me enleva e que me agita, Como de uma alma dolorosa, aflita
Que um sentimento vai desfalecendo.

E talvez que ela ao ler-me, com piedade, Diga, a sorrir, num pouco de amizade, Boa, gentil e carinhosa e franca:

-- Ah! bem conheço o teu afeto triste...
E se em minha alma o mesmo não existe,
É que tens essa cor e é que eu sou branca!

Cruz e Sousa

Índice

RISADAS
Às criaturas alegres

Fantasia, ó fantasia, tropo ardente
Da aurora alegre undiflavando as bandas Do adamascado e rúbido oriente,
Ó fantasia, águia das asas pandas.

Tu que os clarins do sonho mais fulgente Das Julietas, feres, nas varandas,
Ó fantasia dos Romeus, ó crente,
Por que países meridionais tu andas?!

Vem das esferas, entre os sons que vibras. Vem, que desejo emocionar as fibras,
Quero sentir como este sangue impulsas.

Noiva do sol que os sóis preclaros gozas Para rimar umas canções de rosas,
Como risadas de cristal, avulsas...

Índice

AVE! MARIA...

Ave! Maria das Estrelas, Ave!
Cheia de graça do luar, Maria! Harmonia de cântico suave,
Das harpas celestiais branda harmonia...

Nuvem d'incensos através da nave
Quando o templo de pompas irradia
E em prantos o órgão vai plangendo grave A profunda e gemente litania...

Seja bendito o fruto do teu ventre,
Jesus, mais belo dentre os astros e entre As mulheres judaicas mais amado...

Cruz e Sousa

Ó Luz! Eucaristia da beleza,
Chama sagrada no Evangelho acesa, Maravilha do Amor e do Pecado!

Índice

IMPASSÍVEL

Teu coração de mármore não ama
Nem um dia sequer, nem um só dia. Essa inclemente natureza fria
Jamais na luz dos astros se derrama.

Mares e céus, a imensidade clama
Por esse olhar d'estrelas e harmonia,
Sem uma névoa de melancolia,
Do amor nas pompas e na vida chama.

A Imensidade nunca mais quer vê-lo, Indiferente às comoções, de gelo
Ao mar, ao sol, aos roseirais de aromas.

Ama com o teu olhar, que a tudo encantas, Ou se antes de pedra, como as santas, Mudas e tristes dentro das redomas.

Índice

VERÔNICA

Não a face do Cristo, a macilenta Face do Cristo, a dolorosa face...
O martírio da Cruz passou fugace
E este Martírio, esta Paixão é lenta.

Um vivo sangue a face te ensangüenta,
Mais vivo que se o Deus o derramasse; Porque esta vã paixão, para que passe, É mister dos Titãs a luta incruenta.

Se tu, Visão da Luz, Visão sagrada Queres ser a Verônica sonhada,

Cruz e Sousa

Consoladora dessa dor sombria

Impressa ficara no teu sudário
Não a face do Cristo do Calvário Mas a face convulsa da Agonia!

Índice

SÍMILES
(Desterro)

Pedro traiu a fé do Apostolado.
Madalena chorou de arrependida; E nessa mágoa triste e indefinida
Havia ainda uns laivos de pecado.

Tudo que a Bíblia tinha decretado,
Tudo o que a lenda humilde e dolorida De Jesus Cristo apregoou na vida,
Cumpriu-se à risca, foi executado.

O filho-Deus da cândida Maria,
Da flor de Jericó, na cruz sombria Os seus dias amáveis terminou.

Pedro traiu a fé dos companheiros. Madalena chorou sob os olmeiros Jesus Cristo sofreu e... perdoou.

Índice

EXILADA

Bela viajante dos países frios
Não te seduzam nunca estes aspectos Destas paisagens tropicais -- secretos,
-- Os teus receios devem ser sombrios.

És branca e és loura e tens os amavios Os incógnitos filtros prediletos
Que podem produzir ondas de afetos
Nos mais sensíveis corações doentios.

Cruz e Sousa

Loura Visão, Ofélia desmaiada,
Deixa esta febre de ouro, a febre ansiada Que nos venenos deste sol consiste.

Emigra destes cálidos países,
Foge de amargas, fundas cicatrizes,
Das alucinações de um vinho triste...

Índice

SONETOS

Do som, da luz entre os joviais duetos, Como uma chusma alada de gaivotas, Vindos das largas amplidões remotas, Batem as asas todos os sonetos.

Vão -- por estradas, por difíceis rotas,
Quatorze versos -- entre dois quartetos E duas belas e luzidas frotas Rijas, seguras, de mais dois tercetos.

Com a brunida lâmina da lima,
Vão céus radiosos, horizontes acima,
Pelas paragens límpidas, gentis,

Atravessando o campo das quimeras, Aberto ao sol das flóreas primaveras, Todo estrelado de áureos colibris.

Índice

DECADENTES

Richepin, Rollinat! gritos sangrentos Da carne alvoroçada de desejos,
Mosto de risos, lágrimas e beijos, Estertores de abutres famulentos.

Cruz e Sousa

Desesperado frêmito dos ventos,
De harpas, sutis, fantásticos harpejos, Clarins de guerra, e cânticos e adejos
De aves -- todos os vivos elementos.

Tudo flameja e nas estrofes canta,
Estruge, zune, em borbotões levanta Noites, luares, fulgurantes dias.

Mas nessa ideal temperatura forte
Tudo isso é triste como a flor da morte Que brota dentro das caveiras frias...

Índice

OLAVO BILAC

Vim afinal para o solar dos astros, De irradiações puríssimas e belas,
Numa viagem de alterosos mastros, Numa viagem de saudosas velas...

Das alegrias nos febris enastros
Que as almas prendem para percebê-las,
Vim cantando e feliz, fugindo aos rastros Da terra de onde vi e ouvi estrelas.

E por aqui, nas lúcidas paisagens, Vestido das mais fluídicas roupagens
Tecido de ouro, nos clarões imersos...

Ando a gozar, entre lauréis e palmas,
O que cantei na terra, junto às almas,
Na eterna florescência dos meus versos.

Índice

DOENTE

As unhas perigosas da bronquite

Nas tuas carnes sensuais e moles Não deixarão que o teu amor palpite
Nem que os olhares pelos astros roles.

É fatal a moléstia. Só permite Que te acabes por fim e que te estioles. Sem que em teu peito o coração se agite, Sem que te animes, sem que te consoles.

Vai se extinguindo a polpa dessas faces...
Mas se ainda hoje em mim acreditasses,
Como no tempo virginal de outrora,

Tu curar-te-ias com pequeno esforço Das serranias através do dorso, Pela saúde dos vergéis afora.

Índice

DOENTE [variação]

As unhas perigosas da bronquite
Nas tuas carnes flácidas e moles, Não deixarão que o teu amor palpite,
Nem que os olhares pela esfera roles...

É fatal a moléstia -- só permite
Que te acabes por fim, e que te estioles,
Sem que em teu peito um coração se agite, Sem que te animes, sem que te consoles.

Vai-se extinguindo a polpa dessas faces!
Mas se ainda hoje em mim acreditasses,
Como no tempo musical de outrora,

Me seguirias com pequeno esforço, Das serranias através do dorso,
Pela saúde dos vergéis afora!

Índice

Cruz e Sousa

LIRIAL

Vens com uns tons de searas, De prados enflorescidos
E trazes os coloridos
Das frescas auroras claras.

E tens as nuances raras
Dos bons prazeres servidos Nos rostos enlourecidos
Das parisienses preclaras.

Chapéu das finas elites, De roses e clematites,
Chapéu Pierrette -- entre o sol

Passando, esbelta e rosada, Pareces uma encantada Canção azul do Tirol.

Índice

TO SLEEP, TO DREAM

Dormir, sonhar -- o poeta inglês o disse...
Ah! Mas se a gente nunca mais sonhasse Ah! Mas se a gente nunca mais dormisse E a ilusões não mais acalentasse?

E o que importava que o futuro risse
De um visionário que tal cousa ideasse; Se não seria o único que abrisse
Uma exceção da vida humana à face?...

Se os imortais filósofos modernos
Que derrubaram todos os infernos, Que destruíram toda a teogonia.

Orientando a triste humanidade,
Deixaram, mais e mais, a piedade Inteiramente desolada e fria?

Índice

Cruz e Sousa

NO CAMPO

Acordo de manhã cedo Da luz aos doces carinhos:
Que rosas pelos caminhos!
Que rumor pelo árvoredo!

Para o azul radioso e ledo
Sobe, de dentro dos ninhos, O canto dos passarinhos
Cheio de amor e segredo.

Dentre moitas de verdura
Voam as pombas nevadas, Imaculadas de alvura.

Pelas margens das estradas Que penetrante frescura Que femininas risadas!

Índice

FRUTAS E FLORES

Laranjas e morangos -- quanto às frutas,
Quanto às flores, porém, ah! quanto às flores, Trago-te dálias rubras,
d'essas cores Das brilhantes auroras impolutas.

Venho de ouvir as misteriosas lutas
Do mar chorando lágrimas de amores;
Isto é, venho de estar entre os verdores
De um sítio cheio de asperezas brutas,

Mas onde as almas -- pássaros que voam -- Vivem sorrindo às músicas que ecoam Dos campos livres na rural pobreza.

Trago-te frutas, flores, só apenas,
Porque não pude, irmã das açucenas, Trazer-te o mar e toda a natureza!

Cruz e Sousa

Índice

VISÃO MEDIEVA

Quando em outras remotas primaveras, Na idade-média, sob fuscos tetos,
Dois amantes passavam, mil aspectos Tinham aquelas medievais quimeras.

Nas armaduras rígidas e austeras, Na aérea perspectiva dos objetos
Andavam sonhos e visões, diletos
Segredos mortos nas extintas eras.

O fantasma do amor pelos castelos
Mudo vagava entre os luares belos, Dos corredores nas paredes frias.

Não raro se escutava um som de passos, Rumor de beijos, frêmito de abraços Pelas caladas, fundas galerias.

Índice

RECORDAÇÃO

Foi por aqui, sob estes árvoredos,
Sob este doce e plácido horizonte, Perto da clara e pequenina fonte
Que murmura lá baixo os seus segredos...

Recordo bem todos os cantos ledos
Da passarada -- e lembro-me da ponte
Por sobre a qual via-se além, de fronte, O mar azul batendo nos penedos.

Sinto a impressão ainda da paisagem, Do trêmolo (...)* da folhagem,

Das culturas rurais, do sítio agreste.

A luz do dia vinha então morrendo... Foi por aqui que eu pude ficar crendo
O quanto pode o teu olhar celeste.

* Rasurado

Índice

ROMA PAGÃ

Na antiga Roma, quando a saturnal fremente Exerceu sobre tudo o báquico domínio, Não era raro ver nos gozos do triclínio A nudez feminina imperiosa e quente.

O corpo de alabastro, olímpico e fulgente, Lascivamente nu, correto e retilínio, Num doce tom de cor, esplêndido e sangüíneo,
Tinha o assombro da came e a forma da serpente.

A luz atravessava em frocos d'oiro e rosa Pela fresca epiderme, ebúrnea e setinosa,
Macia, da maciez dulcíssima de arminhos.

Menos raro, porém, do que a nudez romana Era ver borbulhar, em férvida espadana
A púrpura do sangue e a púrpura dos vinhos.

Índice

Cruz e Sousa

ESPIRITUALISMO

Ontem, à tarde, alguns trabalhadores, Habitantes de além, de sobre a serra,
Cavavam, revolviam toda a terra,
Do sol entre os metálicos fulgores.

Cada um deles ali tinha os ardores
De febre de lutar, a luz que encerra
Toda a nobreza do trabalho e -- que erra
Só na cabeça dos conspiradores,

Desses obscuros revolucionários Do bem fecundo e cultural das leivas
Que são da Vida os maternais sacrários.

E pareceu-me que do chão estuante Vi porejar um bálsamo de seivas
Geradoras de um mundo mais pensante.

Índice

PLANGÊNCIA DA TARDE

Quando do campo as prófugas ovelhas Voltam a tarde, lépidas, balando
Com elas o pastor volta cantando
E fulge o ocaso em convulsões vermelhas.

Nos beirados das casas, sobre as telhas
Das andorinhas esvoaça o bando... E o mar, tranqüilo, fica cintilando
Do sol que morre as últimas centelhas.

O azul dos montes vago na distância... No bosque, no ar, a cândida
fragrância Dos aromas vitais que a tarde exala.

Às vezes, longe, solta, na esplanada,
A ovelha errante, tonta e desgarrada, Perdida e triste pelos ermos bala ...

Cruz e Sousa

Índice

ALMA ANTIGA

Põe a tua alma francamente aberta Ao sol que pelos páramos faísca, Que o sol para a tua alma velha e prisca Deve de ser como um clarim de alerta.

Desperta, pois, por entre o sol, desperta
Como de um ninho a pomba quente e arisca
À luz da aurora que dos altos risca
De listrões d'ouro a vastidão deserta.

Vai por abril em flores gorgeando Como pássaro exul as canções leves
Que os ventos vão nas árvores deixando.

E tira da tua alma, ó doce amiga, Almas serenas, puras como a neve,
Almas mais novas que a tua alma antiga!

Índice

VANDA

Vanda! Vanda do amor, formosa Vanda, Makuâma gentil, de aspecto triste,
Deixe que o coração que tu poluíste
Um dia, se abra e revivesça e expanda.

Nesse teu lábio sem calor onde anda A sombra vã de amores que sentiste
Outrora, acende risos que não viste Nunca e as tristezas para longe manda.

Cruz e Sousa

Esquece a dor, a lúbrica serpente
Que, embora esmaguem-lhe a cabeça ardente, Agita sempre a cauda venenosa.

Deixa pousar na seara dos teus dias A caravana irial das alegrias
Como as abelhas pousam numa rosa.

Índice

ÊXTASE

Quando vens para mim, abrindo os braços Numa carícia lânguida e quebrada,
Sinto o esplendor de cantos de alvorada Na amorosa fremência dos teus passos.

Partindo os duros e terrestres laços,
A alma tonta, em delírio, alvoroçada, Sobe dos astros a radiosa escada
Atravessando a curva dos espaços.

Vens, enquanto que eu, perplexo d'espanto, Mal te posso abraçar, gozar-te o encanto Dos seios, dentre esses rendados folhos.

Nem um beijo te dou! abstrato e mudo Diante de ti, sinto-te, absorto em tudo, Uns rumores de pássaros nos olhos.

Índice

Cruz e Sousa

LUAR

Ao longo das louríssimas searas Caiu a noite taciturna e fria... Cessou no espaço a límpida harmonia Das infinitas perspectivas claras.

As estrelas no céu, puras e raras,
Como um cristal que nítido radia,
Abrem da noite na mudez sombria O cofre ideal de pedrarias caras.

Mas uma luz aos poucos vai subindo
Como do largo mar ao firmamento -- abrindo Largo clarão em flocos d'escomilha.

Vai subindo, subindo o firmamento! E branca e doce e nívea, lento e lento,
A lua cheia pelos campos brilha...

Índice

CELESTE

Vi-te crescer! tu eras a criança Mais linda, mais gentil, mais delicada:
Tinhas no rosto as cores da alvorada E o sol disperso pela loira trança.

Asas tinhas também, as da esperança...
E de tal sorte eras sutil e alada
Que parecias ave arrebatada
Na luz do Espaço onde a razão descansa!

Depois, então, fizeste-te menina, Visão de amor, puríssima, divina,
Perante a qual ainda hoje me ajoelho.

Cresceste mais! És bela e moça agora... Mas eu, que acompanhei toda essa aurora, Sinto bem quanto estou ficando velho.

Cruz e Sousa

Índice

A PARTIDA

Partimos muito cedo -- A madrugada Clara, serena, vaporosa e fresca,
Tinha as nuances de mulher tudesca De fina carne esplêndida e rosada.

Seguimos sempre afora pela estrada
Franca, poeirenta, alegre e pitoresca,
Dentre o frescor e a luz madrigalesca Da natureza aos poucos acordada.

Depois, no fim, lá de algum tempo -- quando Chegamos nós ao termo da viagem,
Ambos joviais, a rir, cantarolando,

Da mesma parte do levante, de onde Saímos, pois, faiscava na paisagem
O sol, radioso e altivo como um conde.

Índice

CANÇÃO DE ABRIL

Vejo-te, enfim, alegre e satisfeita.
Ora bem, ora bem! -- Vamos embora
Por estes campos e rosais afora
De onde a tribo das aves nos espreita.

Deixa que eu faça a matinal colheita

Cruz e Sousa

Dos teus sonhos azuis em cada aurora, Agora que este abril nos canta, agora, A florida canção que nos deleita.

Solta essa fulva cabeleira de ouro E vem, subjuga com teu busto louro
O sol que os mundos vai radiando e abrindo.

E verás, ao raiar dessa beleza,
Nesse esplendor da virgem natureza, Astros e flores palpitando e rindo.

Índice

O MAR

Que nostalgia vem das tuas vagas, Ó velho mar, ó lutador Oceano! Tu de saudades íntimas alagas
O mais profundo coração humano.

Sim! Do teu choro enorme e soberano, Do teu gemer nas desoladas plagas
Sai o quer que é, rude sultão ufano,
Que abre nos peitos verdadeiras chagas.

Ó mar! ó mar! embora esse eletrismo, Tu tens em ti o gérmen do lirismo,
És um poeta lírico demais.

E eu para rir com humor das tuas
Nevroses colossais, bastam-me as luas Quando fazem luzir os seus metais...

Índice

MANHÃ

Alta alvorada. -- Os últimos nevoeiros A luz que nasce levemente espalha; Move-se o bosque, a selva que farfalha Cheia da vida dos clarões primeiros.

Da passarada os vôos condoreiros,
Os cantos e o ar que as árvores ramalha Lembram combate, estrídula batalha
De elementos contrários e altaneiros.

Vozes, trinados, vibrações, rumores
Crescem, vão se fundindo aos esplendores Da luz que jorra de invisível taça.

E como um rei num galeão do Oriente
O sol põe-se a tocar bizarramente
Fanfarras marciais, trompas de caça.

Índice

RIR!

Rir! Não parece ao século presente Que o rir traduza, sempre, uma alegria... Rir! Mas não rir como essa pobre gente Que ri sem arte e sem filosofia.

Rir! Mas com o rir atroz, o rir tremente, Com que André Gil eternamente ria. Rir! Mas com o rir demolidor e quente Duma profunda e trágica ironia.

Antes chorar! Mais fácil nos parece. Porque o chorar nos ilumina e nos aquece Nesta noite gelada do existir.

Antes chorar que rir de modo triste... Pois que o difícil do rir bem consiste Só em saber como Henri Heine rir!...

Cruz e Sousa

Índice

IDEAL COMUM
(Soneto escrito em colaboração com Oscar Rosas).

Dos cheirosos, silvestres ananases De casca rubra e polpa acidulosa,
Tens na carne fremente, volutuosa, Os aromas recônditos, vivazes.

Lembras lírios, papoulas e lilazes; A tua boca exala a trevo e a rosa,
Resplande essa cabeça primorosa
E o dia e a noite nos teus olhos trazes.

Astros, jardins, relâmpagos e luares
Inundam-te os fantásticos cismares,
Cheios de amor e estranhos calafrios;

E teus seios, olímpicos, morenos,
Propinando-me trágicos venenos,
São como em brumas, solitários rios.

Índice

ASPIRAÇÃO

Quisera ser a serpe astuciosa
Que te dá medo e faz-te pesadelos
Para esconder-me, ó flor luxuriosa, Na floresta ideal dos teus cabelos.

Quisera ser a serpe venenosa Para enroscar-me em múltiplos novelos, Para saltar-te aos seios cor-de-rosa.
E bajulá-los e depois mordê-los.

Talvez que o sangue impuro e rutilante Do teu divino corpo de bacante, Sangue febril como um licor do Reno

Completamente se purificasse Pois que um veneno orgânico e vorace Para ser morto é bom outro veneno.

Índice

SENSIBILIDADE

Como os audazes, ruivos argonautas, Intrépidos, viris e corajosos Que voltam dos orientes fantasiosos, Dos países de Núbios e Aranautas.

Como esses bravos, que por naus incautas, Regressam dos oceanos borrascosos, Indo encontrar nos lares harmoniosos
De luz, vinho e alegria as mesas lautas.

Tal o meu coração, quando aparece A tua imagem, canta e resplandece, Sem lutas, sem paixões, livre de abrolhos.

A meu pesar, louco de ver-te, louco, As lágrimas me correm pouco a pouco,
Como o champanhe virginal dos olhos...

Índice

Cruz e Sousa

GLÓRIAS ANTIGAS

Rubras como gauleses arruivados,
Voltam da guerra as hostes triunfantes, Trazem nas lanças d'aço lampejantes, Os louros das batalhas pendurados.

Os escudos e arneses dos soldados
Rutilam como lascas de diamantes
E na armadura os músculos vibrantes, Rijos, palpitam, batem nervurados.

Dentre estandartes, flâmulas de cores, Trazem dos olhos rufos de tambores, Ruídos de alegria estranha e louca.

Chegam por fim, à pátria vitoriosa... E então, da ardente glória belicosa,
Há um grito vermelho em cada boca!

Índice

PÁSSARO MARINHO

Manhã de maio, rosas pelo prado, Gorjeios, pelas matas verdurosas E a luz cantando o idílio de um noivado Por entre as matas e por entre as rosas.

Uma toilette matinal que o alado
Corpo te enflora em graças vaporosas, Mergulhas, como um pássaro rosado, Nas cristalinas águas murmurosas.

Dás o bom dia ao Mar nesse mergulho E das águas salgadas ao marulho Sais, no esplendor dos límpidos espaços.

Trazes na carne um reflorir de vinhas, Auroras, virgens músicas marinhas, Acres aromas de algas e sargaços!

Cruz e Sousa

Índice

A FREIRA MORTA
(Desterro)

Muda, espectral, entrando as arcarias Da cripta onde ela jaz eternamente
No austero claustro silencioso -- a gente
Desce com as impressões das cinzas frias...

Pelas negras abóbadas sombrias
Donde pende uma lâmpada fulgente,
Por entre a frouxa luz triste e dormente Sobem do claustro as sacras sinfonias.

Uma paz de sepulcro após se estende... E no luar da lâmpada que pende
Brilham clarões de amores condenados...

Como que vem do túmulo da morta Um gemido de dor que os ares corta,
Atravessando os mármores sagrados!

Índice

CLARO E ESCURO

Dentro -- os cristais dos tempos fulgurantes, Músicas, pompas, fartos esplendores,
Luzes, radiando em prismas multicores,
Jarras formosas, lustres coruscantes,

Púrpuras ricas, galas flamejantes, Cintilações e cânticos e flores;

Cruz e Sousa

Promiscuamente férvidos odores,
Mórbidos, quentes, finos, penetrantes.

Por entre o incenso, em límpida cascata, Dos siderais turíbulos de prata,
Das sedas raras das mulheres nobres;

Clara explosão fantástica de aurora,
Deslumbramentos, nos altares! -- Fora, Uma falange intérmina de pobres.

Índice

MAGNÓLIA DOS TRÓPICOS
A Araújo Figueredo

Com as rosas e o luar, os sonhos e as neblinas, Ó magnólia de luz, cotovia dos mares,
Formaram-te talvez os brancos nenúfares Da tua carne ideal, de correções felinas.

O teu colo pagão de virgens curvas finas É o mais imaculado e flóreo dos altares,
Donde eu vejo elevar-se eternamente aos ares Viáticos de amor e preces diamantinas.

Abre, pois, para mim os teus braços de seda E do verso através a límpida alameda
Onde há frescura e sombra e sol e murmurejo;

Vem! com a asa de um beijo a boca palpitando, No alvoroço febril de um pássaro cantando,
Vem dar-me a extrema-unção do teu amor num beijo.

Cruz e Sousa

Índice

HÓSTIAS
A Emílio de Menezes

Nos arminhos das nuvens do infinito
Vamos noivar por entre os esplendores, Como aves soltas em vergéis de flores, Ou penitentes de um estranho rito.

Que seja nosso amor -- sidério mito! -- O límpido turíbulo das dores,
Derramando o incenso dos amores
Por sobre o humano coração aflito.

Como num templo, numa clara igreja, Que o sonho nupcial gozado seja,
Que eu durma e sonhe nos teus níveos flancos.

Contigo aos astros fúlgidos alado,
Que sejam hóstias para o meu noivado
As flores virgens dos teus seios brancos!

Índice

BOCA IMORTAL

Abre a boca mordaz num riso convulsivo Ó fera sensual, luxuriosa fera!
Que essa boca nervosa, em riso de pantera,
Quando ri para mim lembra um capro lascivo.

Teu olhar dá-me febre e dá-me um brusco e vivo
Tremor as carnes, que eu, se ele em mim reverbera, Fico aceso no horror da paixão que ele gera, Inflamada, fatal, dum sangue rubro e ativo.

Mas a boca produz tais sensações de morte, O teu riso, afinal, é tão profundo e forte
E tem de tanta dor tantas negras raízes;

Rigolboche do tom, ó flor pompadouresca! Que és, para mim, no mundo, a trágica e dantesca Imperatriz da Dor, entre as imperatrizes!

Índice

PSICOLOGIA HUMANA
  A Santos Lostada

Por trás de uns vidros d'óculos opacos Muita vez um leão e um tigre rugem, E como um surdo temporal estrugem Os ódios dos covardes e dos fracos.

Partir pudesses, ó poeta, em cacos,
Vidros que ocultam almas de ferrugem,
Que espumam de ira, tenebrosas mugem, Mugem como de dentro de uns buracos.

Que essas sombrias, dúbias almas foscas Que parecem, no entanto, como moscas, Inofensivas, babam como as lesmas.

Mas tu, em vão, tais vidros partirias,
Pois que no mundo, eternamente, as frias
Almas humanas serão sempre as mesmas!

Índice

OS MORTOS

Cruz e Sousa

Ao menos junto dos mortos pode a gente Crer e esperar n'alguma suavidade: Crer no doce consolo da saudade
E esperar do descanso eternamente.

Junto aos mortos, por certo, a fé ardente Não perde a sua viva claridade;
Cantam as aves do céu na intimidade Do coração o mais indiferente.

Os mortos dão-nos paz imensa à vida, Dão a lembrança vaga, indefinida
Dos seus feitos gentis, nobres, altivos.

Nas lutas vãs do tenebroso mundo Os mortos são ainda o bem profundo
Que nos faz esquecer o horror dos vivos.

Índice

FLORIPES

Fazes lembrar as mouras dos castelos, As errantes visões abandonadas
Que pelo alto das torres encantadas Suspiravam de trêmulos anelos.

Traços ligeiros, tímidos, singelos
Acordam-te nas formas delicadas
Saudades mortas de regiões sagradas, Carinhos, beijos, lágrimas, desvelos.

Um requinte de graça e fantasia Dá-te segredos de melancolia,
Da Lua todo o lânguido abandono...

Desejos vagos, olvidadas queixas Vão morrer no calor dessas madeixas,
Nas virgens florescências do teu sono.

Índice

Cruz e Sousa

O CEGO DO HARMONIUM

Esse cego do harmonium me atormenta E atormentando me seduz, fascina.
A minh'alma para ele vai sedenta
Por falar com a sua alma peregrina.

O seu cantar nostálgico adormenta
Como um luar de mórbida neblina. O harmonium geme certa queixa lenta,
Certa esquisita e lânguida surdina.

Os seus olhos parecem dois desejos
Mortos em flor, dois luminosos beijos Fanados, apagados, esquecidos...

Ah! eu não sei o sentimento vário Que prende-me a esse cego solitário,
De olhos aflitos como vãos gemidos!

Índice

HORAS DE SOMBRA

Horas de sombra, de silêncio amigo
Quando há em tudo o encanto da humildade E que o anjo branco e belo da saudade Roga por nós o seu perfil antigo.

Horas que o coração não vê perigo De gozar, de sentir com liberdade...
Horas da asa imortal da Eternidade Aberta sobre tumular jazigo.

Horas da compaixão e da clemência, Dos segredos sagrados da existência,
De sombras de perdão sempre benditas.

Horas fecundas, de mistério casto,
Quando dos céus desce, profundo e vasto, O repouso das almas infinitas.

Cruz e Sousa

Índice

ALELUIA! ALELUIA!

Dentre um cortejo de harpas e alaúdes Ó Arcanjo sereno, Arcanjo níveo,
Baixas-te à terra, ao mundanal convívio...
Pois que a terra te ajude, e tu me ajudes.

Que tu me alentes nas batalhas rudes,
Que me tragas a flor de um doce alívio Aos báratros, às brenhas, ao declívio Deste caminho de ânsias e ataúdes...

Já que desceste das regiões celestes, Nesse clarão flamívomo das vestes,
Através dos troféus da Eternidade

Traz-me a Luz, traz-me a Paz, traz-me a Esperança Para a minh'alma que de angústias cansa, Errando pelos claustros da Saudade!

Índice

ROSA NEGRA

Nervosa Flor, carnívora, suprema,
Flor dos sonhos da Morte, Flor sombria, Nos labirintos da tu'alma fria
Deixa que eu sofra, me debata e gema.

Do Dante o atroz, o tenebroso lema
Do Inferno a porta em trágica ironia, Eu vejo, com terrível agonia,
Sobre o teu coração, torvo problema.

Flor do delírio, flor do sangue estuoso Que explode, porejando, caudaloso,
Das volúpias da carne nos gemidos.

Cruz e Sousa

Rosa negra da treva, Flor do nada,
Dá-me essa boca acídula, rasgada,
Que vale mais que os corações proibidos!

Índice

VOZINHA

Velha, velhinha, da doçura boa
De uma pomba nevada, etérea, mansa. Alma que se ilumina e se balança
Dentre as redes da Fé que nos perdoa.

Cabeça branca de serena leoa,
Carinho, amor, meiguice que não cansa, Coração nobre sempre como a lança
Que não vergue, não fira e que não doa.

Olhos e voz de castidades vivas, Pão ázimo das Páscoas afetivas,
Simples, tranqüila, dadivosa, franca.

Morreu tal qual vivera, mansamente, Na alvura doce de uma luz algente,
Como que morta de uma morte branca.

Índice

NO EGITO

Sob os ardentes sóis do fulvo Egito
De areia estuosa, de candente argila,
Dos sonhos da alma o turbilhão desfila, Abre as asas no páramo infinito.

O Egito é sempre o amigo, o velho rito Onde um mistério singular se asila
E onde, talvez mais calma, mais tranqüila A alma descansa do sofrer
prescrito.

Sobre as ruínas d'ouro do passado,
No céu cavo, remoto, ermo e sagrado, Torva morte espectral pairou ufana...

E no aspecto de tudo em torno, em tudo, Árido, pétreo, silencioso, mudo,
Parece morta a própria dor humana!

Índice

OCASOS

Morrem no Azul saudades infinitas Mistérios e segredos inefáveis... Ah!
Vagas ilusões imponderáveis, Esperanças acerbas e benditas.

Ânsias das horas místicas e aflitas,
De horas amargas das intermináveis Cogitações e agruras insondáveis
De febres tredas, trágicas, malditas.

Cogitações de horas de assombro e espanto Quando das almas num relevo
santo
Fulgem de outrora os sonhos apagados.

E os braços brancos e tentaculosos Da Morte, frios, álgidos, nervosos,
Abrem-se pare mim torporizados.

Índice

Cruz e Sousa

REPOUSO

A cabeça pendida docemente
Em sonhos, sonha o sonhador inquieto, Repousa e nesse repousar discreto
É sempre o sonho o seu bordão clemente.

Cego desta Prisão impenitente
Da Terra e cego do profundo Afeto,
O sonho é sempre o seu bordão secreto O seu guia divino e refulgente.

Nem no repouso encontra a paz que espera, Para lhe adormecer toda a quimera, Os círculos fatais do seu Inferno.

Entre a calma aparente, a estranha calma, O seu repouso é sempre a febre d'alma, O seu repouso é sonho, e sonho eterno.

Índice

REQUIESCAT...

Grande, grande Ilusão morta no espaço, Perdida nos abismos da memória, Dorme tranqüila no esplendor da glória, Longe das amarguras do cansaço...

Ilusão, Flor do sol, do morno e lasso Sonho da noite tropical e flórea,
Quando as visões da névoa transitória
Penetram na alma, num lascivo abraço...

Ó Ilusão! Estranha caravana de águias, soberbas, de cabeça ufana,
De asas abertas no clarão do Oriente.

Não me persiga o teu mistério enorme! Pelas saudades que me aterram, dorme, Dorme nos astros infinitamente...

Índice

DOCE ABISMO

Coração, coração! a suavidade,
Toda a doçura do teu nome santo
É como um cálix de falerno e pranto, De sangue, de luar e de saudade.

Como um beijo de mágoa e de ansiedade, Como um terno crepúsculo d'encanto, Como uma sombra de celeste manto, Um soluço subindo a Eternidade.

Como um sudário de Jesus magoado, Lividamente morto, desolado,
Nas auréolas das flores da amargura.

Coração, coração! onda chorosa, Sinfonia gemente, dolorosa,
Acerba e melancólica doçura.

Índice

HARPAS ETERNAS

Hordas de Anjos titânicos e altivos,
Serenos, colossais, flamipotentes, De grandes asas vívidas, frementes,
De formas e de aspectos expressivos.

Passam, nos sóis da Glória redivivos,
Vibrando as de ouro e de Marfim dolentes, Finas harpas celestes, refulgentes,
Da luz nos altos resplendores vivos

E as harpas enchem todo o imenso espaço De um cântico pagão, lascivo, lasso, Original, pecaminoso e brando...

Cruz e Sousa

E fica no ar, eterna, perpetuada A lânguida harmonia delicada
Das harpas, todo o espaço avassalando.

Índice

DUPLA VIA-LÁCTEA

Sonhei! Sempre sonhar! No ar ondulavam Os vultos vagos, vaporosos, lentos,
As formas alvas, os perfis nevoentos
Dos Anjos que no Espaço desfilavam.

E alas voavam de Anjos brancos, voavam Por entre hosanas e chamejamentos... Claros sussurros de celestes ventos
Dos Anjos longas vestes agitavam.

E tu, já livre dos terrestres lodos,
Vestida do esplendor dos astros todos,
Nas auréolas dos céus engrinaldada

Dentre as zonas de luz flamo-radiante, Na cruz da Via-Láctea palpitante
Apareceste então crucificada!

Índice

TITÃS NEGROS

Hirtas de Dor, nos áridos desertos
Formidáveis fantasmas das Legendas, Marcham além, sinistras e tremendas,
As caravanas, dentre os céus abertos...

Cruz e Sousa

Negros e nus, negros Titãs, cobertos
Das bocas vis das chagas vis e horrendas,
Marcham, caminham por estranhas sendas, Passos vagos, sonâmbulos, incertos...

Passos incertos e os olhares tredos, Na convulsão de trágicos segredos,
De agonias mortais, febres vorazes...

Têm o aspecto fatal das feras bravas
E o rir pungente das legiões escravas, De dantescos e torvos Satanases!...

Índice

ENTRE CHAMAS...

Sonhei que de astros no Infinito presa Vagavas, brandamente adormecida,
Nas chamas siderais resplandecida,
A carne, em chamas, no Infinito, acesa...

E eu pasmava de encanto e de surpresa Vendo a constelação indefinida Da tua carne flamejando vida,
Dentre os íris radiantes da beleza...

E o teu corpo, nas chamas palpitando, Os astros em redor maravilhando,
Por entre a auréola dos clarões cantava...

Então, de sonho em sonho, absorto, mudo,
Eu senti alastrar, vibrar por tudo
Toda a infinita sensação da lava!...

Índice

Cruz e Sousa

O ANJO DA REDENÇÃO

Soberbo, branco, etereamente puro,
Na mão de neve um grande facho aceso, Nas nevroses astrais dos sóis surpreso,
Das trevas deslumbrando o caos escuro.

Portas de bronze e pedra, o horrendo muro Da masmorra mortal onde estás preso
Desce, penetra o Arcanjo branco, ileso Do ódio bifronte, torso, torvo e duro.

Maravilhas nos olhos e prodígios
Nos olhos, chega dos azuis litígios Desce à tua caverna de bandido.

E sereno, agitando o estranho facho,
Põe-te aos pés e a cabeça, de alto a baixo, Auréolas imortais de Redimido!

Índice

SALVE! RAINHA!...

Ó sempre virgem Maria, concebida sem pecado original, desde o primeiro instante do teu ser...

Mãe de Misericórdia, sem pecado Original, desde o primeiro instante!
Salve! Rainha da Mansão radiante,
Virgem do Firmamento constelado...

Teu coração de espadas lacerado,
Sangrando sangue e fel martirizante, Escute a minha Dor, a torturante,
A Dor do meu soluço eternizado.

A minha Dor, a minha Dor suprema,
A Dor estranha que me prende, algema Neste Vale de lágrimas profundo...

Cruz e Sousa

Salve! Rainha! por quem brado e clamo
E brado e brado e com angústia chamo,
Chamo, através das convulsões do mundo!...

Índice

[SONETO]

Brancas Aparições, Visões renanas, Imagens dos Ascetas peregrinos,
Hinos nevoentos, neblinosos hinos Das brumosas igrejas luteranas.

Vago mistério das regiões indianas,
Sonhos do Azul dos astros cristalinos,
Coros de Arcanjos, claros sons divinos Dos Arcanjos, nas tiorbas soberanas.

Tudo ressurge na minh'alma e vaga Num fluido ideal que me arrebata e alaga, No abandono mais lânguido mais lasso...

Quando lá nos sacrários do Cruzeiro A lua rasga o trêmulo nevoeiro,
Magoada de vigílias e cansaço...

Índice

VIOLINOS

Pelas bizarras, góticas janelas
De um tempo medieval o sol ondula:
Nunca os vitrais viram visões mais belas
Quando, no ocaso, o sol os doura e oscula...

Cruz e Sousa

Doces, multicores aquarelas
Sobre um saudoso céu que além se azula... Calma, serena, divinal, entre eras,
A pomba ideal dos Ângelus arrula...

Rezam de joelhos anjos de mãos postas Através dos vitrais, e nas encostas
Dos montes sobe a claridade ondeando...

É a lua de Deus, que as curves meigas Foi ondular pelos vergéis e veigas
Magnólias e lírios desfolhando...

Índice

GUERRA JUNQUEIRO

Quando ele do Universo o largo supedâneo
Galgou como os clarões -- quebrando o que não serve,
Fazendo que explodissem os astros de seu crânio,
As gemas da razão e os músculos da verve;

Quando ele esfuziou nos páramos as trompas,
As trompas marciais -- as liras do estupendo,
Pejadas de prodígios, assombros e de pompas,
Crescendo em proporções, crescendo e recrescendo;

Quando ele retesou os nervos e as artérias
Do verso orbicular -- rasgando das misérias O ventre do Ideal na forte hematemese.

Clamando -- é minha a luz, que o século propague-a, Quando ele avassalou os píncaros da águia
E o sol do Equador vibrou-lhe aquelas teses!

Índice

Cruz e Sousa

CAMPESINAS

AO AR LIVRE
A Virgílio Várzea

Tu trazes agora o peito
Como essas urnas sagradas, Repleto de gargalhadas,
Sonoro, bom, satisfeito.

Por dentro cantam assombros E causAs esplendorosas Como latadas de rosas
Dos muros entre os escombros.

Quando o ideal nos alaga,
Embora as lutas do mundo, Levanta-se um sol fecundo
Do peito em cada uma chaga.

Voltou-se a seiva de outrora,
De outro, mais forte e destro, Iluminado maestro,
Das harmonias da aurora.

Fulgurem por isso as musas, As belas musas, por isso... Voltou-te o passado viço,
Foram-se as mágoas, confusas.

Agora, quando eu dirijo
Meus passos, à tua porta,
Sinto-te um bem que conforta, Vejo-te alegre e mais rijo.

Porque afinal pela vida
Nem tudo se desmorona Quando se vaga na zona Da mocidade florida.

Cruz e Sousa

Gostas de ver pelos ramos
Das verdes árvores novas, A chocalhar umas trovas, Coleiros e gaturamos.

Já podes bem comer frutas,
Os teus simpáticos jambos, E ouvir alguns ditirambos Da natureza nas grutas.

Podes olhar as esferas,
Com ar direito e seguro, De frente para o futuro,
De lado para as quimeras.

Não tenhas cofres avaros
De santos -- na luz te afoga, E a alma arremessa e joga Por esses páramos claros.

Reúne os sonhos dispersos Como andorinhas vivaces
E o colorido das faces
Ao coberto dos versos.

Como uns lábaros vermelhos, Contente como os lilazes, As crenças dos bons rapazes
Tem prismas como os espelhos.

Índice

NOS CAMPOS

Por entre campos de seara loura
De alegre sol puríssimo batidos,
Passam carros chiantes de lavoura E raparigas sãs, de coloridos
Que a luz solar que as ilumina e doura Lembram pomares e jardins floridos, Por entre campos de seara loura.

A Natureza inteira reverdece
Pelos montes e vales e colinas;

Cruz e Sousa

E o luar que freme, anseia e resplandece, Movido por aragens vespertinas,
Parece a alma dos tempos que floresce...
Enquanto que por prados e campinas A Natureza inteira reverdece.

A paz das coisas desce sobre tudo!
E no verde sereno d'espessuras,
No doce e meigo e cândido veludo,
Tremem cintilações como armaduras
Ou como o aço brunido dum escudo; Enquanto que das límpidas alturas
A paz das coisas desce sobre tudo!

A casa, a rude tenda construída,
Onde habitam as mães e as crianças
Promiscuamente, nessa mesma vida
De perfume lirial das esperanças, Como é feliz, dos astros aquecida!
Aquecida do Amor nas asas mansas A casa, a rude tenda construída.

As bocas impolutas e cheirosas
Das raparigas, pródigas belezas
De finos lábios púrpuros de rosas,
Abrem, cheias de angélicas purezas, As cristalinas fontes murmurosas
De risos, refrescando em correntezas As bocas impolutas e cheirosas.

Da vida aurora rica do seu sangue
Flameja a carne em báquicas vertigens!
E quem tiver uma epiderme exangue Para ficar com essas faces virgens,
Para não ser mais pálida nem langue, Tem de beber das cálidas origens
Da viva aurora rica do seu sangue.

Lindas ceifeiras percorrendo. searas Nos campos, ó bizarras raparigas,
Pelas manhãs e pelas tardes claras Vós desfolhais sorrisos e cantigas
Que deixam ver as pérolas mais raras
Dos dentes brancos, frescos como estrigas...
Lindas ceifeiras percorrendo searas!

Índice

Cruz e Sousa

A BORBOLETA AZUL

No alegre sol de então
De uma manhã de amor, A borboleta solta no fulgor
Da luz, lembrava um leve coração.

Ia e vinha e a voar
Gentil e trêfega, azul, Sonoramente a percorrer pelo ar,
Como um silfo tenuíssimo e taful.

Sobre os frescos rosais Pousava débil, sutil, Doirando tudo de um risonho abril Feito de beijos e de madrigais.

Que doce embriaguez O vôo assim seguir Da borboleta azul, correndo, a vir Do espaço pela Etérea candidez!

Fazendo, tal e qual,
O mesmo giro assim, O mesmo vôo límpido, sem fim,
Nos mundos virgens de qualquer ideal.

Ir como ela também
Em busca das loucas
E tropicais e fúlgidas manhãs
Cheias de colibris e sol, além...

Ir com ela na luz
De mundos através, Sem abrolhos nas mãos, cardos nos pés, Ó alma, minha, que alegria a flux!...

No alegre sol de então
De uma manhã de amor A borboleta solta no fulgor
Da luz, lembrava um leve coração.

Índice

Cruz e Sousa

RENASCIMENTO

Canta ao sol, como as cigarras A tua nova alegria. No Azul ressoam fanfarra Da grande vida sadia.

Alerta, um clarim de alerta Àquela antiga saúde:
-- À clara janela aberta
Para o mar salgado e rude.

Que volte, ruidosa, agora,
Como um pássaro marinho, A tua saúde, a aurora
Do teu sangue, estranho vinho.

E como espiga madura
Floresce outra vez a vida,
Resplandece à formosura, Ó torre de ouro florida!

Quero-te em rosas festivas A polpa das carnes brancas. E rindo-te às forças vivas
Com rubras risadas francas.

Formosa, soberba e nua,
Nesse olhar que tudo abrange,
Na fronte um diadema, em lua
Num talhe curvo de alfanje;

Vem! o sol é teu amante!
Ah! vem mergulhar nos braços
Do flavo sultão radiante
Do harém azul dos espaços.

Índice

Cruz e Sousa

ABELHAS

Gotas de luz e perfume,
Leves, tênues, delicadas, Acesas no doce lume
De purpúreas alvoradas.

Pingos de ouro cristalinos
Alados na esfera, ondeando,
Dispersos por entre os hinos, Da natureza vibrando.

Sorrisos aéreos, soltos, Flavas asas radiantes,
Que levam consigo envoltos
Da aurora os sóis fecundantes.

Da aurora que a primavera Faz cantar, brota no peito
E floresce em folhas de hera O coração satisfeito.

Essa aurora produtiva
Do amor soberano e eterno, Que é nas almas força viva E nas abelhas falerno.

Nas doudejantes abelhas
Que dentre flores volitam
E do sol entre as centelhas
Resplendem, fulgem, palpitam.

Zumbem, fervem nas colméias E rumorejam no enxame
Pelas flóridas aléias
Onde um prado se derrame.

Assim mesmo pequeninas E quase invisíveis, quase, Com as suas asitas finas, De etérea de fluida gaze.

Ah! quanto são adoráveis Os favos que elas fabricam! Com que graças inefáveis
Se geram, se multiplicam.

Nos afãs industriosos
Que enlevo, que encanto vê-las

Cruz e Sousa

Com seus corpos luminosos D'iriante brilho d'estrelas.

E nas ondas murmurosas Dos peregrinos adejos
Vão dar ao lábio das rosas O mel doirado dos beijos.

Índice

BESOUROS...

Marche, marche, marche a verve! Bandeiras, clarins, tambores, Marchar!

A poncheira ideal, que ferve, Sons, aromas, chamas, cores!
Cantar!

Que este diabo vem, saudoso, Das profundezas do arcano, Viver!

O vinho maravilhoso Da forma raro e renano, Beber!

Vem beber o vinho iriado, O Falerno, claro e quente, Haurir!

Num paladar requintado, Todo inflamado e fremente Sentir!

Que o sangue da verve vibre Raja, raja, raja, raja, Taful!

E a alma do sol se equilibre Para que mais sonhos haja No azul!...

Mas este diabo tão fino, Que de tudo dá o acorde Genial!

Este capróide genuíno, Verde, verde, morde, morde, Fatal.

Índice

Cruz e Sousa

PAPOULA
A Oscar Rosas

Assim loura és mais formosa Do que se fosses trigueira:
Corpo de eflúvios de rosa
Com esbeltez de palmeira.

Vestida de cor da aurora
Leve dos fluidos da graça, És uma estrela sonora
Que, em sonhos, pelo éter passe.

Resplandece em teu cabelo Um fulgor de sol dourado, Que só de senti-lo e vê-lo Fica tudo iluminado.

Do teu branco leque aberto
Que lembra uma asa de garça, Aspiro um perfume incerto, Talvez a tua alma esparsa.

Num resplendor de madona E altivez de corça arisca
Surges da luz entre a zona
Com quebrantos de odalisca.

Que venha o duque normando De castelos escoceses
Com seu ar bizarro e brando Amar-te os olhos ingleses.

E entre aromas e frescores E revoadas de abelhas,
Como num campo de flores
Que esse olhar vibre centelhas.

Que cantem na tua boca As alegrias radiadas,
Numa ideal rajada louca De vôos de passaradas.

Que como os astros no espaço, Teu encanto resplandeça... Com pelúcias no regaço
E asas de ave na cabeça.

E que os teus dois seios puros Que o amor fecundando beija Fiquem cheios e maduros
Com dois bicos de cereja.

Cruz e Sousa

Índice

CAMPESINAS

I
Camponesa, camponesa,
Ah! quem contigo vivesse Dia e noite e amanhecesse Ao sol da tua beleza.

Quem livre, na natureza,
Pelos campos se perdesse E apenas em ti só cresse
E em nada mais, camponesa.

Quem contigo andasse à toa Nas margens duma lagoa,
Por vergéis e por desertos,

Beijando-te o corpo airoso,
Tão fresco e tão perfumoso, Cheirando a figos abertos.

II
De cabelos desmanchados, Tu, teus olhos luminosos
Recordam-me uns saborosos E raros frutos de prados.

Assim negros e quebrados,
Profundos, grandes, formosos, Contêm fluidos vaporosos
São como campos mondados.

Quando soltas os cabelos Repletos de pesadelos
E de perfumes de ervagens;

Teus olhos, flor das violetas, Lembram certas uvas pretas Metidas entre folhagens.

Cruz e Sousa

III
As papoulas da saúde
Trouxeram-te um ar mais novo, Ó bela filha do povo,
Rosa aberta de virtude.

Do campo viçoso e rude
Regressas, como um renovo,
E eu ao ver-te, os olhos movo
De um modo que nunca pude.

Bravo ao campo e bravo a seara Que deram-te a pele clara São rubores de alvorada.

Que esses teus beijos agora Tenham sabores de amora E de romã estalada.

IV

Através das romãzeiras
E dos pomares floridos
Ouvem-se as vezes ruídos E bater d'asas ligeiras.

São as aves forasteiras
Que dos seus ninhos queridos Vêm dar ali os gemidos
Das ilusões passageiras.

Vêm sonhar leves quimeras,
Idílios de primaveras,
Contar os risos e os males.

Vêm chorar um seio de ave Perdida pela suave
Carícia verde dos vales.

V

De manhã tu vais ao gado A cantar entre as giestas, Com tuas graças modestas,
Correndo e saltando o prado.

Cruz e Sousa

E a veiga e o rio e o valado
Que todos dormem as sestas
Acordam-se ante as honestas Canções desse peito amado.

As aves nos ares gozam,
Entre abraços se desposam, No mais amoroso enlace.

E as abelhas matutinas
Que regressam das boninas
Voam, te em torno da face.

VI

As uvas pretas em- cachos Dão agora nas latadas...
Que lindo tom de alvoradas
Na vinha, junto aos riachos.

Este ano arados e sachos
Deixaram terras lavradas, À espera das inflamadas
Ondas do sol, como fachos.

Veio o sol e fecundou-as,
Deu-lhes vigor, enseivou-as, Tornou-as férteis de amor.

Eis que as vinhas rebentaram E as uvas amaduraram,
Sanguíneas, com sol na cor.

VII

Engrinaldada de rosas, Surge a manhã pitoresca... Que linda aquarela fresca Nas veigas deliciosas!

Que bom gosto e perfumosas Frutas traz, madrigalesca A rapariga tudesca Que vem das searas cheirosas!

Como os rios vão cantando, Em sons de prata, ondulando, Abaixo pelos marnéis!

Que carícia nas verduras, Que vigor pelas culturas,

Cruz e Sousa

Que de ouro pelos vergéis!

VIII

Orgulho das raparigas,
Encanto ideal dos rapazes, Acendes crenças vivazes
Com tuas belas cantigas.

No louro ondear das espigas, Boca cheirosa a lilazes,
Carne em polpa de ananases Lembras baladas antigas.

Tens uns tons enevoados De castelos apagados Nas eras medievais.

Falta-te o pajem na ameia Dedilhando, a lua cheia,
O bandolim dos seus ais!

IX
NO CAMPO SANTO

Morreste no campo um dia, Como uma flor desprezada. Clareava a
madrugada Azul, vaporosa e fria.

Sobre a agreste serrania,
Numa ermida branqueada Por uma manhã doirada Um sino repercutia.

Teu caixão, de camponesas E camponeses seguido,
Desceu abaixo às devesas.

Ganhou o atalho comprido De casas em correntezas
E entrou num campo florido.

Índice

NA VILA

Cruz e Sousa

Nos ervaçais vibrou o sol agora, Nas fitas verdes dos canaviais... Como rompesse loura e fresca a aurora Agora o sol vibrou nos ervaçais.

Murmurejam de alegres os caminhos Que até parecem, límpidos, cantar Na música melódica dos ninhos Que vai nos ares se cristalizar.

Floresce tudo, em toda parte flores Neste maio feliz, e tão feliz Que as plantas exuberam de vigores Desde a profunda, pródiga raiz.

Noivam as aves junto dos riachos No seu alado alvorecer de amor; E o coqueiral, com os amarelos cachos, Pompeia de riquíssimo verdor.

Fluem na sombra meigas fontes claras Sob o frondente e vasto laranjal E para além magníficas searas
Se estendem como um leito virginal.

Na serena paz vegetativa
Faz docemente tudo adormecer Mas num sono de luz doirada e viva, Quase a dormência de quem vai morrer...

Ah! que o silêncio, a solidão dos ermos, Das agrestes paragens do sertão Se dão saúdes a espíritos enfermos Também supremas nostalgias dão!

A volúpia letal do meio-dia,
Nas horas encalmadas, sob a luz,
Dá duma campa a atroz melancolia Assinalada numa simples cruz.

Depois o campo na mudez da vila, Aquela eterna e soberana paz Da imensa vastidão sempre tranqüila
Como que punge e que entristece mais!

Índice

Cruz e Sousa

OS RISONHOS

Pastores e camponesas
De rudes almas esquivas
Passam entre as candidezas Das estrelas fugitivas.

Parece que nada os punge, Nada os punge e sobressalta. A lua que os campos unge No firmamento vai alta.

E eles passam sob a lua,
De queixas desafogados, A cabeça livre e nua,
Na florescência dos prados.

Seres meigos e singelos, Mulheres de lindo rosto, Lábios cálidos e belos,
Do quente sabor do mosto.

Pastores de tez morena,
Queimados ao sol adusto: Claridade bem serena
No fundo do olhar bem justo.

Neles tudo é riso e festa, Neles tudo é festa e riso,
Frescuras brandas de giesta E graças de Paraíso.

Simples, toscas e felizes,
Sem ter um laivo de mágoa: Almas das verdes raízes,
Limpidez de gota d'água.

Neles tudo é paz de aldeia
E ri com os risos mais frescos... O céu inteiro gorjeia
Idílios madrigalescos.

Seduzido por miragens
Caminha o bando risonho
Dessas virentes paragens,
Levado na asa de um sonho.

Nele tudo ri sem ânsia
E com doçura secreta;
E como uma nova infância Cantantemente irrequieta.

Cruz e Sousa

Encantos de mocidade, Saúde, fulgor, vigores,
Dão-lhe a doce suavidade Maravilhosa das flores.

Os corações, florescentes,
Vão nesses peitos cantando
E rindo em festins ardentes
E dentre os risos sonhando.

Ri na boca, ri nos olhos,
Nas faces o bando, rindo O bom riso sem abrolhos,
Que lembra um campo florindo.

Rindo em sonoras risadas,
Rindo em frêmitos vivazes,
Rindo em risos de alvoradas, Rindo em risos de lilazes.

Os campos entontecidos Nos vinhos da lua clara
Ficam bizarros, garridos, De vitalidade rara.

As águas claras das fontes Vibram lânguidas sonatas
E as nuvens vestem os montes Das visões mais timoratas.

Na copa dos árvoredos,
Nas orvalhadas verduras
Há sonâmbulos segredos E murmuradas ternuras.

E o bando festivo passa
Rindo, alegre, casto e suave, Iluminado de graça,
Mais leve que um vôo de ave.

Podeis rir, almas ditosas,
Almas novas como frutos De vinhas miraculosas
De pomares impolutos.

Podeis rir, almas eleitas
Que os anjos percebem tanto Lá das esferas perfeitas
Nas harmonias do Encanto.

Cruz e Sousa

Almas brancas, Páscoas leves, Alvos pães de áureos altares,
De mais candidez que as neves E a madrugada nos mares.

Almas sem sombras ferozes Nem espasmos delirantes. Eco das bíblicas vozes,
Caminhos reverdejantes.

O vosso riso é bendito,
Os vossos sonhos são castos, O estrelamento infinito
De mundos claros e vastos.

Podeis rir, peitos ufanos, Belas almas feiticeiras,
Vós tendes nos risos lhanos O trigo das vossas eiras.

A vossa vida é planície, Não tem declives funestos:
Sois torres que a superfície
Assenta nos dons modestos.

A nossa vida é bem rasa,
Preso à terra o vosso esforço;
Nem mesmo um frêmito de asa Vos faz agitar o dorso...

Sois como plantas vencidas Conquistadas pela terra,
Dando à terra muitas vidas
E tudo que a Vida encerra.

É do vosso sangue moço Que na terra se derrama, Que sobe o rubro alvoroço
De ocasos de sóis em chama.

Manchas, ao certo, não tendes E nem trágico flagício,
Almas isentas de duendes, Lavadas no Sacrifício.

Das pedras, nos vossos ombros, A rigidez não carrega. Em jardins tornam-se escombros E em luz a crença que é cega.

Desses perfis adoráveis,
Na curva casta dos flancos Brotam viços inefáveis
Dos florescimentos brancos.

Cruz e Sousa

Podeis rir! ó benfazeja
Bondade de nobre essência,
Deus vos chama e vos deseja Na estrelada florescência.

Um anjo vos acompanha Nessa estrada matutina
E convosco a ideal montanha Sobe da graça divina.

O flagelo deste mundo,
Nesses corações não pesa. Enquanto o Horror vai profundo Vossa alma tranqüila reza.

Contritos e de mãos postas, Humildemente de joelhos, O Demônio, pelas costas,
Não vem vos dar maus conselhos.

Vós sois as sagradas reses Votadas ao azul Sacrário.
Deus vos olha muitas vezes
Com o seu olhar visionário.

Mas quando, como as estrelas, Adormecerdes um dia,
Voando mais perto a vê-las Na Paragem fugidia.

Quando na excelsa Bonança Afinal adormecerdes, Nos olhos toda a esperança
Levando dos prados verdes.

Quando lá fordes, subindo Para as límpidas Alturas, Profundamente dormindo,
Em busca das almas puras.

Praza aos céus que nos caminhos Da eterna Glória, das palmas,
Mais brancas que os claros linhos Possais encontrar as almas!

Índice

Cruz e Sousa

DISPERSAS

AVANTE
(17 set. 1880)
Ao distinto e talentoso jovem
José Arthur Boiteux

....

Avante, sempre nessa luz serena,
Empunha a pena, sem temor, com fé!... Eleva as turbas as idéias d'oiro,
Que um tesouro tua fronte é!...

Eia, caminha nessa senda nobre
Na pátria pobre, no teu berço aqui!...
Prossegue altivo, sem parar, constante, Faz-te gigante, diz depois: Venci!...

Imita os grandes, incansáveis vultos Que lá sepultos no pó negro estão!...
Anda, romeiro dos vergéis divinos,
Mergulha em hinos a gentil razão!...

Eia, que sempre na brasílea história De alta glória colherás o jus!... O livro
augusto do Porvir descerra, Sê desta terra o precursor da luz!...

Índice

AWAY!
A meu distinto amigo e talentoso jovem José Arthur Boiteux

O livro, esse audaz guerreiro,
Que conquista o mundo inteiro, Sem nunca ter Waterloo!...

Cruz e Sousa

(Castro Alves)

Avante, sempre, nessa luz serena,
Empunha a pena, sem temor, com fé!... Eleva as turbas as idéias d'ouro,
Que um tesouro tua fronte é!...

Eia, caminha nessa senda nobre,
Na pátria pobre, no teu berço aqui!... Prossegue altivo, sem parar,
constante, Faz-te gigante, diz depois -- Venci!...

Ala-te à glória num voar titâneo, Burila o crânio de fulgor sem fim!... E
entre o livro d'imortais perfumes Calca os ciúmes d'imbecil Caim!

Imita os grandes, incansáveis vultos Que lá sepultos no pó negro estão!...
Anda, romeiro dos vergéis divinos, Mergulha em hinos a gentil razão!

Estás na quadra radiante e linda,
É cedo ainda para enfim descrer! És jovem... pensas... és portanto um bravo
Ser ignavo... é sucumbir... morrer!

Vamos, caminha, mesmo embora exangue Da fronte o sangue vá rolar-te
aos pés!
Agita a alma qual febris as vagas,
Que dessas chagas brotarão lauréis!

Além do livro, colossal, enorme,
Que nunca dorme perscrutando os céus!. Acima dele supernal, potente
Está somente, tão-somente Deus!

Vai!... vai rasgando, percorrendo os ares, Novos palmares, meu gentil
condor! Depois de teres pedestal seguro
Lá do futuro te erguerás senhor!...

Qual Ney ousado que, ao vibrar da lança, Nutre esperança de ganhar,
vencer,
Assim co'a idéia vai lutar, trabalha, Vence a batalha do dinal saber.

Eia que sempre na brasílea história De alta glória colherás o jus!... O livro
augusto do porvir descerra, Sê desta terra precursor da luz!!!

Cruz e Sousa

Índice

POESIA

C'est la musique la poesie de l'âme; et la gloire est Dieu, ce sont les deux choses les plus charmantes, les plus belles, les plus grandes de la vie!
 (Do Autor)

Da música escutando preclaras harmonias Vendo em cada lábio brilhar ledo sorriso
Vendo luz e flores e tanto entusiasmo
Julguei-me transportado ao célico Paraíso!

Foi sonho na verdade -- mas hoje realizado
Vos dá, distintos sócios, venturas mais de mil, A vós que à frente tendo
Penedo, grande, forte, Subis, alistridente, qual ave mais gasil!

E quando executais as vossas belas peças
As notas quais gemidos vagam n'amplidão Parece que o infinito derrama sobre vós Centelhas sublimadas só d'inspiração!

Da arte de Mozart vós sois grandes romeiros Lutais como nas vagas o triste palinuro,
Os olhos tendes fitos na glória que dá brilho No livro tricolor e ovante do futuro!

Hoje que os sorrisos assomam em vossos lábios Que da "Guarani" alçais áureo pendão,
Eu humilde e fraco -- com flores inodoras
Somente aqui vos venho fazer uma ovação!

Quando há só coragem, força, intrepidez Quando se alimenta no peito divo ardor,

Cruz e Sousa

O homem não recua, caminha p'ro progresso
Co'a fronte sempre erguida, sem ter menor temor,

Sem ter algum trabalho jamais s'alcança trono Sem ter valor e força jamais se tem lauréis
P'ra vossa grande glória, além do grã futuro Deus já tem erectos milhares de docéis!

Mas dentre vós vulto sereno se destaca
Qual Rodes portentoso, imenso, verdadeiro Que nunca recuou sequer um só momento
Que sempre em trabalhar foi pronto companheiro!

E este vosso sócio, digno diretor
Que forte não pensou jamais em recuar! É José Gonçalves -- águia valorosa
A quem, altivamente, eu ouso aqui louvar!

Vencendo mil tropeços, altiva os derribando A bela "Guarani" se mostra triunfante
Foi como esses heróis -- na mão sustenta o gládio -- O gládio da vitória serena e radiante!

Portanto erguei ridente a fronte ao infinito! Erguei ó grandes bravos a fronte toda luz! Eis, a senda é bela, sublime, é grandiosa
Avante pois ness'arte, avante, avante, sus!

E agora concluindo palavras pobrezinhas Que eu pronunciar humilde vim aqui,
Saúdo fervoroso -- do imo de minh'alma A essa tão gentil, simpática "Guarani"!

Índice

SAUDAÇÃO

Cruz e Sousa

(Desterro, 14 nov. 1880)

Qual o que não exulta ao ler uma epopéia!
Qual o que a ver dor não lhe estremece o crânio,
Em confusões cruéis?! Qual o que tem fresca, sublime, pronta a idéia, E do altar da caridade no supedâneo, Não deixa alguns lauréis?!
 (Do Autor)

Ontem, grande desgraça Que o povo se abraça D'Itajaí em geral!
Ontem, o cetro divino
Que se tornando ferino Tudo esmaga afinal!

Ontem, prantos e dor. . .
Grandes gritos d'horror... A fatal confusão!
Ontem, lampas perdidas De centenas de vidas,
Que nas águas lá vão!

Ontem, negras as vagas,
Os belos céus, essas plagas, -- Onde existe o Senhor! Ontem, -- fatalidade!
A pobrezinha cidade
Toda envolta em negror!

Hoje, oh! Deus sempiterno!
-- O teu gládio superno De bonança a irradir,
Veio ao povo esmagado
Ao tredo peso do fado
Fazer do caos ressurgir!

Hoje, o íris brilhante
Lá nos céus, radiante, Já se faz divulgar!
E todo o povo prostrado Te agradece arroubado Mas ainda a chorar!

E corações caridosos
Farão a dar pressurosos Os seus globos gentis! Dai! é doce a esmola! Ela aos pobres consola, Torna-os ledos, gasis!

A miséria chorava Em delírio bradava Por um pouco de pão!
E eles foram dizendo
-- Ide, pois vos mantendo, Aqui tendes a mão!

E vós -- lá no tablado, O mor rasgo, elevado, De fazer acabais!
E um rasgo de glória
De brilhante memória
Pros vindouros anais!

Vós fazeis do cenário Um dinal santuário
Trabalhando p'ra pobres!
Mostrais bem que nas almas Possuís celsas palmas
De ações muito nobres!

P'ra louvar amadores, Tantas lutas, labores, Tanta excelsa virtude! Ah!
me falta uma lira
Que um poema desfira...
Ai! me falta alaúde!

Só Deus pode dar louros De mil glórias, tesouros, Como vós mereceis!
Pois que feitos são divos, Tão imensos, altivos
Só d'heróis ou de reis!

Amadores briosos!
Vós sois tão valorosos
Qual os bravos na guerra!
Sois os nautas valentes Socorrendo ridentes
Quem cá gema na terra!

Amor, Deus, Caridade -- E a sublime trindade Radiante de Luz!
Donde vós, amadores,
Lá colheis os fulgores, De mil graças a flux!

Índice

A IMPRENSA

Cruz e Sousa

(Desterro, 21 nov. 1880) A Imprensa e brilhante como o meteoro, sublime como os arrebóis do cerúleo infinito!   (Do Autor)

A lâmpada gigantesca Das glórias do porvir, Turíbulo majestoso
No mundo a irradir,
É a imprensa tesouro
E c'roa de verde louro A fronte do escritor!
E centelha sublimada
Que vem do céu arrojada A treva dando fulgor!

-- O homem nasceu pequeno Mas com as letras cresceu
Foi como o vulto de Rodes Que lá tão alto s'ergueu!
Foi preciso -- estudando
Co'a própria idéia lutando Mergulhar-se na luz!
Foi preciso ter glória,
Brilhante, leda memória, Colher renomes a flux!

Foi preciso mil lutas Mil labores insanos
P'ra descobrir nesses mundos Da diva luz os arcanos!
Foi preciso que um bravo Não mostrando-se ignavo Mas inspirado por Deus! A pedra bruta talhasse E a luz então derramasse
Qual seiva santa dos Céus!

Foi preciso os séculos
Ainda um pouco nas trevas
Erguessem as frontes bem alto E devastassem mil selvas!
Foi preciso que o mundo Sentisse abalo profundo Ao desvendar- se o saber!
Foi preciso que os entes
Ou se erguessem potentes Ou tombassem a morrer!

Mas não! -- o homem ergueu-se, Quase, quase com Deus
Tirou a fronte da treva E só pregou-a nos Céus!
Viu o futuro de louros
E quis colher os tesouros Que dão renome sem fim!
Sonhou, sonhou co'a vitória E o gládio teve da glória Qual o grão Bernardim!

O homem, gênio sublime,

Cruz e Sousa

Caminha, com seu bordão
Até achar o brilhante
A luz, a luz da razão!
Tropeça um pouco, se tomba Ergue-se, voa qual pomba
E indo a luz descobrir, Busca ouvir no infinito
Do eco ao longe este grito:
Trabalha para o porvir!

Quando os povos modernos, Sentirem no coração Uma ardente centelha
Que caia lá d'amplidão!
Deixarão esses vícios,
Insanos, negros, fictícios
Que dão só noite ao viver!
E irão curvados a ela Depor-lhe verde capela
Farão então por crescer!

Camões, Milton, Abreu, Já da vida sem lampas,
Erguei-vos crânios altivos Espedaçai essas campas!
Dizei -- se o homem caminha Se na treva definha A quem se deve louvar?!...
S'as letras seguem ovantes Dizei ó nobres gigantes
A quem se ergue alcaçar?!!...

E Guttemberg esse herói, Essa vergôntea dinal,
Que co'escopro na destra! Foi das letras fanal!
Ao descobrir a imprensa Essa epopéia imensa Para toda a nação,
Com glória ingente sonhava Na luz por certo nadava
Já tinha os louros na mão!

Índice

VERSOS
(Desterro, 9 abr. 1881)

Cruz e Sousa

Admirai Carrara, Canova, Rafael, Murillo, Mozart e Verdi e tereis as sublimes, mais que sublimes, as divinas encarnações da arte!
  (Do Autor)

Bravo, prole bendita
Pois à glória infinita
O lutar vos conduz!
É assim -- trabalhando
Sempre e sempre estudando Que se alcança mais luz!

Contemplai estas flores Estes tantos lavores Contemplai o painel!
Repetindo orgulhosos
Estes feitos briosos
São dum belo pincel!

Eia, jovens, avante! Ser artista é brilhante, Trabalhar é uma lei!
Não são só os c'roados
Que merecem em brados Ter as honras de rei!

O artista qu'é pobre
É tão rico, é tão nobre Qual potente césar!
E a glória bem cedo
Lhe murmura o segredo
-- És artista -- és sem par!

Não temais os pampeiros
Sois gentis brasileiros
Deveis pois progredir!
Quem vos traça na história Vossa augusta memória É um deus -- O Porvir!

Levantai-vos potentes Altanados, ingentes
E fazei-vos Criseus!
Só quem pode vergar-vos E pensar obumbrar-vos
Mais ninguém -- é só Deus!

Não fiqueis ignavos Que o futuro dá bravos Vos dizendo -- estudai!
Sois humanos -- portanto
Se há de trevas um manto Apressai-vos, rasgai!

Cruz e Sousa

Nossa pátria querida Necessita mais vida, Necessita crescer! É preciso contudo Que tenhais como escudo
Quem vos mostra o saber!

E de obreiros altivos, Que sereis redivivos Que sereis imortais,
Achareis vossos nomes
Vossos grandes renomes Nas mansões divinais!

Perdoai-me estas flores
Que tão murchas, sem cores Nada podem valer!
São ofertas sinceras Arrancadas deveras Para vir vos trazer!

Palinuros -- à frente Esse trilho é ridente Dás-vos honra, louvor! Quem o braço vos guia
Nunca, nunca entibia -- -- É artista... e pintor!

É a vós a quem falo E se hoje eu não calo Estas vãs expressões!
É que a louca alegria Em minh'alma irradia
Com fulgentes clarões!

O trabalho enobrece Glorifica, engrandece Aos artistas quais vós!
Que zombando da sorte
Têm a tela por norte
Os pincéis por faróis!

Eia! nessa carreira
Qual a nau sobranceira Indo o mar a fender!
Quando há negros abrolhos, Mil cachopos, escolhos É mais belo o vencer!

Se o lutar é dos grandes
Que são gêmeos dos Andes Que não sabem tombar! Colhereis uma glória
Mais suprema memória, Trabalhando, a lutar!

Deus, o Deus sublimado
Disse ao homem num brado, Da sidérea mansão!
-- Vai depressa arrimar-te Aos arcanos da arte,
Que terás um bordão!

Onde há braços d'artista E seu ponto de vista Decepar escarcéus!

Cruz e Sousa

E seu gládio seguro Vai cavar o futuro
Vai rasgar negros véus!

E lá quando os vindouros Vos c'roarem de louros Vos erguerem docel!
Bradarão altaneiros: -- Exultai brasileiros, Ressurgiu Rafael!

Não temais os insanos, Insensatos humanos Bajulantes e maus!
Trabalhai muito embora! Há de vir uma aurora
P'ra arrancá-los do caos!

Away, estudantes
Sois vergônteas pujantes A lauréis tendes jus!
Caminhai com coragem, Qu'esta é a romagem
Dos apóstolos da luz!!!...

Índice

AO DECÊNIO DE CASTRO ALVES
  Quem sempre vence e o porvir!

No espadanar das espumas Que vão à praia saltar!
Nos ecos das tempestades Da bela aurora ao raiar,
Um brado enorme, profundo, Que faz tremer todo o mundo Se deixa logo sentir!
E como o brado solene, Ingente, celso, perene,
É como o brado: -- Porvir!

Pergunta a onda: -- Quem é?... Responde o brado: -- Sou eu! Eu sou a Fama, que venho C'roar o vate, o Criseu!
Dormi, meu Deus, por dez anos E da natura os arcanos
Não posso todos saber!
Mas como ouvisse louvores De glória, gritos, clamores, Também vim louros trazer.

Cruz e Sousa

Fatalidade! -- Desgraça! Fatalidade, meu Deus! Passou-se um gênio tão cedo, Sumiu-se um astro nos céus!
As catadupas d'idéias,
De pensamento epopéias Rolaram todas no chão!
Saindo a alma pra glória
Bradou pra pátria -- vitória!
Já sou de vultos irmão!

Foi Deus que disse: -- Poeta, Vem decantar a meus pés. Na eternidade há mais luz, Dão mais valor ao que és.
Se lá na terra tens louros, Receberás cá tesouros
De muitas glórias até!
Terás a lira adorada C'o divo plectro afinado
De Dante, Tasso e Garret!

Então na terra sentiu-se
Um grande acorde final! O belo vate brasíleo Pendeu a fronte imortal!
O negro espaço rasgou-se
E aquele gênio internou-se Na sempiterna mansão.
A sua fronte brilhava
E o áureo livro apertava Sereno e ledo na mão...

E o mundo então sobre os eixos Ouviu-se logo rodar! É que ele mesmo estremece A ver um vulto tombar.
É que na queda dos entes
Que são na vida potentes, Que têm nas veias ardor,
Há cataclismos medonhos
Que só sentimos em sonhos
Mas que nos causam terror!...

E o coração s'estortega E s'entibia a razão!
No peito o sangue enregela E logo a história diz: -- Não!
Não chore a pátria esse filho, Se procurou outro trilho Também mais glórias me deu! E quando os séculos passarem Se hão de tristes curvarem Enquanto alegre só eu?...

Oh! Basta! Basta! Silêncio! Repousa, vate, nos Céus! Que muito além dos espaços Os cantos subam dos teus!
Se nesta vida d'enganos

Cruz e Sousa

Não são bastante os humanos Pra te render ovações!
Perdoa os fracos, ó gênio,
Que pra cantar teu decênio
Somente Elmano ou Camões!

Índice

ENTRE LUZ E SOMBRA
 Ao dia 7 de Setembro   Libertas Lux Dei!!...

Surge enfim o grande astro Que se chama Liberdade!... Dos sec'los na imensidade Eterno perdurará!...
Como as dulias matutinas Que reboam nas colinas, Nas selvas esmeraldinas
Em honra ao celso Tupá!...

Eram só cinéreas nuvens Os brasíleos horizontes!
Curvadas todas as frontes Caminhavam no descrer! -- As brisas nem murmuravam...
Os bosques nem soluçavam...
Os peitos nem se arroubavam...
-- Estava tudo a morrer!...

De repente, o sol formoso Vai as nuvens esgarçando. As almas vão palpitando, Cintilam magos clarões!...
E o Índio fraco, indolente Fazendo esforço potente
Dos pulsos quebra a corrente, Biparte os acres grilhões!...

Por terra tomba gemendo
O vão, atroz servilismo...
Rui a dobrez no abismo... Eis a verdade de pé!...
Enfim!... exclama o silvedo
Enfim!... lá diz quase a medo Selvagem, nu Aimoré!...

Assim, brasílea coorte,
Falange excelsa de obreiros, Soberbos,.almos luzeiros De nossa gleba gentil,
Quebrai os elos d'escravos
Que vivem tristes, ignavos,
Formando delas uns bravos
-- P'ra glória mais do Brasil!...

Lançai a luz nesses crânios
Que vão nas trevas tombando E ide assim preparando
Uns homens mais p'ro porvir!
Fazei dos pobres aflitos
Sem crenças, lares, proscritos, Uns entes puros, benditos
Que saibam ver e sentir!...

Do carro azul do progresso Fazei girar essa mola!
Prendei-os sim, -- mas à escola Matai-os sim, -- mas na luz!
E então tereis trabalhado
O negro abismo sondado
E em nossos ombros levado
Ao seu destino essa cruz!!...

Fazei do gládio alavanca E tudo ireis derribando;
Dormi, co'a pátria sonhando E tudo a flux se erguerá!
E a funda treva cobarde
Sentindo homérico alarde, Embora mesmo que tarde Curvada assim fugirá!...

Enfim!... os vales soluçam
Enfim!... os mares rebramam
Enfim!... os prados exclamam Já somos livre nação!!...
Quebrou-se a estátua de gesso... Enfim!... -- mas não... estremeço, Vacilo... caio, emudeço...
Enfim de tudo inda não!!...

Índice

Cruz e Sousa

SETE DE SETEMBRO Liberdade! Independência!...
Eis os brados grandiosos
Que quais raios luminosos Fulguraram lá nos céus!...
Eis a mágica -- Odisséia
Que duns lábios rebentando, Foi o povo transformando,
Foi rompendo os negros véus!...

As colinas, prados, montes, As florestas seculares
-- Os sertões, os próprios mares Exultaram com fervor!
E os brados retumbaram Pela lúcida devesa, Pela virgem natureza
Com homérico clangor!...

Qual artista consumado,
Qual um velho estatuário
Do Brasil no azul sacrário, Essa data vos traçou,
-- O triunfo mais pujante, A eleita das idéias,
A major das epopéias
-- Q'inda igual não se gerou!...

Mas embora, meus senhores Se festeje a Liberdade, A gentil Fraternidade
Não raiou de todo, não!...
E a pátria dos Andradas
Dos -- Abreu, Gonçalves Dias Inda vê nuvens sombrias,
Vê no céu fatal bulcão!...

Muito embora Rio Branco, Esse cérebro profundo
Que passou por entre o mundo, Do Brasil como um Tupã!...
Muito embora em catadupas
Derramasse o verbo augusto, Da nação no enorme busto
Inda a mancha existe, há!...

É preciso com esforço,
Colossal, estranho, ingente, Ir o cancro, de repente Esmagar que nos corrói!...
É preciso que essa Deusa, A excelsa Liberdade,
Raie enfim na Imensidade Mais altiva como sói!...

Cruz e Sousa

Sai da larva a borboleta Com as asas auriazuis
E um disco vai -- de luz A deixar onde passou!
No entanto o grande berço Das façanhas de Cabrito Inda espera um novo grito
Como o -- Basta -- de Waterloo!...

Eu bem sei que Guttemberg Que esse Fulton primoroso Faust, Kepler grandioso Trabalharam té vencer!
Mas embora tropeçassem
Acurando os seus eventos,
Tinham sempre tais portentos A vontade por poder!...

Eia! sim! -- p'ra Liberdade
Irrompei qual verbo eterno, Como o -- Fiat -- superno Pelos ares a rolar!
Eia! sim! -- que nossa pátria
Só precisa -- mas de bravos... E em prol desses escravos Seu dever é trabalhar!!...

Somos filhos dessa gleba Majestosa aonde o gênio
Como o astro do proscênio Solta as asas, mui febril! Dos selvagens Tiaraiús
E dos brônzeos Guaicurus...
Somos filhos do Brasil!...

Esperemos, tudo embora!...
Pois que a sã locomotiva,
Do progresso imagem viva
Não se fez a um sopro vão!.
Aguardemos o momento Das mais altas epopéias,
Quando o gládio das idéias Empunhar toda a nação!...

Esperemos mais um pouco
Q'inda há almas brasileiras
Que se lembrarão, sobranceiras, Que é preciso progredir!...
Inda há peitos valerosos
Que combatem descobertos
Por florestas, por desertos,
Mas c'os olhos no porvir!...

Cruz e Sousa

Inda há lúcidas falanges Lutadores denodados
Que se erguem transportados Burilando a sã razão!...
Inda há quem se recorde
Do Egrégio Tiradentes
Que do sangue as gotas quentes Derramou pela nação!!...

Já nas margens do Ipiranga Patrióticos acentos
Vão alados como os ventos Pelos páramos azuis!!... Vamos! Vamos! --
eia! exulta, Jovem pátria dos renomes...
-- Vibra a lira, Carlos Gomes!
Bocaiúva, espalha luz!!...

Índice

TRÊS PENSAMENTOS

Nasceste no Brasil -- filha d'América,
Tu sabes conservar nas débeis veias No lúcido pulmão
O sangue efervescente e purpurino A força de subir ao céu da história.
As lutas da razão!...

Nasceste no Brasil -- em meio às plagas Da grande natureza mais pujante
E cheia de arrebol!...
E sabes obumbrar os astros fulvos E lanças raios mil por toda a parte,
Soberba como o sol!...

Nasceste no Brasil e o eco ovante
Das glórias sublimadas que tu colhes Por este céu azul,
Vem férvido, viril e acentuado Assaz repercutir com mais verdade Aqui...
aqui no sul!...

Índice

PARANAGUADAS

Que importa que tu fales Que importa que tu files
Que importa que não cales,
Que importa que tu fales
Que importa que te rales,
Que importa-me essa bílis Que importa que tu fales
Que importa que tu files.

Índice

QUESTÃO BROCARDO

-- Pife, pufe, pafe, pefe Pafe, pefe, pife, pufe -- A cacholeta no chefe -- --
Pife, pufe, pafe, pefe
Estoure como um tabefe
E o ventre de raiva entufe -- -- Pife, pufe, pafe, pefe Pafe, pefe, pife, pufe!

Índice

SEMPRE

Se é certo que o amor é um bem profundo Se é certo que o amor é um sol
ardente, Eu hei de amar-te sempre neste mundo
E sempre, sempre, sempre -- eternamente.

Cruz e Sousa

Índice

BEIJOS

Nesta Tebaida infinita
Da vida, na sombra oculto, Eu gosto de olhar o vulto De uma criança bonita.

Porque afinal as crianças,
Como eu deslumbro-me ao vê-las, Cintilam como as estrelas,
Florescem como esperanças.

Dentro de mim se projeta
A luz cambiante dos prismas
E batem asas as cismas
Qual passarada irrequieta.

E batem asas e ruflam, Pelas artísticas plagas,
As auras que as grandes vagas Dos fundos mares insuflam.

E digo, ó mães, se uma aurora Fosse a minh'alma sincera, Os clarões todos eu dera
A uma criança que chora.

Porque se a luz fortalece
Arbustos e as andorinhas,
Também por certo às criancinhas Conforta, avigora, aquece.

E eu que aplaudo e que rimo Tudo isso que a luz se regre, Na vibração mais alegre As criancinhas estimo.

Portanto, assim, sem refolhos Beijando a Olga, beijando
Meus sonhos vão, irradiando, Se derramar em seus olhos!

QUESTÃO BROCARDO

Triolé fura essa pança
Do Delegado -- es um russo, Revolução n'esta dança...
Triolé fura essa pança,
Fura, fura como a lança
Ou como no boi um chuço;
Triolé fura essa panca
Do Delegado -- és um russo.

Índice

Pinto, pinta -- ponta à ponta Tanta ponta, Pinto pinta
Que pinta se pinta a pinta
Pinto -- pinta -- ponta à ponta.
Pinto é ponto mas não ponta Mas se pinta por um pinto E já que o Pinto se pinta
Eu pinto-lhe a pinta ao Pinto.

Índice

PIRUETAS

Cruz e Sousa

Finou-se um tal inglês   Gastrônomo e patife
Que tanto -- de uma vez
Comeu, comeu e esparramou-se em bife;   Que um dia de jejum,
Pela pança rotunda e quixotesca,   Teve um parto... comum,
Um feto original... de came fresca.

Índice

AS DEVOTAS

I
Enquanto o sino bimbalha,
Bimbalha, bimbalha e tine,   Lançai do olhar a migalha
-- Enquanto o sino bimbalha --   À raça que se amortalha
No horror que não se define...   Enquanto o sino bimbalha
Bimbalha, bimbalha e tine.

II
Perto da Igreja a senzala,
O Cristo junto aos escravos   E, pois, deveis visitá-la,
Perto da Igreja, a senzala   E procurar transfarmá-la
Da luz às palmas, aos bravos!...   Perto da Igreja a senzala,
O Cristo junto aos escravos.

III
E tão-somente por isto
Enquanto o sino bimbalha,
Bem antes de terdes visto
-- E tão-somente por isto --   Todo o martírio do Cristo,
O vosso amor que lhes valha,   E tão-somente por isto,
Enquanto o sino bimbalha.

Índice

De claque, casaca e luva,
De luva, casaca e claque
Ao rendezvous da viúva,
De claque, casaca e luva,
Tu vais -- arrostas a chuva
No macadam -- plaque, plaque...
De claque, casaca e luva, De luva, casaca e claque.

Índice

[MEUS ESPLÊNDIDOS...]

Meus esplêndidos desejos Emigram, como beijos,
Pelo azul espaço, em curvas,
Rasgando essas brumas turvas; Pelo sol das primaveras, Batendo as asas brancas,
Como, batem, quimeras...
....
Voai, andorinhas francas!

Índice

Cruz e Sousa

Nunca se cala o Callado
E sempre o Callado, fala
Callado que não se cala,
Nunca se cala o Callado, Callado sem ser calado,
Callado que é tão falado...
Nunca se cala o Callado
E sempre o Callado, fala.

Índice

Estoure como o champagne
O triolé -- pule e salte
E como os gatos arranhe,
Estoure como o champagne
E a cara dos erros lanhe E como o sol nunca falte... Estoure como o champagne
O triolé -- pule e salte.

Índice

Parece um céu estrelado Esta vida de nós dois Depois d'aquele passado...
Parece um céu estrelado
Largo, puro, undiflavado Depois do pesar, depois, Parece um céu estrelado
Esta vida de nós dois.

Índice

Cruz e Sousa

Levantem esta bandeira Da posição de farrapo;
Da terra azul brasileira
Levantem esta bandeira
Que sente o horror da esterqueira Da escravidão -- negro sapo. Levantem esta bandeira Da posição de farrapo.

Índice

OLHARES

Teus traquinantes olhinhos Continhas, Ziza, parecem;
Zigzagam sempre, tontinhos Teus traquinantes olhinhos;
Tão pretos, tão redondinhos
Olhinhos que me embevecem, Teus traquinantes olhinhos Continhas, Ziza, parecem.

Índice

Nas explosões de bons risos Os triolés petulantes
Chocalhem, tinam, precisos
Nas explosões de bons risos, Tilintem como mil guisos Sonoros, raros, vibrantes
Nas explosões de bons risos, Os triolés petulantes.

Cruz e Sousa

Índice

Triolé -- pega estes zotes
E dá-lhes de baixo acima
Preso ao trapézio da rima
Na mais artística esgrima D'estouros e piparotes,
Preso, ao trapézio da rima Triolé -- pega estes zotes.

Índice

GRITO DE GUERRA
 Aos senhores que libertam escravos

Bem! A palavra dentro em vós escrita Em colossais e rubros caracteres, É valorosa, pródiga, infinita,
Tem proporções de claros rosicleres.

Como uma chuva olímpica de estrelas Todas as vidas livres, fulgurosas,
Resplandecendo, -- vós tereis de vê-las Rolar, rolar nas vastidões gloriosas.

Basta do escravo, ao suplicante rogo, Subindo acima das etéreas gazas, Do sol da idéia no escaldante fogo,
Queimar, queimar as rutilantes asas.

Queimar nas chamas luminosas, francas Embora o grito da matéria apague-as;
Porque afinal as consciências brancas
São imponentes como as grandes águias.

Cruz e Sousa

Basta na forja, no arsenal da idéia,
Fundir a idéia que mais bela achardes, Como uma enorme e fulgida
Odisséia Da humanidade aos imortais alardes.

Quem como vós principiou na festa Da liberdade vitoriosa e grande,
Há de sentir no coração a orquestra
Do amor que como um bom luar se expande.

Vamos! São horas de rasgar das frontes
Os véus sangrentos das fatais desgraças E encher da luz dos vastos
horizontes Todos os tristes corações das raças...

A mocidade é uma falena de ouro,
Dela é que irrompe o sol do bem mais puro: Vamos! Erguei vosso ideal tão
louro Para remir o universal futuro...

O pensamento é como o mar -- rebenta,
Ferve, combate -- herculeamente enorme E como o mar na maior febre
aumenta, Trabalha, luta com furor -- não dorme.

Abri portanto a agigantada leiva,
Quebrando a fundo os espectrais embargos, Pois que entrareis, numa
explosão de seiva, Muito melhor nos panteões mais largos.

Vão desfilando como azuis coortes
De aves alegres nas esferas calmas, Na atmosfera espiritual dos fortes,
Os aguerridos batalhões das almas.

Quem vai da sombra para a luz partindo Quanta amargura foi talvez
deixando Pelas estradas da existência -- rindo
Fora -- mas dentro, que ilusões chorando.

Da treva o escuro e aprofundado abismo Enchei, fartai de essenciais
auroras, E o americano e fértil organismo
De retumbantes vibrações sonoras.

Cruz e Sousa

Fecundos germens racionais produzam Nessas cabeças, claridões de maios... Cruzem-se em vós -- como também se cruzam Raios e raios na amplidão dos raios.

Os britadores sociais e rudes
Da luz vital às bélicas trombetas,
Hão de formar de todas as virtudes As seculares, brônzeas picaretas.

Para que o mal nos antros se contorça
Ante o pensar que o sangue vos abala, Para subir -- é necessário -- é força
Descer primeiro a noite da senzala.

Índice

Da Lua aos raios prateados
Que no horizonte se espargem, Como fulguram os prados
Da lua aos raios prateados, Há vagos silfos alados
Do rio azul pela margem
Da lua aos raios prateados
Que no horizonte se espargem.

Índice

Teus olhos belos por dentro De grandes colorações,
Parecem ter pelo centro
Teus olhos belos por dentro A luz vital onde eu entro E saio imerso em clarões...
Teus olhos belos, por dentro
De grandes colorações.

Cruz e Sousa

Índice

ADALZIZA

Tens um olhar cintilante, Tens uma voz dulçurosa,
Tens um pisar fascinante, Tens um olhar cintilante
Cheio de raios, faiscante Ó criatura formosa, Tens um olhar cintilante,
Tens uma voz dulçurosa!...

Índice

[TEUS OLHOS]

Teus olhos -- esses carinhos, Esse casal de ilusões
Tão doces como os arminhos, Teus olhos -- esses carinhos Parecem ser os dois ninhos Das minhas consolações,
Teus olhos -- esses carinhos Esse casal de ilusões!...

Índice

SER PÁSSARO

Ah! Ser pássaro! ter toda a amplidão dos ares Para as asas abrir, ruflantes e nervosas,
Dos parques através e dos moitais de rosas, Nos floridos jardins, nas hortas e pomares.

Cruz e Sousa

Ser pássaro, cantar, subir, voar na altura,
Pelos bosques sem fim, perder-se nas florestas, Das folhagens do campo em meio da espessura, Das auroras de abril nas cristalinas festas.

Tecer no tronco seco ou no tronco viçoso O quente lar do amor, o carinhoso ninho, De onde sairá mais tarde o pipilar mavioso
De um outro mais gentil e meigo passarinho.

Não temer o verão e não temer o inverno Para tudo alcançar na leve subsistência, No contínuo lidar, no labutar eterno,
Que é talvez da alegria a mais feliz essência.

Viver, enfim, de luz e aromas delicados
Nascido dentre a luz, gerado dentre aromas, Sonorizando o azul, sonorizando os prados
E dormindo da flor sob as cheirosas comas.

Voar, voar, voar, voar eternamente,
Extinguir-se a voar, no matinal gorjeio, E ser pássaro, é ter em cada asa fremente
Um sol para aquecer o frio de algum seio.

Índice

O BOTÃO DE ROSA
A uma atriz

O campo abrira o seio às expansões frementes Das árvores senis, dos galhos viridentes.

Caía a tarde fresca
Loira, gentil, vivaz como a canção tudesca.
A iluminada esfera

Calma, profunda, azul como um sonhar de virgem, Dava um brilho-cetim
às verdes folhas d'hera.
No ar uma harmonia avigorada e casta, No crânio uma vertigem
Duma idéia viril, duma eloqüência vasta.

Tardes formosíssimas,
Ó grande livro aberto aos geniais artistas, Como tanto alargais as crenças
panteístas,
Como tanto esplendeis e como sois riquíssimas.

Quanta vitalidade indefinida, quanta, Na pequenina planta,
No doce verde-mar dos trêmulos arbustos, Que misticismo, justos,
Bebia a alma inteira ao devassar o arcano
Das árvores titãs, das árvores fecundas Que tinham, como o oceano,
Febris palpitações intérminas, profundas.

Esplêndidas paisagens
Opunhas o largo campo às vistas deslumbradas.
As múrmuras ramagens,
À luz serena e terna, à luz do sol -- que espadas De fogo arremessava, em
frêmitos nervosos, Pelo côncavo azul dos céus esplendorosos, Tinham
falas de amor, segredos vacilantes Finos como os brilhantes.

A música das aves
Cortava o éter calmo, em notas multiformes,
Límpidas e graves
Que estouravam no ar em convulsões enormes.
Aqui e além um rio
Serpejava na sombra, em meio de um rochedo Áspero e sombrio.
O olhar perscrutador, o grande olhar, sem medo
E o espírito mudo,
Como um herói gigante avassalavam tudo...

Nuns madrigais risonhos
Abria-se o país fantástico dos sonhos.
Alavam-se os aromas Leais, inexauríveis
Das largas e invisíveis Selváticas redomas.

A seiva rebentava

Cruz e Sousa

Em ondas -- irrompia
Na doce e maviosa e plácida alegria
De uma ave que cantava,
Dos belos roseirais
Que ostentavam a flux as rosas virginais.

E as jubilosas franças Dos árvoredos altos,
Rígidos, atléticos,
Derramavam no campo uns fluidos magnéticos Dumas vontades mansas.

A doce alacridade ia explosindo aos saltos.
E toda a natureza
Robusta de saúde e estrênua de grandeza Libérrima e vital,
Erguia-se pujante, audaz e redentora, No gérmen material da força criadora,
Dentre a vida selvagem mística, animal...

Dos roseirais preciosos
Nos renques primorosos,
Numa linda roseira abria castamente,
Como um sonho de luz numa cabeça ardente,
O mais belo, o mais puro entre os botões de rosa.
Tinha essa cor formosa,
Tinha essa cor da aurora,
Quando ensangüentada em rubro a vastidão sonora

Era um botão feliz
Sorrindo para o Azul, zombando da matéria.
Tinha o leve quebranto e a maciez etérea Que uma estrofe não diz.
Das pétalas macias,
Das pétalas sanguíneas, Doces como harmonias
Brandas e velutíneas Uns perfumes sutis se espiralavam, raros,
Pela mansão do Bem, pelos espaços claros.
Perfumes excelentes,
Perfumes dos melhores,
Perfumes bons de incógnitos Orientes.

Matéria, não deplores
O viver natural dos vegetais alegres;

Cruz e Sousa

Eles são mais ditosos
Que os nababos e reis nos seus coxins pomposos;
E por mais que tu regres
Ó matéria fatal, a tua vida inteira, No rigor da higiene;
E por mais que a maneira
Do teu grande existir, desse existir -- perene
De ironias e pasmos,
Explosões de sarcasmos
Tu completes, matéria -- ó humanidade ousada --
Com a ciência altanada;
E por mais que no século,
Tu mergulhes a idéia, o prodigioso espéculo,
Será sempre maior e exuberante e forte,
Ó matéria fatal,
Essa vida tão rica
Que se corporifica Na valente coorte
Do poder vegetal.

Era um botão feliz,
Cuja roseira, impávida,
Ébria de aromas bons, ébria de orgulhos -- ávida
De completa fragrância, Palpitava com ânsia
Desde a própria raiz.

E entanto o sol tombara e triunfantemente Como um supremo Rubens,
Jorrando à curvidade etérea do poente,
O ouro e o escarlate, aprimorando as nuvens,
Numa distribuição simpática de cores,
De tintas e de luzes
De galas e fulgores
Rubros como o estourar dos fervidos obuses.

O cérebro em nevrose,
No pasmo que precede a augusta apoteose
De uma excelsa visão perfeitamente bela,
De uma excelsa visão em límpidos dóceis, Exaltava o acabado artístico da Tela E o gosto dos pincéis.
Caíam da amplidão em névoas singulares Os pálidos crepúsculos.
Os fúlgidos altares

Cruz e Sousa

Do homem primitivo -- a relva, o prado, o campo Onde ele ia buscar a força de uma crença
Que então lhe iluminasse a alma escura e densa Morriam de clarões -- os poderosos músculos Da fértil mãe de tudo -- a natureza ingente -- Deixavam de bater. -- O olhar do pirilampo Oscilava, tremia -- azul, fosforescente.

As sombras vinham, vinham
Lembrando um batalhão d'espectros que caminham
E a casta nitidez sintética das cousas
Tomava a proporção das funerárias lousas.

Completara-se então o mais extraordinário, O mais extravagante
Dos fenômenos todos:
A noite. -- Enfim descera a treva do Calvário, A treva que envolveu o Cristo agonizante.

Coaxavam negras rãs nos charcos e nos lodos.
A abóbada espaçosa, a física amplitude,
Mostrava a profundez da angústia de ataúde
De um operário pobre,
Quando se escuta o dobre Amplíssimo e funéreo,
Sinistro e compassado, Rolar pela mansão gloriosa do mistério,
Assim com um soluço aflito, estrangulado.

Devia ser, devia
Por uma noite assim,
Como esta noite igual,
Que derramou Maria A lágrima da dor, -- que o célebre Caim Sentiu do crânio as convulsões do Mal.

Mas o botão de rosa,
Traído pelo estranho zéfiro da sorte,
Rolou como uma cisma
Intensa e luminosa
Ardente e jovial em que a razão se abisma
E foi cair, cair no pélago da morte, Em um dos mais raivosos, Em um dos mais atrozes Rios impetuosos,

Cruz e Sousa

Cheios de surdas vozes,
Sozinho, em desamparo, assim como um proscrito,
Em meio à placidez
Dos astros no infinito
E a mesma irracional e fúnebre mudez.

Depois e além de tudo,
Além do grave aspecto inteiramente mudo, Ao tempo que morria
O cândido botão -- em um dos tantos galhos Virentes da roseira -- alegre no ar se abria
Um outro que ostentava as pétalas sedosas, As pétalas gracis de cores deliciosas, De cores ideais.

As auras musicais
Passavam-lhe de leve, Nos tímidos rumores,
De um ósculo mais breve

E dentre a exposição das delicadas flores, Das rosas -- o botão
Aberto ultimamente as cúpulas austeras,
As plagas da esperança, a irmã das primaveras,
Pendido um quase nada, esbelto na roseira,
Mostrava aquela unção, A ínclita maneira
De quem se glorifica
Subindo ao céu azul da majestade pura,
Da eterna exuberância, Da fonte sempre rica, Da esplêndida fartura
Da luz imaculada -- a egrégia substância Que faz das almas claras
Pela fecundidade olímpica do amor, Magníficas searas,
De onde se difunde a vida sempiterna,
A vida essencial, a lei que nos governa, A idéia varonil do poeta sonhador.

A arte especialmente, esse prodígio, atriz,
Como o botão de rosa
Tão meigo e tão feliz,
Pode ser arrojada e brutalmente, ao pego, Na treva silenciosa,
Onde o espírito vai, atordoado e cego,
Cair, entre soluços,
Como um colosso ideal tombado ao chão de bruços,
Ou pode equilibrar-se em admirável base
Estética e profunda,

Cruz e Sousa

Assim, bem como o outro, a mais radiosa altura.

Deves sondá-la bem nesta segunda fase.
Precisas para isso uma alma mais fecunda.
Precisas de sentir a artística loucura.

Índice

Ó Adalziza dos sonhos;
Estrela dos firmamentos
Dos meus cantares risonhos Ó Adalziza dos sonhos
Rasga esses véus enfadonhos
Dos teus louros pensamentos, Ó Adalziza dos sonhos,
Estrela dos firmamentos.

Índice

Enquanto este sangue ferve
Com força, com toda a força, Palpite a fibra da verve
Enquanto este sangue ferve
Esmague-se o que não serve
Na treva o Mal se contorça, Enquanto este sangue ferve,
Com força, com toda a força.

Índice

Cruz e Sousa

Como um cisne, est'alma frisa O mar de luz de teus olhos, Ó simpática Adalziza
Como um cisne, est'alma frisa, Vagueia, paira, desliza
Sem naufragar nos escolhos
Como um cisne, est'alma frisa O mar de luz de teus olhos.

Índice

Merece o bom do Vidal
Que é mesmo um Joca de truz, Ter também com o seu Fiscal, Merece o bom do Vidal Um banquete bambual,
De cem milhões de bambus Merece o bom do Vidal Que é mesmo um Joca de truz!

Índice

Zulmira dos meus amores,
Zulmira das minhas cismas,
Resplandece como as flores, Zulmira dos meus amores Abre os olhos sedutores
Nos quais a minh'alma abismas, Zulmira dos meus amores,
Zulmira das minhas cismas.

Índice

Cruz e Sousa

Deixai que a minh'alma escassa De luz -- aos astros emigre Como gaivota que passa
Deixai que a minh'alma escassa
De amor -- na plúmbea desgraça De atrozes garras de tigre,
Deixai que a minh'alma escassa De luz -- aos astros emigre.

Índice

Quando ela está de colete, Espartilhada, irradiante Vestida de azul-ferrete
Quando ela está de colete
Em mim cruzando o florete
Do seu olhar -- que elegante Quando ela está de colete, Espartilhada, irradiante.

Índice

Ó cintilante Quiquia,
Menina dos meus olhares, Flor azul da simpatia, Ó cintilante Quiquia,
Rasga este céu da alegria
Dos meus risonhos cantares, Ó cintilante Quiquia,
Menina dos meus olhares.

Índice

Cruz e Sousa

Olhos pretos, sonhadores Ó celeste Carolina,
Como são esmagadores
Olhos pretos sonhadores,
Como vibram dos amores A noss'alma cristalina,
Olhos pretos, sonhadores, Ó celeste Carolina.

Índice

Se estala a estrofe de fogo,
Se explose a estrofe do Bem, Como o verbo demagogo
Se estala a estrofe de fogo,
Não ceda o espírito ao rogo
Do Mal que os erros contêm,
Se estala a estrofe de fogo,
Se explose a estrofe do Bem!

Índice

AMOR!!... Oferecido à Ilma. Sra. D. Pêdra como prova de imensa amizade e profundo amor que lhe consagra.
   O Autor.

Amor, meu anjo, é sagrada chama
Que o peito inflama na voraz paixão,
Amo-te muito eu t'o juro ainda
Deidade linda que não tem senão!

Virgem formosa, d'encantos bela, Gentil donzela, meu amor é teu.
Vou consagrar-te mil afetos tantos
Puros e santos qual também Romeu!

Cruz e Sousa

Flor entre as flores, a mais linda, altiva Qual sensitiva, só tu és, ó sim.
Esses teus olhos sedutores, belos
De mil anelos, me pedirão a mim.

Anjo, meu anjo, eu te adoro e amo. Por ti eu chamo nas horas de dor. Sem ti eu sofro; um sequer instante De ti perante só me dás valor.

Meu peito em ânsias só por ti suspira Como da lira a vibrante voz! Te vendo eu rio e senão gemendo Vou padecendo saudade atroz!

Amor ardente de meu coração
Santa paixão em todo peito forte
Eu hei de amar-te até mesmo a vida Deixar, querida, e abraçar a morte!

Índice

Ó Flora, ó ninfa das rosas, Ó frescura dos morangos, Abre as pupilas radiosas,
Ó Flora, ó ninfa das rosas,
Dá-me as estrelas formosas
Do olhar repleto de tangos, Ó Flora, ó ninfa das rosas, Ó frescura dos morangos.

Índice

Morena dos olhos pretos
Dos olhos pretos, morena, Escuta os vagos duetos

Cruz e Sousa

Morena dos olhos pretos,
Faremos ambos, tercetos,
Com esta esfera serena, Morena dos olhos pretos,
Dos olhos pretos, morena.

Índice

Embora eu não tenha louros Como esses grandes heróis
E nem da idéia os tesouros,
Embora eu não tenha louros,
Talvez nos tempos vindouros Traduza o poema dos sóis,
Embora eu não tenha louros Como esses grandes heróis.

Índice

Ó Alzira, Alzira, Alzira, Estrela resplandecente, Resplandecente safira,
Ó Alzira, Alzira, Alzira,
As vibrações desta lira,
Acorda do sono ardente, Ó Alzira, Alzira, Alzira, Estrela resplandecente.

Índice

Aos relâmpagos sulfúreos Na esfera zigue-zagando
Como esses pobres tugúrios, Aos relâmpagos sulfúreos

Cruz e Sousa

Se douram, brilham purpúreos
Fulguram de quando em quando, Aos relâmpagos sulfúreos Na esfera zigue-zagando.

Índice

À sombra espessa de um álamo Quando nasceu-me a paixão,
Crescendo aos beijos do tálamo À sombra espessa de um álamo
Que de harpas senti, que cálamo Por dentro do coração A sombra espessa de um álamo Quando nasceu-me a paixão.

Índice

ROSA
a A. Moreira de Vasconcelos

Et, rose, elle a vécu ce que vivent les roses,   l'espace d'un matin.
  (Malherbe)

Rosa -- chamava-se a estrela Daquelas flóreas paragens; Era escutá-la e era vê-la
Metida em brancas roupagens

Todas de pregas e tufos, De laçarotes e rendas,
Ou mesmo ouvir-lhe os arrufos
Ou surpreender-lhe as contendas

Nas lindas tardes radiadas Por cores de silforamas
E sentir logo, inspiradas
Do amor, as férvidas chamas.

Cruz e Sousa

Ela era um beijo fundido
Ao cintilar de uma aurora,
Um sonho eterno espargido Nos belos sonhos de Flora.

E tinha uns longes sublimes De grande força lasciva,
A transudar, como uns crimes Do sangue, da carne altiva.

Contava tudo... mas tanto,
Em turbilhões, em cascata, Que recordava esse canto Uma garganta de prata.

E quando os poetas, rapazes, A viam passar, vibrante,
Mostrando as curvas audazes,
Do corpo todo radiante,

Diziam de entre os primores De estrofes mais dulçurosas: -- Tu és a gêmea das flores, Das rosas, perfeitas rosas.

Convulsionado e sem regra O coração nos palpita;
Andas alegre e se alegra A gente quando te fita.

Tens umas coisas estranhas Nas refrações da pureza...
Umas finuras tamanhas...
Uma sutil gentileza...

Ficas rosada se um tico
Alguém te diz, de mais franco...
Mas como fica tão rico,
Tão belo o rubro no branco,

Nesse grácil e tão claro, Sereno e cândido rosto
Que é mesmo um céu puro e raro Das alvoradas de agosto.

Depressa cobre-te o pejo A face nova e adorada,
De sorte que sem desejo
És -- Rosa e ficas rosada.

Dos risos colhes a messe

Cruz e Sousa

E és doce como o conforto, És casta como uma prece
Gemida ao lado de um morto.

Para que a dor não te obumbre A glória de flores junca
Tua vida e, por isso, nunca
Nas mágoas terás vislumbre.

Permita o bom sol que inunda De luz os bosques -- permita Que sejas sempre fecunda De gozo e sempre bonita.

Agora, quando alguém passa Por onde a estrela morava, Olhando pela vidraça
Bem junto da qual bordava,

Repara um silêncio triste
Na sala -- em crepes envolta, Onde parece que existe
Profunda lágrima solta.

E sente por dentro d'alma
Aquela angústia que esmaga
Bem como em noites sem calma A vaga esmaga outra vaga.

Apenas as flores lindas
Que vendo Rosa morriam Com brejeirices infindas
De invejas que renasciam,

Sem mais inúteis ciúmes,
Abrem os frescos pistilos,
Jogando aos céus, em perfumes, Os seus melhores sigilos.

No entanto a luz soberana
Do amor desfilam as rimas
Dos poetas -- como um hosana A quem já goza outros climas.

Rosa -- chama-se a estrela
Daquelas flóreas paragens; Era escutá-la e era vê-la
Metida em brancas roupagens,

Para exclamar: -- Dentro dela Existe a fibra gloriosa... Ninguém viu coisa mais bela Nem Rosa... tão bela rosa!...

Índice

Quando estás de laçarotes E de plissês e fichus,
De rendas e de decotes,
Quando estás de laçarotes, Toilette de chamalotes,
Quanto esplendor, quanta luz, Quando estás de laçarotes E de plissês e fichus.

Índice

Da idéia nos mares jônios A barca das tuas cismas
Soprada por bons favônios Da idéia nos mares jônios,
Vai livre dos maus demônios, Batida da luz dos prismas, Da idéia nos mares jônios A barca das tuas cismas.

Índice

-- Como um assombro de assombros A rapariga -- um rainúnculo, Da serra pelos escombros
Como um assombro de assombros, Quando vê de enxada aos ombros

Cruz e Sousa

O noivo -- lembra um carbúnculo, Como um assombro de assombros A rapariga -- um rainúnculo.

Índice

-- Como fortes gargalhadas Por um templo de cristal, Sonoramente vibradas,
Como fortes gargalhadas, Sinto idéias baralhadas
N'um frágil descomunal
Como fortes gargalhadas
Por um templo de cristal.

Índice

Da bruma pelos países
Pelos países da bruma,
Longe dos astros felizes, Da bruma pelos países,
Tu vais perdendo os matizes Da luz e da glória em suma, Da bruma pelos países, Pelos países da bruma.

Índice

SAUDAÇÃO
 Ao Liceu de Artes e Ofícios

Como esta luz é serena,

Cruz e Sousa

Como esta luz é sincera;
Como eu vejo a primavera Num lápis e numa pena.

Que prismas de luz ardente, Que prismas de luz suave;
Como eu sinto um canto de ave Em cada boca inocente.

Sim! Que o estudo é como a aurora Que nos entra pela casa,
Num vivo fulgor de brasa, Vibrante, alegre, sonora.

Ele rasga a treva espessa,
Num só momento -- cantando; Vai estrelas semeando Em cada tenra cabeça.

Tira os crânios do letargo
Da ignorância -- pois entra
Como um sol e se concentra Num esplendor muito largo.

Quem, ó Arte imaculada, Medisse o ser da criança,
Pela alma de uma esperança Pela alma de uma alvorada.

Quem aos páramos subindo, Eternamente pudesse,
Dos astros a loura messe
Arrancar -- depois abrindo

Os peitos das criancinhas
Jogá-los dentro e beijá-las
Cheias de pompa e das galas
Que a luz concede às rainhas!...

Pois que a treva entre fulgores, É como, dentre ataúdes, Rebentar como virtudes,
As mais simpáticas flores.

Ah! Ninguém sabe, por certo, Quanto é bom, quanto é saudável, Sentir a crença adorável
Como um clarão sempre aberto.

Ver os germens do futuro
No campo eterno da escola Brilhando como a corola

Cruz e Sousa

De um lírio cândido e puro.

Ver morrer -- como uns invernos Da vida, os velhos colossos
E ver erguerem-se os moços Como verões sempiternos.

Mães, ó mães tão estremosas, Dos vossos ventres fecundos Saem todos esses mundos Das idéias fulgurosas.

Tudo isso quanto há escrito De pensamento e crenças Saiu das fontes imensas
De um grande amor infinito.

E desde a escrita a leitura
E desde um livro a uma carta, A bondade sempre farta
Das mães -- esplende e fulgura.

Bom dia ao mestre que é guia Das belas crianças louras! Bom dia às mães porvindouras, À mocidade -- Bom dia!

Índice

FRÊMITOS

I
Ó pombas luminosas
Que passais neste mundo eternamente Só a cantar os madrigais de rosas,
Atravessados de um luar veemente,
Inundados de estrelas e esplendores,
De carinhos, de bênçãos e de amores.

II
Ó virgens peregrinas,
De meigo olhar banhado de esperanças, Que perfumais com lírios e boninas
A aurora de cristal das louras tranças,

Que atravessais constantemente a vida Do sol eterno, da visão florida.

III
Amadas e felizes
Gêmeas da luz das frescas alvoradas, Vós que trazeis nas almas as raízes
Do que é são, do que é puro -- ó vós amadas Prendas gentis do paternal tesouro,
Iriados corações de fluidos de ouro.

IV
É para vós que eu quero
Engrinaldar de tropos e de rimas,
Num doce verso artístico e sincero, Esgrimir com belíssimas esgrimas
A estrofe e dar-lhe os golpes mais seguros Para que brilhe como uns astros puros.

V
É só a vós, apenas,
Que eu me dirijo, límpidas auroras, Que pelas tardes plácidas, serenas,
Passais, galantes como ingênuas Floras, Coroadas de flor de laranjeira,
Noivas, sorrindo à mocidade inteira.

VI
Porque é de vós que deve,
De vós que o sonho eterno dulcifica, Partir o lume quando cai a neve,
Surgir a crença poderosa e rica. Porque afinal, o que se chama crença,
Senão o amor e a caridade imensa?

VII
Os tristes e os pequenos
Em quem descansam brandamente os olhos, Esses humildes, rotos Nazarenos
Que vivem, morrem suportando abrolhos, Senão nos grandes entes piedosos
Que dão-lhes força aos transes dolorosos?

VIII
Oh, sim que a força eterna
Parte dos corpos rijos da saúde,

Perante a lei da vida que governa, O nobre, o rei, o proletário rude;
Parte dos seres fartos de carinhos
Como de paz e de alegria os ninhos.

IX
Eu peço para todos
E peço a vós que sois as fortalezas
Da esperança, da fé -- a vós que os lodos Da miséria, do vício, das baixezas,
Não denegriram essas consciências
Castas e brancas como as inocências.

X
Nem se esperar devia
Que eu tentasse bater a outras portas,
Quando vós sois o exemplo de Maria; Não andais mudas, regeladas, mortas
Pela noite voraz da sepultura
E escutareis os dramas da amargura.

XI
Não julgueis que eu vos peça,
Uma alvorada feita de um sorriso;
A minh'alma garante e vos confessa Que se crê nas mansões do Paraíso,
É porque vós reinais por sobre a terra E o Paraíso dentro em vós se encerra.

XII
A vós, a vós compete
A glória do dever -- porque assim como A luz do sol na lua se reflete,
Também das aflições no duro assomo, Da pobreza refletem-se nas almas,
Vossas imagens, como auroras calmas.

XIII
Portanto, a mocidade
Vossa, terá de ser de hoje em diante, Enquanto a esmagadora atrocidade
Da peste -- nos vorar d'instante a instante, Quem se há-de encarregar desta manobra Do galeão da vida que sossobra.

XIV
E para isso, ó rainhas

Cruz e Sousa

Da juventude -- tendes as quermesses
Que dão bons frutos assim como as vinhas; As matinées de cânticos e preces, Os cintilantes, pródigos bazares
Onde a luz salta extravasando em mares.

XV
Enquanto a mim, na arena
Da heroicidade humana que consola, Oh, faz-me bem a vibração da pena,
Pelo amor, pelo afago, pela esmola,
Como um radiante e fulgido estilhaço De sol febril no mármore do Espaço!

GUSLA DA SAUDADE
A Santos Lostada pela morte do seu velho pai.

Nunca mais, nunca mais esses teus olhos Palpitarão nos olhos seus honestos
Nem hão de vê-lo em ânsias por escolhos.

Ele morreu, morreu -- e os mais funestos Lutos da dor feriram como abrolhos
Teu lar e os teus -- serenos e modestos.

Que incalculável explosão de prantos Não inundou as almas preciosas
Dos teus irmãos, da tua mãe -- uns santos

Que peregrinam nestas lacrimosas
Sendas da vida, em mágoas, sem encantos Como sem luz e sem orvalho as rosas.

Ah! formidável lei cruel da vida,
Lei da matéria, da mudez das lousas,
Da eterna noite atroz, indefinida;

Tens o segredo intérmino das cousas, E nessa dura e tenebrosa lida,
Oh! nem sequer um dia só repousas.

Cruz e Sousa

Quem sabe, ó morte, ó lúgubre, quem sabe O teu poder fatal, desapiedado
Onde se oculta e se resume e cabe.

Pois nem que o céu puríssimo, azulado Cair aos pedaços, tombe e se desabe
Na profundez do abismo ilimitado

E a crença humana espavorida, em gritos, Palpando o nada, esquálida, gemendo
Rasgue a amplidão de estranhos infinitos,

Nunca da morte saberão o horrendo
Mistério rijo e surdo dos granitos
Os corações que vivem combatendo?!...

Não! A Ciência penetrou, o estudo
Do pensador, abriu mais horizontes Nesse problema silencioso e mudo.

O pensamento constelou as frontes, Deu a razão o mais brunido escudo
E construiu as luminosas pontes

De onde se vai, com grande olhar, seguro, Atravessar as regiões sonoras
Dos Ideais que irrompem do Futuro;

E sem contar dos séculos as horas,
E sem temer as mil visões do Escuro, Alegremente ao fresco das auroras.

Mas entretanto, ó meu amigo, escuta, Toda a saudade, a grande nostalgia
Nos deixa frios, mortos para a luta.
Porque, olha, a morte é sempre uma agonia!

Índice

SMORZANDO

Cruz e Sousa

O véu da tarde cai pelas quebradas
Das serras altaneiras;
As aves condoreiras Rompem da mata em místicas risadas O largo espaço intérmino cindindo.

A livre natureza,
Humildemente, pura, vai caindo, Caindo de joelhos
Como esse denso véu
Cai na viril e rútila grandeza Do sol que desce em borbotões vermelhos
Como uma mancha tropical no céu.

E vibra a Ave-Maria
Como um soluço, estranho, indefinido; Talvez como um gemido
Dentre a escalvada e agreste serrania.

E desce e desce e desce De toda a imensidade
A salutar carícia de uma prece, O eflúvio da saudade
Que alaga o nosso peito heroicamente
Como o luar de um treno Mavioso e emoliente,
Mais doce que o sorrir do Nazareno.

Índice

GIULIETTA DIONESI
(Desterro)
Ao seu violino

Ah! Giulietta! Os sons do teu violino
Choram, suspiram, rugem como o leão Lembram sonoro rio cristalino
E tem soluços como um coração.

Ó da harmonia divinal sereia!
Rosas e estrelas e canções de ninhos Nas cordas do violino que gorjeia

Cruz e Sousa

Passam cantando como os passarinhos.

Não sei que estranho espírito sereno
Para a harmonia essa alma te inspirou Que dentro dum violino tão pequeno
A música do espaço concentrou!

Ah! peregrina do país do sonho
Flor luminosa de região sonora, No teu suave coração risonho
Vibram triunfantes os clarins da aurora.

Tudo dentro de ti gorjeia e trina, Como trina e gorjeia o rouxinol
Nas paisagens silvestres da campina, Aos esplendores siderais do sol.

Quem não há de chorar e rir não há de De amor, de saudade e de esperança,
De assombro, vendo que na tenra idade Já és tão grande, sendo uma criança?!

Os astros do cerúleo firmamento, As meigas flores, o infinito mar
Que digam como tu nesse instrumento Sabes sorrir e sabes soluçar...

Domadora feliz do som profundo,
Deusa imortal de ignotas harmonias,
Vai triunfar nas vastidões do mundo, Da glória nas eternas sinfonias.

Índice

FILETES
(Desterro)

I
Ó pérola nitente,
Ó pérola do amor, Ó imã redolente
Das pétalas da flor;

Cruz e Sousa

Ó lágrima sutil,
Ó lágrima ideal,
Do côncavo de anil
Caída no cristal

Do lago transparente,
Harmoniosamente,
Aos flocos do luar...

Tu és como as essências, Conheces as ciências Ocultas... de matar!

II
Cintila a estrela-d'alva
Bem como o olhar do crente! Perpassa no ambiente
O fresco olor da malva.

Um tic de lirismo,
Simpático e harmônico, Derrama no sinfônico
Riacho -- um misticismo.

Há músicas supremas,
Um mundo de problemas Nos montes seculares.

E como um lírio roxo,
A alma em canto frouxo Emigra para os ares.

Índice

VERSOS À INFÂNCIA
(Desterro)

Nos roseirais, ao vir da madrugada,
Desabrocham no val todas as rosas,

Cruz e Sousa

Nos galhos cheios de uma luz doirada, Meigas e frescas, rubras, perfumosas, Nos roseirais, ao vir da madrugada.

Como em bocas cheirosas e vermelhas Pousam beijos de amor e de ventura, O mel lhe sugam todas as abelhas
Pousando em cima da corola pura
Como em bocas cheirosas e vermelhas.

Desde os campos, o bosque, até aos montes Tudo renasce num jardim de flores; E pelo azul do céu, nos horizontes,
Há os mais vivos, raros esplendores,
Desde os campos, o bosque, até aos montes.

Pelos ninhos sonoros, delicados,
Cantam e trinam muitos passarinhos Nos altos arvoredos enflorados,
A margem verdejante dos calminhos, Pelos ninhos sonoros, delicados.

As borboletas brancas e amarelas,
Azuis, cor de ouro, cor de prata e brasa, Leves, ligeiras, tênues e singelas,
Abrem a fine talagarça da asa,
As borboletas brancas e amarelas.

Tudo no val acorda de desejos
À musica dos cantos mais risonhos; E as aves soltas, peregrinos beijos,
Dizem, cantando, que através de sonhos Tudo no val acorda de desejos.

II
Na alma da infância, tal e qual roseiras, Abrem festões de límpida fragrância
Os sonhos e as quimeras passageiras
Que são mais próprias do vergel da infância, Na alma da infância, tal e qual roseiras.

O pequenino coração ditoso
Canta canções de uma ave pequenina; E é um encanto ver assim radioso
No peito de uma cândida menina O pequenino coração ditoso.

A existência de sol das criancinhas

Lembra um pomar de frutas bem serenas, Por onde os colibris e as andorinhas Gozam amores sacudindo as penas,
A existência de sol das criancinhas.

Não sei dizer se adore mais crianças
Ou mais também as flores de um arbusto; Nessas tão puras, castas semelhanças Eu, para ser bem carinhoso e justo,
Não sei dizer se adore mais crianças.

Índice

TRISTE
(Desterro)

Em junho, que é mês do frio,
Perdes todo o colorido,
Tens um tom vago e sombrio De dor, de mágoa e gemido.

Não sei que tristeza é essa De tão doloroso cunho Que perdes a cor depressa
Assim que vem vindo junho.

Ficas branca e desmaiada, Lembrando a lua serena, Fraca, pálida e gelada,
Como frágil açucena.

Vão-se-te as rosas da face Emurchecendo e sumindo Num crepúsculo vivace
De tudo o que estas sentindo.

Ai! no entanto pelos prados Onde os dias resplandecem Risonhas como noivados
Em junho as rosas florescem...

Cruz e Sousa

Índice

FONTE DE AMOR

Trago-a à tua presença Para que vejas a imensa
Mágoa atroz que a devorou.

E saibas, ó flor das flores,
Que a fonte dos seus amores Eternamente secou.

Foste à fonte buscar água E tinha secado a fonte.
Aí, flor azul do monte,
Tiveste a primeira mágoa.

Porém se uma alma na frágua Das dores sem horizonte
Queres ver, sentir defronte
Dos olhos, manda que eu trago-a.

Índice

NAUFRÁGIOS
(Desterro)

I
O Mar! O mar! Quem nunca viajasse... Quem nunca dentre dúvidas
sentisse O coração e ai, nunca embarcasse...
Oh! quem do mar as cóleras punisse!

Ora o mar e sereno, e calmo, e manso, As vagas são melódicos arpejos
Dando à embarcação leve balanço,

Cruz e Sousa

Como um afago maternal de beijos.

Ora o mar franco, livre e transparente,
Tão tranqüilo que está, tão brando, rindo, Que até parece, que até cuida a gente
Que os corações podem boiar, dormindo.

Ora ferve, rebenta, estoura, estala,
Rude, feroz, em convulsões; profundo, Abrindo a corpos pavorosa vala
E mundos de agonia num só mundo!

II
Filho! Filho! Adeus, querido, Vou viajar para além,
Sejas de Deus protegido...
Que sempre me queiras bem.

Vou deixar-te nesta terra,
Entregue aos destinos teus;
Filho, o que este adeus encerra Só o pode saber Deus.

Levo as crenças em pedaços, Como pedaços de céus. Vou ver mar, vou ver espaços Ver temporais, escarcéus.

Filho amado, vou deixar-te Cá na terra, pelo mar; Porem, crê, de qualquer parte, Crê, meu filho, hei de voltar.

III
Adeus, noiva, vou-me embora, Vou-me com Deus, é preciso. Que colhas em cada aurora Muita messe de sorriso.

Sou soldado, o meu destino É viver bem longe, é certo, Longe do canto divino
Da tua voz, sol aberto.

Custa bem esta partida A mim que entanto sou forte. Ninguém sabe o que é a vida Para quem vive da morte.

Da morte, sim, pomba amada;
Que as minhas crenças já mortas Tu, com essa alma estrelada

Cruz e Sousa

Sem tu sequer me confortas.

Perdi pai, perdi carinhos De mãe, de irmãos e de todos. Eu sou como a flor de espinhos Nascida por entre lodos.

Tu vieste, ó noiva, apenas,
Como um íris de esperanças, Dar-me alvoradas serenas, Encher-me de confianças.

Só em ti confio, espero
Com ardor, com fé veemente, Pomba de luz que eu venero, Doce vésper do oriente.

Adeus, pois chegou a hora, Vou-me com Deus, minha filha;
Não chores, que o mar não chora:
-- Olha, vê que canta e brilha.

IV
Adeus, esposa estremosa,
Vou-me, não sei para quando Voltar -- minh'alma saudosa
Por meus filhos vai chorando.

Ficam-te eles no entretanto Pra tirarem-te os pesares,
Para enxugarem-te o pranto
Que há de ser maior que os mares.

Maior que os mares, não minto, Não exagero tão pouco,
Porque ai, só tu e só eu sinto O nosso amor como é louco.

Vou-me às viagens, aos dias Passados entre horizontes E mares e ventanias
Sem arvoredos, sem montes.

Os dias de céus eternos E de mar ilimitado,
Com tempo de atroz infernos
Com tempo de sol doirado.

Adeus! Cá dentro do peito Há dois corações unidos; Sobre um o mar tem direito,

Sobre outro -- os filhos queridos.

V
Eis as canções e adeuses de saudade
Que as desgraçadas almas palpitantes Soluçam na sombria imensidade
Desta vida de angústias lacerantes.

Ao mar! Ao mar! Frescas aragens puras Aflam nas ondas maviosamente.
Que balada de plácidas venturas,
Que sinfonias, que gemer dolente!

Os céus abertos, claros, luminosos
Lembram a candidez branda das virgens. Vítreos ares, magníficos, radiosos
Onde o sol arde em férvidas vertigens.

Lindíssimos painéis, bela paisagem Abre na vista do viajante o ouro
Da luz que salta como uma homenagem De oriental, esplêndido tesouro.

Vai bem, vai muito bem, mesmo, o navio. As vagas desenrolam-se de leve.
Parece um berço por de sobre um rio
Manso, prateado, espúmeo, cor de neve.

Vive-se a bordo como em terra. -- As vagas Nunca foram tão doces e tão meigas, Como em desertas, viridentes plagas
É doce e meigo o mole chão das veigas.

Viver assim, na realidade, é gozo
Que até parece não haver na terra! Tão belo é o mar, tão calmo e bonançoso, Tal confiança nos semblantes erra!

Vogando assim a embarcação, quem pensa Ir acordado afora pela Vida?!
Tudo é um sonho de esperança imensa Um bom sonho de aurora indefinida.

VI
Súbito os ares enchem-se de noite
E grita e zune, zargunchando o vento
Que esbraveja, morde com rijo açoite
O mar que espuma e empola num momento.

Cruz e Sousa

Não estrugem os raios pela treva
Não ha trovões bravios rebentando
Como canhões que estouram, -- mas se eleva
Do oceano um vendaval que vai urrando

Com fúrias e com cóleras enormes
Como potros sanhudos relinchando Em pinotes e berros desconformes.

Caiu talvez no mar o etéreo espaço,
Toda a cúpula azul tombou, quem sabe? Céus! há lutas ali, de braço a braço.
Horror! Crível sera que o mundo acabe?

Ninguém calcula o que será tudo isso...
Mas os ventos elétricos, largados
Nas amplidões do mar antes submisso, Rugindo vão como desesperados.

Deus, ó meu Deus, todas as bocas gritam, E se afervora mais e mais a crença. Mas, onde os astros muita vez palpitam No céu, há noite cada vez mais densa.

Ah! que mudez de túmulo nos ares.
Nada responde, oh! nada então responde; Mas onde está o grande Deus dos mares E da terra, onde está, aonde, aonde?

Tudo está mudo -- a natureza inteira, Tudo emudece e não responde nada;
E só os vendavais têm a maneira
De responder dando uma gargalhada.

Gargalhada de lágrimas atrozes,
De lágrimas de morte e de agonia
Que abafa e extingue na garganta as vozes, Gera a coragem que e a luz do dia.

O valentes e rudes marinheiros
Vindos da pátria para pátria nova,
Que sepultais amores verdadeiros
Do tão profundo coração na cova;

Cruz e Sousa

Ó viajantes de longe, de países
Onde a vida cintila e canta alerta
Como um turbilhão de aves felizes
Numa campina de rosais, deserta;

Ó vós todos que vindes lá do oceano,
Entre as mais bruscas e hórridas tormentas.
Lá do mar, alto, a vela, a todo o pano,
Com as almas ansiosas e sedentas,

De chegar cedo ao porto desejado, Calculai, calculai o quanto é triste
Ver dar à praia um pobre desgraçado Em cuja carne a podridão existe!

À praia! À praia! Dai à praia, morto, Rejeitado por ondas convulsivas,
Indo encontrar na sepultura o porto,
Deixando ao mundo as ilusões mais vivas.

O eterno amor de mãe, de filho, esposa, Tanta fé, tanto riso de alegria,
Tanta coisa dourada, ai tanta coisa
Que ao recordar toda a nossa alma esfria.

Morrer no mar, os nervos contraídos,
Numa asfixia atroz, cerrando os dentes, Num abismo de cores e gemidos,
De maldições e de uivos de descrentes;

Morrer no mar, sem o farol amigo,
Esse farol que os náufragos anima, Fora de proteção, fora de abrigo,
Sem sequer uma luz no espaço, em cima;

Morrer no mar, sem astros no infinito, Na solidão das águas, fria, imensa,
Enquanto a treva aura de granito,
Ri-se de tudo, com indiferença;

Morrer no mar, só e desamparado
E num terror que não acaba nunca, Vendo rasgar o corpo enregelado O desespero como garra adunca.

É horrível! Bem sei! Mas ai daqueles

Cruz e Sousa

Que morrem mesmo assim lá no mar fundo Sem ter alguém que ao menos neste mundo Derrame uma só lágrima por eles!

Índice

CASTELÃ

Bela e mais encantadora
Do que todas as belezas, Graça leve de pastora
Que canta pelas devesas.

Enleios de passarinho
E brilhos de primavera,
Com magnetismos de vinho No olhar azul de quimera.

Feita de um jorro sadio
De auroras purpureadas
Carne mais fresca que um rio De frescas águas prateadas.

Tudo é frio e tudo é raso Para dizer-te a capricho Que és magnólia para um vaso, Que és arcanjo para um nicho.

És um mito da Alemanha
Vivendo em montanha alpestre, No castelo da montanha,
Como ardente flor silvestre.

E tens as pomas à farta
Polposas, cheias de aromas. És assim a loura Marta
Com abundância de pomas.

Esse príncipe que te ama, Cismando, trágico e grave, quando o luar se derrama Cuida ouvir-te os vôos de ave.

Ele vive, airoso e belo,

Cruz e Sousa

Como se vive num sonho, No seu nevoento castelo
Junto de um lago tristonho.

E através do pó flutuante Do luar saudoso e vago
Julga que és a garça errante Das águas verdes do lago.

Índice

ARTE

Como eu vibro este verso, esgrimo e torço, Tu, Artista sereno, esgrime e torce;
Emprega apenas um pequeno esforço
Mas sem que a Estrofe a pura idéia force.

Para que surja claramente o verso,
Livre organismo que palpita e vibra, É mister um sistema altivo e terso
De nervos, sangue e músculos, e fibra.

Que o verso parta e gire -- como a flecha Que d'alto do ar, aves, além, derruba; E como os leões, ruja feroz na brecha
Da Estrofe, alvoroçando a cauda e a juba.

Para que tenhas toda a envergadura
De asa e o teu verso, de ampla cimitarra Turca, apresente a lâmina segura,
Poeta, é mister, como os leões, ter garra.

Essa bravura atlética e leonina
Só podem ter artistas deslumbrado: Que souberam sorver pela retina A luz eterna dos glorificados.

Busca palavras límpidas e castas,
Novas e raras, de clarões radiosos,

Cruz e Sousa

Dentre as ondas mais pródigas, mais vastas Dos sentimentos mais maravilhosos.

Busca também palavras velhas, busca, Limpa-as, dá-lhes o brilho necessário E então verás que cada qual corusca
Com dobrado fulgor extraordinário.nódoa

Que as frases velhas são como as espadas Cheias de nódoa, de ferrugem, velhas Mas que assim mesmo estando enferrujadas Tu, grande Artista, as brunes e as espelhas.

Faz dos teus pensamentos argonautas
Rasgando as largas amplidões marinhas, Soprando, à lua, peregrinas flautas,
Louros pagãos sob o dossel das vinhas.

Assim, pois, saberás tudo o que sabe Quem anda por alturas mais serenas E aprenderás então como é que cabe A Natureza numa estrofe apenas.

Assim terás o culto pela Forma,
Culto que prende os belos gregos da Arte E levará no teu ginete, a norma Dessa transformação, por toda a parse.

Enche de estranhas vibrações sonoras A tua Estrofe, majestosamente... Põe nela todo o incêndio das auroras Para torná-la emocional e ardente.

Derrama luz e cânticos e poemas
No verso e torna-o musical e doce
Como se o coração, nessas supremas Estrofes, puro e diluído fosse.

Que as águias nobres do teu verve esvoacem Alto, no Azul, por entre os sóis e as galas,
Cantem sonoras e cantando passem
Dos Anjos brancos através das alas...

E canta o amor, o sol, o mar e as rosas, E da mulher a graça diamantina E das altas colheitas luminosas
A lua, Juno branca e peregrine.

Cruz e Sousa

Vibra toda essa luz que do ar transborda Toda essa luz nos versos vai vibrando
E na harpa do teu Sonho, corda a corda, Deixa que as Ilusões passem cantando.

Na alma do artista, alma que trina e arrulha Que adora e anseia, que deseja e que ama Gera-se muita vez uma fagulha
Que se transforma numa grande chama.

Faz estrofes assim! E após na chama
Do amor, de fecundá-las e acendê-las,
Derrama em cima lágrimas, derrama,
Como as eflorescências das Estrelas...

Índice

ARTE [variação]

Como eu vibro este verso, esgrimo e torço, Tu, o poeta moderno, esgrime e torce; Emprega apenas um pequeno esforço, Mas sem que nada a pura idéia force.

Para que saia vigoroso o verso,
Como organismo que palpita e vibra, É mister um sistema altivo e terso
De nervos, sangue e músculos e fibra.

Que o verso parta e gire como a flecha Que do alto do ar, aves, além, derruba E como um leão ruja feroz na brecha
Da estrofe, alvoroçando a cauda e a juba.

Para que tenhas toda a envergadura
De asa, o teu verso, como a cimitarra Turca apresente a lâmina segura,
Poeta, é mister como um leão, ter garra.

Cruz e Sousa

Essa bravura atlética e leonina
Só podem ter artistas deslumbrados Que sorveram com lábios e retina
A luz do amor que os fez iluminados.

Nem é preciso, poeta, que te esbofes
Para ferir um verso que fuzile; Põe a alma e muitas almas nas estrofes E deixa, enfim, que o verve tamborile.

Busca palavras límpidas e novas,
Resplandecentes como sóis radiosos E sentirás como te surgem trovas
Belas de madrigais deliciosos.

Busca também palavras velhas, busca, Limpa-as, dá-lhes o brilho necessário E então verás que cada qual corusca,
Com dobrado fulgor extraordinário nódoas

Que as frases velhas são como as espadas Cheias de nódoas de ferrugem, velhas,
Mas que assim mesmo estando enferrujadas Tu, grande artista, as brunes e as espelhas.

Que toda a vida e sensação de estilo Está na frase, quando se coloca,
Antiga ou nova, mas trazendo aquilo Que soa como um tímpano que toca.

Como o escultor que apenas fez de um bloco A estátua -- com supremo e nobre afinco Estuda a natureza num só foco:
A prata, o bronze, o cobre, o ferro, o zinco.

Estuda dos rubins, estuda do ouro E dos corais, da pérola e safira, Todo esse íris febril radiante e louro
Que e a centelha de sol em toda a lira.

Estuda todos os metais, estuda,
Desce a matéria prodigiosa e vasta, Estuda nela a natureza muda,
Os veios de cristal da origem casta.

Estuda toda a intensa natureza
Feita de aromas, de canções e de asas E sente a luz da cor e da beleza
Rir, flamejar e arder, iriar em brasas.

Cruz e Sousa

Faz dos teus pensamentos argonautas
Rasgando as largas amplidões marinhas Soprando, a lua, peregrinas flautas,
Como os pagãos sob o dossel das vinhas.

Assim, pois, saberás tudo o que sabe Quem anda por alturas mais serenas
E aprenderás então como é que cabe A natureza numa estrofe apenas.

Assim terás o culto pela forma,
Culto que prende os belos gregos da arte
E levarás no teu ginete, a norma
Dessa transformação por toda a parte.

Enche de alegres vibrações sonoras A tua idéia pródiga e valente,
Põe nela todo o incêndio das auroras Para torná-la emocional e ardente.

Derrama luz e cânticos e poemas No verso e fá-lo musical e doce
Como se o coração, nessas supremas Estrofes, puro e diluído fosse.

Que a abelha de ouro do teu verso esvoace, Fulja como um fuzil numa borrasca. Que o verso quando é bom por qualquer face Lembra um fruto saudável desde a casca.

Com arte, forma, cor, tudo isso em jogo, Engrinaldado e rútilo de crenças
O sonho cresce -- o pássaro de fogo
Que habita as altas regiões imensas.

E canta o amor, o sol, o mar e o vinho, As esperanças e o luar e os beijos
E o corpo da mulher -- esse carinho -- Canta melhor, vibra com mais desejo.

Canta-lhe a sinfonia dos olhares
A cálida magnólia austral das pomas,
E quando então tudo isso enfim cantares Em tudo põe a fluidez de aromas.

Vibra toda essa luz que do ar transborda Como todo o ar nos seres vai vibrando
E da harpa do teu sonho, corda a corda, Deixa que as ilusões passem cantando.

Cruz e Sousa

Na alma do artista, alma que trina e arrulha,
Que adora e anseia, que deseja e ama, Gera-se muita vez uma fagulha
Que explose e se abre numa grande chama.

Pois essa chama que a fagulha gera,
Que enche e que acende o espírito de força, Sobe pela alma como primavera De rosas sobe por coluna torsa.

Faz estrofes assim, de asas de rima, Depois de fecundá-las e acendê-las
De amor, de luz -- põe lágrimas em cima, Como as eflorescências das estrelas.

Índice

O DUQUE

Quando o duque voltava da caçada Alegre num clarim d'aço vibrante De alacridade moça e evigorada
Dum ruidoso e trêfego estudante.

Quando ele vinha com seu ar bizarro De atravessar os vales e as colinas, Sadio aspecto fresco como um jarro Cheio de leite às horas matutinas.

Em toda a aristocrática varanda
Alta e vistosa, ampla, aberta em janelas, Ele vibrava, de uma e outra banda,
Canções de amor, nostálgicas e belas.

Do salão nobre entre tapeçarias
De Gobelins, riquíssimas e raras,
Iam vibrando aladas harmonias
Da sua voz, esplêndidas e claras.

Todas as fluidas, leves, calmas, frescas Manhãs azuis, serenas e formosas,

Cruz e Sousa

Loura mulher das regiões tudescas
O seu bom dia era mandar-lhe roses.

Floria, é certo, em grande amor, floria Gerado pelo eflúvio dessas flores,
Pois quando o duque não as recebia Era o mais infeliz dos caçadores.

Tão doce amor lembrava aquelas lendas Dos medievais castelos esquecidos,
Quando visões de nuvens e de rendas Apareciam nos balcões floridos.

A caça, a caça, eternamente a caça!
Quanto melhor, mais fácil não lhe fora A conquista das aves do que a graça
De conquistar essa beleza loura!

Para possuí-la como noiva amada,
Aceso há muito nas paixões insanas, Arrostaria a caça mais ousada
Dos javalis nas selvas africanas.

E sempre as lindas rosas matutinas
Vinham-no perfumar todos os dias,
Quando saltava aos vales e as colinas, Bizarro e são, dentre as tapeçarias.

Tempos passaram sobre tais amores!
Mas depois de casado fez surpresa
Saber que o duque, o rei dos caçadores,
Não tinha o mesmo amor pela duquesa.

Índice

A ESPADA

I
Cavalheiros, os tempos já passados, De pajens, de canzéis, de fidalguia,
De castelos, de reinos brasonados.

Cruz e Sousa

Ar cortesão de graça e fantasia
Através dos olhares e dos beijos -- No silêncio de cada galeria...

Foi nesse bravo tempo dos lampejos
De espadas, de punhais e de couraças Por combater frementes de desejos.

No tempo dos floreios e das caças Dos assaltos alegres e bizarros
Como as sonoras vibrações das taças.

Em que as almas airosas como jarros,
Cheios de vinho espumejante e ardente Eram de glória vencedores carros!

Foi no tempo fidalgo e refulgente,
Quando o heroísmo fantasioso amava
A linha e a chama de luzida gente,

Que esta cena galharda se passava,
Quando um donzel partia para guerra Como a nobreza do solar mandava.

O pai, um tronco transudando a terra, Forte e viril, presença de profeta
Que no seu flanco a valentia encerra.

Barbas serenas de bondoso asceta Em cuja alvura doce e veneranda
Vê-se a vontade e a intrepidez completa.

Fronte banhada de meiguice branda A que o dever e os ríspidos conselhos
Dão sempre a austeridade que age e manda.

Lembra um ocaso de clarões vermelhos, Musgoso, triste, desolado muro,
Por onde o luar abre fulgor d'espelhos.

E esse semblante que parece duro,
Áspero e torvo, trouxe-o dos combates, Do torvelinho do nevoeiro escuro.

Dos pelouros sanguíneos escarlates,
De fogo aberto em turbilhões, vorazes, Dos impulsivos, bélicos rebates.

Mas, bem olhadas, as feições audazes Desse velho patriarca destemido
Tinha a suavidade dos lilazes.

Nos olhos, um passado consumido Entre aventuras e colóquios belos
Como que faz um verdadeiro ruído...

Sente-se neles noites de castelos
Gozadas em amores dadivosos,
Em madrigais, em íntimos desvelos.

Cavalgadas, torneios donairosos, Sonho feliz de rica mocidade,
Requintes ideais, cavalheirosos.

Tudo se sente na tranqüilidade Desse deus varonil da força antiga
Feito com o rijo bloco da Verdade.

Tudo se sente nessa paz amiga
Que as crenças do passado às outras crenças Vagas, futuras, para sempre
liga.

Tudo se sente vir das névoas densas
E da ridente e cândida meiguice
Das suas barbas límpidas e imensas.

Sim! tudo da quase criancice
Que dão aos homens esses tons nevoentos Da enregelada e trêmula velhice.

Porém, reatando aéreos pensamentos... Comecemos na cena detalhada
Que já das eras se espalhou nos ventos.

É nada mais que a história duma espada, História curta, mas interessante
Duma espelhante lâmina timbrada.

Não é pelo aço ou lâmina espelhante
Que irei contar, pois são comuns os aços, Mas pelo nobre e original
rompante.

Pelo ardimento que os primeiros braços
Que a manejaram com pujança e brio

Cruz e Sousa

Nela gravaram, com profundos traços.

II
O velho, em pé, atlético e sombrio Diante do filho armado cavaleiro,
No aspecto dum leão ruivo e bravio.

Fala-lhe claro, d'alto e sobranceiro, Numa solene e enérgica atitude
De quem nos prélios sempre foi primeiro.

O filho, grave o escuta e atende a rude Lhanez estóica de palavra augusta
Que dos lábios lhe sai, com tal saúde.

Calmo, sem se mover, firme a robusta Figura solarenga do estoicismo,
O velho disse esta nobreza justa:

"Aqui tens esta espada que o heroísmo
Dos teus avós honrou nessas campanhas, Com o mais ousado, intrépido civismo.

Freme ainda hoje em convulsões estranhas, Palpita e anseia dentro da bainha
Sonhando a luta, as implacáveis sanhas.

Tu, para a teres, como eu sempre a tinha, Num triunfo imortal, quase divino,
De gládio que o valor maior continha;

É necessário um grande ardor leonino, Que sejas bem idólatra do nome
Que fez de mim o extremo paladino.

A ferrugem, tu vês, o aço consome...
Porém, neste aço que ainda aqui fulgura,
Se houver ferrugem, tira-a com o renome.

Aqui tens, pois, a lâmina segura, Alma e brasão da nossa velha casa
Coberta de ovações, famosa e pura".

Calou-se um instante, como a ave que a asa Fechou no voar, já quase que abatida, Caindo exausta junto a moita rasa.

Cruz e Sousa

O filho, mudo e respeitoso, erguida A valente cabeça leal de moço,
Formoso estava, porejando vida.

E enquanto o velho, impávido colosso, Calara-se num momento, emocionado Ficara o filho em íntimo alvoroço.

Mas de repente, como iluminado
Por um clarão de glórias já extintas,
Tornou o velho, aos poucos transformado:

"Podes partir! Porém nunca desmintas Nas pelejas o dom da nossa fama,
Por menos força que no peito sintas.

Como um clarim, por toda a parte aclama O vigor deste ferro e do teu pulso
No combate que ruja, ulule e brama,'.

E cada vez mais pálido e convulso, Mais nervoso e febril e mais altivo
Bradou ainda, num tremendo impulso:

"Se tu, que és da minh'alma o exemplo vivo, Meu filho, tens de ser como um cobarde,
Como um vilão abjeto e repulsivo;

Não faças mais de fidalguia alarde, Pega esta espada, meu Afonso, pega
E quebra-a de uma vez, que não é tarde.

Pois em lugar de fazer dela entrega Aos sequiosos, feros inimigos
Antes a quebre a cólera mais cega.

Ei-la, aqui tens, a leoa dos perigos,
Que como outrora em minha mão lampeja Da bravura e da fama nos abrigos.

Se não a tens de honrar nessa peleja Escuta bem, ó meu amado filho,
Quebra-a, e o teu nome nem manchado seja.

Como eu faria noutra idade e brilho, Com outras energias musculares,
Segue-me tu no denodado trilho,,,.

E assim falando, em gestos singulares, E agigantado corpo retesando
E um tom sinistro esparso nos olhares;

A cabeça nos ares agitando Numa alucinação, -- enorme ereto,
Como heróica visão, deblaterando...

Fitando bem o filho predileto,
Como se de repente lhe brotasse
A força hercúlea dum poder secreto.

O velho, qual um templo que abalasse, A mão crispada, lívida e nervosa,
Com todo o esforço a lhe afluir na face, Partiu no joelho a espada vitoriosa.

Índice

O SOL E O CORAÇÃO

Sol, coração do Espaço que flamejas, O coração é qual tu, sol de utopias...
Mas, coração, dize-me: -- Que desejas?...

Foram-se já todas as alegrias, Ó Sol! E tu, coração, que ainda adejas,
Que fazes sobre as mortas fantasias?!...

Podes brilhar, ó Sol, vivo e fulgente! E tu, coração, que me iludiste,
Também podes bater, inutilmente.

Crença, Ilusão, Amor, já nada existe, Não mais levarás sobre a corrente Da
tenebrosa dúvida mais triste.

Longe, mui longe, em regiões caladas, Emudecidos pelo Esquecimento,
Estão hoje esses sonhos de alvoradas.

Foram-se, há muito, soltos pelo vento Entre as grandes ruínas derrocadas

Cruz e Sousa

Do meu amargo e pobre pensamento,

Entre as profundas, tétricas ruínas
Em que o doce fantasma desses sonhos Atravessou em lágrimas divinas.

Fantasma ideal, de cânticos risonhos Que da vida encontrei pelas colinas
E hoje vaga entre bulcões medonhos!

Fantasma que eu amei, visão errante Que sempre junto a mim vivia perto,
Por mais longe que eu fosse e mais distante.

Visão que era como a água do deserto Para o meu coração sempre anelante,
Sequioso de amor e sempre aberto...

Ó pobre coração, em vão te agitas, Em vão tu bates, coração estreito,
Tal qual tu, Sol, nos páramos crepitas.

Nada mais, para mim, de satisfeito
Brilha com o Sol nas plagas infinitas,
Como não canta o coração no peito...

Podes, enfim, sumir-te nos Espaços Sol! E tu, coração, sempre batendo,
Quebrar da terra os "Transitórios Laços,, Eternamente desaparecendo!...

Índice

SAPO HUMANO
 A Emiliano Perneta

Oh sapo! eu vou cantar tuas misérias, sapo,
Vou tirar, nesse lodo onde habitas de rastros, Umas vivas canções do teu nojento papo,
Da crosta esverdeada umas centelhas de astros.

E canções de tal forma e tais e tais centelhas, Que todas possam ir, miraculosamente,
Transformadas, pelo ar, em rútilas abelhas Com o íris voador de cada asa fulgente.

Que tu, tredo animal, tu, triste sapo hediondo, Não és o vil, o torpe, o irracional, que a lama Em camadas envolve o atro ventre redondo, Dos tempos imortais nessa fecunda chama.

Não és o sapo histrião de imundas esterqueiras, O sombrio Caim nos lamaçais errantes,
O clown gargalhador das charnecas rasteiras, Que ri-se para o sol com riso ironizante.

Não és o sapo atroz, coaxador, visguento,
Que rouco ruge e raiva a noite os seus horrores, E para o constelado e mudo firmamento
Faz ecoar os mais surdos e ásperos tambores.

Mas és o sapo humano, esse asqueroso e feio, Nascido de roldão na lúgubre miséria E que do mundo vão no pavoroso seio
Lembra o negro sarcasmo enorme da Matéria.

Mas és o sapo humano, o sapo mais abjeto Do crime aterrador, do tenebroso vício
Mas que ainda possuis o brilho de um afeto Que te livra, talvez, do eterno precipício.

Por ora na tua alma a noite cruel, cerrada, Não caiu de uma vez, como terrível fora. Nela ainda há clarões de límpida alvorada, Um prenúncio feliz de aurora redentora.

Ainda tens coração que pulsa no teu peito
Por uns filhos gentis, ingênuos, pequeninos, Que são o grande amor, o sentimento eleito Vencendo esses fatais instintos assassinos.

Tu semelhas de um charco a superfície nua
E vítrea, que no campo, aos ares, adormece,

Que se em cheio lhe bate a luz do sol, da lua, Para a vasta amplidão cintila e resplandece.

Pois no teu organismo, assim sinistro e torvo,
Repleto de vibriões do vício -- essas crianças, Sorriem virginais, oh! solitário corvo,
Com sorrisos de luzes e barcarolas mansas.

O amor que regenera os ínfimos bandidos,
Não reduziu, enfim, tu'alma a ignóbil trapo. E eis por que, num viver de pântano e gemidos, Cantam dentro de ti aves e estrelas, sapo!

DIANTE DO MAR

Para matar o letargo
Da vida, e o profundo tédio, Fui, em busca de remédio, Ao cais arejado e largo.

E vi o mar formidando,
Cheio de mastros e velas, Ocultos clarins vibrando Pela boca das procelas.

Vi tropéis e tropéis bruscos
De ondas revoltas e crespas Com rijos ferrões de vespas Ferreteando os ares fuscos.

Vi os límpidos navios
Jogados do mar incerto Como seres erradios
Por inóspito deserto.

Vi tudo nublado, tudo,
Céus e mares e horizontes; E sobre a linha dos montes Cair o silêncio mudo.

E eu lembrei-me quando a aurora Sobre aquelas esverdeadas Águas jorrava sonora
A luz em puras golfadas.

Cruz e Sousa

Lembrei-me desses supremos Dias acres de alegria Na vaga loura e macia
As leves palmas dos remos.

Do resplendor das viagens Num encanto matutino A doçura das aragens,
Por sobre o mar cristalino.

A bicar as doces ilhas
De pedra, musgos e flores,
Cheias de ervas e frescores E naturais maravilhas.

Que ela a tudo perfumasse
Como um rosal que floresce Que tudo que nela houvesse Resplandecesse e cantasse.

Ou ver na frente das casas, Dos vales e das colinas
Os pombos batendo as asas, Entre festões de boninas.

Ir a pesca alegre e fresca Por suavíssimos luares, Numa lua pitoresca,
Em cima dos salsos mares.

Quando flexível canoa
Vai deixando um vivo rastro, Fundo, aberto, feito de astro, Na vaga que brilha e soa.

Quando na margem campestre De rios indefinidos
Sente-se o aroma silvestre Dos aloendros floridos.

Lembrei-me até das regatas Numa hora deliciosa
De manhã cheirando a rosa, Toda de fúlgidas pratas.

D'embarcar, como um fidalgo, Para aventuras de caça,
Em companhia do galgo
Que é das caçadas a graça.

Ir d'espingarda e d'estilo, Por madrugadas serenas,
Sem males, sem dor, sem penas, Peito bizarro e tranqüilo.

Bater as aves no mato

Cruz e Sousa

Por entre arvoredos graves, Ou da beira de um regato
Ver saltar em bando as aves.

E da ventura nos jorros Voltar da caça repleto Vendo ao longe o rubro teto
Da casa e o verde dos morros.

Ou então ir como um duque Nas praias de mais beleza
Gozar na choça de estuque Uns olhos de camponesa.

Sentir do equóreo elemento, Sobre as serras verdejantes, Ruflantes e sussurrantes As ventarolas do vento.

Deixar o espírito, avaro De vida, saúde e força
Disparar -- alada corça -- Pelo azul radioso, claro.

Assim, talvez que o Nirvana Do tédio e letargo imenso Não fosse uma dor humana,
Dentre um nevoeiro tão denso.

Índice

BRUMOSA

Inglesa! Por toda a parte
Onde vás, chamam-te inglesa E cobrem de pompas de arte A pompa dessa beleza.

Mas tu, num soberbo encanto De nevada e fria rosa,
Ó meu pálido amaranto!
Não és inglesa, és brumosa.

A tua carne alvorece
Em lactescências de opala, Brilha, fulge e resplandece E um fino aroma trescala.

Cruz e Sousa

És a límpida camélia
Nos jardins reais plantada Ou essa lânguida Ofélia Melancólica e nevada.

O teu corpo imaculado,
Flor de místicas origens, Parece um luar velado
E lembra florestas virgens.

Com o teu amor ilumina
A minh'alma envolta em crepe, Ó vaporosa neblina,
Ó branca e gelada estepe!

Índice

SGANARELO

Esse que eu agora rimo
É viscoso como a lesma Pegajosa sobre o limo,
Sinistro como aventesma.

Feia coisa, enorme bicho, Pavoroso mastodonte Feito do horror a capricho,
Com cornos rijos na fronte.

Todo o ventre se lhe estufa De obesidade lasciva,
Se fala a voz urra e bufa
Lembrando a locomotiva.

Na terrível carantonha
Retorcida, escalavrada,
Lhe estruge, às vezes medonha, Formidável gargalhada.

E a luz do sol, que corusca, Nas praças, à luz do dia,
A sua presença brusca,
Tem uma ardente ironia.

Cruz e Sousa

A língua rubra e convulsa
Sai-lhe da boca em espasmo, Enquanto no olhar lhe pulsa A blasfêmia do sarcasmo.

Capra figura profunda,
Atroz e amedrontadora,
Que larga entranha fecunda Foi a tua geradora?!

Que aborto de ventre estranho Pode gerar esse aborto Assim feroz e tamanho,
Peludo, estroncado e torto?

De que idades tão antigas, Pré-históricas vieste? Mais hostil do que as urtigas,
Mais nefando de que a peste!

Trazes a pata esmagante, A pata do bronze trazes;
Que é no espírito diamante E que é nas almas lilazes.

Possuis o sangue da verve Resplandecente, infinita, Que ruge, palpita e ferve E canta e soluça e grita.

Vens como imagem da Morte, Da Morte hedionda e nefasta, Das iras ao vento forte,
Do desespero a vergasta.

Desmancha-te em cabriolas De doido polichinelo,
Que os teus membros lembrem molas Como um palhaço amarelo.

Faz nos músculos esgrimas, Pula trapézios e barras
E salta saltando estas rimas Que vão saltando bizarras.

Acrobata da miséria
Estica os nervos, estica E ri, ri tu da matéria
Da gente fidalga e rica.

És medonho?! isso que importa?
Ri! mas ri alto na praça,

Cruz e Sousa

Se a desgraça não foi morta, Ah! deixem rir a desgraça!

Satanás sujo e potrudo Nas cambalhotas te inspire. Eia! vá! desdém por tudo,
Por tudo, e o tempo que gire!

Faz que o século se agite
De eternas risadas grossas
E como com dinamite
Arromba o mundo com troças.

Fura o estúrdio Sancho Pança
Com estocadas de riso
E mete-o também na dança Dos saltos, se for preciso.

Destrói tudo, vai, desaba, De tudo faz estilhaços E a golpes de riso acaba
Os erros córneos e crassos.

Fura os ventres mais rotundos Com aguilhões de chacota
E manda ao Mestre dos mundos Um exemplar da risota.

Na tal luxúria gorducha, Na velha e calva luxúria
Rebente risos em ducha,
Com toda a sátira e fúria.

Ri! até que se transforme, O rebelado do inferno! O riso num facho enorme Aceso no sol moderno!

Índice

DESMORONAMENTO

Dentro do coração, no côncavo do peito

Cruz e Sousa

Choro a grande ilusão do amor, desfalecida, Dentre o gozo feliz, nostálgico da vida;
Já exangue, afinal, já morto, já desfeito.

Por visões que adorei num vago tempo incerto Não sei por que razão avivo agora as mágoas, Num pranto doloroso e triste, como as águas
Do mar grosso a bater sobre o costão deserto.

Tu, ó doce visão de perfumosas tranças,
Todo o meu puro e terno sentimento invades
E eu não sei o que fiz das minhas esperanças
Que de longe que vão parecem mais saudades.

Tudo o que houve em meu ser de compaixão e crença Para sempre secou, secou já como um rio;
Para sempre também subi ao escombro frio Da dúvida mortal, avassalante, imensa.

Para sempre me achei sem bússola e sem rumo No fundo de regiões estranhas e afastadas...
As almas que eu amei, vi mudas e apagadas,
Vi tudo se sumir numa espiral de fumo.

Bem depressa fiquei como um ermo remoto Como torvo areal sem plantas e sem fontes, Donde apenas se vê rasgar a terra o broto Do cardo retorcido e áspero dos montes.

Muitas vezes, porém, como entre os arvoredos Onde juntas, no val, todas as aves cantam No meio do rumor, de sombras e segredos,
Sinto dentro de mim que uns sonhos se levantam.

Borboleteio, a rir, por entre os sons e as flores,
Como um pássaro azul de uma plumagem linda E canto alegremente a canção dos amores, Que este peito viril sabe cantar ainda.

Lembro então corações que já me abandonaram,
Que eu senti palpitar, por sobre o meu pulsando, Que vão hoje através das afeições chorando,
Que sofreram comigo e que comigo amaram.

Cruz e Sousa

Entretanto a minh'alma em vôo largo e ufano, De repente triunfal, de súbito gloriosa, Tem a pompa de sol, vermelha e luminosa, Da púrpura esvoaçante e aberta de um romano.

E esse fulgor, que vem dos meus sonhos dispersos Na névoa do passado, errantes e dolentes;
Dá-me árdidos corcéis fogosos e frementes Para atrelar, jungir ao carro destes versos.

Claramente recordo e penso nas estradas
Que percorri, que andei às ilusões, sozinho,
Vendo que todo o amor das virginais amadas, Tinha a mesma fatal embriaguez do vinho.

Quantos entes febris, que o amor embriaga e ofusca Assim, durante a vida, ansiosamente exaustos, Não encontram, talvez, dessas visões em busca, As Margaridas vãs dos ilusórios Faustos!

Índice

CLARÕES APAGADOS

Flor de planta aromática, sinistra, Nascida nas inóspitas geleiras,
Célebre flor que o meu Ideal registra, Trepadeira das raras trepadeiras.

Serpe nervosa entre as nervosas serpes, Carnívora bromélia da luxúria De gozo tetaniza como as herpes
Da tua boca a polpa atra e purpúrea.

O teu amor, que lembra vinhos de Hebe E essa áspera feição do abeto fusco, Como um réptil que salta numa sebe,
Saltou-me ao peito, impetuoso e brusco.

Cruz e Sousa

Eu ia por estranhos descampados,
Por extensos desertos impassíveis, Na trágica visão dos naufragados
Perdidos entre os temporais terríveis.

Sem rumo certo, num sombrio inferno, Sozinho, sobre a desolada areia
Arrastando a existência, de onde, eterno Um sapo coaxa e um rouxinol gorjeia.

Quando tu de repente, então surgiste Beleza das belezas redentoras,
Tendo essa meiga formosura triste Das formosas e flébeis pecadoras.

Fosse talvez uma tremenda insânia
Tão alta erguer o meu amor, tão alto; Mas este coração frio, da Ucrânia,
Anelava galgar o céu de um salto.

E fui, galguei, subi, voei na altura,
Além dos verdes píncaros do monte, Donde resplende a tua formosura
No clarão das estrelas do horizonte.

Foi o mesmo que se eu num templo entrasse
E aí num formidável sacrilégio, As angélicas vestes arrancasse
Das santas de áureo diadema régio.

Como um leão sem juba e garra, preso, Na indiferença, já morreu comigo
Todo esse amor profundamente aceso
Na ideal constelação de um sonho antigo.

Apenas pelo saara imorredouro
Do longínquo passado, ergue, altaneira, Majestosa folhagem no sol d'ouro,
Dessas recordações a alta palmeira...

Índice

MENDIGOS

Cruz e Sousa

Mendigos! Ah! são mendigos
Que voltam de vãos caminhos, Que atravessaram perigos,
Urzes, pântanos, espinhos.

Que chegam desiludidos
Das portas a que bateram; Humanos, grandes gemidos
Que nos tempos se perderam.

Que voltam como partiram,
Com mais amargor na volta
E mais sonhos que se abriram Das estrelas na recolta.

Mendigos ricas no entanto, Das pompas da natureza
E das auréolas do Encanto, Os vinhos da sua mesa.

Mendigos que o sol, apenas, Torna nababos felizes,
Torna um pouco mais serenas As convulsas cicatrizes.

Mendigos que acham requinte Na fumaça de um cachimbo, Deixando que labirinte
O sonho em tão leve nimbo.

Mendigos da luz da aurora Cantando celestemente, Fresca, límpida, sonora,
Pelas fanfarras do Oriente.

Mendigos de áureas estradas, De sonâmbulas veredas, De riquezas encantadas, Sem pedrarias e sedas.

Mendigos d'estranho aspecto E sempiterna vigília,
Filhos nômades, sem teto, De milenária Família.

Mendigos que erram eternos Sem fadigas e sem sono,
Sob o augúrio dos Infernos, Das Ilusões sobre o trono.

Mendigos de plaga nova, De novas terras e mares, Divinizados na cova
Como as hóstias nos altares.

Mendigos da grande esmola Da luz das estrelas nobres, Que fulge e dos altos rola,
Entre as suas mãos tão pobres!

Mendigos de céus remotos,
De sóis dos mais velhos ouros; Com a sua fé e os seus votos E os seus secretos tesouros.

Mendigos de olhar severo,
Boca murcha, meio amarga... Tendo um vago reverbero
De sonhos na fronte larga.

Mendigos de ínvias florestas E de bosques fabulosos, De melancólicas sestas
Nos crepúsculos brumosos.

Mendigos da Eternidade,
Tremendo dos sóis, dos frios, Nas mortalhas da Saudade Amortalhados sombrios.

Mendigos dos Infinitos, Das Esferas inefáveis, Noctambulando malditos
Nos rumos imponderáveis.

Mendigos de fome e sede
De água e pão de outros mundos, Embalados pela rede
Dos Idealismos profundos.

Mendigos do azul Mistério, Cuja alma -- nívea sereia -- Fica saciada no aéreo
Pão branco da lua cheia!

Índice

ASAS PERDIDAS

Cruz e Sousa

A Carlos Jansen Júnior

Afora, pelo azul indefinido e largo,
Passam asas sutis, pelo éter, longe, afora,
Como que a demandar outra mais doce aurora Que a desta vida atroz, toda veneno amargo.

Não as asas assim, bem longe, pela curva,
No vago, na amplidão, perdidas pelos ares Até virem caindo os véus crepusculares,
Toda a anústia do acaso, emocional e turva.

E diante dessa dor das tardes que esmaecem As asas, pelo espaço, em vôos desgarrados
Como a oração final dos tristes naufragados,
Longinquamente, além, tênues desaparecem

Cai então de uma vez a sombra dos segredos.
E na serena paz das noites adormidas,
Entre o fundo chorar dos calmos arvoredos, Ninguém verá jamais essas asas perdidas.

E as asas o que são no firmamento errantes, Perdidas pelos tempos, esparsas pelas eras Senão os sonhos vãos, mundos alucinantes
Cheios do resplendor das flóreas primaveras?!

Por isso, eu quando o Azul repleto de asas vejo Muito alto, céu acima, os páramos rasgando, Toda a minh'alma oscila e treme num desejo Em busca das regiões da dúvida, chorando!

Índice

ANJO GABRIEL

Cruz e Sousa

Na calma irradiação das noites estreladas Alto e claro aparece, alto, aparece, claro,
Alvo, claro, no luar das estrelas prateadas, No triunfal esplendor celestemente raro.

O seu busto de Excelso, a sua graça fina,
A linha de harpa ideal do seu perfil augusto, Estremecem de luz, de uma luz peregrina,
Do secreto fulgor de um sentimento justo.

Serenidade e glória e paz do Paraíso
Flutuam-lhe na face alvorecida e doce
E quando ele sorri é como se o sorriso
Claros astros semear por todo o espaço fosse.

Leve, loura, .radial, a soberba cabeça Eleva-se da flor do níveo colo louro
E não há outro sol que tanto resplandeça
Como o sol virginal dessa cabeça de ouro.

As mãos esculturais, de ebúrnea transparência, De divina feitura e de divino encanto, Lembram flores sutis de sonhadora essência Da etérea languidez e de etéreo quebranto.

Das madeixas reais largo deslumbramento
Num flavo jorro cai, com sagrado abandono... E sai do Anjo o quer que é de vago e de nevoento Que lembra o despertar sonâmbulo de um sono...

De alto a baixo, do Azul, desfilando das brumas, Abre todo ele em flor como nevado lírio,
Belo, branco, eteral, do candor das espumas, Banhado nos clarões e cânticos do Empíreo.

Maravilhoso e nobre ergue no braço ovante Um gládio singular que rútilo cintila... Enquanto o seu olhar de mágico diamante Aflora em plenilúnio através da pupila.

Que o seu olhar, então, esse, recorda tudo O quanto há de tranqüilo e luminoso e casto.
Maio de ouro a florir meigos céus de veludo

Cruz e Sousa

E a neve a cintilar sobre o monte mais vasto.

Do puro albor astral das asas majestosas
Desprendem-se no Azul mistérios de harmonia... Entre as angelicais suavidades radiosas
Parece o Anjo Gabriel o alto Enviado do Dia!

Na chama virginal de tão rara beleza
Brilha a força de um Deus e a mística doçura... E sai das seduções de tamanha pureza Toda a melancolia errante da ternura.

Do suntuoso agitar das delicadas vestes
Tecidas de jasmins, de rosas, de açucenas, Vem o aroma cristão dos aromas celestes Todas as imortais emanações serenas...

Transfigurado, excelso, agigantado, imenso, Na candidez hostial das formas impecáveis, Fica parado no ar, levemente suspenso De raios siderais, de fluidos inefáveis.

Mas quando o seu perfil nas amplidões floresce E das asas se lhe ouve a música sonora
Quando ele agita o gládio e as madeixas, parece Que vai noctambular pelo Infinito afora.

E alto, branco, de pé, destacado no Espaço,
Eleito das Regiões de estranhas Primaveras,
Traça, com o gládio no ar, alevantando o braco, Uma cruz de Perdão na mudez das Esferas!

Índice

CRIANÇAS NEGRAS

Em cada verso um coração pulsando,
Sóis flamejando em cada verso, e a rima Cheia de pássaros azuis cantando

Cruz e Sousa

Desenrolada como um céu por cima.

Trompas sonoras de tritões marinhos
Das ondas glaucas na amplidão sopradas E a rumorosa musica dos ninhos
Nos damascos reais das alvoradas.

Fulvos leões do altivo pensamento
Galgando da era a soberana rocha,
No espaço o outro leão do sol sangrento
Que como um cardo em fogo desabrocha.

A canção de cristal dos grandes rios
Sonorizando os florestais profundos, A terra com seus cânticos sombrios,
O firmamento gerador de mundos.

Tudo, como panóplia sempre cheia Das espadas dos aços rutilantes, Eu quisera trazer preso à cadeia De serenas estrofes triunfantes.

Preso à cadeia das estrofes que amam,
Que choram lágrimas de amor por tudo, Que, como estrelas, vagas se derramam Num sentimento doloroso e mudo.

Preso à cadeia das estrofes-quentes
Como uma forja em labareda acesa, Para cantar as épicas, frementes
Tragédias colossais da Natureza.

Para cantar a angústia das crianças!
Não das crianças de cor de oiro e rosa, Mas dessas que o vergel das esperanças Viram secar, na idade luminosa.

Das crianças que vêm da negra noite, Dum leite de venenos e de treva,
Dentre os dantescos círculos do açoite, Filhas malditas da desgraça de Eva.

E que ouvem pelos séculos afora O carrilhão da morte que regela, A ironia das aves rindo a aurora
E a boca aberta em uivos da procela.

Das crianças vergônteas dos escravos Desamparadas, sobre o caos, à toa
E a cujo pranto, de mil peitos bravos, A harpa das emoções palpita e soa.

Cruz e Sousa

Ó bronze feito carne e nervos, dentro Do peito, como em jaulas soberanas,
Ó coração! és o supremo centro
Das avalanches das paixões humanas.

Como um clarim a gargalhada vibras, Vibras também eternamente o pranto
E dentre o riso e o pranto te equilibras De forma tal que a tudo dás encanto.

És tu que à piedade vens descendo.
Como quem desce do alto das estrelas E a púrpura do amor vais estendendo
Sobre as crianças, para protegê-las.

És tu que cresces como o oceano, e cresces Até encher a curva dos espaços
E que lá, coração, lá resplandeces
E todo te abres em maternos braços.

Te abres em largos braços protetores,
Em braços de carinho que as amparam, A elas, crianças, tenebrosas flores,
Tórridas urzes que petrificaram.

As pequeninas, tristes criaturas
Ei-las, caminham por desertos vagos, Sob o aguilhão de todas as torturas,
Na sede atroz de todos os afagos.

Vai, coração! na imensa cordilheira
Da Dor, florindo como um loiro fruto Partindo toda a horrível gargalheira
Da chorosa falange cor do luto.

As crianças negras, vermes da matéria, Colhidas do suplício a estranha rede, Arranca-as do presídio da miséria
E com teu sangue mata-lhes a sede!

Índice

Cruz e Sousa

VELHO VENTO

Velho vento vagabundo!
No teu rosnar sonolento
Leva ao longe este lamento,
Além do escárnio do mundo.

Tu que erras dos campanários Nas grandes torres tristonhas E és o
fantasma que sonhas Pelos bosques solitários.

Tu que vens lá de tão longe
Com o teu bordão das jornadas Rezando pelas estradas
Sombrias rezas de monge.

Tu que soltas pesadelos
Nos campos e nas florestas E fazes, por noites mestas, Arrepiar os cabelos.

Tu que contas velhas lendas Nas harpas da tempestade, Viajas na
Imensidade,
Caminhas todas as sendas.

Tu que sabes mil segredos, Mistérios negros, atrozes E formas as dúbias
vozes Dos soturnos arvoredos.

Que tornas o mar sanhudo, Implacável, formidando, As brutas trompas
soprando
Sob um céu trevoso e mudo.

Que penetras velhas portas, Atravessando por frinchas... E sopras,
zargunchas, guinchas Nas ermas aldeias mortas.

Que ao luar, pelos engenhos, Nos miseráveis casebres Espalhas frios e
febres
Com teus aspectos ferrenhos.

Que soluças nos zimbórios Os teus felinos queixumes, Uivando nos altos
cumes
Dos montes verdes e flóreos.

Cruz e Sousa

Que te desprendes no espaço Perdido no estranho rumo Por entre visões de fumo, Das estrelas no regaço.

Que de Réquiens e surdinas E de hieróglifos secretos Enches os lagos quietos Revestidos de neblinas.

Que ruges, brames, trovejas Ó velho vândalo amargo, No sonâmbulo letargo
De um mocho rondando igrejas.

Que falas também baixinho
Lá da origem do mistério,
Trazendo o augúrio sidéreo E certa voz de carinho...

Que nas ruas mais escusa,
Por tardes de nuvens feias,
Como um ébrio cambaleias
Rosnando pragas confusas.

Que és o boêmio maldito, O renegado boêmio,
Em tudo o turvo irmão gêmeo Do sonhador Infinito.

Que és como louco das praças Nos seus gritos delirantes
Clamando a pulmões possantes Todo o Inferno das desgraças.

Que lembras dragões convulsos, Bufantes, aéreos, soltos, Noctambulando revoltos
Mordendo as caudas e os pulsos.

Ó velho vento saudoso,
Velho vento compassivo, Ó ser vulcânico e vivo,
Taciturno e tormentoso!

Alma de ânsias e de brados, Consolador companheiro Sinistro deus forasteiro D'espaços ilimitados!

Tu que andas, além, perdido, Tateando na esfera imensa
Como um cego de nascença Nos desertos esquecido...

Cruz e Sousa

Que gozas toda a paragem,
Toda a região mais diversa, Levando sempre dispersa A tua queixa selvagem.

Que no trágico abandono,
No tédio das grandes horas Desoladamente choras, Sem fadigas e sem sono.

Que lembras nos teus clamores, Nas fúrias negras, dantescas, Torturas medievalescas
Dos ímpios inquisidores.

Que és sempre a ronda das casas, A gemente sentinela Que tudo desgrenha e gela
Com o torvo rumor das asas.

Que pareces hordas e hordas De hirsutos, intonsos bardos Vibrando cânticos tardos
Por liras de cem mil cordas.

Ó vento languido e vago, Ó fantasista das brumas, Sopro equóreo das espumas,
Ó dá-me o teu grande afago!

Que a tua sombra me envolva Que o teu vulto me console E o meu Sentimento role
E nos astros se dissolva...

Que eu me liberte das ânsias De ansiedades me liberte, Pairando no espasmo inerte
Das mais longínquas distâncias.

Eu quero perder-me a fundo No teu segredo nevoento, Ó velho e velado vento,
Velho vento vagabundo!

Índice

Cruz e Sousa

MARCHE AUX FLAMBEAUX

I

Rompe na aurora o sol que a terra esbofeteia
Com látegos de chama, iriando o pó e a areia, Iriando os vegetais de ricas pedrarias, Dos rubis e cristais das ourivesarias;
Aurora acesa em cor de púrpura de cravos Opulentos, febris, ensanguinados, bravos;
De ritmos leves de harpa e frêmitos e beijos
Que são da natureza os trêmulos arpejos; Aurora que sorri, que traz pomposamente
Todo o raro esplendor da luz resplandecente, Das paisagens loucas no fúlgido matiz
O aroma a derramar da meiga flor de liz.

Na alegria dos tons os pássaros cantando
Vão as asas abrindo, entre os clarões ruflando, Asas emocionais, que assim dentre clarões Palpitam num fervor de alados corações.

E no luxo oriental de etéreo Grão-Mogol
Como um Baco feliz rubro flameja o sol.

II
Filósofos titãs, filósofos insanos
Que destes turbilhões, que destes oceanos
De lutas e paixões, de sonho e pensamentos
Espalhásteis no mundo aos clamorosos ventos A Ciência fatal, talvez como um veneno,
Que os tempos abalou no caminhar sereno; Filósofos titãs, que os séculos austeros
No flanco da Matéria abris, graves, severos,
Sobre o escombro da fé, da crença e da esperança,
Da civilização o trilho que hoje alcança No seu aço viril as regiões supremas,
Traçado em novas leis, doutrinas e problemas;

Vós que sois no Saber os monges da existência E só acreditais na força da Ciência,
Que da morte sabeis os filtros invisíveis, Narcóticos, sutis, incógnitos, terríveis,
Não sabeis, entretanto, apóstolos sombrios,
Como a luz da Ciência os homens estão frios, Como o tudo ficou num doloroso caos
E os seres que eram bons, rudes, egoístas, maus.

Em vão! em vão! em vão! os vossos largos crânios Lutaram pelo Bem dos Bens contemporâneos! Tudo está corrompido e até mais imperfeito... Não há um lírio são a florescer num peito, De piedade, de amor e de misericórdia...
Se brota uma virtude o ascoso vício morde-a, Envilece, corrompe e abate essa virtude
Com o cinismo revel dum epigrama rude...
E até muita alma vil, feroz, patibular,
Impunemente sobe ao mais sagrado altar.

Por isso vão passar perante a turbamulta
Como abrupta avalanche, enorme catapulta,
Numa marche aux flambeaux, os famulentos vícios Que cavaram no globo horrendos precipícios, Os vícios imortais, que infestam tribos, greis, Povos e gerações, seitas, templos e reis E que são como a lava obscura da cratera
Que subterraneamente em tudo se invetera.

Com toda intrepidez hercúlea de acrobata
Vou sobre eles soltar, gloriosa, intemerata, A sátira que tem esporas de galhardo Cavaleiro ideal que joga a lança e o dardo. Vou com esse altanado e muscular esforço De quem galga triunfal o soberano dorso, A crista vigorosa, altiva, sobranceira,
Da mais agigantada e vasta cordilheira.

III
Lobos, tigres, chacais, camelos, elefantes, Hipopótamos, ursos e rinocerontes,
Leopardos e leões, panteras acirrantes,
Hienas do furor, membrudos mastodontes

Cruz e Sousa

Tredas feras do mal, soturnos dromedários, Serpentes colossais que rastejais na treva,
Monstros, monstros cruéis, medonhos, sangüinários,
Cuja pata esmagante a presa aos antros leva; Ó ventrudos judeus, opíparos, obesos,
De consciência obtusa, ignóbil e caolha Que no mundo passais grotescamente tesos
Com honras de entremez e grandezas de rolha.
Gafentos histriões, ridículos da moda,
Que fingis entender Berlim, Londres, Paris, Mas nos altos salões, por entre a fina roda, Meteis sordidamente o dedo no nariz;
Brasonados truões, inúteis como eunuco,
Que as pompas ostentais de aurífero nababo
Mas apenas valeis como um limão sem suco, Tendes rabo no corpo e dentro d'alma rabo; Nobres de papelão, milionários vândalos De ventre confortado e rosto rubicundo,
Que no torvo cancã no cancã dos escândalos
Sois o horrendo espantalho, a ignominia do mundo; Ó deuses do milhão, ó deuses da barriga,
Que sentindo a aguilhada intensa da luxúria Buscais a mais em flor e linda rapariga
Para então vos fartar na luxuriante fúria;
Gamenhos de toilette e convicções de lama Onde tudo afinal se atola e se chafurda,
Que do clube e do esporte sintetizais a fama
Mas tendes para o Bem a fibra sempre surda; Palhaços, clowns senis, hediondos borrachos
Que aos trambolhões urrais afora no universo, Desdenhando de tudo e até rindo dos fachos, Do clarão do saber em toda a parte imerso;
Almas negras, servis, d'ergastulos caóticos, Gerado no paul das lúgubres voragens,
Do crime nos bulcões, nos vícios mais despóticos Aos quais tanto rendeis eternas homenagens,
Manequins, charlatães, devassos do bom-tom, Que viveis nas Babéis das grandes capitais Apodrecendo sempre infamemente com
O cancro do dinheiro as forcas virginais;
Mascarados tafuis de gordos ventres de ouro, Ó bonzos do deboche e cínicos esgares, Que sois o único sol esterlinado e louro

Das parvas multidões, das multidões alvares; Fidalgos de barril, sicofantas, malandros
Do templo e do bordel, da crápula de harém
Que ao puro mar do Ideal, com torpes escafandros, Arrancais, p'ra vender, a pérola do Bem;
Ó trânsfugas, ladrões que difamais a terra, Que tudo poluís, do próprio lodo a flor,
A serena humildade, - intrepidez da guerra.
Aos beijos maternais, ao nupcial amor; Espíritos de treva, espíritos de barro
Que enegreceis de horror o sangue das papoulas E das ostentacões vos aclamais no carro,
Cobertos de cetins, arminho e lantejoulas; Que se vem de repente o Nada sepulcral Nunca deixais, sequer, no tétrico leilão,
No leilão da memória, estranho, universal, Nem um som a vibrar do estéril coração!
Dentre feras brutais de ríspidos penhascos E a torrente caudal de rijos versos francos
E a zombaria e o riso e as sátiras e os chascos,
Nesta marche aux flambeaux ides passar, aos trancos
Do mundo os naturais, zoológicos museus Despejem pare fora as pavorosas massas, Para virem reunir-se aos tábidos judeus Irromper e seguir e desfilar nas praças.
Que a cada mate, a entranha, o seio virgem se abra
Jorrando tigres, leões, panteras do seu centro E na dança infernal, estrupida, macabra,
Siga a marche aux flambeaux pelo universo a dentro.

Gargalhadas abri a rubra flor sangrenta
Da humanidade vã na amargurada boca Vai agora passar a marcha truculenta
Sob o espingardear duma ironia louca.
E desfila e desfila em becos e vielas E torna a desfilar por vielas e por becos às risadas da turba, estultas e amarelas Que tem o áspero som de gonzos perros, secos...
E desfila e desfila, estrídula e execranda,
Das praças na amplidão, rugindo em mar desfila, Enquanto além dardeja, heróica e formidanda, A metralha do sol que rútilo fuzila...
E mastodontes vão de braço dado a sérios

Cruz e Sousa

Burgueses que já são bem bons comendadores E marqueses de truz, com ares de mistérios De lunetas gentis e aspectos sonhadores
Dão o braço fidalgo e airoso das nobrezas
Aos ursos boreais, enquanto os conselheiros Os condes, os barões, os duques e as altezas Lá vão de braço dado aos lobos carniceiros.
E nessa singular, atroz promiscuidade, Animais e truões de catadura suína Gordalhudos heróis da infâmia e da maldade, Vendidos da honradez, velhacos de batina
Bobos, cães, imbecis, humanos crocodilos E déspotas, jograis, todos os miseráveis De todas as feições e todos os estilos,
Uns aos outros lá vão jungidos, formidáveis!...
Mas a marche aux flambeaux derrama um pesadelo, A agonia dum tigre, em sonhos, sobre um ventre, Agonia mortal que envolve tudo em gelo...
E desfila e desfila entre sarcasmos e entre As sátiras-fuzis, relampejando açoite,
Por essa imensa aurora, estranhamente imensa
Por um sol que angustia e que não tem da noite Para a Miséria a sombra atenuante e densa.

Os vícios, as paixões, os crimes, ódios e erros, Na marcha, de roldão, caminham fraternais Com bandidos, vilões, burgueses rombos, perros E focas e mastins, macacos e chacais.
Aos sobressaltos vão como visões, fantasmas Bichos de toda a casta, anões de chapéu alto,
Deixando em convulsão todas as almas pasmas E o globo num tremendo e fundo sobressalto.
E nas praças, ao sol, confundem-se os bramidos, Os uivos com a expressão humana misturados, Através do sussurro e bruscos alaridos Das chacotas bestiais, dos risos trovejados.
E segue e segue e segue, afora, légua a légua
Essa marche aux flambeaux, ciclópica, estupenda
Caminha atravessando um longo sol sem trégua, Um dia secular, um dia de legenda;
Caminha atravessando um sol de foco aberto, Por um dia fatal, interminável, mudo, O dia do remorso, aterrador, incerto Que em todo o coração crava um punhal agudo.
Mas eu quero assim mesmo, eu quero-vos assim, Em marcha tropical, à crua e ardente luz

Cruz e Sousa

Que vos seja uma febre indômita, sem fim, Um cautério de fogo a vos queimar o pus Venéreo da Moral, carbonizando-o até
Para que nunca mais se sinta dele a origem
Nem volte, como sempre, então, a ser o que é,
Deixando-vos no mundo inteiramente virgem; Eu quero-vos assim, de fachos apagados, Apagados, ao alto, os joviais flambeaux,
Que os tereis de acender nos campos ignorados Que de sóis de Vingança a Eternidade arou.

E depois de vagar às sátiras de todos,
Na evidência da luz, numa perpetua aurora;
De caminhar ao sol, por tremedais, por lodos, No tédio do sarcasmo, o tédio que a devora, Essa Marcha afinal penetrará aos urros, Titânica, sinistra e bêbada, irrisória,
Num caos de pontapés, coices, vaias e murros, Na eterna bacanal ridícula da História.

O ÓRGÃO

Um largo e lento vento dormente
Taciturnas lágrimas sonambulas, sinfônicas Um esquecimento amargo
Uma sombria clausura de almas
Suspirando e gemendo solitárias harmonias Vago luar de esquecimento e prece, Dessa melancolia que anda errando No mar e nas estrelas ondulando,
Pela minh'alma etereamente desce.

Na minh'alma, dos Sonhos anoitece
O Sentimento que ando transformando
Em hóstia de ouro

Sombra e silêncio

Índice

Cruz e Sousa

JULIETA DOS SANTOS

Índice

A IDÉIA AO INFINITO
À distinta e laureada atrizinha
Julieta dos Santos

"...A fama de teu nome,   a inveja não consome, o tempo não destrói!...
   (Dr. Symphronio)

Era uma coluna de artistas!...
 Ao lado Tasso Medindo as múltiplas conquistas Co'as amplidões do espaço!... Seguia-se João Caetano
Embuçado da glória no divinal arcano!... Depois Joaquim Augusto
Altivo, sobranceiro, erguido o nobre busto.
 Depois Rachel, Favart, Fargueil, a espadanar Nas crispações homéricas da arte,
Constelações azuis por toda a parte!
E em suave ondulação os astros
 Vão de rastros
Roubar mais luz às rúbidas auroras!...
 Quais precursoras
Do mais ingente e mago dos assombros, Do orbe imenso nos calcáreos ombros,
Rola um dilúvio, um grande mar de estrelas Que lançam chispas cambiantes, belas!...
Há um estranho amalgamar de cousas
Como os segredos funerais das lousas Ou o rebentar de artérias
-- Ou o esgarçar de brumas, Negras, cinérias

-- Ou o referver de espumas,   Nas longas praias
Alvinitentes, mádidas, sem raias.
 Do brônzeo espaço,
 Das fibras d'aço
Como que desloca-se um pedaço   Que vai ruir com trépido sarcasmo
Nas obumbradas regiões do pasmo...
-- O Invisível
Geme uma música, lânguida, saudosa,   Que vai sumir-se na entranha
silenciosa   Do impassível!
-- O Imutável
-- O Insondável
La vão cair no seio do incriado.
 E o bosque irado
A soletrar uns cânticos titânios   Lança nos crânios
Aluvião de auras epopéias   Tétricas idéias!...
E o pensamento embrenha-se nos mares   E vê colares
De níveas pérolas, límpidas, nitentes   E vê luzentes
Conchas e búzios e corais, -- ondinas   Que peregrinas
Aspásias são de lúcida beleza,
De moles formas, desnudadas, brancas   Sendo a primesa
Dessas paragens hiemais e francas!...
-- Ou quais Phrynés
 A quem aos pés
O mundo em ânsias, reverente adora   E chore e chora!!...
....
Mas a idéia o pensamento insano
As asas bate em busca de outro arcano,
E o manto rasga do horizonte eterno
 Vai ao superno
Ao Criador, ao Menestrel dos mundos!
E n'uns arroubos, rábidos, profundos
 Em luta infinda
-- Oh! quer ainda   Quer escalar o templo do impossível,
Bem como um raio abrasador, terrível!...
Quer se fartar de maravilhas loucas,
 Quer ver as bocas
Dos colossais Antheus da eternidade!...
Quer se fartar de luz e divindade
 E de saber,

Cruz e Sousa

Depois jazer
Nas invisíveis cobras do insondável,
Bem como um verme, mísero, imprestável!...
-- Ou quer ousado
Descortinar os crimes do passado   E apalpar as gerações dos Gracos
Dos Espartanos   E dos Troianos
E dos Romanos,   Dos Sarracenos
E dos Helenos,

E esbarrar nesse montão de ossos   Por esses fossos
Tredos, medonhos, sepulcrais e frios   Onde sombrios
Andam espíritos de pavor, errantes   E vacilantes
Como a luzinha das argênteas lampas,   Lentos e lentos através das campas!...
....
Mas a idéia, o pensamento audaz   Quer ainda mais!...
Quer do ribombo do trovão pujante
Já n'um esforço adamastório, tredo
 Embora a medo,
 -- O atroz segredo
Com que ele faz a terra palpitante!...
E quer dos ventos
Dos elementos
Quer do mistério a solução! -- Nas trevas
 Hórridas, sevas,
 A gargalhada
Ríspida, negra irônica, pesada,
Estruge enfim, da morte legendária,   E a idéia vária
Ainda n'isso ousando penetrar,   Tenta sondar!...
 E em vão, em vão
A mergulhar-se em tanta confusão   Não mais compreende
 -- O que saber pretende!...
 Assim, oh! gênio,
Na ofuscadora auréola do proscênio
Não sei se és astro, se és Esfinge ou mito,   Se do infinito
Possuis o encanto, os esplendores grandes,   Ou se dos Andes
Águia tu és, ou és condor divino,
 -- Ou és cometa de cuja cauda enorme
 É multiforme

Cruz e Sousa

Só lágrimas de prata   Ou mesmo se desata
Um vagalhão de palmas, diamantino!!...
Minh'alma oscila e até na fronte sinto
 Medonho labirinto,   Estúpida babel,
 E vou cair, revel
No pélago sem fim dos nadas materiais!...
 E como os racionais
Eu fico a ruminar ainda umas idéias   De erguer-te, o novo Talma
Um trono singular, mas feito de -- Odisséias
 De brancas alvoradas,
 Olímpicas, nevadas,
Dos êxtases magnéticos, nervosos de minh'alma!

Índice

SONETO
 -- Os Trópicos pulando as palmas batem...
Em pé nas ondas -- O Equador dá vivas!...

Ao estrídulo solene dos bravos! das platéias, Prossegues altaneira, oh! ídolo da arte!... -- O sol pára o curso p'ra bem de admirar-te -- O sol, o grande sol, o misto das idéias.

A velha natureza escreve-te odisséias...
A estrela, a nívea concha, o arbusto... em toda a parte Retumba a doce orquestra que ousa proclamar-te Assombro do ideal, em duplas melopéias!

Perpassam vagos sons na harpa do mistério
Lá, quando no proscênio te ergues imperando
-- Oh! Íbis magistral do mundo azul -- sidério!

Então da imensidade, audaz vem reboando
De palmas o tufão, veloz, febril, aéreo
Que cai dentro das almas e as vai arrebatando!...

Cruz e Sousa

SONETO

Dizem que a arte é a clâmide de idéia A peregrina irradiação celeste,
E d'isso a prova singular já deste Sorvendo d'ela a divinal sabéia!.

Da "Georgeta" na feliz estréia,
Asseverar-nos ainda mais vieste Que és um gênio, que te vás de preste
Tornando o assombro de qualquer platéia!...

Sinto uns transportes fervorosos, ledos Quando nas cenas de sutis enredos
Fulgem-te os olhos co'a expressão dos astros!...

E as turbas mudas, impassíveis, calmas
Sentem mil mundos lhes crescer nas almas...
Vão-te seguindo os luminosos rastros!...

SONETO

Um dia Guttemberg c'o a alma aos céus suspensa, Pegou do escopro ingente e pôs-se a trabalhar! E fez do velho mundo um rútilo alcançar Ao mágico clangor de sua idéia imensa!

Rolou por todo o globo a luz da sacra imprensa!
Ruiu o despotismo no pó, a esbravejar...
Uniram-se n'um lago, o céu, a terra, o mar...
Rasgou-se o manto atroz da horrível treva densa!...

Ergueram-se mil povos ao som das melopéias, Das grandes cavatinas olímpicas da arte!
Raiou o novo sol das fúlgidas idéias!...

Porém, quem lance luz maior por toda a parte És tu, sublime atriz, ó misto de epopéias
Que sabes no tablado subir, endeusar-te!...

SONETO

Cruz e Sousa

É delicada, suave, vaporosa,
A grande atriz, a singular feitura... É linda e alva como a neve pura,
Débil, franzina, divinal, nervosa!...

E d'entre os lábios setinais, de rosa
Libram-se pérolas de nitente alvura... E doce aroma de sutil frescura
Sai-lhe da leve compleição mimosa!...

Quando aparece no febril proscênio Bem como os mitos do passado, ingentes, Bem como um astro majestoso, helênio...

Sente-se n'alma as atrações potentes
Que só se operam ao fulgor do gênio, As rubras chispas ideais, ferventes!...

SONETO

Imaginai um misto de alvoradas
Assim com uns vagos longes de falena, Ou mesmo uns quês suaves de açucena
C'os magos prantos bons das madrugadas!...

Imaginai mil cousas encantadas...
O tímido dulçor da tarde amena,
As esquisitas graças de uma Helena, As vaporosas noites estreladas...

Que encontrareis então em Julieta
O tipo são, fiel da Georgeta
Nos dois brilhantes, primorosos atos!...

E sentireis um fluido magnético
Trêmulo, nervoso, mórbido, patético,

Cruz e Sousa

Bem como a voz dos langues psicattos!...

SONETO

Parece que nasceste, oh! pálida divina,
Para seres o farol, a luz das puras almas!... Parece que ao estridor, ao frêmito das palmas Exalças-te feliz a plaga cristalina!...

Parece que se partem, angélica Bambina,
As campas glaciais dos Tassos e dos Talmas, Lá quando no tablado as turbas sempre calmas
Transmutas em vulcão, em raio que fulmina!...

E quando majestosa, em lance sublimado Dardejas do olhar, olímpico, sagrado
Mil chispas ideais, titânicas, ardentes!...

Então sente-se n'alma o trêmulo nervoso Que deve ter o mar, fantástico, espumoso
Nos grossos vagalhões, indômitos, frementes!!...

SONETO

Quando apareces, fica-se impassível E mudo e quedo, trêmulo, gelado!...
Quer-se ficar com atenção, calado,
Quer-se falar sem mesmo ser possível!.

Anda-se c'o a alma n'um estado horrível O coração completamente ervado!...
Quer-se dar palmas, mas sem ser notado,
Quer-se gritar, n'uma explosão temível!...

Sobe-se e desce-se ao país das fadas,
Vaga-se co'as nuvens das mansões douradas Sob um esforço colossal, titânico!...

Cruz e Sousa

E as idéias galopando voam...
Então lá dentro sem parar, ressoam
As indomáveis convulsões do crânio!!...

SONETO

Lágrimas da aurora, poemas cristalinos Que rebentais das cobras do mistério!
Aves azuis do manto auri-sidério...
Raios de luz, fantásticos, divinos!...

Astros diáfanos, brandos, opalmos, Brancas cecens do Paraíso etéreo,
Canto da tarde, límpido, aéreo, Harpa ideal, dos encantados hinos!...

Brisas suaves, virações amenas, Lírios do vale, roseirais do lago,
Bandos errantes de sutis falenas!...

Vinde do arcano n'um potente afago
Louvar o Gênio das mansões serenas, Esse Prodígio singular e mago!!...

JULIETA DOS SANTOS
 Tu passas rutilante em toda a parse
 Oh! sol de nossa pátria, oh! sol da arte!...
   (Virgílio Várzea)

Quando eu te vi pela primeira vez no palco
 Avassalando as almas, N'um referver de palmas, Cheia de vida e cândido lirismo!
Senti na mente uns divinais tremores...
 E louco e louco,
 A pouco e pouco
Vi rebentar o inferno cataclismo!...

Mil pensamentos galoparam, céleres
 Por minha fronte
 E do horizonte
Quis arrancar os astros diamantinos,

Cruz e Sousa

Para arrojá-los a teus pés mimosos
  E arrebatado,
  Fanatizado
Por entre um mar de cintilantes hinos!...

Esse teu busto, a genial cabeça
  Tão bem talhada
  E burilada
Com o escopro límpido da arte,
Tem umas puras fulgurações suaves
  E a tu'alma
  Ardente ou calma
Os corações arrasta por toda a parte!...

A encarnação tu és das maravilhas,
  A doce aurora,
  Branda e sonora
Das teatrais e lucidas idéias!...
Tens no olhar o filtro que arrebata
  E és profética   E magnética, Possuis na voz o som das melopéias!...

És a escolhida pare as grandes lutes   Esplendorosas
  E majestosas!...
E sobre os débeis, delicados ombros, Bem como Homero a sua lira d'ouro,
  Resplandecente, Trazes pendente
O Infinito enorme dos assombros!...

Quando apareces tudo ri e chore,
  Se endeusa, agita,
  Como que palpita
N'uma explosão de férvidos louvores!.
E o potentado mais febril da terra
  Gagueja um bravo,
  E faz-se escravo
O mais severo e nobre dos senhores!...

A Dejaset, uma Favart, Rachel,
  O João Caetano
  Como um arcano

Imperscrutável, hórrido, terrível!...
Quebram as louças sepulcrais e frias   E te louvando
 Vão reinando...
Dizem que é sonho, é mito, é impossível!

Oh! tu nasceste para suplantar, JULIETA
 Os grandes mundos,   Os mais profundos
D'ess'arte bela, magistral, divina!...
E esse olhar tão expressivo e terno
 Já eletriza
 E cauteriza...
É como um raio que a corações fulmina!...

Que sol é este, vão bradando os pólos,
 Tão sobranceiro,
 Que o brasileiro
O vasto império confundindo está?!...
Venham teólogos, venham sábios... todos
 Venham troianos,
 Venham germanos,
Venham os vultos da Caldéia, lá!...

Oh! resolvei o mais atroz problema,
 Fundo mistério,
 Alto, sidério
Do gênio altivo na criança, ali!...
Vamos, natura, rasga o véu dos medos,
 Dizei ó mares,   Falai luares,
Sombras dos bosques, respondei-me aqui!...

Astros da noite, tempestades, ventos
 Erguei as vozes,
 Falai velozes
N'um som estranho, n'um clangor audaz!...
E respondei-me e explicai ao orbe
 Se essa menina,
 Que nos fascina
É um fenômeno ou outro tanto mais!...

Tudo emudece na natura imensa   E desde os Andes,
 Dos cedros grandes
Ao verme, à pedra, às amplidões do mar!...
Tudo se oculta na invisível raia   No espaço a bruma,
 No mar a espuma
Vão-se esgarçando também, a se ocultar!...

Tudo emudece na natura imensa
 Quando na cena   Surges serena
Como a visão das noites infantis!
Dos olhos vivos dos que são teus adeptos
 Bem como prata
 Eis se desata
A aluvião de lágrimas febris!...

É que tu tens esse poder superno
 Real, sublime   Que até ao crime
Faz arrastar o mísero mortal!
É que tu és a embrionária horrível,
 Mística, ingente   Que de repente
Fazes de um ser estúpido animal!...

Tudo emudece na natura imensa
 Desde nos campos   Os pirilampos
Até as grimpas colossais do céu!...
Tudo emudece e até eu JULIETA,
 Já delirante
 Vou vacilante
Cair-te aos pés como um servil, um réu!!...

POEMAS HUMORÍSTICOS E IRÔNICOS DE CRUZ E SOUSA
CRUZ E SOUSA

PARANAGUADAS

Que importa que tu fales
Que importa que tu files

Que importa que não cales,
Que importa que tu fales
Que importa que te rales,
Que importa-me essa bílis
Que importa que tu fales
Que importa que tu files.

QUESTÃO BROCARDO

    — Pife, pufe, pafe, pefe Pafe, pefe, pife, pufe — A cacholeta no chefe —
— Pife, pufe, pafe, pefe
Estoure como um tabefe
E o ventre de raiva entufe — — Pife, pufe, pafe, pefe Pafe, pefe, pife, pufe!

SEMPRE

Se é certo que o amor é um bem profundo Se é certo que o amor é um sol ardente, Eu hei de amar-te sempre neste mundo
E sempre, sempre, sempre — eternamente.

BEIJOS

Nesta Tebaida infinita
Da vida, na sombra oculto, Eu gosto de olhar o vulto De uma criança bonita.

Porque afinal as crianças,
Como eu deslumbro-me ao vê-las,
Cintilam como as estrelas,
Florescem como esperanças.

Dentro de mim se projeta
A luz cambiante dos prismas
E batem asas as cismas
Qual passarada irrequieta.

Cruz e Sousa

E batem asas e ruflam,
Pelas artísticas plagas,
As auras que as grandes vagas Dos fundos mares insuflam.

E digo, ó mães, se uma aurora
Fosse a minh'alma sincera,
Os clarões todos eu dera
A uma criança que chora.

Porque se a luz fortalece
Arbustos e as andorinhas,
Também por certo às criancinhas Conforta, avigora, aquece.

E eu que aplaudo e que rimo
Tudo isso que à luz se regre, Na vibração mais alegre As criancinhas estimo.

Portanto, assim, sem refolhos Beijando a Olga, beijando
Meus sonhos vão, irradiando, Se derramar em seus olhos!

QUESTÃO BROCARDO

Triolé fura essa pança
Do Delegado — és um russo, Revolução n'esta dança...
Triolé fura essa pança,
Fura, fura como a lança
Ou como no boi um chuço;
Triolé fura essa panca
Do Delegado — és um russo.

[PINTO, PINTA — PONTA À PONTA]

Pinto, pinta — ponta à ponta
Tanta ponta, Pinto pinta
 Que pinta se pinta a pinta Pinto — pinta — ponta à ponta.
Pinto é ponto mas não ponta Mas se pinta por um pinto
E já que o Pinto se pinta

Eu pinto-lhe a pinta ao Pinto.

PIRUETAS

Finou-se um tal inglês
Gastrônomo e patife
Que tanto — de uma vez
Comeu, comeu e esparramou-se em bife;
Que um dia de jejum,
Pela pança rotunda e quixotesca,
Teve um parto... comum,
Um feto original... de carne fresca.

AS DEVOTAS

I
Enquanto o sino bimbalha,
Bimbalha, bimbalha e tine,
Lançai do olhar a migalha
— Enquanto o sino bimbalha —
  À raça que se amortalha No horror que não se define...
Enquanto o sino bimbalha
Bimbalha, bimbalha e tine.

II
Perto da Igreja a senzala,
O Cristo junto aos escravos
E, pois, deveis visitá-la,
Perto da Igreja, a senzala
E procurar transformá-la
Da luz às palmas, aos bravos!...
Perto da Igreja a senzala,
O Cristo junto aos escravos.

III
E tão-somente por isto
Enquanto o sino bimbalha,
Bem antes de terdes visto
— E tão-somente por isto — Todo o martírio do Cristo,
O vosso amor que lhes valha,
E tão-somente por isto,
Enquanto o sino bimbalha.

[DE CLAQUE, CASACA E LUVA]

De claque, casaca e luva,
De luva, casaca e claque
Ao *rendezvous* da viúva,
De claque, casaca e luva,
Tu vais — arrostas a chuva
No *macadam* — plaque, plaque...
De claque, casaca e luva, De luva, casaca e claque.

[MEUS ESPLÊNDIDOS DESEJOS] Meus esplêndidos desejos
Emigram, como beijos,
Pelo azul espaço, em curvas,
Rasgando essas brumas turvas;
Pelo sol das primaveras,
Batendo as asas brancas,
Como, batem, quimeras...
....
Voai, andorinhas francas!

[NUNCA SE CALA O CALLADO]

Nunca se cala o Callado
E sempre o Callado, fala
Callado que não se cala,

Nunca se cala o Callado,
  Callado sem ser calado, Callado que é tão falado...
Nunca se cala o Callado
E sempre o Callado, fala.

[ESTOURE COMO O *CHAMPAGNE*]

Estoure como o *champagne*
O triolé — pule e salte
E como os gatos arranhe,
Estoure como o *champagne*
  E a cara dos erros lanhe E como o sol nunca falte... Estoure como o *champagne* O triolé — pule e salte.

[PARECE UM CÉU ESTRELADO]

Parece um céu estrelado
  Esta vida de nós dois Depois d'aquele passado...
Parece um céu estrelado
Largo, puro, undiflavado Depois do pesar, depois, Parece um céu estrelado Esta vida de nós dois.

[LEVANTEM ESTA BANDEIRA]

Levantem esta bandeira
Da posição de farrapo;
Da terra azul brasileira
Levantem esta bandeira
Que sente o horror da esterqueira Da escravidão — negro sapo. Levantem esta bandeira Da posição de farrapo.

OLHARES

Teus traquinantes olhinhos
Continhas, Ziza, parecem;

Zigzagam sempre, tontinhos
Teus traquinantes olhinhos;
Tão pretos, tão redondinhos
Olhinhos que me embevecem, Teus traquinantes olhinhos Continhas, Ziza, parecem.

[NAS EXPLOSÕES DE BONS RISOS]

Nas explosões de bons risos Os triolés petulantes
    Chocalhem, tinam, precisos
  Nas explosões de bons risos, Tilintem como mil guisos
    Sonoros, raros, vibrantes
Nas explosões de bons risos, Os triolés petulantes. **[PRESO AO TRAPÉZIO DA RIMA]**

    Preso ao trapézio da rima
    Triolé — pega estes zotes
    E dá-lhes de baixo acima
    Preso ao trapézio da rima
    Na mais artística esgrima
      D'estouros e piparotes, Preso, ao trapézio da rima
    Triolé — pega estes zotes.

GRITO DE GUERRA
Aos senhores que libertam escravos

    Bem! A palavra dentro em vós escrita
    Em colossais e rubros caracteres,
    É valorosa, pródiga, infinita,
    Tem proporções de claros rosicleres.

    Como uma chuva olímpica de estrelas
      Todas as vidas livres, fulgurosas,
  Resplandecendo, — vós tereis de vê-las Rolar, rolar nas vastidões gloriosas.

Cruz e Sousa

Basta do escravo, ao suplicante rogo,
Subindo acima das etéreas gazas, Do sol da idéia no escaldante fogo,
Queimar, queimar as rutilantes asas.

Queimar nas chamas luminosas, francas
Embora o grito da matéria apague-as;
Porque afinal as consciências brancas
São imponentes como as grandes águias.

Basta na forja, no arsenal da idéia,
Fundir a idéia que mais bela achardes, Como uma enorme e fúlgida
Odisséia Da humanidade aos imortais alardes.

Quem como vós principiou na festa
Da liberdade vitoriosa e grande,
Há de sentir no coração a orquestra
Do amor que como um bom luar se expande.

Vamos! São horas de rasgar das frontes
Os véus sangrentos das fatais desgraças E encher da luz dos vastos horizontes Todos os tristes corações das raças...

A mocidade é uma falena de ouro,
Dela é que irrompe o sol do bem mais puro: Vamos! Erguei vosso ideal tão louro Para remir o universal futuro...

O pensamento é como o mar — rebenta,
Ferve, combate — herculeamente enorme
E como o mar na maior febre aumenta,
Trabalha, luta com furor — não dorme.

Abri portanto a agigantada leiva,
Quebrando a fundo os espectrais embargos,
Pois que entrareis, numa explosão de seiva, Muito melhor nos panteões mais largos.

Vão desfilando como azuis coortes
De aves alegres nas esferas calmas,
Na atmosfera espiritual dos fortes,

Cruz e Sousa

Os aguerridos batalhões das almas.

Quem vai da sombra para a luz partindo Quanta amargura foi talvez deixando
Pelas estradas da existência — rindo
Fora — mas dentro, que ilusões chorando.

Da treva o escuro e aprofundado abismo
Enchei, fartai de essenciais auroras,
E o americano e fértil organismo
De retumbantes vibrações sonoras.

Fecundos germens racionais produzam Nessas cabeças, claridões de maios...
Cruzem-se em vós — como também se cruzam Raios e raios na amplidão dos raios.

Os britadores sociais e rudes
Da luz vital às bélicas trombetas,
Hão de formar de todas as virtudes As seculares, brônzeas picaretas.

Para que o mal nos antros se contorça
Ante o pensar que o sangue vos abala,
Para subir — é necessário — é força Descer primeiro a noite da senzala.

[DA LUA AOS RAIOS PRATEADOS]

Da Lua aos raios prateados
Que no horizonte se espargem,
Como fulguram os prados
Da lua aos raios prateados,
Há vagos silfos alados
 Do rio azul pela margem Da lua aos raios prateados
Que no horizonte se espargem.

[TEUS OLHOS BELOS POR DENTRO]

Teus olhos belos por dentro
De grandes colorações,
Parecem ter pelo centro
Teus olhos belos por dentro
   A luz vital onde eu entro E saio imerso em clarões... Teus olhos belos, por dentro De grandes colorações.

[TEUS OLHOS — ESSES CARINHOS]

Teus olhos — esses carinhos, Esse casal de ilusões
   Tão doces como os arminhos, Teus olhos — esses carinhos Parecem ser os dois ninhos
   Das minhas consolações,
 Teus olhos — esses carinhos Esse casal de ilusões!... [ENQUANTO ESTE SANGUE FERVE]

Enquanto este sangue ferve
Com força, com toda a força,
Palpite a fibra da verve
Enquanto este sangue ferve
Esmague-se o que não serve
Na treva o Mal se contorça, Enquanto este sangue ferve,
Com força, com toda a força.

[MERECE O BOM DO VIDAL]

Merece o bom do Vidal
Que é mesmo um Joca de truz,
Ter também com o seu Fiscal,
Merece o bom do Vidal
Um banquete bambual,
De cem milhões de bambus
Merece o bom do Vidal
Que é mesmo um Joca de truz!

Cruz e Sousa

[QUANDO ELA ESTÁ DE COLETE]

Quando ela está de colete, Espartilhada, irradiante
  Vestida de azul-ferrete
  Quando ela está de colete
  Em mim cruzando o florete
Do seu olhar — que elegante Quando ela está de colete, Espartilhada, irradiante.

[SE ESTALA A ESTROFE DE FOGO]

  Se estala a estrofe de fogo,
  Se explose a estrofe do Bem,
  Como o verbo demagogo
  Se estala a estrofe de fogo,
  Não ceda o espírito ao rogo
Do Mal que os erros contêm, Se estala a estrofe de fogo,
  Se explose a estrofe do Bem!

[EMBORA EU NÃO TENHA LOUROS]

  Embora eu não tenha louros
  Como esses grandes heróis
  E nem da idéia os tesouros,
  Embora eu não tenha louros,
  Talvez nos tempos vindouros
  Traduza o poema dos sóis,
  Embora eu não tenha louros Como esses grandes heróis.

[AOS RELÂMPAGOS SULFÚREOS]

  Aos relâmpagos sulfúreos
  Na esfera zigue-zagando
  Como esses pobres tugúrios,
  Aos relâmpagos sulfúreos

Cruz e Sousa

Se douram, brilham purpúreos
Fulguram de quando em quando, Aos relâmpagos sulfúreos Na esfera ziguezagando.

[À SOMBRA ESPESSA DE UM ÁLAMO]

À sombra espessa de um álamo Quando nasceu-me a paixão,
Crescendo aos beijos do tálamo
À sombra espessa de um álamo
Que de harpas senti, que cálamo
Por dentro do coração
À sombra espessa de um álamo Quando nasceu-me a paixão.

[QUANDO ESTÁS DE LAÇAROTES]

Quando estás de laçarotes
E de plissês e fichus,
De rendas e de decotes,
Quando estás de laçarotes,
Toilette de chamalotes,
Quanto esplendor, quanta luz, Quando estás de laçarotes E de plissês e fichus.

[DA IDÉIA NOS MARES JÔNIOS]

Da idéia nos mares jônios
A barca das tuas cismas
Soprada por bons favônios
Da idéia nos mares jônios,
Vai livre dos maus demônios,
Batida da luz dos prismas, Da idéia nos mares jônios A barca das tuas cismas.

Cruz e Sousa

[ASSOMBRO DE ASSOMBROS]

Como um assombro de assombros
A rapariga — um rainúnculo,
Da serra pelos escombros
Como um assombro de assombros,
Quando vê de enxada aos ombros
O noivo — lembra um carbúnculo, Como um assombro de assombros A rapariga — um rainúnculo.

[COMO FORTES GARGALHADAS]

Como fortes gargalhadas
Por um templo de cristal,
Sonoramente vibradas,
Como fortes gargalhadas,
Sinto idéias baralhadas
N'um frágil descomunal
Como fortes gargalhadas Por um templo de cristal.

"DIATRIBE"

Dois zoilos mui completos deste mundo,
Dois zoilos há terríveis e zelosos,
Que estando sem fazer, mui ociosos Só tratam dum falar nauseabundo.

Eu sei mui bem seus nomes — não confundo
Com esses bem sensatos, talentosos,
Com esses lidadores mui briosos
Que têm estudo imenso e bem profundo!

Mas ah! pra que tempo hei-de gastar

Cruz e Sousa

Com quem só vive imerso na caligem D'inveja torpe e vil a esbravejar!

Isto, meus amigos, é impigem Que quanto se procura mais coçar Tanto e tanto mais só dá prurigem!

[DA BRUMA PELOS PAÍSES]

Da bruma pelos países
Pelos países da bruma,
Longe dos astros felizes,
Da bruma pelos países,
Tu vais perdendo os matizes
Da luz e da glória em suma, Da bruma pelos países, Pelos países da bruma.

ESCRAVOCRATAS

Oh! Trânsfugas do bem que sob o manto régio
Manhosos, agachados — bem como um crocodilo, Viveis sensualmente à *luz* dum privilégio Na *pose* bestial dum cágado tranqüilo.

Eu rio-me de vós e cravo-vos as setas
Ardentes do olhar — formando uma vergasta
Dos raios mil do sol, das iras dos poetas,
E vibro-vos à espinha — enquanto o grande basta

O basta gigantesco, imenso, extraordinário —
Da branca consciência — o rútilo sacrário
No tímpano do ouvido — audaz me não soar.

Eu quero em rude verso altivo adamastórico,
Vermelho, colossal, d'estrépito, gongórico,
Castrar-vos como um touro — ouvindo-vos urrar!

Cruz e Sousa

DA SENZALA...

De dentro da senzala escura e lamacenta
Aonde o infeliz
De lágrimas em fel, de ódio se alimenta
Tornando meretriz

A alma que ele tinha, ovante, imaculada
Alegre e sem rancor;
ém que foi aos poucos sendo transformada Aos vivos do estertor...

De dentro da senzala
Aonde o crime é rei, e a dor — crânios abala
Em ímpeto ferino;

Não pode sair, não,
Um homem de trabalho, um senso, uma razão...
e sim, um assassino!

DILEMA
Ao cons. Luís Alvares dos Santos

Vai-se acentuando,
Senhores da justiça — heróis da humanidade, O verbo tricolor da
confraternidade...
E quando, em breve, quando

Raiar o grande dia
Dos largos arrebóis — batendo o preconceito...
O dia da razão, da luz e do direito
— Solene trilogia —

Quando a escravatura

Surgir da negra treva — em ondas singulares
De luz serena e pura;

Quando um poder novo
Nas almas derramar os místicos luares, Então seremos povo!

À REVOLTA
A Cassiano César

O século é de revolta — do alto transformismo,
De Darwin, de Littré, de Spencer, de Laffite — Quem fala, quem dá leis é o rubro niilismo Que traz como divisa a bala-dinamite!...

Se é força, se é preciso erguer-se um evangelho,
Mais reto, que instrua — estético — mais novo
Esmaguem-se do trono os dogmas de um Velho
E lance-se outro sangue aos músculos do povo!...

O vício azinhavrado e os cérebros raquíticos,
É pô-los ao olhar dos sérios analíticos,
Na ampla, social e esplêndida vitrine!...

À frente!... — Trabalhar à luz da idéia nova!...
— Pois bem! Seja a idéia, quem lance o vício à cova,
— Pois bem! — Seja a idéia, quem gere e quem fulmine!...

ESCÁRNIO PERFUMADO

Quando no enleio
De receber umas notícias tuas,
Vou-me ao correio,
Que é lá no fim da mais cruel das ruas,

Cruz e Sousa

Vendo tão fartas,
   D'uma fartura que ninguém colige, As mãos dos outros, de jornais e cartas
E as minhas, nuas — isso dói, me aflige...

E em tom de mofa,
Julgo que tudo me escarnece, apoda,
Ri, me apostrofa,

Pois fico só e cabisbaixo, inerme,
A noite andar-me na cabeça, em roda,
Mais humilhado que um mendigo, um verme...

DECADENTES

Richepin, Rollinat! gritos sangrentos
Da carne alvoroçada de desejos,
Mosto de risos, lágrimas e beijos, Estertores de abutres famulentos.

Desesperado frêmito dos ventos,
De harpas, sutis, fantásticos harpejos,
Clarins de guerra, e cânticos e adejos
De aves — todos os vivos elementos.

Tudo flameja e nas estrofes canta,
Estruge, zune, em borbotões levanta Noites, luares, fulgurantes dias.

Mas nessa ideal temperatura forte
   Tudo isso é triste como a flor da morte Que brota dentro das caveiras frias...

DOENTE

As unhas perigosas da bronquite

Nas tuas carnes sensuais e moles Não deixarão que o teu amor palpite
Nem que os olhares pelos astros roles.

É fatal a moléstia. Só permite
Que te acabes por fim e que te estioles,
Sem que em teu peito o coração se agite, Sem que te animes, sem que te consoles.

Vai se extinguindo a polpa dessas faces...
Mas se ainda hoje em mim acreditasses,
Como no tempo virginal de outrora,

Tu curar-te-ias com pequeno esforço Das serranias através do dorso, Pela saúde dos vergéis afora.

CRIANÇAS NEGRAS

Em cada verso um coração pulsando,
Sóis flamejando em cada verso, e a rima
Cheia de pássaros azuis cantando,
Desenrolada como um céu por cima.

Trompas sonoras de tritões marinhos
Das ondas glaucas na amplidão sopradas
E a rumorosa música dos ninhos
Nos damascos reais das alvoradas.

Fulvos leões do altivo pensamento
Galgando da era a soberana rocha,
No espaço o outro leão do sol sangrento
Que como um cardo em fogo desabrocha.

A canção de cristal dos grandes rios
Sonorizando os florestais profundos, A terra com seus cânticos sombrios, O firmamento gerador de mundos.

Cruz e Sousa

Tudo, como panóplia sempre cheia Das espadas dos aços rutilantes, Eu quisera trazer preso à cadeia De serenas estrofes triunfantes.

Preso à cadeia das estrofes que amam,
Que choram lágrimas de amor por tudo, Que, como estrelas, vagas se derramam Num sentimento doloroso e mudo.

Preso à cadeia das estrofes quentes
Como uma forja em labareda acesa,
Para cantar as épicas, frementes
Tragédias colossais da Natureza.

Para cantar a angústia das crianças!
Não das crianças de cor de oiro e rosa,
Mas dessas que o vergel das esperanças Viram secar, na idade luminosa.

Das crianças que vêm da negra noite,
Dum leite de venenos e de treva,
Dentre os dantescos círculos do açoite, Filhas malditas da desgraça de Eva.

E que ouvem pelos séculos afora O carrilhão da morte que regela,
A ironia das aves rindo a aurora
E a boca aberta em uivos da procela.

Das crianças vergônteas dos escravos Desamparadas, sobre o caos, à toa
E a cujo pranto, de mil peitos bravos, A harpa das emoções palpita e soa.

Ó bronze feito carne e nervos, dentro
Do peito, como em jaulas soberanas,
Ó coração! és o supremo centro
Das avalanches das paixões humanas.

Como um clarim a gargalhada vibras,
Vibras também eternamente o pranto
E dentre o riso e o pranto te equilibras De forma tal que a tudo dás encanto.

És tu que à piedade vens descendo.
Como quem desce do alto das estrelas E a púrpura do amor vais estendendo
Sobre as crianças, para protegê-las.

És tu que cresces como o oceano, e cresces
Até encher a curva dos espaços
E que lá, coração, lá resplandeces
E todo te abres em maternos braços.

Te abres em largos braços protetores,
Em braços de carinho que as amparam, A elas, crianças, tenebrosas flores,
Tórridas urzes que petrificaram.

As pequeninas, tristes criaturas
Ei-las, caminham por desertos vagos, Sob o aguilhão de todas as torturas, Na sede atroz de todos os afagos.

Vai, coração! na imensa cordilheira
Da Dor, florindo como um loiro fruto Partindo toda a horrível gargalheira Da chorosa falange cor do luto.

As crianças negras, vermes da matéria, Colhidas do suplício a estranha rede,
Arranca-as do presídio da miséria
E com teu sangue mata-lhes a sede!

VELHO VENTO

Velho vento vagabundo!
No teu rosnar sonolento
Leva ao longe este lamento,
Além do escárnio do mundo.

Tu que erras dos campanários Nas grandes torres tristonhas E és o fantasma que sonhas Pelos bosques solitários.

Tu que vens lá de tão longe
Com o teu bordão das jornadas
Rezando pelas estradas
Sombrias rezas de monge.

Cruz e Sousa

Tu que soltas pesadelos
Nos campos e nas florestas E fazes, por noites mestas, Arrepiar os cabelos.

Tu que contas velhas lendas
Nas harpas da tempestade, Viajas na Imensidade,
Caminhas todas as sendas.

Tu que sabes mil segredos,
Mistérios negros, atrozes
E formas as dúbias vozes Dos soturnos arvoredos.

Que tornas o mar sanhudo,
   Implacável, formidando, As brutas trompas soprando
Sob um céu trevoso e mudo.

   Que penetras velhas portas, Atravessando por frinchas... E sopras, zargunchas, guinchas Nas ermas aldeias mortas.

Que ao luar, pelos engenhos, Nos miseráveis casebres
Espalhas frios e febres
Com teus aspectos ferrenhos.

Que soluças nos zimbórios
Os teus felinos queixumes,
Uivando nos altos cumes
Dos montes verdes e flóreos.

Que te desprendes no espaço Perdido no estranho rumo Por entre visões de fumo, Das estrelas no regaço.

Que de Réquiens e surdinas E de hieróglifos secretos Enches os lagos quietos
Revestidos de neblinas.

Que ruges, brames, trovejas Ó velho vândalo amargo,
No sonâmbulo letargo
De um mocho rondando igrejas.

Que falas também baixinho

Cruz e Sousa

Lá da origem do mistério,
Trazendo o augúrio sidéreo E certa voz de carinho...

Que nas ruas mais escusas,
Por tardes de nuvens feias,
Como um ébrio cambaleias Rosnando pragas confusas.

Que és o boêmio maldito,
O renegado boêmio,
Em tudo o turvo irmão gêmeo Do sonhador Infinito.

Que és como louco das praças
Nos seus gritos delirantes
Clamando a pulmões possantes Todo o Inferno das desgraças.

Que lembras dragões convulsos,
Bufantes, aéreos, soltos, Noctambulando revoltos
Mordendo as caudas e os pulsos.

Ó velho vento saudoso,
Velho vento compassivo,
Ó ser vulcânico e vivo,
Taciturno e tormentoso!

Alma de ânsias e de brados, Consolador companheiro Sinistro deus forasteiro
D'espaços ilimitados!

Tu que andas, além, perdido,
Tateando na esfera imensa
Como um cego de nascença Nos desertos esquecido...

Que gozas toda a paragem,
Toda a região mais diversa, Levando sempre dispersa A tua queixa selvagem.

Que no trágico abandono,
No tédio das grandes horas
Desoladamente choras,
Sem fadigas e sem sono.

Cruz e Sousa

Que lembras nos teus clamores, Nas fúrias negras, dantescas, Torturas medievalescas
Dos ímpios inquisidores.

Que és sempre a ronda das casas,
    A gemente sentinela Que tudo desgrenha e gela
Com o torvo rumor das asas.

Que pareces hordas e hordas
De hirsutos, intonsos bardos
Vibrando cânticos tardos
Por liras de cem mil cordas.

Ó vento lânguido e vago,
Ó fantasista das brumas,
Sopro equóreo das espumas, Ó dá-me o teu grande afago!

Que a tua sombra me envolva Que o teu vulto me console
E o meu Sentimento role
E nos astros se dissolva...

Que eu me liberte das ânsias
  De ansiedades me liberte, Pairando no espasmo inerte
Das mais longínquas distâncias.

Eu quero perder-me a fundo No teu segredo nevoento,
  Ó velho e velado vento,
  Velho vento vagabundo!

SAPO HUMANO
A Emiliano Perneta

Oh sapo! eu vou cantar tuas misérias, sapo,
Vou tirar, nesse lodo onde habitas de rastros,
Umas vivas canções do teu nojento papo,
Da crosta esverdeada umas centelhas de astros.

Cruz e Sousa

E canções de tal forma e tais e tais centelhas,
Que todas possam ir, miraculosamente,
Transformadas, pelo ar, em rútilas abelhas Com o íris voador de cada asa fulgente.

Que tu, tredo animal, tu, triste sapo hediondo, Não és o vil, o torpe, o irracional, que a lama Em camadas envolve o atro ventre redondo, Dos tempos imortais nessa fecunda chama.

Não és o sapo histrião de imundas esterqueiras,
O sombrio Caim nos lamaçais errantes,
O *clown* gargalhador das charnecas rasteiras, Que ri-se para o sol com riso ironizante.

Não és o sapo atroz, coaxador, visguento,
Que rouco ruge e raiva à noite os seus horrores,
E para o constelado e mudo firmamento
Faz ecoar os mais surdos e ásperos tambores.

Mas és o sapo humano, esse asqueroso e feio,
 Nascido de roldão na lúgubre miséria E que do mundo vão no pavoroso seio
 Lembra o negro sarcasmo enorme da Matéria.

Mas és o sapo humano, o sapo mais abjeto
Do crime aterrador, do tenebroso vício,
Mas que ainda possuis o brilho de um afeto Que te livra, talvez, do eterno precipício.

Por ora na tua alma a noite cruel, cerrada,
Não caiu de uma vez, como terrível fora;
Nela ainda há clarões de límpida alvorada, Um prenúncio feliz de aurora redentora.

Ainda tens coração que pulsa no teu peito
Por uns filhos gentis, ingênuos, pequeninos, Que são o grande amor, o sentimento eleito Vencendo esses fatais instintos assassinos.

Tu semelhas de um charco a superfície nua
E vítrea, que no campo, aos ares, adormece,
Que se em cheio lhe bate a luz do sol, da lua, Para a vasta amplidão cintila e resplandece.

Pois no teu organismo, assim sinistro e torvo,
Repleto de vibriões do vício — essas crianças,
Sorriem virginais, oh! solitário corvo,
Com sorrisos de luzes e barcarolas mansas.

O amor que regenera os ínfimos bandidos,
Não reduziu, enfim, tu'alma a ignóbil trapo.
E eis por que, num viver de pântano e gemidos, Cantam dentro de ti aves e estrelas, sapo!

MARCHE AUX FLAMBEAUX

I
Rompe na aurora o sol que a terra esbofeteia
Com látegos de chama, iriando o pó e a areia,
Iriando os vegetais de ricas pedrarias,
Dos rubis e cristais das ourivesarias;
Aurora acesa em cor de púrpura de cravos
Opulentos, febris, ensanguinados, bravos;
De ritmos leves de harpa e frêmitos e beijos
Que são da natureza os trêmulos arpejos;
Aurora que sorri, que traz pomposamente
Todo o raro esplendor da luz resplandecente,
   Das paisagens louçãs no fúlgido matiz O aroma a derramar da meiga flor de lis.
Na alegria dos tons os pássaros cantando
 Vão as asas abrindo, entre os clarões ruflando, Asas emocionais, que assim dentre clarões Palpitam num fervor de alados corações.

E no luxo oriental de etéreo Grão-Mogol Como um Baco feliz rubro flameja o sol.

II
Filósofos titãs, filósofos insanos
Que destes turbilhões, que destes oceanos
De lutas e paixões, de sonho e pensamentos
Espalhastes no mundo aos clamorosos ventos
A Ciência fatal, talvez como um veneno,
Que os tempos abalou no caminhar sereno;
Filósofos titãs, que os séculos austeros
No flanco da Matéria abris, graves, severos,
Sobre o escombro da fé, da crença e da esperança,
Da civilização o trilho que hoje alcança
No seu aço viril as regiões supremas,
Traçado em novas leis, doutrinas e problemas;
Vós que sois no Saber os monges da existência
E só acreditais na força da Ciência,
Que da morte sabeis os filtros invisíveis,
Narcóticos, sutis, incógnitos, terríveis,
Não sabeis, entretanto, apóstolos sombrios,
Como à luz da Ciência os homens estão frios, Como tudo ficou num doloroso caos E os seres que eram bons, rudes, egoístas, maus. Em vão! em vão! em vão! os vossos largos crânios Lutaram pelo Bem dos Bens contemporâneos! Tudo está corrompido e até mais imperfeito... Não há um lírio são a florescer num peito, De piedade, de amor e de misericórdia...
Se brota uma virtude o ascoso vício morde-a,
Envilece, corrompe e abate essa virtude
Com o cinismo revel dum epigrama rude...
E até muita alma vil, feroz, patibular,
Impunemente sobe ao mais sagrado altar.

Por isso vão passar perante a turbamulta
Como abrupta avalanche, enorme catapulta,
Numa *marche aux flambeaux*, os famulentos vícios
Que cavaram no globo horrendos precipícios,
Os vícios imortais, que infestam tribos, greis,
  Povos e gerações, seitas, templos e reis E que são como a lava obscura da cratera
Que subterraneamente em tudo se invetera.

Cruz e Sousa

Com toda intrepidez hercúlea de acrobata
Vou sobre eles soltar, gloriosa, intemerata, A sátira que tem esporas de
galhardo Cavaleiro ideal que joga a lança e o dardo.
Vou com esse altanado e muscular esforço
De quem galga triunfal o soberano dorso,
A crista vigorosa, altiva, sobranceira,
Da mais agigantada e vasta cordilheira.

III
Lobos, tigres, chacais, camelos, elefantes,
Hipopótamos, ursos e rinocerontes,
Leopardos e leões, panteras acirrantes,
Hienas do furor, membrudos mastodontes,
Tredas feras do mal, soturnos dromedários,
Serpentes colossais que rastejais na treva,
Monstros, monstros cruéis, medonhos, sangüinários,
Cuja pata esmagante a presa aos antros leva;
Ó ventrudos judeus, opíparos, obesos,
De consciência obtusa, ignóbil e caolha
Que no mundo passais grotescamente tesos
Com honras de entremez e grandezas de rolha;
Gafentos histriões, ridículos da moda,
Que fingis entender Berlim, Londres, Paris,
Mas nos altos salões, por entre a fina roda,
Meteis sordidamente o dedo no nariz;
Brasonados truões, inúteis como eunuco,
Que as pompas ostentais de aurífero nababo
Mas apenas valeis como um limão sem suco,
Tendes rabo no corpo e dentro d'alma rabo;
Nobres de papelão, milionários vândalos
De ventre confortado e rosto rubicundo,
Que no torvo cancã, no cancã dos escândalos
Sois o horrendo espantalho, a ignomínia do mundo;
Ó deuses do milhão, ó deuses da barriga,
Que sentindo a aguilhada intensa da luxúria
Buscais a mais em flor e linda rapariga
Para então vos fartar na luxuriante fúria;
Gamenhos de *toilette* e convicções de lama
Onde tudo afinal se atola e se chafurda,

Cruz e Sousa

Que do clube e do *sport* sintetizais a fama
Mas tendes para o Bem a fibra sempre surda;
Palhaços, *clowns* senis, hediondos borrachos
Que aos trambolhões urrais afora no universo, Desdenhando de tudo e até rindo dos fachos,
Do clarão do saber em toda a parte imerso;
Almas negras, servis, d'ergástulos caóticos,
Gerado no paul das lúgubres voragens,
Do crime nos bulcões, nos vícios mais despóticos
Aos quais tanto rendeis eternas homenagens,
Manequins, charlatães, devassos do bom-tom,
Que viveis nas Babéis das grandes capitais
Apodrecendo sempre infamemente com
O cancro do dinheiro as forças virginais;
Mascarados tafuis de gordos ventres de ouro,
Ó bonzos do deboche e cínicos esgares,
Que sois o único sol esterlinado e louro
Das parvas multidões, das multidões alvares;
Fidalgos de barril, sicofantas, malandros
Do templo e do bordel, da crápula de harém
Que ao puro mar do Ideal, com torpes escafandros,
Arrancais, p'ra vender, a pérola do Bem;
Ó trânsfugas, ladrões que difamais a terra,
  Que tudo poluís, do próprio lodo à flor, À serena humildade, intrepidez da guerra.
Aos beijos maternais, ao nupcial amor;
Espíritos de treva, espíritos de barro
Que enegreceis de horror o sangue das papoulas
E das ostentações vos aclamais no carro,
Cobertos de cetins, arminho e lantejoulas; Que se vem de repente o Nada sepulcral
Nunca deixais, sequer, no tétrico leilão,
No leilão da memória, estranho, universal, Nem um som a vibrar do estéril coração!
Dentre feras brutais de ríspidos penhascos
E a torrente caudal de rijos versos francos
E a zombaria e o riso e as sátiras e os chascos,
Nesta *marche aux flambeaux* ides passar, aos trancos!

Cruz e Sousa

Do mundo os naturais, zoológicos museus Despejem para fora as pavorosas massas, Para virem reunir-se aos tábidos judeus Irromper e seguir e desfilar nas praças.
Que a cada mata, a entranha, o seio virgem se abra
Jorrando tigres, leões, panteras do seu centro
E na dança infernal, estrupida, macabra,
Siga a *marche aux flambeaux* pelo universo a dentro.

Gargalhadas abri a rubra flor sangrenta
Da humanidade vã na amargurada boca,
 Vai agora passar a marcha truculenta Sob o espingardear duma ironia louca.
E desfila e desfila em becos e vielas
E torna a desfilar por vielas e por becos,
Às risadas da turba, estultas e amarelas
Que têm o áspero som de gonzos perros, secos...
E desfila e desfila, estrídula e execranda,
Das praças na amplidão, rugindo em mar desfila, Enquanto além dardeja, heróica e formidanda, A metralha do sol que rútilo fuzila...
E mastodontes vão de braço dado a sérios
Burgueses que já são bem bons comendadores
E marqueses de truz, com ares de mistérios,
De lunetas gentis e aspectos sonhadores
Dão o braço fidalgo e airoso das nobrezas
Aos ursos boreais, enquanto os conselheiros, Os condes, os barões, os duques e as altezas Lá vão de braço dado aos lobos carniceiros.
E nessa singular, atroz promiscuidade,
Animais e truões de catadura suína,
Gordalhudos heróis da infâmia e da maldade,
Vendidos da honradez, velhacos de batina
Bobos, cães, imbecis, humanos crocodilos
E déspotas, jograis, todos os miseráveis
De todas as feições e todos os estilos,
Uns aos outros lá vão jungidos, formidáveis!...
Mas a *marche aux flambeaux* derrama um pesadelo, A agonia dum tigre, em sonhos, sobre um ventre, Agonia mortal que envolve tudo em gelo...
E desfila e desfila entre sarcasmos e entre
As sátiras-fuzis, relampejando açoite,
Por essa imensa aurora, estranhamente imensa

Por um sol que angustia e que não tem da noite
Para a Miséria a sombra atenuante e densa.

Os vícios, as paixões, os crimes, ódios e erros,
   Na marcha, de roldão, caminham fraternais
Com bandidos, vilões, burgueses rombos, perros E focas e mastins, macacos e chacais.
Aos sobressaltos vão como visões, fantasmas
   Bichos de toda a casta, anões de chapéu alto,
  Deixando em convulsão todas as almas pasmas E o globo num tremendo e fundo sobressalto.
E nas praças, ao sol, confundem-se os bramidos,
   Os uivos com a expressão humana misturados,
     Através do sussurro e bruscos alaridos Das chacotas bestiais, dos risos trovejados.
E segue e segue e segue, afora, légua a légua
Essa *marche aux flambeaux*, ciclópica, estupenda
Caminha atravessando um longo sol sem trégua,
Um dia secular, um dia de legenda;
Caminha atravessando um sol de foco aberto,
Por um dia fatal, interminável, mudo,
    O dia do remorso, aterrador, incerto Que em todo o coração crava um punhal agudo.
Mas eu quero assim mesmo, eu quero-vos assim,
  Em marcha tropical, à crua e ardente luz
Que vos seja uma febre indômita, sem fim, Um cautério de fogo a vos queimar o pus
Venéreo da Moral, carbonizando-o até
Para que nunca mais se sinta dele a origem
Nem volte, como sempre, então, a ser o que é,
Deixando-vos no mundo inteiramente virgem;
Eu quero-vos assim, de fachos apagados,
Apagados, ao alto, os joviais *flambeaux*,
Que os tereis de acender nos campos ignorados Que de sóis de Vingança a Eternidade arou.

E depois de vagar às sátiras de todos,
Na evidência da luz, numa perpétua aurora;
De caminhar ao sol, por tremedais, por lodos,

Cruz e Sousa

No tédio do sarcasmo, o tédio que a devora,
Essa Marcha afinal penetrará aos urros,
Titânica, sinistra e bêbada, irrisória,
Num caos de pontapés, coices, vaias e murros, Na eterna bacanal ridícula da História.

ÚLTIMOS SONETOS
Cruz e Souza

Piedade
Caminho da Glória
Presa do ódio Alucinação
Vida obscura
Conciliação Glória
A Perfeição
Madona da Tristeza De alma em alma
Ironia de lágrimas O grande Momento Prodígio!
Cogitação
Grandeza oculta Voz fugitiva Quando será?! Imortal atitude Livre!
Cárcere das almas Supremo Verbo
Vão Arrebatamento Benditas cadeias! Único remédio Floresce!
Deus do Mal
A harpa
Almas indecisas...
Abrigo celeste
Mudez perversa
Coração confiante
Espírito Imortal Crê!
Alma fatigada
Flor nirvanizadas Feliz!
Cruzada nova O Soneto
Fogos-fátuos
Mundo inacessível Consolo amargo Vinho negro
Eternos atalaias
Perante a Morte O Assinalado
Acima de tudo
Imortal Falerno

Cruz e Sousa

Luz da Natureza Asas abertas Velho
Eternidade retrospectiva Alma mater O Coração
Invulnerável
Lírio lutuoso
A Grande Sede Domus aurea Um Ser
O Grande Sonho
Condenação fatal [Alma ferida]
Alma solitária Visionários Demônios
Ódio sagrado Exortação Bondade Na Luz
Cavador do Infinito Santos óleos
Sorriso interior
Mealheiro de almas Espasmos...

Evocação
No seio da Terra Anima mea
Sempre o Sonho
Aspiração suprema Inefável!
Ser dos Seres
Sexta-Feira Santa
Sentimento esquisito Clamor supremo Ansiedade
Grande Amor Silêncios A Morte Só!
Fruto envelhecido Êxtase búdico Triunfo supremo Assim seja!
Renascimento
Pacto das Almas:Para Sempre
Pacto das Almas: Longe de Tudo
Pacto das Almas: Alma das Almas

Piedade

O coração de todo o ser humano Foi concebido para ter piedade, Para olhar e sentir com caridade
Ficar mais doce o eterno desengano.

Para da vida em cada rude oceano Arrojar, através da imensidade,
Tábuas de salvação, de suavidade, De consolo e de afeto soberano.

Sim! Que não ter um coração profundo É os olhos fechar à dor do mundo,
ficar inútil nos amargos trilhos.

Cruz e Sousa

É como se o meu ser campadecido Não tivesse um soluço comovido
Para sentir e para amar meus filhos!

Caminho da Glória

Este caminho é cor de rosa e é de ouro, Estranhos roseirais nele florescem,
Folhas augustas, nobres reverdecem
De acanto, mirto e sempiterno louro.

Neste caminho encontra-se o tesouro Pelo qual tantas almas estremecem;
É por aqui que tantas almas descem Ao divino e fremente sorvedouro.

É por aqui que passam meditando,
Que cruzam, descem, trêmulos, sonhando, Neste celeste, límpido caminho.

Os seres virginais que vêm da Terra,
Ensangüentados da tremenda guerra, Embebedados do sinistro vinho.

Presa do ódio

Da tu'alma na funda galeria
Descendo às vezes, eu às vezes sinto Que como o mais feroz lobo faminto
Teu ódio baixo de alcatéia espia.

Do Desespero a noite cava e fria,
De boêmias vis o pérfido absinto
Pôs no teu ser um negro labirinto, Desencadeou sinistra ventania.

Desencadeou a ventania rouca,
surda, tremenda, desvairada, louca, Que a tu'alma abalou de lado a lado.

Que te infalamou de cóleras supremas e deixou-te nas trágicas algemas Do teu ódio sangrento acorrentado!

Alucinação

Ó solidão do Mar, ó amargor das vagas,
Ondas em convulsões, ondas em rebeldia, Desespero do Mar, furiosa ventania,

Cruz e Sousa

Boca em fel dos tritões engasgada de pragas.

Velhas chagas do sol, ensangüentadas chagas De ocasos purpurais de atroz melancolia,
Luas tristes, fatais, da atra mudez sombria Da trágica ruína em vastidões pressagas.

Para onde tudo vai, para onde tudo voa, Sumido, confundido, esboroado, à-toa,
No caos tremendo e nu dos tempo a rolar?

Que Nirvana genial há de engolir tudo isto - - Mundos de Inferno e Céu, de Judas e de cristo, Luas, chagas do sol e turbilhões do Mar?!

Vida obscura

Ninguém sentiu o teu espasmo obscuro, Ó ser humilde entre os humildes seres. Embriagado, tonto dos prazeres,
O mundo para ti foi negro e duro.

Atravessaste num silêncio escuro A vida presa a trágicos deveres E chegaste ao saber de altos saberes
Tornando-te mais simples e mais puro.

Ninguém Te viu o sentimento inquieto, Magoado, oculto e aterrador, secreto,
Que o coração te apunhalou no mundo.

Mas eu que sempre te segui os passos
Sei que cruz infernal prendeu-te os braços E o teu suspiro como foi profundo!

Conciliação

Se essa angústia de amar te crucifica, Não és da dor um simples fugitivo:
Ela marcou-te com o sinete vivo Da sua estranha majestade rica.

És sempre o Assinalado ideal que fica

Cruz e Sousa

Sorrindo e contemplando o céu altivo; Dos Compassivos és o compassivo,
Na Transfiguração que glorifica.

Nunca mais de tremer terás direito...
Da Natureza todo o Amor perfeito Adorarás, venerarás contrito.

Ah! Basta encher, eternamente basta
Encher, encher toda esta Esfera vasta Da convulsão do teu soluço aflito!

Glória

Florescimentos e florescimentos!
Glória às estrelas, glória às aves, glória
À natureza! Que a minh'alma flórea
Em mais flores flori de sentimentos.

Glória ao Deus invisível dos nevoentos Espaços! glória à lua merencória,
Glória à esfera dos sonhos, à ilusória Esfera dos profundos pensamentos.

Glória ao céu, glória à terra, glória ao mundo! Todo o meu ser é roseiral fecundo
De grandes rosas de divino brilho.

Almas que floresceis no Amor eterno! Vinde gozar comigo este falerno,
Esta emoção de ver nascer um filho!

A Perfeição

A Perfeição é a celeste ciência
Da cristalização de almos encantos,
De abandonar os mórbidos quebrantos E viver de uma oculta florescência.

Noss'alma fica da clarividência
Dos astros e dos anjos e dos santos, Fica lavada na lustral dos prantos,
É dos prantos divina e pura essência.

Noss'alma fica como o ser que às lutas As mãos conserva limpas, impolutas,
Sem as manchas do sangue mau da guerra.

Cruz e Sousa

A Perfeição é a alma estar sonhando Em soluços, soluços, soluçando
As agonias que encontrou na Terra.!

Madona da Tristeza

Quando te escuto e te olho reverente E sinto a tua graça triste e bela
De ave medrosa, tímida, singela, Fico a cismar enternecidamente.

Tua voz, teu olhar, teu ar dolente Toda a delicadeza ideal revela
E de sonhos e lágrimas estrela
O meu ser comovido e penitente.

Com que mágoa te adoro e te contemplo,
Ó da Piedade soberano exemplo, Flor divina e secreta da Beleza.

Os meus soluços enchem os espaços Quando te aperto nos estreitos braços,
solitária madona da Tristeza!

De alma em alma

Tu andas de alma em alma errando, errando, como de santuário em
santuário. És o secreto e místico templário
As almas, em silêncio, contemplando.

Não sei que de harpas há em ti vibrando, que sons de peregrino estradivário
Que lembras reverências de sacrário E de vozes celestes murmurando.

Mas sei que de alma em alma andas perdido Atrás de um belo mundo
indefinido
De silêncio, de Amor, de Maravilha.

Vai! Sonhador das nobres reverências! A alma da Fé tem dessas
florescências, Mesmo da Morte ressuscita e brilha!

Ironia de lágrimas

Junto da Morte é que floresce a Vida! Andamos rindo junto à sepultura. A
boca aberta, escancarada, escura Da cova é como flor apodrecida.

Cruz e Sousa

A Morte lembra a estranha Margarida
Do nosso corpo, Fausto sem ventura... Ela anda em torno a toda a criatura
Numa dança macabra indefinida.

Vem revestida em suas negras sedas E a marteladas lúgubrees e tredas
Das ilusões o eterno esquife prega.

E adeus caminhos vãos, mundos risonhos, Lá vem a loba que devora os sonhos,
Faminta, absconsa, imponderada, cega!

O grande Momento

Inicia-te, enfim, Alma imprevista, Entra no seio dos Iniciados.
Esperam-te de luz maravilhados
Os Dons que vão te consagrar Artista.

Toda uma Esfera te deslumbra a vista, Os ativos sentidos requintados.
Céus e mais céus e céus transfigurados
Abrem-te as portas da imortal Conquista.

Eis o grande Momento prodigioso
Para entrares sereno e majestoso
Num mundo estranho d'esplendor sidéreo.

Borboleta de sol, surge da lesma...
Oh! vai, entra na posse de ti mesma,
Quebra os selos augustos do Mistério!

Prodígio!

Como o Rei Lear não sentes a tormenta Que te desaba na fatal cabeça!
(Que o céu d'estrelas todo resplandeça.)
A tua alma, na Dor, mais nobre aumenta.

A Desventura mais sanguinolenta
Sobre os teus ombros impiedosa desça, Seja a treva mais funda e mais espessa, Todo o teu ser em músicas rebenta.

Cruz e Sousa

Em músicas e em flores infinitas De aromas e de formas esquisitas
E de um mistério singular, nevoento...

Ah! só da Dor o alto farol supremo Consegue iluminar, de extremo a extremo, o estranho mar genial do Sentimento!

Cogitação

Ah! mas então tudo será baldado?! Tudo desfeito e tudo consumido?! No Ergástulo d'ergástulos perdido Tanto desejo e sonho soluçado?!

Tudo se abismará desesperado, Do desespero do Viver batido,
Na convulsão de um único Gemido
Nas entranhas da Terra concentrado?!

nas espirais tremendas dos suspiros A alma congelará nos grandes giros,
Ratejará e rugirá rolando?!

Ou entre estranhas sensações sombrias, Melancolias e melancolias,
No eixo da alma de Hamlet irá girando?!

Grandeza oculta

Estes vão para as guerras inclementes, Os absurdos heróiis sanguinolentos,
Alvoroçados, tontos e sedentos
Do clamor e dos ecos estridentes.

Aqueles para os frívolos e ardentes Prazeres de acres inebriamentos:
Vinhos, mulheres, arrebatamentos De luxúrias carnais, impenitentes.

Mas Tu, que na alma a imensidade fechas, Que abriste com teu Gênio fundas brechas
no mundo vil onde a maldade exulta,

Ó delicado espírito de Lendas!
Fica nas tuas Graças estupendas,
No sentimento da grandeza oculta!

Voz fugitiva

Cruz e Sousa

Às vezes na tu'alma que adormece
Tanto e tão fundo, alguma voz escuto De timbre emocional, claro, impoluto
Que uma voz bem amiga me parece.

E fico mudo a ouvi-la como a prece
De um meigo coração que estaá de luto
E livre, já, de todo o mal corruto,
Mesmo as afrontas mais cruéis esquece.

Mas outras vezes, sempre em vão, procuro Dessa voz singular o timbre puro,
As essências do céu maravilhosas.

Procuro ansioso, inquieto, alvoroçado, Mas tudo na tu'alma está calado, No silêncio fatal das nebulosas.

Quando será?!

Quando será que tantas almas duras Em tudo, já libertas, já lavadas nas águas imortais, iluminadas Do sol do Amor, hão de ficar bem puras?

Quando será que as límpidas frescuras Dos claros rios de ondas estreladas Dos céus do Bem, hão de deixar clareadas Almas vis, almas vãs, almas escuras?

Quando será que toda a vasta Esfera,
Toda esta constelada e azul Quimera,
Todo este firmamento estranho e mudo,

Tudo que nos abraça e nos esmaga, quando será que uma resposta vaga,
Mas tremenda, hão de dar de tudo, tudo?!

Imortal atitude

Abre os olhos à Vida e fica mudo!
Oh! Basta crer indefinidamente Para ficar iluminado tudo
De uma luz imortal e transcendente.

Crer é sentir, como secreto escudo, A alma risonha, lúcida, vidente... E abandonar o sujo deus cornudo, O sátiro da Carne impenitente.

Abandonar os lânguidos rugidos,
O infinito gemido dos gemidos
Que vai no lodo a carne chafurdando.

Erguer os olhos, levantar os braços Para o eterno Silêncio dos Espaços E no Silêncio emudecer olhando...

Livre!

Livre! Ser livre da materia escrava,
Arrancar os grilhões que nos flagelam E livre, penetrar nos Dons que selam A alma e lhe emprestam toda a etérea lava.

Livre da humana, da terrestre bava
Dos corações daninhos que regelam Quando os nossos sentidos se rebelam Contra a Infâmia bifronte que deprava.

Livre! bem livre para andar mais puro, Mais junto à Natureza e mais seguro Do seu amor, de todas as justiças.

Livre! para sentir a Natureza,
Para gozar, na universal Grandeza,
Fecundas e arcangélicas preguiças.

Cárcere das almas

Ah! Toda a alma num cárcere anda presa, Soluçando nas trevas, entre as grades Do calabouço olhando imensidades, Mares, estrelas, tardes, natureza.

Tudo se veste de uma igual grandeza
Quando a alma entre grilhões as liberdades Sonha e, sonhando, as imortalidades
Rasga no etéreo o Espaço da Pureza.

Ó almas presas, mudas e fechadas Nas prisões colossais e abandonadas, Da Dor no calabouço, atroz, funéreo!

Cruz e Sousa

Nesses silêncios solitários, graves, que chaveiro do Céu possui as chaves para abrir-vos as portas do Mistério?!

Supremo Verbo

- Vai, Peregrino do caminho santo, Faz da tu'alma lâmpada do cego,
Iluminando, pego sobre pego,
As invisíveis amplidões do Pranto.

Ei-lo, do Amor o Cálix sacrossanto!
Bebe-o, feliz, nas tuas mãos o entrego... És o filho leal, que eu não renego,
Que defendo nas dobras do meu manto.

Assim ao Poeta a Natureza fala!
Enquanto ele estremece ao escutá-la,
Transfigurado de emoção, sorrindo...

Sorrindo a céus que vão se desvendando, A mundos que vão se multiplicando,
A portas de ouro que vão se abrindo!

Vão Arrebatamento

Partes um dia das Curiosidades
Do teu ser singular, partes em busca De alamas irmãs, cujo esplendor ofusca As celestes, divinas claridades.

Rasgas terras e céus, imensidades,
Dos perigos da Vida a vaga brusca,
Queima-te o sol que na Amplidão corusca E consola-te a lua das saudades.

Andas por toda a parte, em toda a parte A sedução das almas a falar-te,
Como da Terra luminosos marcos.

E a sorrir e a gemer e soluçando Ah! Sempre em busca de almas vais andando Mas em vez delas encontrando charcos!

Benditas cadeias!

Cruz e Sousa

Quando vou pela Luz arrebatado,
Escravo dos mais puros sentimentos Levo secretos estremecimentos
Como quem entra em mágico Noivado.

Cerca-me o mundo mais transfigurado Nesses sutis e cândidos momentos...
Meus olhos, minha boca vão sedentos De luz, todo o meu ser iluminado.

Fico feliz por me sentir escravo
De um Encanto maior entre os Encantos, Livre, na culpa, do mais leve travo.

De ver minh'alma com tais sonhos, tantos, E que por fim me purifico e lavo
Na água do mais consolador dos prantos

Único remédio

Como a chama que sobe e que se apaga Sobem as vidas a espiral de Inferno.
O desespero é como o fogo eterno
Que o campo quieo em convulções alaga...

Tudo é veneno, tudo cardo e praga!
E al almas que têm sede de falerno Bebem apenas o licor moderno
Do tédio pessimista que as esmaga.

Mas a Caveira vem se aproximando,
Vem exótica e nua, vem dançando,
No estrambotismo lúgubre vem vindo.

E tudo acaba então no horror insano - - Desespero do Inferno e tédio
humano - Quando, d'esguelha, a Morte surge, rindo...

Floresce!

Floresce, vive para a Natureza, Para o Amor imortal, largo e profundo. O
Bem supremo de esquecer o mundo Reside nessa límpida grandeza.

Floresce para a Fé, para a Beleza

Cruz e Sousa

Da Luz que é como um vasto mar sem fundo, Amplo, inflamado, mágico, fecundo, De ondas de resplendor e de pureza.

Andas em vão na Terra, apodrecendo À toa pelas trevas, esquecendo A Natureza e os seus aspectos calmos.

Diante da luz que a Natureza encerra Andas a apodrecer por sobre a Terra, Antes de apodrecer nos sete palmos!

Deus do Mal

Espírito do Mal, ó deus perverso
Que tantas almas dúbias acalentas, Veneno tentador na luz disperso
Que a própria luz e a própria sombra tentas.

Símbolo atroz das culpas do Universo, Espelho fiel das convulsões violentas Do gasto coração no lodo imerso
Das tormentas vulcânicas, sangrentas.

Toda a tua sinistra trajetória Tem um brilho de lágrima ilusória,
As melodias mórbidas do Inferno...

És Mal, mas sendo Mal és soluçante, Sem a graça divina e consolante,
Réprobo estranho do Perdão eterno!

A harpa

Prende, arrebata, enleva, atrai, consola A harpa tangida por convulsos dedos, Vivem nela mistérios e segredos,
É berceuse, é balada, é barcarola.

Harmonia nervosa que desola,
Vento noturno dentre os arvoredos
A erguer fantasmas e secretos medos, Nas suas cordas um soluço rola...

Tu'alma é como esta harpa peregrina
Que tem sabor de música divina E só pelos eleitos é tangida.

Cruz e Sousa

Harpa dos céus que pelos céus murmura E que enche os céus da música mais pura, como de uma saudade indefinida.

Almas indecisas...

Almas ansiosas, trêmulas, inquietas, Fugitivas abelhas delicadas
Das colméias de luz das alvoradas, Almas de melancólicos poetas.

Que dor fatal e que emoções secretas vos tornam sempre assim desconsoladas, Na pungência de todas as espadas, Na dolência de todos os ascetas?!

Nessa esfera em que andais, sempre indecisa, Que tormento cruel vos nirvaniza, Que agonias titânicas são estas?!

Por que não vindes, Almas imprevistas, Para a missão das límpidas Conquistas E das augustas, imortais Promessas?!

Abrigo celeste

Estrela triste a refletir na lama,
Raio de luz a cintilar na poeira, Tens a graça sutil e feiticeira,
A doçura das curvas e da chama.

Do teu olhar um fluido se derrama De tão suave, cândida maneira
Que és a sagrada pomba alvissareira
Que para o Amor toda aminh'alma chama.

Meu ser anseia por teu doce apoio, Nos outros seres só encontra joio
Mas só no teu todo o divino trigo.

Sou como um cego sem bordão de arrimo Que do teu ser, tateando, me aproximo Como de um céu de carinhoso abrigo.

Mudez perversa

Que mudez infernal teus lábios cerra Que ficas vago, para mim olhando, Na atitude de pedra, concentrando
No entanto, n'alma, convulsões de guerra!

Cruz e Sousa

A mim tal fel essa mudez encerra,
Tais demônios revéis a estão forjando Que antes te visse morto, desabando
Sobre o teu corpo grossas pás de terra.

Não te quisera nesse atroz e sumo
Mutismo horrível que não gera nada,
Que não diz nada, não tem fundo e rumo.

Mutismo de tal dor desesperada,
Que quando o vou medir com o estranho prumo Da alma fico com a alma alucinada!

Coração confiante

O coração que sente vai sozinho,
Arrebatado, sem pavor, sem medo... Leva dentro de si raro segredo
Que lhe serve de guia no Caminho.

Vai no alvoroço, no celeste vinho
Da luz os bosques acordando cedo, Quando de cada trêmulo arvoredo Parte o sonoro e matinal carinho.

E o Coração vai nobre e vai confiante, Festivo como a flâmula radiante
Agitada bizarra pelos ventos...

Vai palpitando, ardente, emocionado O velho Coração arrebatado,
Prerso por loucos arrebatamentos!

Espírito Imortal

Espírito imortal que me fecundas
Com a chama dos viris entusiasmos,
Que transformas em gládios os sarcasmos Para punir as multidões profundas!

Ó alma que transbordas, que me inundas
De brilhos, de ecos, de emoções, de pasmos
E fazes acordar de atros marasmos

Cruz e Sousa

Minh'alma, em tédios por charnecas fundas.

Força genial e sacrossanta e augusta, Divino Alerta para o Esquecimento,
Voz companheira, carinhosa e justa.

Tens minha Mão, num doce movimento, Sobre essa Mão angélica e robusta,
Espírito imortal do Sentimento!

Crê!

Vê como a Dor te transcendentaliza!
Mas no fundo da Dor crê nobremente. Transfigura o teu ser na força crente
Que tudo torna belo e diviniza.

Que seja a Crença uma celeste brisa
Inflando as velas dos batéis do Oriente Do teu Sonho supremo, onipotente,
Que nos astros do céu se cristaliza.

Tua alma e coração fiquem mais graves, Iluminados por carinhos suaves,
Na doçura imortal sorrindo e crendo...

Oh! Crê! Toda a alma humana necessita De uma Esfera de cânticos, bendita,
Para andar crendo e para andar gemendo!

Alma fatigada

Nem dormir nem morrer na fria Eternidade!
Mas repousar um pouco e repousar um tanto, Os olhos enxugar das
convulsões do pranto, Enxugar e sentir a ideal serenidade.

A graça do consolo e da tranqüilidade
De um céu de carinhoso e perfumado encanto, Mas sem nenhum carnal e
mórbido quebranto, Sem o tédio senil da vã perpetuidade.

Um sonho lirial d'estrelas desoladas Onde as almas febris, exaustas,
fatigadas
Possam se recordar e repousar tranqüilas!

Cruz e Sousa

Um descanso de Amor, de celestes miragens, Onde eu goze outra luz de místicas paisagens E nunca mais pressinta o remexer de argilas!

Flor nirvanizadas

Ó cegos corações, surdos ouvidos,
Bocas inúteis, sem clamor, fechadas, Almas para os mistérios apagadas,
Sem segredos, sem eco e sem gemidos.

Consciências hirsutas de bandidos, Vesgas, nefandas e desmanteladas,
Portas de ferro, com furor trancadas,
Dos ócios maus histéricos Vencidos.

Desenterrai-vos das sangrentas furnas Sinistras, cabalísticas, noturnas
Onde ruge o Pecado caudaloso...

Fazei da Dor, do triste Gozo humano, A Flor do Sentimento soberano,
A Flor nirvanizada de outro Gozo!

Feliz!

Ser de beleza, de melamcolia,
Espírito de graça e de quebranto,
Deus te bendiga o doloroso pranto, Enxugue as tuas lágrimas um dia.

Se a tu'alma é d'estrela e d'harmonia,
Se o que vem dela tem divino encanto, Deus a proteja no sagrado manto,
No céu, que é o vale azul da Nostalgia.

Deus a proteja na felicidade
Do sonho, do mistério, da saudade,
De cânticos, de aroma e luz ardente.

E sê feliz e sê feliz subindo,
Subindo, a Perfeição na alma sentindo Florir e alvorecer libertamente!

Cruzada nova

Vamos saber das almas os segredos, Os círculos patéticos da Vida,

Cruz e Sousa

Dar-lhes a luz do Amor compadecida E defendê-las dos secretos medos.

Vamos fazer dos áridos rochedos Manar a água lustral e apetecida, Pelos ansiosos corações bebida
No silêncio e na sombra d'arvoredos.

Essas irmãs furtivas das estrelas, Se não formos depressa defendê-las,
Morrerão sem encanto e sem carinho.

Paladinos da límpida Cruzada!
Conquistemos, sem lança e sem espada,
As almas que encontrarmos no Caminho.

O Soneto

Nas formas voluptuosas o soneto
Tem fascinante, cálida fragrância
E as leves, langues curvas de elegância De extravagante e mórbido esqueleto.

A graça nobre e grave do quarteto Recebe a original intolerância, Toda a sutil, secreta extravagância
Que transborda terceto por terceto.

E como um singular polichinelo Ondula, ondeia, curioso e belo,
O Soneto , nas formas caprichosas.

As rimas dão-lhe a púrpura vetusta E nas mais rara procissão augusta
Surge o Sonho das almas dolorosas...

Fogos-fátuos

Há certas almas vãs, galvanizadas
De emoção, de pureza, de bondade, Que como toda a azul imensidade
Chegam a ser de súbito estreladas.

E ficam como que transfiguradas
Por momentos, na vaga suavidade De quem se eleva com serenidade
Às risonhas, celestes madrugadas.

Cruz e Sousa

Mas nada às vezes nelas corresponde
Ao sonho e ninguém sabe mais por onde Anda essa falsa e fugitiva chama...

É que no fundo, na secreta essência, Essas almas de triste decadência
São lama sempre e sempre serão lama.

Mundo inaccessível

Tu'alma lembra um mundo inaccessível Onde só astros e águias vão pairando, Onde só se escuta, trágica, cantando, A sinfonia da Amplidão terrível!

Alma nenhuma, que não for sensível,
Que asas não tenha para as ir vibrando, Essa região secreta desvendando,
Falece, morre, num pavor incrível!

É preciso ter asas e ter garras
Para atingir aos ruídos de fanfarras
Do mundo da tu'alma augusta e forte.

É preciso subir ígneas montanhas E emudecer, entre visões estranhas,
Num sentimento mais sutil que a Morte!

Consolo amargo

Mortos e mortos, tudo vai passando, Tudo pelos abismos se sumindo...
Enquanto sobre a Terra ficam rindo
Uns, e já outros, pálidos, chorando...

Todos vão trêmulos finalizando,
Para os gelados túmulos partindo,
Descendo ao tremedal eterno, infindo, Mortos e mortos, num sinistro bando.

Tudo passa espectral e doloroso, Pulverulentamente nebuloso
Como num sonho, num fatal letargo...

Mas, de quem chora os mortos, entretanto, O Esquecimento vem e enxuga o pranto, E é esse apenas o consolo amargo!

Cruz e Sousa

Vinho negro

O vinho negro do imortal pecado
Envenenou nossas humanas veias Como fascinações de atras sereias
E um inferno sinistro e perfumado.

O sangue canta, o sol maravilhado Do nosso corpo, em ondas fartas, cheias.
como que quer rasgar essas cadeias Em que a carne o retém acorrentado.

E o sangue chama o vinho negro e quente Do pecado letal, impenitente,
O vinho negro do pecado inquieto.

E tudo nesse vinho mais se apura,
Ganha outra graça, forma e formosura, Grave beleza d'esplendor secreto.

Eternos atalaias

Os sentimentos servem de atalaias Para guiar as multidões errantes
Que caminham tremendo, vacilantes Pelas desertas, infinitas praias...

Abrangendo da Terra as fundas raias, Atingindo as esferas mais distantes,
São como incensos, mirras odorantes, Miraculosas, fúlgidas alfaias.

Tudo em que logo transfiguram,
Encantam tudo,tudo em torno apuram, Penetram, sem cessar, por toda parte.

Alma por alma em toda a parte enflamam. E grandes, largos, imortais,
derramam As melancólicas estrelas d'Arte!

Perante a Morte

Perante a Morte empalidece e treme, Treme perante a Morte, empalidece.
Coroa-te de lágrimas, esquece
O Mal cruel que nos abismos geme.

Ah! longe o Inferno que flameja e freme,
Longe a Paizão que só no horror florece... A alma precisa de silêncio e prece,

Cruz e Sousa

Pois na prece e silêncio nada teme.

Silêncio e prece no fatal segredo,
Perante o pasmo do sombrio medo
Da morte e os seus aspectos reverentes...

Silêncio para o desespero insano,
O furor gigantesco e sobre-humano, A dor sinistra de ranger os dentes!

O Assinalado

Tu és o louco da imortal loucura,
O louco da loucura mais suprema. A Terra é sempre a tua negra algema,
Prende-te nela a extrema Desventura.

Mas essa mesma algema de amargura, Mas essa mesma Desventura extrema
Faz que tu'alma suplicando gema E rebente em estrelas de ternura.

Tu és o Poeta, o grande Assinalado
Que povoas o mundo despovoado,
De belezas etrenas, pouco a pouco...

Na Natureza prodigiosa e rica Toda a audácia dos nervos justifica
Os teus espasmos imortais de louco!

Acima de tudo

Da gota d'água de um carinho agreste Geram-se os oceanos da Bondade.
O coração que é livre e bom reveste
Tudo d'encanto e simples majestade.

Ascender para a Luz é ser celeste,
Novos astros sentir na imensidade Da alma e ficar nessa inconsútil veste Da divina e serena claridade.

O que é consolador e o que é supremo
Cada alma encontra no caminho extremo, Quando atinge às estrelas da pureza.

Cruz e Sousa

É apenas trazer o Ser liberto De tudo e transformar cada deserto Num sonho virginal da Natureza!

Imortal Falerno

Quando as Esferas da Ilusão transponho Vejo sempre tu'alma - essa galera
Feita das rosas brancas da Quimera,
Sempre a vagar no estranho mar do Sonho.

Nem aspecto nublado nem tristonho!
Sempre uma doce e constelada Esfera,
Sempre uma voz clamando: - espera, espera, Lá do fundo de um céu sempre risonho.

Sempre uma voz dos Ermos, das Distâncias! Sempre as longínquas, mágicas fragrâncias De uma voz imortal, divina,pura...

E tua boca, Sonhador eterno, Sempre sequiosa desse azul falerno
Da Esperança do céu que te procura!

Luz da Natureza

Luz que eu adoro, grande Luz que eu amo, Movimento vital da Natureza,
Ensina-me os segredos da Beleza
E de todas as vozes por quem chamo.

Mostra-me a Raça, o peregrino Ramo Dos Fortes e dos Justos da Grandeza,
Ilumina e suaviza esta rudeza
Da vida humana, onde combato e clamo.

Desta minh'alma a solidão de prantos
Cerca com os teus leões de brava crença,
Defende com so teus gládios sacrossantos.

Dá-me enlevos, deslumbra-me, da imensa Porta esferal, dos constelados mantos
Onde a Fé do meu Sonho se condensa!

Asas abertas

Cruz e Sousa

As asas da minh'alma estão abertas! Podes te agasalhar no meu Carinho,
Abrigar-te de frios no meu Ninho
Com as tuas asas trêmulas, incertas.

Tu'alma lembra vastidões desertas
Onde tudo é gelado e é só espinho. Mas na minh'alma encontrarás o Vinho e as graças todas do Conforto certas.

Vem! Há em mim o eterno Amor imenso
Que vai tudo florindo e fecundando
E sobe aos céus como sagrado incenso.

Eis a minh'alma, as asas palpitando Com a saudade de agitado lenço o segredo dos longes procurando...

Velho

Estás morto, estás velho, estás cansado!
Como um sulco de lágrimas pungidas,
Ei-las, as rugas, as indefinidas
Noites do ser vencido e fatigado.

Envolve-te o crepúsculo gelado
Onde vai soturno amortalhando as vidas Ante o responso em músicas gemidas No fundo coração dilacerado.

A cabeç pendida de fadiga, Sentes a morte taciturna e amiga
Que os teus nervos círculos governa.

Estás velho, estás morto! Ó dor, delírio, Alma despedaçada de martírio,
Ó desespero da Desgraça eterna!

Eternidade retrospectiva

Eu me recordo de já ter vivido, Mudo e só, por olímpicas Esferas, onde era tudo velhas primaveras E tudo um vago aroma indefinido.

Fundas regiões do Pranto e do Gemido

Cruz e Sousa

Onde as almas mais graves, mais austeras Erravam como trêmulas quimeras
Num sentimento estranho e comovido.

As estrelas, longínquas e veladas, Recordavam violáceas madrugadas, Um clarão muito leve de saudade.

Eu me recordo d'imaginativos Luares liriais, contemplativos
Por onde eu já vivi na Eternidade!

Alma mater

Alma da Dor, do Amor e da Bondade, Alma purificada no Infinito,
Perdão santo de tudo o que é maldito, Harpa consoladora da Saudade!

Das estrelas serena virgindade,
Alma sem um soluço e sem um grito, Da alta Resignação, da alta Piedade!
Tu, que as profundas lágrimas estancas

E sabes levantar Imagens brancas
No silencio e na sombra mais velada...

Derrama os lírios, os teus lírios castos, Em Jordões imortais, vastos e vastos, No fundo da minh'alma lacerada!

O Coração

O coração é a sagrada pira
Onde o mistério do sentir flameja. A vida da emoção ele a deseja como a harmonia as cordas de uma lira.

Um anjo meigo e cândido suspira No coração e o purifica e beija... E o que ele, o coração, aspira, almeja É o sonho que de lágrimas delira.

É sempre sonho e também é piedade, Doçura, compaizão e suavidade
E graça e bem, misericórdia pura.

Uma harmonia que dos anjos desce, Que como estrela e flor e som floresce
Maravilhando toda criatura!

Cruz e Sousa

Invulnerável

Quando dos carnavais da raça humana Forem caindo as máscaras grotescas
E as atitudes mais funambulescas
Se desfizerem no feroz Nirvana;

Quando tudo ruir na febre insana, Nas vertigens bizarras, pitorescas
De um mundo de emoções carnavalescas
Que ri da Fé profunda e soberana,

Vendo passar a lúgubre, funérea Galeria sinistra da Miséria,
Com as máscaras do rosto descoladas,

Tu que és o deus, o deus invulnerável, Reseiste a tudo e fica formidável,
No Silêncio das nooites estreladas!

Lírio lutuoso

Essência das essências delicadas,
Meu perfumoso e tenebroso lírio,
Oh! dá-me a glória de celeste Empíreo Da tu'alma nas sombras encantadas.

Subindo lento escadas por escadas, Nas espirais nervosas do Martírio,
Das Ânsias, da Vertigem, do Delírio, Vou em busca de mágicas estradas.

Acompanha-me sempre o teu perfume, Lírio da Dor que o Mal e o Bem resumem, Estrela negra, tenebroso fruto.

Oh! dá-me a glória do teu ser nevoento para que eu possa haurir o sentimento Das lágrimas acerbas do teu luto!.

A Grande Sede

Se tesn sede de Paz e d'Esperança, Se estás cego de Dor e de Pecado,
Valha-te o Amor, ó grande abandonado, Sacia a sede com amor, descansa.

Ah! volta-te a esta zona fresca e mansa Do Amor e ficarás desafogado, Hás de ver tudo claro, iluminado
Da luz que uma alma que tem fé alcança.

Cruz e Sousa

O coração que é puro e que é contrito, Se sabe ter doçura e ter dolência Revive nas estrelas do Infinito.

Revive, sim, fica imortal, na essência Dos Anjos paira, não desprende um grito E fica, como os Anjos, na Existência.

Domus aurea

De bom amor e de bom fogo claro Uma casa feliz se acaricia... Basta-lhe luz e basta-lhe harmonia Para ela não ficar ao desamparo.

O Sentimento, quando é nobre e raro, Veste tudo de cândida poesia... Um bem celestial dele irradia,
Um doce bem, que não é parco e avaro.

Um doce bem que se derrama em tudo, Um segredo imortal, risonho e mudo, Que nos leva debaixo da sua asa.

E os nossos olhos ficam rasos d'água
Quando, rebentos de uma oculta mágoa, São nossos filhos todo o céu da casa.

Um Ser

Um ser na placidez da Luz habita, Entre os mistérios inefáveis mora. Sente florir nas lágrimas que chora A alma serena, celestial, bendita.

Um ser pertence à música infinita
Das Esferas, pertence à luz sonora Das estrelas do Azul e hora por hora Na Natureza virginal palpita.

Um ser sesdenha das fatais poeiras, Dos miseráveis ouropéis mundanos E de todas as frívolas cegueiras...

Ele passa, atravessa entre os humanos, Como a vida das vidas forasteiras Fecundada nos próprios desenganos.

Cruz e Sousa

O Grande Sonho

Sonho profundo, ó Sonho doloroso, Doloroso e profundo Sentimento! Vai, vai nas harpas trêmula do vento Chorar o teu mistério tenebroso.

Sobe dos astros ao clarão radioso,
Aos leves fluidos do luar nevoento, Às urnas de cristal do firmamento,
Ó velho Sonho amargo e majestoso!

Sobe às estrelas rútilas e frias,
Brancas e virginais eucaristias
De onde uma luz de eterna paz escorre.

Nessa Amplidão das Amplidões austeras Chora o Sonho profundo das Esferas Que nas azuis Melancolias morre...

Condenação fatal

Ó mundo, que és o exílio dos exílios, Um monturo de fezes putrefato,
Onde seres vis circula nos concílios.

Onde de almas em pálidos idílios O lânguido pefume mais ingrato
Magoa tudo e é triste como o tato
De um cego embalde levantando os cílios.

Mundo de peste, de sangrenta fúria E de flores leprosas da luxúria,
De flores negras, infernais, medonhas.
Oh! como são sinistramente feios
Teus aspectos de fera, os teus meneios Pantéricos, ó Mundo, qu não sonhas!

[Alma ferida]

Alma ferida pelas negra lanças
Da Desgraça, ferida do Destino,
Alma,[a] que as amarguras tecem o hino
Sombrio das cruéis desesperanças,

Não desças, Alma feita de heranças
Da Dor, não desças do teu céu divino. Cintila como o espelho cristalino

Cruz e Sousa

Das sagradas, serenas esperanças.

Mesmo na Dor espera com clemência
E sobe à sideral resplandecência,
Longe de um mundo que só tem peçonha.

Das ruínas de tudo ergue-te pura
E eternamente, na suprema Altura,
Suspira, sofre, cisma, sente, sonha!

Alma solitária

Ó alma doce e triste e palpitante!
Que cítaras soluçam solitárias
Pelas Regiões longínquas, visionárias Do teu Sonho secreto e fascinante!

Quantas zonas de luz purificante,
Quantos silêncios, quantas sombras várias De esferas imortais imaginárias
Falam contigo, ó Alma cativante!

Que chama acende os teus faróis noturnos E veste os teus mistériosa taciturnos
Dos esplendores do arco de aliança?

Por que és assim, melancolicamente,
Como um arcanjo infante, adolescente, Esquecido nos vales da Esperança?!

Visionários

Armam batalhas pelo mundo adiante
Os que vagam no mundos visionários, Abrindo as áureas portas de sacrários
Do Mistério soturno e palpitante.

O coração flameja a cada instante
Com brilho estranho, com fervores vários, Sente a febre dos bons missionários Da ardente catequese fecundante.

Os visionários vão buscar frescura De água celeste na cisterna pura
Da Esperança, por horas nebulosas...

Cruz e Sousa

Buscam frescura, um outro novo encanto... E livres, belos através do pranto,
Falam baixo com as almas misteriosas!

Demônios

A língua vil, ignívoma, purpúrea
Dos pecados mortais bava e braveja,
Com os seres impoluídos mercadeja,
Mordendo-os fundo injúria por injúria.

É um grito infernal de atroz luxúria,
Dor de danados, dor do Caos que almeja A toda alma serena que viceja,
Só fúria, fúria, fúria, fúria, fúria!

São pecados mortais feitos hirsutos
Demônios maus que os venenosos frutos Morderam com volúpia de quem ama...

Vermes da Inveja, a lesma verde e oleosa, Anões da Dor torcida e cancerosa,
Abortos de almas a sangrar na lama!

Ódio sagrado

Ó meu ódio, meu ódio majestoso,
Meu ódio santo e puro e benfazejo, Unge-me a fronte com teu grande beijo,
Torna-me humilde e torna-me orgulhoso.

Humilde, com os humildes generoso,
Orgulhoso com os seres sem Desejo, Sem Bondade, sem Fé e sem lampejo
De sol fecundador e carinhoso.

Ó meu ódio, meu lábaro bendito, Da minh'alma agitado no infinito,
Através de outros lábaros sagrados.

Ódio são, ódio bom! sê meu escudo
Contra os vilões do Amor, que infamam tudo, Das sete torres dos mortais Pecados!

Cruz e Sousa

Exortação

Corpo crivado de sangrentas chagas, Que atravessas o mundo soluçando,
Que as carnes vais ferindo e vais rasgando Do fundo d'Ilusões velhas e vagas.

Grande isolado das terrestres plagas, Que vives as Esferas contemplando,
Braços erguidos, olhos no ar, olhando
A etérea chama das Conquistas magas.

Se é de silêncio e sombra passageira, De cinza, desengano e de poeira
Este mundo feroz que te condena,
Embora ansiosamente, amargamente
Revela tudo o que tu'alma sente
Para ela então poder ficar serena!

Bondade

É a bondade que te faz formosa,
Que a alma te diviniza e transfigura; É a bondade, a rosa da ternura,
Que te perfuma com perfume à rosa.

Teu ser angelical de luz bondosa
Verte em meu ser a mais sutil doçura, Uma celeste, límpida frescura,
Um encanto, uma paz maravilhosa.

Eu afronto contigo os vampirismos, Os corruptos e mórbidos abismos
Que em vão busquem tentar-me no Caminho.

Na suave, na doce claridade, No consolo, de amor dessa bondade Bebo a tu'alma como etéreo vinho.

Na Luz

De soluço em soluço a alma gravita,
De soluço em soluço a alma estremece, Anseia, sonha, se recorda, esquece
E no centro da Luz dorme contrita.

Cruz e Sousa

Dorme na paz sacramental, bendita, Onde tudo mais puro resplandece,
Onde a Imortalidade refloresce
Em tudo, e tudo em cânticos palpita.

Sereia celestial entre as sereias, Ela só quer despedaçar cadeias,
De soluço em soluço, a alma nervosa.

Ela só quer despedaçar algemas
E respirar nas amplidões supremas, Respirar, respirar na Luz radiosa.

Cavador do Infinito

Com a lâmpada do Sonho desce aflito
E sobe aos mundos mais imponderáveis, Vai abafando as queixas implacáveis, Da alma o profundo e soluçado grito.

Ânsias, Desejos, tudo a fogo, escrito
Sente, em redor, nos astros inefáveis. Cava nas fundas eras insondáveis O cavador do trágico Infinito.

E quanto mais pelo Infinito cava mais o Infinito se transforma em lava
E o cavador se perde nas distâncias...
Alto levanta a lâmpada do Sonho.
E como seu vulto pálido e tristonho
Cava os abismos das eternas ânsias!

Santos óleos

Com os santos óleos de que vens ungido Podes andar no mundo sem receio.
Quem veio para a Luz, por certo veio Para ser valoroso e ser temido.

Que tudo é embalde, tudo em vão, perdido Quando se traz esse divino anseio,
Esse doce tranporte ou doce enleio Que deixa tudo e tudo confundido.

A Alma que comop a vela chega ao porto Sente o melhor, consolador conforto E a asa nas asas dos Arcanjos toca...

Os santos óleos são a luz guiadora Que vigia por ti na pecadora

Cruz e Sousa

Terra e o teu mundo celestial evoca

Sorriso interior

O ser que é ser e que jamais vacila
Nas guerras imortais entra sem susto, Leva consigo esse brasão augusto
Do grande amor, da nobre fé tranqüila.

Os abismos carnais da triste argila
Ele os vence sem ânsias e sem custo... Fica sereno, num sorriso justo,
Enquanto tudo em derredor oscila.

Ondas interiores de grandeza Dão-lhe essa glória em frente à Natureza, Esse
esplendor, todo esse largo eflúvio.

O ser que é ser tranforma tudo em flores... E para ironizar as próprias dores
Canta por entre as águas do Dilúvio!

Mealheiro de almas

Lá, das colheitas do celeste trigo,
Deus ainda escolhe a mais louçã colheita: É a alma mais serena e mais
perfeita Que ele destina conservar consigo.

Fica lá, livre, isenta de perigo,
Tranqüila, pura, límpida, direita
A alma sagrada que resume a seita
Dos que fazem do Amor eterno Abrigo.

Ele quer essas almas, os pães alvos Das aras celestiais, claros e salvos
Da Terra, em busca das Esferas calmas.
Ele quer delas todo o amor primeiro Para formar o cândido mealheiro
Que há de estrelar todo o Infinito de almas.

Espasmos...

Alma das gerações, alma lendária
Que tens tanto de Hamlet, tanto de Of';elia, A candidez da rórida camélia
E as lágrimas da Sede hereditária.

Cruz e Sousa

Alma dormente, tumultuosa, vária,
Acorde de harpa misteriosa e célia, Virgindade selvagem de bromélia,
Alma do Eleito, do Plebeu, do Pária.

És a chama do Amor, negro-vermelha, De onde rompeu a fúlgida centelha
Que a Flor de fogo fez gerar no Dante.

Com teus espasmos e delicadezas, Nervosas e secretas sutilezas
Enches todo este Abismo soluçante!

Evocação

Oh Lua voluptuosa e tentadora,
Ao mesmo tempo trágica e funesta, Lua em fundo revolto de floresta E de sonho de vaga embaladora.

Langue visão mortal e sedutora,
Dos Vergéis sederais pálida giesta, Divindade sutil da morna sesta Da lasciva paixão fascinadora.

Flor fria, flor algente, flor gelada
Do desconsolo e dos esquecimentos E do anseio, da febre atormentada.

Tu que soluças pelos céus nevoentos Longo soluço mágico de fada,
Dá-me os teus doces acalentamentos!

No seio da Terra

Do pélago dos pélagos sombrios,
Cá do seio da Terra, olhando as vidas,
Escuto o murmurar de almas perdidas, Como o secreto murmurar dos rios.

Trazem-me os ventos negros calafrios E os soluços das almas doloridas
Que têm sede das terras prometidas E morrem como abutres erradios.

As ânsias sobem, as tremendas ânsias! Velhices, mocidades e as infâncias
Humanas entre a Dor se despedaçam...
Mas, sobre tantos convulsivos gritos, Passam horas, espaços, infinitos,

Cruz e Sousa

Esferas, gerações, sonhando, passam!

Anima mea

Ó minh'alma, ó minh'alma, ó meu Abrigo, Meu sol e minha sombra peregrina,
Luz imortal que os mundos ilumina Do velho Sonho, meu fiel Amigo!

Estrada ideal de São Tiago, antigo
Templo da minha fé casta e divina, De onde é que vem toda esta mágoa fina
Que é, no entanto, consolo e que eu bendigo?

De onde é que vem tanta esperança vaga, De onde vem tanto anseio que me alaga, Tanta diluída e sempiterna mágoa?

Ah! de onde vem toda essa estranha essência De tanta misteriosa Transcendência
Que estes olhos me dixam rasos de água?!

Sempre o Sonho

Para encantar os círculos da Vida
Ë sre tranqüilo, sonhador, confiante, Sempre trazer o coração radiante
Como um rio e rosais junto de ermida.

Beber na vinha celestial, garrida Das estrelas o vinho flamejante E caminhar vitorioso e ovante
Como um deus, com a cabeça enflorescida.

Sorrir, amar para alargar os mundoe
Do Sentimento e para ter profundos
Momentos de momentos soberanos.

Para sentir em torno à terra ondeando
Um sonho, sempre um sonho além rolando Vagas e vagas de imortais oceanos.

Aspiração suprema

Cruz e Sousa

Como os cegos e os nus pede um abrigo A alma que vive a tiritar de frio.
Lembra um arbusto frágil e sombrio Que necessita do bom sol amigo.

Tem ais de dor de trêmulo mendigo Oscilante, sonâmbulo, erradio.
É como um tênue, cristalino fio
D'estrelas, como etéreo e louro trigo.

E a alma aspira o celestial orvalho, Aspira o céu, o límpido agasalho, sonha, deseja e anseia a luz do Oriente...
Tudo ela inflama de um estranho beijo. E este Anseio, este Sonho, este Desejo Enche as Esferas soluçantemente.

Inefável!

Nada há que me domine e que me vença
Quando a minh'alma mudamente acorda... Ela rebenta em flor, ela transborda Nos alvoroços da emoção imensa.

Sou como um Réu de celestial Sentença, Condenado do Amor, que se recorda
Do Amor e sempre no Silêncio borda
D'estrelas todo o céu em que erra e pensa.

Claros, meus olhos tornam-se mais claros E tudo vejo dos encantos raros
E de outra mais serenas madrugadas!

todas as vozes que procuro e chamo Ouço-as dentro de mim, porque eu as amo Na minh'alma volteando arrebatadas!

Ser dos Seres

No teu ser de silêncio e d'esperança A doce luz das Amplidões flameja.
Ele sente, ele aspira, ele deseja
A grande zona da imortal Bonança.

Pelos largos espaços se balança
Como a estrela infinita que dardeja, Sempre isento da Treva que troveja O clamor inflamado da Vingança.

Cruz e Sousa

Por entre enlevos e deslumbramentos
Entra na Força astral dos Sentimentos E do Poder nos mágicos poderes.

E traz, embora os íntimos cansaços, Ânsias secretas para abrir os braços Na generosa comunhão dos Seres!

Sexta-Feira Santa

Lua absíntica, verde, feiticeira,
Pasmada como um vício mosntruoso... Um cão estranho fuça na esterqueira,
Uivando para o espaç fabuloso.

É esta a negra e santa Sexta-Feira!
Cristo está morto, como um vil leproso, Chagado e frio, na feroz cegueira
Da morte, o sangue roxo e tenebroso.

A serpente do mal e do pecado Um sinistro veneno esverdeado
Verte do Morto na mudez serena.
Mas da sagrada Redenção do Cristo,
Em vez do grande Amor, puro, imprevisto, Brotam fosforescências de gangrena!

Sentimento esquisito

Ó céu estéril dos desesperados,
Forma impassível de cristas sidéreo, Dos cemitérios velho cemitério
Onde dormem os astros delicados.

Pátria d'estrelas dos abandonados,
Casulo azul do anseio vago, aéreo, Formidável muralha de mistério
Que deixa os corações desconsolados.

Céu imóvel milênios e milênios, Tu que iluminas a visão dos Gênios
E ergues das almas o sagrado acorde.

Céu estéril, absurdo, céu imoto,
Faz dormir no teu seio o Sonho ignoto, Esta serpente que alucina e morde...

Clamor supremo

Cruz e Sousa

Vem comigo por estas cordilheiras!
Põe teu manto e bordão e vem comigo, Atravessa as montanhas sobranceiras E nada temas do mortal Perigo!

Sigamos para as guerras condoreiras!
Vem, resoluto, que eu irei contigo
Dentre as Águias e as chamas feiticeiras, Só ttendo a Natureza por abrigo.

Rasga florestas, bebe o sangue todo
Da Terra e transfigura em astros lodo, O próprio lodo torna mais fecundo.

Basta trazer um coração perfeito,
Alma de eleito, Sentimento eleito
Para abalar de lado a lado o mundo!

Ansiedade

Esta ansiedade que nos enche o peito
Enche o céu, enche o mar, fecunda a terra. Ela os germens puríssimos encerra Do Sentimento límpido, perfeito.

Em jorros cristalinos o direito,
A paz vencendo as convulsões da guerra, A liberdade que abre as asas e erra Pelos caminhos do Infinito eleito.

Tudo na mesma ansiedade gira, Rola no Espaço, dentre a luz suspira
E chora, chora, amargamente chora...
Tudo nos turbilhões da Imensidade Se confunde na trágica ansiedade
Que almas, estrelas, amplidões devora.

Grande Amor

Grande amor, grande amor, grande mistério Que as nossas almas trêmulas enlaça... Céu que nos beija, céu que nos abraça Num abismo de luz profundo e sério.

Eterno espasmo de um desejo etéreo E bálsamo dos bálsamos da graça,
Chama secreta que nas almas passa E deixa nelas um clarão sidéreo.

Cruz e Sousa

Cântico de anjos e de arcanjos vagos Junto às águas sonâmbulas de lagos,
Sob as claras estrelas desprendido...

Selo perpétuo, puro e peregrino
Que prende as almas num igual destino, Num beijo fecundado num gemido.

Silêncios

Largos Silêncios interpretativos, Adoçados por funda nostalgia, Balada de consolo e simpatia
Que os sentimentos meus torna cativos.

Harmonia de doces lenitivos,
Sombra, segredo, lágrima, harmonia Da alma serena, da alma fugidia
Nos seus vagos espasmos sugestivos.

Ó Silêncios! ó cândidos desmaios, Vácuos fecundos de celestes raios
De sonhos, no mais límpido cortejo...

Eu vos sinto os mistérios insondáveis, Como de estranhos anjos inefáveis
O glorioso esplendor de um grande beijo!

A Morte

Oh! que doce tristeza e que ternura
No olhar ansioso, aflito dos que morrem... De que âncoras profundas se socorrem Os que penetram nessa noite escura!

Da vida aos frios véus da sepultura
Vagos momentos trêmulos decorrem... E dos olhos as lágrimas escorrem
Como faróis da humana Desventura.

Descem então aos golfos congelados Os que na terra vagam suspirando,
Com os velhos corações tantalizados.
Tudo negro e sinistro vai rolando Báratro abaixo, aos ecos soluçados
Do vendaval da Morte ondeando, uivando...

Só!

Cruz e Sousa

Muito embora as estrelas do Infinito Lá de cima me acenem carinhosas E desça das esferas luminosas
A doce graça de um clarão bendito;

Embora o mar, como um revel proscrito, Chame por mim nas vagas ondulosas
E o vento venha em cóleras medrosas
O meu destino proclamar num grito,

Neste mundo tão trágico, tamanho,
Como eu me sinto fundamente estranho E o amor e tudo para mim avaro...

Ah! como eu sinto compungidamente, Por entre tanto horror indiferente,
Um frio sepulcral de desamparo!

Fruto envelhecido

Do coração no envelhecido fruto É só desolação e é só tortura.
O frio soluçante da amargura
Envolve o coração num fundo luto.

O fantasma da Dor pérfido e astuto Caminha junto a toda a criatura. A alma por mais feliz e por mais pura Tem de sofrer o esmagamento bruto.

É preciso humildade, é necessário Fazer do coração branco sacrário
E a hóstia elevar do Sentimento eterno.

Em tudo derramar o amor profundo,
Derramar o perdão no caos do mundo, Sorrir ao céu e bendizer o Inferno!

Êxtase búdico

Abre-me os braços, Solidão profunda, Reverência do céu, solenidade
Dos astros, tenebrosa majestade,
Ó planetária comunhão fecunda!

Óleo da noite, sacrossanto, inunda
Todo o meu ser, dá-me essa castidade, As azuis florescências da saudade,

Cruz e Sousa

Graça das graças imortais oriunda!

As estrelas cativas no teu seio
Dão-me um tocante e fugitivo enleio, Embalam-me na luz consoladora!
Abre-me os braços, Solidão radiante, Funda, fenomenal e soluçante,
Larga e búdica Noite Redentora!

Triunfo supremo

Quem anda pelas lágrimas perdido, Sonâmbulo dos trágicoa flagelos, É quem deixou para sempre esquecido
O mundo e os fúteis ouropéis mais belos!

É quem ficou no mundo redimido,
Expurgado dos vícios mais singelos E disse a tudo o adeus indefinido
E desprendeu-se dos carnais anelos!

É quem entrou por todas as batalhas
As mãos e os pés e o flanco ensangüentado, Amortalhado em todas as mortalhas.

Quem florestas e mares foi rasgando E entre raios, pedradas e metralhas,
Ficou gemendo mas ficou sonhando!

Assim seja!

Fecha os olhos e morre calmamente! Morre sereno do Sever cumprido!
Nem o mais leve, nem um só gemido Traia, sequer, o teu Sentir latente.

Morre com alma leal, clarividente,
Da crença errando no Vergel florido E o Pensamento pelos céus, brandido
Como um gládio soberbo e refulgente.

Vai abrindo sacrário por sacrário
Do teu sonho no Templo imaginário,
Na hora glacial da negra Morte imensa...

Morre com o teu Dever! Na alta confiança De quem triunfou e sabe que descansa Desdenhando de toda a Recompensa!

Cruz e Sousa

Renascimento

A Alma não fica inteiramente morta!
Vagas Ressurreições do Sentimento
Abrem já, devagar, porta por porta,
Os palácios reais do Encantamento!

Morrer! Findar! Desfalecer! que importa Para o secreto e fundo movimento
Que a alma transporta, sublimiza e exorta, Ao grande Bem do grande
Pensamento!

Chamas novas e belas vão raiando, Vão se acendendo os límpidos altares
E as almas vão sorrindo e vão orando...
E pela curva dos longínquos ares Ei-las que vêm, como o imprevisto bando
Dos albatrozes dos estranhos mares...

Pacto das Almas (A Nestor Vítor Por Devotamento e Admiração. Cruz e Sousa. 12/10/1897>

(I) Para Sempre!

Ah! para sempre! para sempre! Agora Não nos separaremos nem um dia...
Nunca mais, nunca mais, nesta harmoia Das nossas almas de divina aurora.

A voz do céu pode vibrar sonora
Ou do Inferno a sinistra sinfonia, Que num fundo de astral melancolia
Minh'alma com a tu'alma goza e chora.

Para sempre está feito o augusto pacto! Cegos serenos do celeste tacto,
Do Sonho envoltas na estrelada rede.

E perdidas, perdidas no Infinito As nossas almas, no Clarão bendito,
Hão de enfim saciar toda esta sede...

Pacto das Almas (A Nestor Vítor Por Devotamento e Admiração. Cruz e Sousa. 12/10/1897>

(II)Longe de tudo

Cruz e Sousa

É livre, livre desta vã matéria,
Longe, nos claros astros peregrinos
Que havereemos de encontrar os dons divinos
E a grande paz, a grande paz sidérea.

Cá nesta humana e trágica miséria,
Nestes surdos abismos assassinos
Termos de colher de atros destinos
A flor apodrecida e deletéria.

O baixo mundo que troveja e brama
Só nos mostra a caveira e só a lama,
Ah! só a lama e movimentos lassos...

Mas as almas irmãs, almas perfeitas,
Hão de trocar, nas Regiões eleitas,
Largos, profundos, imortais abraços!

Pacto das Almas (A Nestor Vítor Por Devotamento e Admiração. Cruz e Sousa. 12/10/1897>

(III) Alma da Almas

Alma da almas, minha irmã gloriosa, Divina irradiação do Sentimento, Quando estarás no azul Deslumbramento, Perto de mim, na grande Paz radiosa?!

Tu que és a lua da Mansão de rosa
Da Graça e do supremo Encantamento,
O círio astral do augusto Pensamento
Velando eternamente a Fé chorosa,

Alma das almas, meu consolo amigo, Seio celeste, sacrossanto abrigo, Serena e constelada imensidade,

Entre os teus beijos de eteral carícia,
Sorrindo e soluçando de delícia,
Quando te abraçarei na Eternidade?